Obra de Gabriel García Márquez
2002

Vivir para contarla

加西亚·马尔克斯 著

李静 译

活着为了讲述

南海出版公司

新经典文化股份有限公司
www.readinglife.com
出　品

生活不是我们活过的日子，

而是我们记住的日子，

我们为了讲述而在记忆中重现的日子。

一

妈妈让我陪她去卖房子。我的家人当时住的镇子离巴兰基亚很
远。那天早上，她赶过来，完全不知道该怎么找我，四处打听。知
情人指点她去世界书店或附近的咖啡馆找找，我一天去那边两次，
和作家朋友们谈天说地。那人嘱咐她："千万小心，那帮人疯得厉
害。"十二点整，她迈着轻快的脚步，从码放着书的桌子间走过，
出现在我面前，一脸坏笑地看着我，这笑让人想起她昔日的美好时
光。在她说出"我是你妈妈"之前，我都没反应过来。

她变了，乍一看，都认不出来。妈妈四十五岁，将近十年怀
胎，至少十年哺乳，生养了十一个儿女，早早地便已是满头银丝。
她刚戴上老花镜，眼睛看上去大了一圈，眼神更显讶异。她身着重
孝，为她的母亲服丧，尽管如此，她仍保持着婚纱照上的古典美，
又添了成熟女人的韵致。拥抱前，她用她一贯郑重其事的口吻对我
说："我想请你陪我去卖房子。"

不用说哪栋房子、位于何处，这世上只有一栋房子属于我们：
那座位于阿拉卡塔卡的外公外婆的老宅。我有幸在那儿出生，然而
八岁起就再也没有回去过。我念了三年大学，刚从法律系辍学，我

的时间净用在读书（抓到什么读什么）和背书（背诵绝无仅有的西班牙黄金世纪①诗歌）上了，借阅的译作已足以让我掌握小说创作的技巧。我在报纸增刊上发表了六个短篇，赢得了好友们的赞誉和一些评论家的关注。下个月，我就满二十三岁了。我逃过兵役，得过两次淋病，义无反顾地每天抽六十根劣质香烟，在哥伦比亚的沿加勒比海城市巴兰基亚和卡塔赫纳游荡，为《先驱报》撰写每日专栏赚取聊胜于无的稿酬，天黑了，就随便在哪儿凑合一夜。前途一抹黑，生活一团糟，我还嫌不够，居然要跟一帮形影不离的朋友创办一本胆大妄为、穷途末路的杂志，阿方索·富恩马约尔已经为此筹划了三年。我还有什么指望？

并非品位独到，而是因为囊中羞涩，我领先于潮流二十年：胡须如野草，头发似鸡窝，身穿牛仔裤和花里胡哨的衬衫，脚上是一双朝圣者的凉鞋。那时，我认识的一个女孩在黑灯瞎火的电影院里对别人说："可怜的加比托②没救了。"她不知道我就在附近。所以，当妈妈让我陪她去卖房子，我没有任何理由拒绝她。她说路费不够，我碍于面子，说我会出自己那一份。

靠报社，没法儿解决路费问题。每日专栏三比索；要是人手不够，写篇社论四比索，日子过得紧巴巴的。想去预支薪水，经理说我早已债台高筑，欠了五十多比索。那个下午，我做了一件朋友们谁也做不出的事。我在书店旁的哥伦比亚咖啡馆门前堵住了书店老板，年长的加泰罗尼亚③学者堂拉蒙·宾耶斯，向他借十比索。可他

①在西班牙文学史上，西班牙文艺复兴时期被称为黄金世纪，通常指1492年第一本卡斯蒂利亚语语法书问世到1681年卡尔德隆逝世这段时间。
②加夫列尔的昵称。
③西班牙自治区之一，位于该国东北部，首府为巴塞罗那。

身上只有六比索。

　　当然，妈妈和我都没想到，这趟短暂、单纯的两日之旅对我来讲意义重大，纵使长命百岁，埋首笔耕，也无法言尽。如今，我已七十五岁出头。我知道，那是我作家生涯，即我一生之中最重要的决定。

　　从出生到少年时代，记忆关注未来，忽视过去。因此，我那时对故乡的记忆才会一如往昔，未被乡愁理想化。故乡宜居，大家彼此相识。镇子沿河而建，湍急的河水清澈见底，河床里卵石洁白光滑宛如史前巨蛋。黄昏（尤其十二月间），雨后初霁，空气如钻石般晶莹剔透，圣玛尔塔内华达山脉白雪皑皑的山顶仿佛就在河对岸的香蕉种植园里，阿鲁阿科族印第安人像一排排小蚂蚁，背着姜袋，为承受生命的重担而嚼着古柯，沿着山脊蜿蜒前行。当年，我们这些孩子幻想着能用常年积雪在酷暑的街道上打雪仗。天热得令人难以置信，午睡时尤甚。大人们总是抱怨，仿佛高温在每天都是件值得大惊小怪的事。自出生以来，我总听到有人不知疲倦地唠叨，说铁轨是夜里铺的，联合果品公司的房子也是夜里建的，因为白天晒得滚烫的工具根本没法儿用。

　　从巴兰基亚到阿拉卡塔卡，只能乘坐破烂不堪的汽艇驶出殖民时期奴隶挖成的航道，穿过一大片浑浊荒凉的沼泽，来到神秘的谢纳加①，最后转乘普通列车——刚投入使用那会儿，是全国最不普通的列车——前往辽阔的香蕉种植园，途中无数次停靠在尘土飞扬、热浪滚滚的村庄和孤苦伶仃的车站。这就是一九五〇年二月十八

————————
① 哥伦比亚马格达莱纳省第二大城市，临加勒比海。

3

日，星期六晚上七点——正值狂欢节前夕——妈妈和我要赶的路。老天爷莫名其妙地下起了瓢泼大雨。我们怀揣着三十二比索，要是没法按照事先说好的条件卖掉房子，这点儿钱勉强够我们回来。

当晚信风大作，我在河港费了好大的劲儿劝妈妈上船。她不是没有道理。汽艇是缩小版的新奥尔良蒸汽船，燃料却是汽油，整个船身发高烧似的抖个不停。船上有个小厅，可以高高低低挂好几层吊床；摆着几排木椅；乘客们推推搡搡，提着大包小包的行李、货物、鸡笼甚至活猪抢占座位；客舱没几间，闷得厉害，像军队营房，两张上下铺，基本永远被下等妓女霸占着，她们在旅途中提供紧急服务。客舱没空铺，我们又没带吊床，妈妈和我只好占领中间过道上的两把铁椅，好歹能坐一夜。

妈妈担心的事终于发生了。马格达莱纳河紧邻入海口，河水有海水的气势，暴风雨将这艘胆大包天的汽艇吹得摇来晃去。我在河港买了一大堆最便宜的香烟，黑烟丝，烟纸差不多就是粗包装纸。我按照当年的方式，用头一根的烟屁股点下一根，一边吸烟，一边重读威廉·福克纳的《八月之光》。当年，他是我最牢靠的精神导师。妈妈死死地攥着念珠，仿佛那是能吊起拖拉机、将飞机托在空中的圆形绞盘。她一如既往地不求自身，只求十一个孩子富贵长寿。她的祈祷感动了上苍。汽艇驶进航道，雨势渐小，风儿柔和得只能驱赶蚊子。妈妈收起念珠，默默无言，久久地注视着周围喧嚣的人群。

妈妈出生在一户普通人家，成长于香蕉公司昙花一现的繁荣期，在圣玛尔塔圣母学校受过富家小姐般的良好教育。圣诞假期，她和女友们在绷子上绣花，在慈善义卖会上弹钢琴，在她一位姑妈的看护下，和当地羞答答的贵族小姐们一起参加纯洁无瑕的舞会。没人见过她谈恋爱，直到她不顾父母反对，嫁给了镇上的电报员。从那时起，健康和幽默——她的两大优点——一直陪伴她走过坎坷崎岖的漫漫人生路。然而，最令人诧异也最令人信服的是，她能够巧妙地掩饰个性中强硬的一面。典型的狮子座性格使她能够树立起母性权威，以厨房为据点，一边用高压锅煮菜豆，一边不动声色、柔声细语地控制整个家族，连最偏远的亲戚都能辐射到。

旅途艰辛，妈妈却安之若素。我看着她，心想：她迅速接受生活贫困、坦然面对社会不公的能力在那个糟糕的夜晚得到了证明。蚊子摆出吃人的架势；汽艇一路都在翻搅航道中的淤泥，溽热难当，令人作呕；乘客们心中火烧火燎，夜不能寐。此情此景是对人性的最大考验，脾气再好的人也会发毛。妈妈一动不动地坐在椅子上。做皮肉生意的姑娘们或女扮男装，或浓妆艳抹，在邻近的客舱内纵情狂欢，大赚一笔。其中一个在妈妈身边进进出出，她的客人走马灯似的换个不停。我以为妈妈没在意。谁知，那姑娘一小时内进出第四次还是第五次时，妈妈同情地看着她走到过道尽头。

"可怜的姑娘，"她叹了口气，"干什么不比干这个强？"

就这样折腾到半夜。船身抖得让人无法忍受，过道里灯光昏暗，看书看累了，我便坐到妈妈身边抽烟，希望能从约克纳帕塔法县①的流沙中挣脱。去年，我在萧伯纳的鼓舞下从大学辍学（他说："很小的时候，我不得不中断教育，去学校上学。"），妄想无师自通，靠新闻和文学为生。我无法和任何人争辩，隐隐觉得，我的

---

① 福克纳作品的标志，文学史上著名的虚构地点之一，原型是他故乡所在地拉斐特县。

理由只能说服我自己。

父母对我寄予了很大期望，家境贫寒却不惜任何代价供我读书。辍学这种傻事，甭想让他们接受。尤其是爸爸，他几乎什么都能原谅，唯独不能原谅我拿不回一张毕业证书挂到墙上，帮他圆大学梦。我不再跟他联系，差不多一年后，我还在想该如何当面向他解释。这时，妈妈来了，让我陪她去卖房子。在汽艇上，直到后半夜她才提到这事，似乎上天启示，此乃良机。无疑，这才是她此行真正的目的。她的说话方式、她的语气以及斟酌妥当的句子，多半是出门前在长期失眠的孤寂中思量好的。

"你爸爸很伤心。"她说。

怕也没用，地狱般的时刻终于来了。妈妈总是这样，不慌不忙地切中要害，让人猝不及防。为了应付这场面，我明知故问：

"为什么？"

"因为你放弃了学业。"

"我没有放弃学业，"我说，"只是转了行。"

她谈兴正浓，穷追不舍。

"你爸爸说，那是一回事儿。"她说。

我明知不是事实，依然强词夺理道：

"他当年也放弃了学业，去拉小提琴。"

"那不一样。"她当即驳回，"小提琴他只在节日聚会上拉，演奏小夜曲什么的。他当年放弃学业，是因为没饭吃。可他不到一个月就学会了发电报。当年这行很好，尤其是在阿拉卡塔卡。"

"我也在给报纸写文章赚钱。"我说。

"你这么说，是不想让我难过。"她说，"你的落魄，瞎子都看得见。我在书店差点儿没认出你。"

"我也没认出您！"我说。

"不是一回事儿。"她说，"我还以为你是个叫花子。"她盯着我那双破凉鞋，又说："连袜子都不穿。"

"不穿袜子更舒服。"我说，"两件衬衫，两条短裤，一洗一换，还要什么？"

"一点点体面。"她说，语气很快舒缓下来，"爱你才这么说。"

"我知道。"我问她，"我说，换了是您，会不会也这么做？"

"不会。"她说，"这么做是跟父母作对。"

想到当年她如何在婚姻大事上拼命跟父母作对，我笑了：

"有本事，看着我的眼睛说。"

她知道我在想什么，一本正经地避开了我的眼睛。

"父母祝福过我，我才结的婚。"她说，"我承认，是我逼他们的。但他们祝福过我。"

她不争了，不是被我辩倒，是她想上厕所，又怕不卫生。我问水手长，有没有干净一点儿的地方。他说自己也用公厕，还说什么"大海之上，人人平等"，像刚读过康拉德一样。妈妈只好和大家一样将就，我很担心。谁知，她从厕所出来后，忍不住哈哈大笑。

"你说，"她问我，"要是我回去得了脏病，你爸爸会怎么想？"

午夜过后，航道里海葵的触须缠住了螺旋桨，汽艇搁浅在滩涂上，耽搁了三小时。乘客们不得不上岸，用吊床上的绳子把船拖下水。热浪和蚊子左右夹击，妈妈却打起了盹儿。家里人都知道，她说睡就睡，睡一会儿醒一会儿，边休息边聊天。船又开了，凉风习习，这下她彻底醒了。

"无论如何，"她叹了口气，"我得替你爸爸讨个说法。"

"您别担心，"我自认没错，"我十二月回去跟他解释。"

"还得等十个月。"她说。

"反正今年年内也没法儿跟大学交涉。"我说。

"你保证回去？"

"我保证。"我说，头一回从她的语气里听出了着急。

"我能告诉你爸爸，你会答应他继续念书吗？"

"不能！"我断然否决，"不能这么说！"

显然，她在找权宜之计，但我没给她可乘之机。

"那我还是实话实说，"她说，"免得一听就是瞎话。"

"那好，"我松了口气，"您照实说。"

我们说好，就这么办。不了解她的人会以为尘埃落定，但我明白，她只是暂时休兵，去喘口气。过了一会儿，她沉沉睡去。微风吹走了蚊子，空气清新，花香四溢，汽艇好似帆船般轻盈。

我们位于大沼泽，儿时的另一个传奇之地，外公尼古拉斯·里卡多·马尔克斯·梅希亚上校——孙辈们都叫他"老爹"——带我从阿拉卡塔卡去巴兰基亚看望父母时，走过几次。"遇到沼泽，别怕，要敬畏。"他说小池塘也好，桀骜不驯的大洋也罢，只要是水，脾气都摸不透。雨季有山里来的暴风雨。十二月到四月本该风平浪静，可只要北方信风呼地一吹，就会夜夜凶险。外婆特兰基利娜·伊瓜兰·科特斯——大家都叫她"米娜"——轻易不敢过沼泽，除非十万火急。她受过一次惊吓，困在里奥福利奥港等待救援，直到天明。

幸好那晚风平浪静。天亮前，我去船头窗前呼吸新鲜空气，只见渔火点点，如水面繁星，数不胜数。未见渔民们其人，只闻其声，在沼泽上留下幽灵般的回声。我把胳膊支在窗台上，眺望远山，突然间，第一缕乡愁涌上心头。

也是在这样一个清晨，也是在大沼泽，"老爹"让我在客舱睡觉，自己去了酒吧。不知几点，生锈电扇的嗡嗡声和客舱铁皮的噼啪声后，一大群人在闹腾，把我吵醒了。我当时不到五岁，害怕极了，但我很快镇定下来，以为自己是在做梦。早上，在谢纳加港，外公敞着门，对着门框上的镜子刮胡子。我记得十分真切：他没穿衬衫，背心上永远挂着宽宽的绿条纹松紧带，边刮胡子，边跟一个人聊天。那人的模样我至今仍能一眼认出：侧脸长得像乌鸦，肯定错不了；右手有水手文身；脖子上挂着好几条粗粗的金项链，两只手腕上戴着金手镯和金手链。我刚穿好衣服，正在床上穿鞋。那人对外公说：

"上校，别不相信，他们想把您扔进水里。"

外公笑了，接着刮胡子，并用他特有的傲慢反驳道：

"幸亏他们没那么做。"

于是，我明白了前一天晚上为什么那么闹腾。我很吃惊，居然有人想把外公扔进沼泽。

陪妈妈去卖房子的那个清晨，我正在欣赏第一缕阳光将雪山染成蓝色，突然回想起了这个永远说不清道不明的小插曲。在航道里耽误了不少时间，我们有幸在日光下欣赏到大海和沼泽间那片亮晶晶的沙地。那里分布着好几个渔村，海滩上晒着渔网，蓬头垢面、瘦骨嶙峋的孩子们踢着破布做成的球。街头景象触目惊心，许多渔民未能及时扔出炸药，胳膊被炸飞了。汽艇驶过，游客们往水里扔硬币，孩子们便潜水去捡。

快七点时，我们被困在了离谢纳加不远的臭沼泽里。好几队装卸工蹚着过膝的淤泥，把我们一个个抱上岸，周围的母鸡打成一片，在泥沼里争抢食物。我们在码头慢条斯理地吃了顿早餐，有美味的沼泽海鱼和油炸青香蕉。就在此时，妈妈卷土重来。

"爽爽快快告诉我，"她头也不抬，"怎么跟你爸爸说？"

我要争取时间，好好想想：

"说什么？"

"说他唯一关心的话题，"她有点儿恼火，"你的学业。"

我很幸运。一位无礼的食客对我们激烈的谈话倍感好奇，也想知道我为什么辍学。妈妈答得很快，我有点儿被吓着了，她一向注重隐私。

"他想当作家。"她说。

"好作家很能赚钱。"那人说得一本正经，"替政府做事，赚得更多。"

不知妈妈是谨慎起见，回避话题，还是怕听插话的那人摆事实讲道理，两人竟大肆怀旧起来，感慨起我这一代人的不可预料，说到最后，挖出了许多共同的熟人，与科特斯和伊瓜兰家族沾亲带故。当年在加勒比海岸，这种事常有，而妈妈总是大惊小怪，认为这是值得庆祝的事件。

我们乘马车赶往火车站。拉车的只有一匹马，没准拥有传奇血统，全球范围内仅此一匹。妈妈凝视着从港口沼泽铺向天边的贫瘠的盐碱地，此地与我有一段历史渊源：三四岁时，外公牵着我的手，快步走过骄阳下的这片荒地，没告诉我去往何处。突然，眼前出现了一大片绿色的水面，直冒泡，上面漂着一大群溺水的母鸡。

"这就是海。"他告诉我。

我很扫兴，问他海的那边有什么。他毫不犹豫地回答：

"海没有那边。"

今天，从这边和那边见过无数次大海后，我依然认为，那是外公最经典的回答之一。之前思来想去，大海都不是这副寒碜样。海滩上尽是沙砾，在腐烂的红树植物缠结错杂的枝条和贝壳尖利的碎片中，寸步难行，十分可怕！

妈妈应该也在想大沼泽的那片海。刚从马车左边看到海，她便感慨道：

"没有哪片海会像里奥阿查的海那样！"

这时，我跟她说起那群溺水的母鸡。她和所有大人一样，说那是小孩子的胡思乱想，然后继续看着沿途风景。根据她不同的沉默方式，我明白了她对每一处的感受。我们经过铁轨另一边的红灯区，彩色的房子，生锈的屋顶，年迈的帕拉马里博^①鹦鹉站在屋檐边的铁环上用葡萄牙语招呼顾客。我们经过机车的加水站，硕大的铁皮屋顶是候鸟和迷途海鸥的栖息地。我们环城而过，看见宽阔荒凉的街道、辉煌不再的房屋：平房，落地窗，练琴声曾经从早到晚不绝于耳。妈妈忽然用手一指：

"瞧，"她告诉我，"那里曾经上演世界末日。"

顺着她的指头看过去，我看见了车站：树皮脱落的木屋，双坡锌皮屋顶，长廊形阳台，正对着一个光秃秃的、最多能容纳两百人的小广场。妈妈说，那里就是一九二八年军队屠杀香蕉工人的地方，死亡

---

① 苏里南共和国首都。

人数一直没有定论。从记事起，我听外公说过无数次，当年的场景几乎像我亲身经历过一样历历在目：一名军人宣读法令，宣布罢工者均为不法之徒，限五分钟内离开广场。毒辣的日头下，三千名男女老少一动不动。军官下令开火，机枪嗒嗒嗒吐出灼热的子弹，惊恐的人群就在这一成不变的嗒嗒声中，被欲壑难填的机枪一点点吞噬。

上午九点，火车会停靠在谢纳加车站，捎上从汽艇和雪山上下来的人，一刻钟后，接着往香蕉种植园腹地行驶。妈妈和我八点多赶到车站，不过火车晚点了，而且我们是仅有的乘客。她走进空荡荡的车厢，开心地叫道：

"真奢侈！是专列！"

我觉得她内心酸楚，在强颜欢笑，因为岁月的创伤在车厢里历历可见。这是过去的二等座，不过柳条座椅没了，上下开合的玻璃窗没了，只剩下被穷苦老百姓光滑温热的屁股磨光了的木头板凳。车厢和列车都成了老掉牙的古董。过去分三种座位：最穷的坐三等座，长条凳上的木条是直接从装香蕉和屠宰牲口的木箱上拆下来的；二等座有柳条座椅、铜镶边；政府高官和香蕉公司高级职员坐一等座，过道铺着地毯，包着红色天鹅绒的扶手椅可以转向。要是香蕉公司老总、老总的家人和贵宾乘坐，车尾会加挂一节豪华车厢，镀金窗檐，遮阳玻璃，外加露天茶座，可以在旅途中坐在小桌边喝茶。我认识的人里，没人见过这节梦幻车厢的真面目。外公曾两任镇长，花起钱来也挺大方，可只有偕女眷出门时，才坐二等座。问他为什么坐三等座，他说："因为没有四等座。"当年，火车最让人怀念的是它的准时准点，汽笛声和镇上的钟表分秒不差。

那天不知怎的，火车晚点了一个半小时才开动。等它凄惨地嘎吱一声、慢吞吞地起步时，妈妈画了个十字，瞬间回到现实。

"这列车的弹簧该上油了。"她说。

或许，整列火车上都只有我们两个乘客。直到那时，还没有发生真正让我感兴趣的事。我不停地抽烟，沉浸在《八月之光》里，时不时抬头望一眼，认一认途经的每一处。火车长鸣，穿过盐沼地，全速行驶在橙色石子铺成的凹凸不平的轨道上，车厢颠簸得让人吃不消。但十五分钟后，火车减速，悄悄喘息着，驶进了种植园凉爽的绿荫。空气越来越闷，感受不到一丝海风。不用放下书，我也知道，火车进入了香蕉种植园的王国。

眼前的世界变了。种植园大道分布在铁轨两侧，平行地蔓延开去，供运送青香蕉的牛车通行。突然，在不宜播种的土地上出现了红砖营地、挂着粗麻布窗帘和吊扇的办公室以及孤零零地矗立在虞美人田野上的医院。每条河边都有一座村庄，火车怪叫着驶过铁桥，在冰冷的河水中洗澡的女孩们如鲱鱼般跳了起来，乳房一闪，让乘客们有些不知所措。

几家阿鲁阿科族印第安人在里奥福利奥车站上车，带了满满几包雪山种植、全哥伦比亚最美味的鳄梨。他们怯生生地在车厢里走来走去，找位子坐。可是，等车再次开动时，只剩两个带着一个婴孩的白种女人和一位年轻的神父。孩子一路哭声不断；神父穿着靴子，戴着头盔，像探险家，粗布长袍上打着好些四方形补丁，像船帆。孩子哭个不停，他说个不停，仿佛站在布道坛上，主题是分析香蕉公司能否回来。公司撤走后，这片地区就再没别的话题了。观点分两派，有人希望公司回来，有人不希望公司回来，谁都把握十足，信心满满。神父属于反对派，他的论调太过自以为是："香蕉公司所到之处，无不一片荒芜。"女人们认为他在胡说八道。

神父说的话只有这句不算老套，他却解释不清。最后，抱孩子的女人说上帝不会支持他，让他感到很挫败。

怀旧总会无视苦难，放大幸福，谁也免不了受它的侵袭。透过车窗，只见坐在自家门口的男人和沙砾河滩的洗衣妇一脸期待地目送火车经过。在他们眼里，提着公文箱的外国人就是回来重整旗鼓的联合果品公司代表。无论见面、串门还是写信，这句话迟早都会被提起："听说公司快回来了。"谁说的？什么时候回来？为什么回来？没人知道，但也没人质疑。

妈妈以为自己早已不受那些幽灵的纠缠，父母死后，她和阿拉卡塔卡就断了联系。可是，她的梦出卖了她。她会一边吃早餐，一边把最有意思的梦说给我们听，至少，那些梦都包含着对香蕉种植园的思念。最难熬的日子她都挺过来了，没卖房子，幻想着联合果品公司一旦回来，房价能翻四倍，可到头来，还是没顶住现实生活的压力。在火车上听神父说公司有可能回来，她脸一沉，对我耳语道：

"可惜咱们等不了，要不然房子能多卖点儿钱。"

神父侃侃而谈那会儿，我们经过了一个小镇，广场上挤满了人，炎炎烈日下，乐队正在演奏一支欢快的曲子。在我眼里，所有镇子都一个样。"老爹"带我去堂安东尼奥·达孔特新开的奥林匹亚影院看电影，我发现西部片里的车站和我们的车站很像。再后来，我开始读福克纳，小说里的镇子和我们的镇子也一样。这不奇怪。我们原本就是把联合果品公司当救世主，按照美国临时营地的风格建造的镇子。我记得所有这一切，广场上的教堂，仿佛来自童话世界的三原色的房子；我记得一群群在傍晚高歌的黑人短工、那些坐在庄园棚屋前看货运列车驶过的雇工，还有一大早在庄园地界旁的水沟里发现的被砍掉脑袋的收割者，他们总是在周六晚上醉酒闹事；我记得铁轨那边阿拉卡塔卡和塞维利亚的美国佬驻地，围着通电的铁丝网，像硕大无比的鸡笼，夏日凉爽的清晨，被烧焦的燕子黑压压一片；我记得孔雀和鹌鹑悠闲地在清冷的蓝色草坪上散步，住宅的屋顶是红色的，窗前有防护网，露台上灰扑扑的棕榈树和玫瑰花间，摆着就餐用的小圆桌和折叠椅；透过铁丝网，有时能看见戴着宽檐薄纱帽、穿着麦斯林纱裙的弱不禁风的美人拿着金剪刀在花园里修剪花枝。

自小我就分不清这些镇子，二十年过去，更分不清了。车站门廊上的牌子掉了，图库林卡、瓜玛奇托、尼兰迪亚、瓜卡马亚等田园诗般的地名随之消失，所有镇子都比记忆中更荒凉。上午十一点半，火车停靠在塞维利亚车站，换机车、加水，度过漫长的十五分钟。天热起来了。火车再次开动，只要拐弯，新换的机车就会向后甩出一股股的煤烟，吹进没有玻璃的窗户，弄得我们一身黑。神父和那两个女人不知在哪站下了车，我们没有留意。如此一来，我和母亲更觉得这列幽灵般的火车上只有我们两个乘客。妈妈坐在我对面，望着窗外，已经打了两三个盹儿，突然醒来后，又问起那个吓人的问题：

"我跟你爸爸到底要怎么说？"

看来，她不会让步，无论如何都要让我打退堂鼓。先前她提了好几个办法，都被我立刻挡了回去。我知道，她只是稍事休息，不会停战太久。即便如此，她再次试探时，我还是吓了一跳。或许是为了打另一场徒劳的持久战，我用比之前稍微镇定些的语气回答道：

"告诉他，这辈子我只想当作家，也一定能当上。"

"你想当什么，他不反对，"她说，"只要你能拿个学位。"

她没看我，假装欣赏窗外的风景，没心思说话。

"您明知我不会让步，还这么坚持干吗？"我说。

她立马盯着我的眼睛，好奇地问：

"你怎么知道？"

"因为您和我是一路人。"我说。

火车停靠在一个没有镇子的车站，没过多久，又途经路线上唯一一片香蕉园，大门上写着名字：马孔多。外公最初几次带我出门旅行时，我就被这个名字吸引，长大后才发觉，我喜欢的是它诗一般悦耳的读音。我没听说过甚至也没琢磨过它的含义；等我偶然在一本百科全书上看到解释（热带植物，类似于吉贝，不开花，不结果，木质轻盈、多孔，适合做独木舟或厨房用具）时，我已经把它当作一个虚构的镇名，在三本书里用过了；后来我又在《大英百科全书》上见过，说坦噶尼喀[①]有一个名叫马孔多的种族，居无定所，四海为家。也许，这才是词源。不过，我没做过调查研究，也不知道马孔多树长什么样，在香蕉种植园区问过几次，谁也说不清楚。也许，这种树根本就不存在。

火车会在十一点经过马孔多种植园，十分钟后停靠在阿拉卡塔卡车站。陪妈妈去卖房子那天，火车晚点了一个半小时。火车加速时，我在厕所，破车窗里吹进干热的风，旧车厢震天响，鸣笛声听了魂魄散。我的心抖抖索索，胃里翻江倒海，直犯恶心，手脚冰凉。遇到地

---

①非洲东部国家坦桑尼亚的大陆部分，临印度洋。

震才会这么害怕，我飞快地冲出厕所，见妈妈不动声色地坐在位子上，高声报出一个个地名。它们从窗外掠过，如同昔日不再重来。

"那就是他们卖给我爸爸的那块地，说地里头有金子。"她说。

基督复临派教师的住所像流星一般闪过，花园里鲜花盛开，门牌上用英语写着：阳光普照。

"那是你学会的第一句英语。"妈妈说。

"不是第一句，"我说，"是唯一一句。"

火车驶过水泥桥，沟里的水浑浊不堪，美国佬给河流改道，引水进种植园。

"红灯区！男人们整夜跳昆比安巴舞，把一卷卷的钞票当蜡烛点燃。"她说。

散步道旁的长条椅，被阳光映红的巴旦杏树，我学习认字的蒙台梭利学校的公园。转瞬间，在二月那个明媚的周日，阿拉卡塔卡镇的全景在窗外闪亮登场。

"到站了！"妈妈感叹道，"没人等火车了，这世界变化真快。"

火车鸣笛，减速，一阵长长的呻吟后，停下。首先震撼我的是寂静，一种有形的寂静，即使蒙上眼我也能在世上的其他所有寂静中分辨出它来。热浪滚滚，看什么都像隔着一层流动玻璃。目力所及之处，无生命迹象，到处都蒙着一层薄薄的、滚烫的灰尘。妈妈望着死寂的镇子和空无一人的街道，又坐了几分钟，惊恐地叫道：

"天啊！"

下车前，她只说了这么一句话。

火车在时，我们没有感到全然孤独，但当它突然撕心裂肺地鸣着笛开走后，妈妈和我相对无言，无助地站在大太阳底下。镇子沉甸甸的凄凉扑面而来，锌皮顶、木结构、长廊形阳台的老车站，像挪到了热带的西部片场景。我们穿过无人照料的车站——车站地上墁的花砖已经被野草挤得开裂——走进在巴旦杏树的庇荫下沉睡的午后。

我自小痛恨午睡，大人躺倒，孩子无所事事。"嘘！别说话，我们在睡觉。"午睡的人在睡梦中悄声提醒。商店、学校、公共机构十二点关门，下午快三点才开门。屋里的空气让人昏昏欲睡。有些屋子里实在太热，人们索性在院子里挂起吊床，在巴旦杏树的树荫下摆上凳子，当街坐着午睡。开门的只有车站对面的旅馆（含酒馆和台球厅）和教堂后面的电报所。镇子和记忆中一模一样，只是小了点儿，破了点儿，被如暴风骤雨般袭来的厄运夷平：房子渐渐腐朽，锌皮屋顶被锈蚀出了窟窿，防洪堤上散布着花岗岩长凳的残骸和令人伤感的巴旦杏树。灼热的灰尘虽说无形，却能扭曲视线，灼伤皮肤。铁轨那边，香蕉公司天堂般的私人领地没有了通电的铁丝网，没有了棕榈树，灌木丛生，断壁残垣间开出了虞美人，医院也只剩火后废墟。每扇门、每道墙缝、每处人留下的痕迹都与我产生一种超自然的共鸣。

妈妈挺直腰板，步履轻盈地往前走，丧服下微微出汗。她一言不发，苍白的脸色和瘦削的侧影暴露出她此时此刻的内心活动。走到防洪堤尽头，我们才看见一个人。哈科沃－贝拉卡萨街拐角出现了一个瘦小的女人，看样子很穷，端着一口白镴小锅，盖子没盖好，一路都在响。她从我们身边走过，妈妈没看她，悄悄对我说：

"是比塔。"

我也认出来了。她自小在我外公外婆家的厨房里干活，要是她肯看我们一眼，即便我们变化再大，她也能认得出。可是她没有：

她行走在另一个世界里。直到今天，我还在问自己：是不是在那天很久以前比塔就已不在人世？

拐弯。尘土渗进凉鞋，十分烫脚。无助感压抑着我。这时，我看见了自己，看见了妈妈，就像儿时看见一个小偷的妈妈和妹妹。在我看见她们前一周，小偷想撬开玛利亚·孔苏埃格拉家的门锁，被她一枪击毙。

凌晨三点，大门外有动静，有人想撬锁，玛利亚·孔苏埃格拉醒了。她摸黑起床，在衣橱里摸到一把"千日战争"①后就再没人用过的老式左轮手枪。黑暗中，她找到大门，双手握枪，估准高度，对准锁眼，闭上眼，扣动扳机。她以前从没开过枪，但那一枪穿过大门，正中目标。

那是我见过的第一个死人。早上七点，我去上学时，尸体还在人行道上，地上的血迹全干了。死者的脸被打得稀巴烂，子弹穿过鼻子，从耳朵里出来。他穿着法兰绒彩条水手服、普通裤子，裤带是根龙舌兰绳，光着脚。他身旁的地上是一整套撬锁工具。

就玛利亚·孔苏埃格拉将小偷击毙这件事，镇上有头有脸的人纷纷上门对她表示慰问。那晚，我和"老爹"也去了。她坐在一把硕大的马尼拉孔雀藤椅上，被热情的朋友们簇拥着，把那个故事讲了上千次。她说因为怕才开枪，所有人都点头称是。外公问她，枪响后，有没有听到其他声音。她说，开始很静很静，后来金属撬锁工具"哐当"一声掉在水泥地上，紧接着是虚弱而极度痛苦的声音："哎哟，我的妈！"看来，外公问起，她才意识到那是令人心

---

① 1899 年至 1902 年哥伦比亚保守党与自由党之间进行的历时千余日的内战。

碎的呻吟，那时她才失声痛哭。

事情发生在周一。接下来那周的周二中午，大家都在午睡，我和我一生中最早结识的朋友路易斯·卡梅洛·科雷亚在玩陀螺，突然发现午睡的人们都提前醒了，趴在窗口。这时，我们在空无一人的街道上看见一个身着重孝的女人牵着一个十二岁左右的女孩。女孩抱着一束花，花枯了，用报纸包着。太阳毒，她们打着黑伞，对张望的人视而不见。她们是被击毙的那个小偷的妈妈和妹妹，要去坟前献花。

这一幕在我脑海中萦绕多年，是趴在窗口的所有人共同的梦境。后来我写了篇故事，才算解脱。问题是，直到陪妈妈去卖房子，直到自己也在午睡时分孤零零地走在同一条街道上时，我才意识到当年那对母女厄运之下，尊严犹在。

"我感觉我像那个小偷。"我说。

妈妈没听明白，经过玛利亚·孔苏埃格拉家门前时，也没瞅上一眼。子弹打穿了门，修复的痕迹还在。多年以后，我和她回想起那次旅行，证实了她分明记得那件惨案，但她宁可忘记。经过堂埃米利奥故居时，这点更为明显。我们都叫他"比利时人"，他是一战老兵，在诺曼底雷区双腿瘫痪，为了告别痛苦的回忆，获得永远的解脱，在一个五旬节的周日吸氰化金自杀了。那年我才六岁，但早上七点的死讯引发的混乱却犹如昨日发生的一般历历在目。我们回镇上去卖房子，妈妈才打破了长达二十年之久的沉默。

"可怜的'比利时人'！"她叹息道，"就像你说的，他再也下不了象棋了。"

我们原本计划直接去老宅。可是，走到还差一个街区时，妈妈突然停下，在前一个路口拐弯。

"从这儿走！"我想知道原因，她说："我怕。"

于是我明白了自己感到恶心的原因：害怕，不仅仅是怕见到那些幽灵，是什么都怕。因此，我们舍近求远，走了另一条与老宅平行的街，无非是为了不经过老宅门口。"看房子之前，我得先找人说说话。"妈妈后来似乎这么说过。于是，她几乎是拖着我，未经通报就闯进了阿尔弗雷多·巴尔沃萨大夫在离我家老宅不到百步的街角开的药店。

大夫的妻子阿德里亚娜·贝尔杜戈心不在焉地坐在老式摇柄缝纫机旁，没留意到妈妈站在她面前。妈妈轻轻地叫她一声：

"大姐。"

阿德里亚娜戴着厚厚的老花镜抬起头。她摘下眼镜，迟疑片刻，张开双臂一跃而起，哀声叫道：

"哎呀，老姐妹！"

妈妈绕进柜台。两人没说话，相拥而泣。我不知该如何是好，站在柜台外面看着，心里很感动。我知道，这个泪眼婆娑、相对无言、长长的拥抱在我自己的人生中绝不会出现。

这是香蕉公司时代最好的药店，然而昔日的影子只剩药柜抽屉的烫金字母和搪瓷把手。缝纫机、天平、墨丘利节杖①、依然在走的摆钟、印着希波克拉底②誓言的亚麻油毡壁毯、快散架的摇椅，儿时见过的物品都在，还在原处，只是经历了岁月的沧桑，有些走样。

阿德里亚娜本人也在与时间的战斗中败下阵来。尽管和过去一

①墨丘利节杖为医务界的传统标志。
②希波克拉底（前460—前377），古希腊著名医师，被称为"医学之父"。

样穿着热带大花裙，但那股中年过后依然声名远扬的精神头儿和精明劲儿早已荡然无存，始终不变的只有那股让猫闻风丧胆的缬草味儿，余生中我时常怀着一种灾祸之感想起这股味道。

阿德里亚娜和妈妈哭完，只听隔板后传来短促剧烈的咳嗽声。她再现了部分昔日风采，隔着木板大叫：

"大夫，"她问，"你猜谁来了？"

大夫脾气不好，在隔板那边用粗重的声音索然无味地问了一句：

"谁啊？"

阿德里亚娜没有回答，招呼我们去店后面的小屋。儿时的恐惧突然袭来，让我迈不开步子，嘴里直泛苦水，但我还是跟着妈妈往里走。这里原本是杂乱无章的实验室，如今改成了临时卧室。阿尔弗雷多·巴尔沃萨大夫比陆地上和海洋中的所有人和动物都要苍老。他没穿鞋，裹着那件传说中的粗棉睡衣——像忏悔服——仰面朝天，躺在那张永恒的破吊床上，直愣愣地望着屋顶。听见有人进来，他转过头，黄眼珠亮晶晶的，盯着我们看。他终于认出妈妈，惊呼道：

"路易莎·圣地亚加！"

大夫像老家具般疲惫不堪地从吊床上坐了起来，总算像个人了，他跟我们快速握了握手，他的手很烫。他注意到我的反应，告诉我说："一年来，我一直在发烧，原发性的。"紧接着，他从吊床上下来，坐到床上，气息奄奄地对我们说：

"这个镇子经历了什么，你们怎么也想不到！"

只这一句总结了一辈子的话，足以让我看出，大夫还是老样子，既孤独又悲伤。他又高又瘦，发质好，带金属光泽，胡乱剪剪就成，黄眼珠炯炯有神，我小时候最怕见到他。下午放学后，我们趴在他卧室的窗台上，越怕，越想往里看。他躺在吊床上晃来晃去，晃得很高，好让自己凉快一些。我们就这样死死地盯着他，直到他发觉，猛地回头，眼里直冒火。

第一次见他，我才五六岁。一天早上，我和同学溜进他家后院，去偷树上的大芒果。院子一角有个木板搭成的厕所。突然，厕所门开了，他一边系裤带，一边往外走。他穿着白大褂，在我眼里，像外星人，苍白，瘦削，那对黄眼睛仿佛地狱之犬的眼睛，永远盯着我。别人都从小门跑了，只有我被他盯得愣在原地。他看看我从树上摘下的芒果，伸出手，喝道：

"给我！"他眼神十分轻蔑，将我上下打量，"院子里的小毛贼！"

我把芒果扔到他脚下，落荒而逃。

他是我的噩梦。一个人走，我会绕很远的路，为的是不从他家门口过。跟大人走，我也只敢偷偷地往药店瞟一眼：阿德里亚娜永远坐在柜台后面，缝纫机边，仿佛在服一种无期徒刑；隔着卧室窗户，只见大夫躺在吊床上晃来晃去，晃得很高，看一眼，就足以让我起一身鸡皮疙瘩。

二十世纪初，大夫和无数委内瑞拉人逃离胡安·比森特·戈麦斯①暴政，从瓜希拉省入境，来到阿拉卡塔卡镇。两股相反的力量让他加入了先驱者的行列：他们国家暴君的残暴和对我们国家"香蕉热"的幻想。大夫来到镇上，靠仁心仁术——当年叫临床眼光——赢得声誉，成为外公外婆家的常客，那时家里常设流水席，招待乘火车来的客人。妈妈是他大儿子的教母，外公也教那孩子防身术。

①胡安·比森特·戈麦斯（1857—1935），委内瑞拉军人，通过军事政变上台，三次出任委内瑞拉总统，是 1908 年至 1935 年间委内瑞拉政府的实际控制者。

我在委内瑞拉先驱者的陪伴下成长，后来又在逃离内战的西班牙流亡者的陪伴下长大。

妈妈和我坐在离床不远的地方，听大夫絮叨将镇子摧毁的悲剧的种种细节，而早已被人遗忘的大夫当年在我幼小的心灵里激起的恐惧所残留的最后一点儿痕迹，此时也消散了。在热得透不过气的房间里，他说得绘声绘色，每件事情我们都仿佛亲眼所见。万恶之源当然是军队屠杀香蕉工人，但历史真相如何，死了三个还是三千个，依然迷雾重重。大夫说，也许没死那么多，可每个人都根据自身的伤痛将数字往上加。如今，香蕉公司早已一去不复返。

"美国佬永远不会回来了。"他下了定论。

唯一铁板钉钉的是，他们卷走了一切：钱、十二月的清风、切面包的餐刀、午后三点的惊雷、茉莉花香和爱。只留下灰头土脸的巴旦杏树、耀眼的街道、木头房子、生锈的锌皮屋顶，以及被回忆击垮、沉默寡言的人。

那天下午，锌皮屋顶上噼里啪啦，如雨点在敲，吓了我一跳，大夫这才第一次正眼瞧我。"是秃鹫，"他说，"成天在屋顶上走来走去。"他又有气无力地指着关好的门：

"晚上更糟，能听见死人在街上走。"

他留我们吃午饭，没有理由拒绝，卖房子只需签署正式合同就行了，买主就是房客，细节都通过电报事先谈妥了。时间够不够？

"足够！"阿德里亚娜说，"如今连火车什么时候来都没准儿。"

于是，我们一起吃了顿克里奥尔风味的午饭。粗茶淡饭，跟钱没关系，大夫过日子——包括饮食——崇尚简朴。清汤入口，沉睡的世界在记忆中醒来。儿时的味道，离开镇子后久违的味道，又一勺勺原封不动地喝回来了，一阵阵让我揪心。

刚开始聊，我就觉得自己还是那个趴在窗台上嘲弄他的孩子，所以当他用跟母亲说话时那种既严肃又亲切的口吻跟我说话时，吓了我一跳。小时候情况不妙、心慌意乱时，我会快速、连续地眨眼。大夫一看我，我就不由自主地条件反射，快速、连续地眨眼。酷热难当，我走了一会儿神，不禁纳闷：如此和蔼、恋旧的老人怎么会是我儿时的噩梦？他沉默了好一会儿，之后，不知说到什么无关紧要的话题，他露出祖父般的笑容望着我。

"这么说，你就是那个了不起的加比托。"他问我，"在念什么？"

为了掩饰我的心慌意乱，我魂不守舍地历数学业：在公立寄宿学校念完中学，成绩优异；在法律系念了两年多大学，乱七八糟；做新闻，边干边学。妈妈一听，想让大夫帮腔，赶紧开口。

"您瞧瞧，大哥，"她说，"他想当作家。"

大夫眼睛一亮。

"太棒了，老姐妹！"他说，"老天有眼。"他转头问我："写什么？写诗？"

"写小说和故事。"我的心提到了嗓子眼儿。

他顿时来了精神，问我："读过《芭芭拉夫人》吗？"

"当然，"我回答道，"罗慕洛·加列戈斯①的全部作品我几乎都读过。"

精神振奋的他兴致勃勃地对我们说，罗慕洛·加列戈斯在马拉开波做讲座时，他去听过，深感他人如其文，对他仰慕之至。事实

---

① 罗慕洛·加列戈斯（1884—1969），委内瑞拉政治家、杰出的小说家，代表作为《芭芭拉夫人》。

上，当时，我满脑子都是密西西比河的家世小说，开始觉得我们的本土小说存在种种缺陷。不过，能和儿时的"大恶魔"交谈甚欢，已是奇迹，索性随了他的兴致。我跟他聊我在《先驱报》上的每日"长颈鹿专栏"，首次披露了我们即将创办一本杂志的意图。我越聊越自信，不仅聊到刊物定位，还提前透露刊名为"纪事"。

他上上下下、仔仔细细地打量我。

"你文笔如何，我不知道。"他说，"不过听你的口气，已经是个作家了。"

妈妈赶紧解释，我想当作家，谁也没拦着，只要能拿个学位，这辈子有个保障。大夫才不管这么多，只谈作家这个话题。他说自己当年也想成为作家，但他的父母和我母亲的理由一样，劝他当兵不成，又逼他学医。

"您瞧，老姐妹，"他最后说，"我当了医生，手上死的病人，上帝唤走多少，我害死多少，根本说不清。"

妈妈没辙了。

"最糟的是，"她说，"我们辛辛苦苦供他上学，好端端的法律系，他居然不念了。"

但大夫反倒觉得这恰恰是个人志向无法动摇的明证，只有爱情的力量可以与之媲美。尤其是艺术志向，最为神秘，让人甘愿奉献一生、不求回报。

"个人志向与生俱来，背道而行，有碍健康，"他说，伴着共济会终身会员的爽朗笑容，"顺势而行，妙药灵丹。"

大夫居然言我所不能言，我惊呆了。妈妈恐怕也这么想，她默默地看了我好一会儿，随后欣然认命。

"怎么跟你爸爸说？"她问。

"就照大夫的话说。"我答。

"不行，那样没用。"她又想了一会儿，"你就别担心了，怎么跟他说，我自有办法。"

不知她有何办法，还是后来又想了别的辙，不过，争论到此为止。钟敲了两下，像滴了两滴水，妈妈一激灵。"天啊！"她说，"我把来这儿的正事给忘了。"她起身告辞：

"我们得走了。"

站在街对面，我看了老宅第一眼，跟记忆中大不一样，哪里还是那个让我魂牵梦萦的宅子？门前的两棵巴旦杏树——多少年来，它们就是家的标志——早已被连根拔去，孤零零的宅子暴露在风吹日晒中。烈日底下只剩区区三十米宽的门面，一半是砖坯墙外加瓦片屋顶，让人想起玩具屋，另一半是没有刨平的木板。门关着，妈妈先慢慢敲了几下，后来使了点儿劲，隔着窗户问：

"有人吗？"

门慢悠悠地开了一条缝，一个女人站在阴影里问道：

"请问有何贵干？"

妈妈的口气不由得威严起来：

"我是路易莎·马尔克斯。"

门大开。一个骨瘦如柴、面容苍白、身穿丧服的女人好似从另一个世界看着我们。客厅尽头，有个老人坐在轮椅上晃来晃去。作为这里多年的房客，他们提议把房子买下来。可他们不像能买得起房子，而房子也没什么卖相。妈妈收到电报，房客说愿意先付一半现金，她开收条，余款等年内办完手续再付。但他们谁也不记得安排了这次会面。说了半天，等于鸡同鸭讲，唯一弄明白的是，不存在任何协议。妈妈说晕了，也热晕了，汗如雨下，环顾四周，不禁叹了口气。

"可怜的房子就快倒了。"她说。

"早该倒几百回了。"老头说，"没倒，是因为我们花钱做了维护。"

他们有一份维修拖欠款清单，租金能抵一部分，算来算去，我们倒欠他们钱。妈妈虽说心慈手软，遇上生活的险阻也能迎头而上。她据理力争，但我没帮腔。因为从一开始，我就发觉买家有理。电报里并未说明售房日期和售房方式，这些都有待商榷。老毛病：家里人又在瞎蒙。我能想象出当时的场景：收到电报后，在饭桌上拍板。不算我，还有十个拥有相同权利的兄弟姐妹。最后，妈妈东拼西凑了几个比索，收拾了一个她学生时代的书包上路，身上带的钱只够买一张回程票。

妈妈和女房客决定从头理论，不到半小时，我们就发现，这买卖没法儿做。有些问题根本解决不了，我们都忘了这房子做抵押贷了一笔款，好多年后才能结清，结清了才能卖。女房客又想扯出陈芝麻烂谷子的事，妈妈毅然决然地拦住了她的话头。

"这房子我们不卖了！"她说，"就当我们生在这儿，也要死在这儿！"

那天下午余下的时间里，在火车到站之前，我们以怀旧之情回忆起有关那座充满鬼魂的宅子的点点滴滴。整栋宅子都是我们的，但只有临街出租的部分还能住人，外公曾在那儿办公。其余墙面千疮百孔，锌皮屋顶锈迹斑斑，蜥蜴爬来爬去。妈妈站在门槛旁，目瞪口呆，十分坚决地叫道：

"房子不是这个样子的！"

她没说该是哪种样子，儿时，关于老宅的历史，大家各执一词，至少有三个不同版本。听外婆说，这里最早是印第安人的棚屋，她的口气很不屑。后来，外公外婆将它翻盖成泥巴苇子墙、棕榈叶屋顶的宅子，客厅宽敞明亮，餐厅像露台，花团锦簇，卧室有两间，庭院里种着一棵参天栗树，菜园精心打理过，山羊、母鸡和猪在牲口圈里和平共处。按最普遍的说法，这栋宅子在某年的七月二十日，独立日①庆典时，被落在棕榈叶屋顶的烟火烧成了灰烬。那些年战事频仍，到底哪年谁也说不清。大火过后，只留下水泥地和两间朝街的房子。"老爹"任公务员的时候，常常在那里办公。

余烬犹温，家里人便建造了这最后的栖息地。八间房一字排开，长长的走廊，栏杆旁一溜秋海棠，女眷们趁下午凉快，坐在那里绣绣花，聊聊天。房间式样简单，彼此之间也没有什么不同，但我一眼就看出，我一生中的那些重要时刻就隐藏在这些房间无数的细节里。

第一间是会客室兼外公的私人办公室。屋里有开合式书桌、沙发转椅、电风扇。空荡荡的书柜里，只有一本硕大无比的绽了线的书：一部西班牙语词典。紧邻的是外公的金银作坊，他在那儿制作身子会动、镶着绿宝石眼睛的小金鱼，不为糊口，只凭兴致，度过了最美好的时光。他在那儿接待过大人物（特别是政治家）、丢了饭碗的公务员和退伍老兵。两位历史人物也在其中，拉斐尔·乌里韦·乌里韦②将军和本杰明·埃雷拉③将军分别来家里吃过饭。乌里韦·乌里韦将军饮食有度，让外公终生难忘："他吃得像小鸟一样少。"

①哥伦比亚1536年沦为西班牙殖民地，1810年7月20日宣布独立。
②拉斐尔·乌里韦·乌里韦（1859—1914），哥伦比亚军人，"千日战争"中自由党的领袖。
③本杰明·埃雷拉（1853—1924），哥伦比亚军人，自由党的领袖。

根据加勒比文化，女眷禁入办公室和手工作坊，正如法律明文规定，镇上的酒馆禁止女性入内。可是后来，办公室居然变成了病房，佩特拉姨姥姥在里面去世，"老爹"的姐姐、久病不愈的维内弗里达·马尔克斯临终前几个月也是在那儿度过的。再后来，那儿又变成女眷专用客房，许多女眷曾在那儿暂住或久住，儿时的我有幸成为唯一能在两个世界里都得到优待的男性。

走廊拓宽一段，便是餐厅，女眷们坐在栏杆旁绣花。餐桌可坐十六人，客人每天中午乘火车到来，有意想之中的，也有意料之外的。妈妈重回旧地，看着残破的秋海棠花盆、腐烂的花根和被蚂蚁蛀空的茉莉花树干，缓过神来。

"茉莉花香有时浓郁得让人无法呼吸。"她望着炫目的天空，深深地叹了一口气，"可从那以后，我最怀念的是午后三点的惊雷。"

我听了一惊。我也记得惊醒午睡的那声巨响，像石头连续滚过。不过，我从未意识到雷声只在午后三点响起。

走廊后面还有一间会客室，只在特殊场合使用。日常待客，男宾在办公室，女宾在秋海棠长廊，一律用冰镇啤酒招待。神奇的卧室世界从那儿开始：头一间是外公外婆的卧室，门很大，面向花园，雕花木板上刻着落成年代：一九二五。在那里，出乎意料地，妈妈给了我一个惊喜。她用胜利的口吻叫道：

"这儿就是你出生的地方！"

我要么之前不知道，要么就是忘记了。而我睡到四岁的那张婴儿床在下一间卧室里，外婆一直留着。我原本把它忘了，但一见到它，我就回想起自己穿着簇新的蓝色碎花连衫裤、大哭大闹叫人来换装满屎的尿布的场景。当时，我只能勉强抓着那张婴儿床的围栏站立。床又小又不结实，像婴儿睡篮。亲戚朋友们老笑话我，说我这个小屁孩着急起来的样子像个大人。我说，那么着急，不是因为大便恶心，而是怕弄脏簇新的连衫裤。换言之，不是爱干净，而是爱漂亮。这件事一直萦绕在我的脑海里，是身为作家的我最初的记忆。

那间卧室设有祭坛，摆放着真人大小的圣徒像，比教堂里的更逼真、更阴森。外公的表妹弗兰西斯卡·西莫多塞娅·梅希亚一直住在这儿，我们叫她"嬷嬷"。在她父母双亡后，她俨然成了家里的女主人。我睡在旁边的一张吊床上，长明灯下，圣徒眨巴着眼睛，把我吓坏了。那盏灯等到所有人都去世后才会灭掉。妈妈没出阁前也睡在这儿，也被圣徒们吓得够呛。

走廊尽头的两间房大人们不让我进。外间住的是胡安·德迪奥斯舅舅婚前的私生女萨拉·埃米莉亚·马尔克斯表姐。她由外公外婆一手带大，天生丽质，个性鲜明，有全套卡列哈①精美童书，彩色插图，它们勾起了我最初的文学兴趣。可她怕我把书弄乱，怎么也不让我碰。这是身为作家的我最初的失落。

里间是杂物间，堆着没用的箱子和其他物品，我好奇了好多年，就是没办法进去寻宝。后来我才知道，当年妈妈放假约同学来玩，外公外婆专门购买的七十个便盆也放在里面。

隔着走廊，那两间房的对面是大厨房，有原本石砌的小灶和外婆后砌的大灶。外婆是专业面包师加甜点师，小动物形状的糖果大清早香气扑鼻。厨房是女人们的地盘，她们在这儿干活，也在这儿生活。外婆的活儿头绪多，大家边唱边忙。了不起的洛伦索是外曾

①撒图尼诺·卡列哈（1853—1915），西班牙著名出版商、教育家、作家，卡列哈出版社的创始人，专门致力于出版童书。

祖父母留下的鹦鹉，恐怕有一百岁了，会喊反抗西班牙的那些口号，唱独立战争时的歌曲。它瞎得厉害，掉进过汤锅里，幸好水刚开始烧，这才让它捡回了一条小命。某年的七月二十日，下午三点，它凄厉的叫声差点儿把房顶掀翻：

"公牛！公牛！公牛来了！"

男人们都出门去参加国庆斗牛比赛了，家里只剩下女人，她们都以为鹦鹉老年痴呆，胡说八道。她们知道怎么跟鹦鹉交流，但直到一头从广场上的牛栏里逃出来的野牛怒吼着冲进厨房，瞎撞一气，她们才明白它在叫什么。做面包的家什和灶台上的锅都遭了殃。女人们吓破了胆，一阵风似的往外逃。我正往厨房走，被她们一把抱住，躲进了食品储藏室。那头失控的牛在厨房里的怒吼声加上走廊水泥地上急促的牛蹄声震得房子一个劲儿地晃。突然，天窗里探进牛脑袋，它灼热的口气和硕大的眼睛吓得我手脚冰凉。长矛手赶来，把牛带回牛栏，如火如荼的讨论就此展开。咖啡一壶壶地煮，布丁一盘盘地上，戏剧性的场面一遍遍地说，持续了一个多星期，叽叽喳喳，有滋有味。每说一遍，劫后余生的女人们的形象就又高大一些。

庭院看起来好像不大，树的种类却不少，一个没有屋顶的洗澡间，外带一个水泥砌成的蓄水池用来接雨水，还有一个高高在上的平台，要爬一架三米左右、不太结实的梯子才能上去。那儿放着两只大桶，外公大清早摇手摇泵，将水打满。再过去是马厩（木板没有上漆）和仆人房，最后是开阔的果园。家里唯一的粪池也在那儿，印第安女佣日复一日地在这里倒尿盆。最郁郁葱葱、热情好客的当数那棵早已跨越时空的栗树。上世纪打了那么多场内战，至少有两位退役上校是在那棵古树下撒尿时死去的。

在我出生前十七年，外公外婆把家搬到了阿拉卡塔卡。当时，联合果品公司垄断全球香蕉市场的骗局刚刚上演。一同搬来的还有他们二十一岁的儿子胡安·德迪奥斯、十九岁的女儿玛格丽塔·马里亚·米尼亚塔·德阿拉克盖和当时五岁的我的妈妈路易莎·圣地亚加。妈妈出生前，外婆怀过一对双胞胎，四个月时意外流产。怀上妈妈后，她说四十二岁了，生完这个，再也不生了。过了差不多半个世纪，同样年龄的妈妈在同样的情况下说了同样一番话，呱呱坠地的埃利希奥·加夫列尔是她第十一个孩子。

举家迁往阿拉卡塔卡，是想忘记过去。尽管奴隶制已经废除，他们还是按一人一百比索的价钱买来了两名瓜希拉印第安男仆阿利尼奥、阿波利纳尔和一名印第安女仆梅梅。上校曾在捍卫荣誉的决斗中杀过人，事后追悔莫及。往事不堪回首，他带上必需品，想逃得越远越好。多年前，他曾途经此地，当时还在打仗，他以总军需官的身份前往谢纳加，出席《尼兰迪亚协定》的签署仪式。

新家没有给他们带来平静，贻害无穷的自责情绪甚至会传染给某个误入迷途的玄孙。外婆米娜眼睛瞎了，脑子也有些糊涂，时常激动地回忆往事，我们这才弄清楚事情的来龙去脉。当年，谣言满天飞、大祸临头时，只有她是事后才得知决斗这回事。

事情发生在巴兰卡斯。它坐落在内华达山脉的支脉上，是个太平繁荣的小镇。上校在这里跟他的父亲和祖父学会了金匠手艺，签署停战条约后，他回归故里。对手是个大个子，比他小十六岁，跟他一样，是个死心塌地的自由党人，天主教徒，农民。大个子家境贫寒，结婚不久，有两个孩子，听名字就是个好人：梅达多·帕切科。最让上校痛心的是，与战场上遭遇的无数不知名姓的敌人不同，他们是老朋友、党内同志兼"千日战争"战友。太平年代，两人却要生死相搏。

那是现实生活中第一桩激发我创作灵感的事，让我久久不能忘怀。自懂事起，我就发现此事对全家举足轻重，然而，细节始终云山雾罩。妈妈当年只有三岁，老觉得那是一场不着调的梦。大人们当着我的面闪烁其词，说法不一，让我永远琢磨不透。最可信的说法是：梅达多·帕切科的母亲听说外公出言侮辱了她，便唆使儿子去报仇，替她挽回名誉。外公当众辟谣，向母子俩做了解释。谁知梅达多·帕切科积怒未消，出言反攻，说外公身为自由党人，行为可耻。是何行为，我也不甚清楚。外公颜面扫地，约他择日决一死战。

上校从挑战到决斗期间的所作所为堪称表率。他悄无声息地将一切安排得井井有条。命运只有两种安排：要么死，要么入狱。无论怎样，他都要确保家人的安全。他不慌不忙地变卖了最后一次战争后仅剩的家产：金银作坊和他父亲留下的、他用来养山羊和种甘蔗的一小块土地。六个月后，他把所有资金压在箱底，静候决斗日的到来。日子是他定的，一九〇八年十月十二日，发现新大陆纪念日[①]。

梅达多·帕切科住在镇外，他不会错过那天下午纪念圣女皮拉尔的宗教游行，我外公知道。出门前，梅达多·帕切科给妻子留下一封情深意切的短笺，告诉她钱放在哪儿，对儿女的将来也各有规划。他把信放在两人共用的枕头底下，妻子睡觉时一定会看见。他

---

① 1492 年 10 月 12 日，哥伦布发现了新大陆。

没有和任何人告别，便出门去迎接他的恶时辰。

就连那些最不可信的说法也一致认为：决斗发生在十月的一个星期一，那天是典型的加勒比天气，乌云压顶，凄风苦雨。梅达多·帕切科身着节日盛装，刚拐进一条死胡同，就被马尔克斯上校拦住。两人都有武器。多年以后，外婆说胡话时，总说："上帝给过亲爱的尼古拉斯机会，让他饶了那个可怜人的性命，可他不知道抓住机会。"外婆这么想，恐怕是因为上校跟她说过，他突然拦住梅达多·帕切科时，看见他眼里闪过一丝痛苦。上校还说，他硕大的身躯倒在灌木丛里，发出呻吟，没有言语，"像小猫落水时的惨叫"。"老爹"去向镇长自首，套用了一句对仗工整的俗语："荣誉之弹战胜了权力之弹。"很有当年自由党人的风度，但我觉得这不像是外公说的话。问题是没有证人。外公和双方证人的呈堂证供本该是最权威的说法，只可惜卷宗即使存在过，也已不知所踪。我听过无数版本，没有任何两种雷同。

这件事让镇上的家家户户吵翻了天，连死者家人也持不同观点。有些提议复仇，有些却把特兰基利娜·伊瓜兰和她的儿女们接到自己家里去避风头。儿时，这件事对我触动很大。我背着上一代人的罪过，深切自责，直到如今，落笔之时，我依然更同情死者家人，而非自家人。

保险起见，"老爹"先被带到里奥阿查，又被带往圣玛尔塔，判了一年有期徒刑：半年监禁，半年监外执行。他刚出狱，就带全家去谢纳加玩了几天；后来又去巴拿马，留下了一笔风流债和一个女儿；最后他在阿拉卡塔卡落脚，在地方财政部门任收税官，工作既危险又不受人待见。他不再持枪上街，哪怕香蕉工人暴动、时局动荡时也没有，只把左轮手枪压在枕头底下以备自卫防身。

经历过梅达多·帕切科的噩梦，阿拉卡塔卡也远非梦想中的乐土。这里原本是奇米拉族印第安人农庄，位置偏远，时运不济，既不受上帝眷顾，也不受谢纳加市法律制约，没有在"香蕉热"的光环下，而是在其阴影里被载入史册。阿拉卡塔卡（Aracataca）不是镇名，而是河流名。在奇米拉语里，阿拉（ara）的意思是"河"，卡塔卡（Cataca）是族人对首领的称呼。因此，我们当地人不把镇子叫阿拉卡塔卡，而是按原来的称呼，叫它卡塔卡。

当外公为了唤起家人的热情，说这儿遍地钞票时，米娜说："钱是魔鬼拉的屎。"对我母亲来说，这里简直是恐怖王国，她对此地最初的记忆是蝗灾。当时她年纪还小，蝗虫把粮食全毁了。"你可以听到蝗虫飞过，就像刮了一场夹枪带棒的狂风。"回去卖房子时，她说。当时，吓坏了的居民们只能躲进屋里，自然灾害只有巫术能化解。

干燥的飓风随时可能席卷而来，掀翻屋顶，摧残刚栽不久的香蕉树，给镇子留下厚厚的一层灰。夏天，大旱让牲畜奄奄一息；冬天，暴雨让街道水流成河。美国佬工程师乘橡皮艇，在溺水的床垫和死去的母牛间穿行。联合果品公司将河流改道，人为改造灌溉系统是河水泛滥的罪魁祸首，最严重的一次，洪水甚至冲出了墓地里的骸骨。

人祸甚于天灾。一列玩具似的火车将来自四面八方、打定主意在此立地生根的冒险家们运送到这片灼热的沙土地，冒失的繁荣造成了人口增长和社会混乱。这里距丰达西翁河上的布宜诺斯艾利斯劳改营地只有五西班牙里，犯人们经常在周末溜出来捣乱。阿拉卡塔卡一点儿也不像西部片中的新兴城镇。奇米拉人的棕榈叶和芦苇茅屋渐渐变成了联合果品公司的小木屋，双坡锌皮屋顶、挂着粗麻布窗帘的窗户和遮阳棚上爬着藤蔓植物，花朵上沾满灰尘。人们在大道上支起帐篷。男人们当街更换衣服，妇女们张着雨伞，端坐在箱笼上。一头头的骡子被丢弃，饿死在旅店的马厩里。在这一群陌生的面孔间，我们这些最早的居民反而成了新来的客人，成了永远的异乡客，外来户。

死亡不仅源于周六发生的口角争执。一天下午，街上有人大呼小叫，只见一个无头人骑着骡子经过，原来，香蕉种植园之间结算账目的过程中，他被人用大砍刀砍了，脑袋被灌溉水渠里冰凉的水流冲走了。当晚，我又听到外婆嘀咕："这么可怕的事只有内地佬才干得出。"

内地佬在高原地区土生土长，和旁人比，不仅萎靡不振，恶习缠身，而且自诩为"上帝的使者"，面目可憎，以至于来自内地的军人疯狂镇压香蕉工人罢工后，我们不称军队里的人为士兵，而是直接叫他们内地佬。在我们眼里，他们是政权唯一的既得利益者，而他们中的许多人表现得嚣张跋扈，仿佛事实的确如此。不说这些就无法解释传说中"阿拉卡塔卡黑色之夜"的恐怖，那次屠杀在众人记忆中的痕迹十分模糊，是否发生过，并无确凿证据。

事情发生在一个比平时更糟的周六。一个本地人（没有留名的良善人）牵着一个小男孩走进酒馆，给孩子要了一杯水。有个独自在吧台喝酒的外乡人不让孩子喝水，非要他喝甘蔗酒。孩子父亲试图阻止，但外乡人坚持让喝。孩子吓坏了，不小心一巴掌把酒打翻。外乡人想都没想，一枪将他打死了。

这是儿时笼罩在我心头的另一个阴影。跟"老爹"去酒馆喝饮料时，他常提起。事情匪夷所思，连他都不敢相信。当时，他应该刚到阿拉卡塔卡不久，因为我母亲只记得家里的大人被吓得够呛。因为只知道行凶者带安第斯山区的做作口音，镇里人的报复对象不仅是他，还有无数持同样口音、同样可恶的外乡人。许多人举着甘蔗砍刀，冲向昏暗的街头，在影影绰绰的人群里随便抓个人过来，喝道：

"说话！"

单凭口音，就将他大卸八块，根本不考虑口音千差万别，这样做不公平。姑姥姥维内弗里达·马尔克斯的丈夫堂拉斐尔·金特罗·奥尔特加是地道的内地佬，他之所以能活到近百岁，是因为当时外公把他关进了食品储藏室，等事态平息后才放他出来。

来阿拉卡塔卡两年后，家里的掌上明珠玛格丽塔·马里亚·米尼亚塔撒手人寰，全家人心碎不已。她的照片多年来挂在客厅里，名字如同众多家族标志一样，代代相传。最近那几代年轻人应该不再会被那个身穿波浪裙、脚踏小白靴、长辫及腰的小公主所打动，他们绝对不会将如此精致的形象跟一位外曾祖母搭上关系。但我总觉得，与悔恨和幻灭相比，神经紧张对外公外婆而言，几乎相当于太平日子。无论在哪儿，他们都感觉像异乡客，直到闭了眼。

他们的确是异乡客，但混在从世界各地乘火车赶来的人群里，倒也没那么显眼。带着和外公外婆家同样的想法，菲尔库森、杜兰、贝拉卡萨、达孔特、克莱亚纷纷举家前来，希望能过上更好的日子。纷至沓来的还有意大利人、加纳利人和叙利亚人（我们称之为土耳其人），他们越过省界，前来追寻自由和在故土丢失了的生活方式。芸芸众生，形形色色。有些是魔鬼岛——法属圭亚那监狱——的逃犯，他们并没有作恶，只是持有异见。其中一个叫勒内·贝尔伯努瓦，法国记者，政治犯，他逃到香蕉种植园来撰写大作，披露监狱生活的种种不堪。阿拉卡塔卡鱼龙混杂，从一开始就是个没有边境的地区。

然而，最令人难忘的是委内瑞拉人。两名少年学生曾经前来度假，住在一户委内瑞拉人家里，大清早往头上浇凉水洗澡。他们是罗慕洛·贝坦科尔特和劳尔·莱昂尼，半个世纪后，先后就任该国总统。委内瑞拉人中，接生婆胡安娜·德弗雷特斯太太跟我们走得最近。她气色很好，讲故事水平高超。我正儿八经听过的第一个故事《布拉班特的格诺费瓦》就是她给我讲的。她把许多世界名著改编成儿童故事，像《奥德赛》《愤怒的奥兰多》《堂吉诃德》《基督山伯爵》《圣经》等的片段。

外公无权无势，却备受尊敬，连香蕉公司的地方主管也对他仰慕不已。他是自由党老兵，多次参加内战，签署最后两个条约后解甲归田。本杰明·埃雷拉将军起到了表率作用，每天下午，他的尼兰迪亚庄园都传来忧伤的华尔兹舞曲，是他用单簧管吹奏的。

妈妈在这片脏兮兮的土地上长大成人，斑疹伤寒带走玛格丽塔·马里亚·米尼亚塔后，她集全家人的宠爱于一身。妈妈原本体弱多病，童年过得心惊胆战，三天两头间日热，退完最后一次烧，病好了，彻底好了。她九十七岁高寿，膝下有十一个子女，外加爸爸另外四个私生子、六十五个孙子、八十八个曾孙和十四个玄孙（不知道的还未统计在内），于二〇〇二年六月九日晚八点半无疾而终。当时，我们已经在打算为她庆祝人生的第一个一百年。她去世那天，几乎在同一时辰，我写下了这本回忆录初稿里的最后一个句号。

妈妈一九〇五年七月二十五日出生在巴兰卡斯，家人刚走出战乱，开始新生活。她全名中的第一个名字是为了纪念上校的母亲路易莎·梅希亚·比达尔，那天距她去世正好过了一个月。第二个名字源于一个圣日，纪念在耶路撒冷被斩首的使徒大圣地亚哥。她觉得太男性化、太引人注目，藏了半辈子，谁知被我这个不肖子写进小说，泄露了天机。

妈妈是个勤勉的好学生，除了学钢琴。钢琴是外婆逼她学的，在外婆心中，弹不好钢琴，就做不成淑女。路易莎·圣地亚加乖乖学了三年，在热浪滚滚、昏昏欲睡的中午练琴，日日如此。一天，她烦透了，果断放弃。阿拉卡塔卡的电报员年轻傲慢，芳龄二十的妈妈与他坠入情网，不能自拔。正是凭借倔强的个性，她才顶住了来自家人的压力。

关于那段坎坷的恋情，父母单独或一起说过无数次，让年轻时代的我惊讶不已，二十七岁的我创作第一部小说《枯枝败叶》时，早已对其了解得八九不离十。但我依然觉得，如何下笔，仍需学习。他们俩擅长讲故事，回忆起那段甜蜜的爱情，心潮澎湃，不能自已。年过半百的我决定将它写进《霍乱时期的爱情》，真假虚实，难以分辨。

妈妈说，他们是在给一个孩子守灵时初次见面的。到底是哪个孩子，两人均语焉不详。妈妈和女孩们在院子里唱歌，按风俗，要给夭折的孩子唱九夜的情歌。突然，有男声混入合唱。她们回头一看，全呆了：小伙子真帅！"我们要嫁给他。"她们打着拍子唱出副歌。妈妈对他印象不深，只说："又是个异乡客。"没错。他来自卡塔赫纳，初来乍到，本是医药专业学生，没钱，只好辍学，不久前当上电报员，在附近几个镇子收发电报，过着普通的日子。看当年照片，他就是个穷小子：四排扣紧身时尚深色塔夫绸外套、浆领、宽领带、有檐窄边草帽，时髦的细架圆框眼镜的镜片是纯天然玻璃的。认识他的人都以为他夜不归宿、放荡不羁、四处留情，其实他在漫长的一生中烟酒不沾。

那是妈妈第一次见他，他却早在前一个周日八点的弥撒上就见过妈妈，弗兰西斯卡·西莫多塞娅表姑姥姥陪在她身边（妈妈放学后，她始终不离左右）。周二，他又见到她们俩在门前的巴旦杏树下做针线活。守灵当晚，他已经得知妈妈是尼古拉斯·马尔克斯上校的女儿，而他手里有好几封致上校的推荐信。在那之后，妈妈也得知他单身多情，口才不凡，出口成章，舞技高超，小提琴拉得凄婉动人。妈妈说，清晨听他拉琴，总会潸然泪下。他的小夜曲保留曲目是浪漫至极的华尔兹舞曲《当舞会结束》，这也是他的社交名片。多才多艺加上平易近人帮他敲开了外公外婆家的门，他成了午餐桌上的常客。弗兰西斯卡表姑姥姥来自卡门－德玻利瓦尔，而他出生在附近的辛塞。表姑姥姥听了，与他一见如故。妈妈虽在社交聚会上和他玩得开心，却没想到他另有所求。他们俩之所以走得近，甚至是因为他和妈妈的同学偷偷约会，妈妈负责打掩护，还答应在他们的婚礼上做教母。后来，他叫她教母，她叫他教子。在一场晚间舞会上，胆大包天的电报员从扣眼上摘下玫瑰，对她说："玫瑰和我的生命，献给您。"妈妈有多惊讶，可想而知。

爸爸多次表示，那句话绝非随口一说。认识所有姑娘后，他认定心上人非路易莎·圣地亚加莫属。妈妈以为他爱献殷勤，以为玫瑰只是个无伤大雅的玩笑，舞会结束后就把花扔了，这被他看在眼里。妈妈被人暗恋过，那是个怀才不遇的诗人。她只当他是好友，火热的诗句打动不了她的芳心。不知为何，加夫列尔·埃利希奥的玫瑰却让她辗转反侧，愁肠百结。我第一次正式跟她聊这段恋情时，她已经生了一大堆孩子。她坦言："我气自己居然在想他，气得睡不着。更恼火的是，越气越想，越想越气。"她既想见他，又不能见他，好不容易熬过了那一周。教母教子，形同陌路。一天下午，她们又在巴旦杏树下做针线活，表姑姥姥调皮地取笑她说：

"我听说有人送你玫瑰。"

又是这样，路易莎·圣地亚加的心事早已路人皆知，只有她自己不知道。我们聊过多次，他们俩都说这场死去活来的爱情有三个决定性的时刻。第一个是圣枝主日的大弥撒。妈妈和弗兰西斯卡表姑姥姥坐在圣坛左侧的长椅上，听见砖地上传来爸爸的弗拉门戈舞鞋声。他从她身边经过，暖暖的润肤露香扑面而来。表姑姥姥装作没看见他，他也装作没看见她们。其实，他早有预谋，自她们经过电报所后，他就一直跟着。他站在靠门最近的柱子边，他能看见她的背影，她却看不见他。她憋了几分钟，没能憋住，回头往门边看，差点儿气死。他也在看她，四目相对。"正如我所料。"已至暮年的爸爸依然倍感幸福。妈妈则不厌其烦地对我说，她中了圈套，整整生了三天气。

第二个时刻是爸爸写给妈妈的信。她以为是这个天天偷偷摸摸为她拉小夜曲的人写来的情书，谁知是措辞强硬的短笺。他接下来那一周要去圣玛尔塔，要她在那之前务必回复。她闭门不出，没有回复，决意斩断这根让她生不如死的情丝。后来表姑姥姥劝她悬崖勒马，乖乖就范，为了让她回心转意，还给她说了个故事：胡文蒂诺·特里略求爱不得，每晚七点到十点守在爱人的阳台下。爱人对他竭尽羞辱之能事，甚至从阳台泼尿下去，每晚如此，还是赶他不走。百般考验之后，爱人被他百折不挠的忘我精神感动，答应成婚。爸爸妈妈的故事可没这么夸张。

这场困境中的第三个时刻是一场盛大的婚礼，他们俩受邀做傧相。结婚的是她的近亲，她不能不去，被他料到了，他有备而来。她见他志得意满地穿过舞池，邀她跳第一支舞，她的心几乎跳到了嗓子眼儿。"不知是气还是怕，血拼命往上涌。"妈妈告诉我。他看在眼里，捅破了那层窗户纸："您不用说'我愿意'，您的心已经告诉我了。"

她想都没想，把他晾在了舞池中央。她这么做，他懂。

"那一刹那，我很幸福。"爸爸告诉我。

路易莎·圣地亚加大清早在甜蜜撩人的华尔兹舞曲《当舞会结束》中醒来，怒不可遏，第二天一早就把加夫列尔·埃利希奥的礼物全部退回。婚礼现场，她拂袖而去，他无端受辱。消息不胫而走，覆水难收。大家都以为这场夏日的爱情风暴已经平息，更何况路易莎·圣地亚加儿时常患的间日热复发，被母亲带到位于内华达山支脉上的"人间天堂"马纳乌莱养病。两人都说那几个月没有联系，但并不十分可信，因为当她病愈归来时，他们俩看上去也和好如初了。爸爸说看到米娜发来回家的电报，便去车站等候。路易莎·圣地亚加跟他握手问候，他说收到了爱的信号，她说没那回事。回忆往昔，她总是赧然。事实上，从那以后，他们俩就大大方方地在一起了。又过了一周，表姑姥姥跟她在秋海棠长廊上绣花，终于对她说：

"米娜知道了。"

路易莎·圣地亚加总说，自那晚在舞会上拂袖而去，将追求者留在舞池中央，就已将感情压在心底，后来是因为家人的反对，感情才会决堤。那是一场鏖战。上校本想置身事外，米娜却认为他难辞其咎，把他骂了个狗血喷头。在每个人看来，很显然不能容人的是外婆，不是外公，即使实际上族规里曾经写着，任何追求女儿者，均为闯入者。如此陈旧的观念余孽未消，导致女人独身，男人偷情，满街都是私生子。

朋友们按年龄分成两派，一派支持，一派反对，立场不鲜明的也迫于形势，二选一。年轻人希望玉成此事，特别是他的朋友们。他也乐得扮演世俗偏见牺牲品的角色。上年纪的人则多半视她为千金小姐，认为外来的电报员发起追求，不为爱，只为钱。路易莎·圣地亚加原本千依百顺，感情受阻，居然凶相毕露。吵得最凶那次，米娜气疯了，对着女儿抄起切面包的刀。女儿面对利刃，毫无惧色。米娜突然醒悟：急火攻心，差点儿铸成大错。她大惊失色地叫道："我的天啊！"然后扔下刀，把手放在炉火上，拼命惩罚自己。

在对加夫列尔·埃利希奥的反对声中，有一种说法是他是私生子，他母亲十四岁就和学校老师好上了，生下了他，但一直单身。他母亲名叫艾尔赫米拉·加西亚·帕特尼娜，是白人，身材苗条，思想开放，既不结婚，也不同居，和三个男人生了五个儿子、两个女儿。她住在故乡辛塞镇，咬着牙把儿女们拉扯大，她那种独立、愉快的精神正是我们孙辈在圣枝主日上所需要的。加夫列尔·埃利希奥完美地继承了家族里的穷光蛋气质，十七岁起，他结识过五位少女情人。这是新婚之夜，他们在里奥阿查海面遭遇风暴、被困在一艘风雨飘摇的小船上时，爸爸亲口跟妈妈说的。他说自己十八岁在阿奇镇做电报员，有个儿子，叫阿维拉多，快三岁了；二十岁在阿亚佩尔镇做电报员，有个女儿，叫卡门·罗萨，刚几个月，还没见过。他答应过会回去跟女儿母亲结婚，原本想说话算话，谁知爱上了路易莎·圣地亚加，走上了另一条人生路。他带儿子做过公证，以后也会带女儿去做公证。不过，这些只是走形式，没有任何法律效力。令人惊奇的是，爸爸的行为不端居然会让马尔克斯上校在道德上有所忧虑，要知道，除了三个婚生子，上校婚前婚后还有九个私生子，是和不同女人生的，但外婆一律视同己出。

长辈们的这些绯闻我什么时候知道的，我不记得了，也不在意。让我在意的是亲戚们独一无二的名字。先是妈妈这边的：特兰基利娜、弗兰西斯卡·西莫多塞娅；再是爸爸那边的：艾尔赫米拉奶奶，她的父母分别叫罗萨纳和阿米纳达布。或许正因为这样，我才坚信小说人物必须名如其人，方能生动鲜活。

最糟糕的是，加夫列尔·埃利希奥是保守党积极分子——尼古拉斯·马尔克斯上校昔日战场上的对手。《尼兰迪亚协定》和威斯康星条约的签订只换来了部分和平，因为羽翼未丰的中央集权主义依然大权在握，而保守党和自由党要过很久才不再剑拔弩张。加夫列尔·埃利希奥的保守党倾向或许是受家庭影响，而非个人信仰。可别人偏偏咬住这点不放，对他聪明机警、诚实可靠等优良品质视而不见。

爸爸既难被看透，又难讨好，比他看上去还要穷很多。他一生与贫困为敌，屡败屡战，屡战屡败。凭借同样的勇气和自尊，他排除万难，和路易莎·圣地亚加苦苦相恋。爸爸蜗居在阿拉卡塔卡电报所后面的房间里，那儿总挂着一张吊床，他一个人睡的时候用。但是在吊床旁边还放着一张单身汉用的过了油的弹簧床，给夜晚可能来的任何人留着。他这种偷偷摸摸的猎人的生活方式一度让我十分羡慕。后来，生活告诉我，这种方式最孤独、最无趣。我很同情爸爸。

爸爸去世前对我说，在最难挨的日子里，一天，他和几个朋友去上校家做客，所有人都有座位，唯独他没有。妈妈全家始终否认有过这回事，认为他是旧恨难平，或者至少是记错了。谁知，近百岁的外婆突然迷糊起来，仿佛穿越时光隧道，回到了昔日。

"那个可怜的孩子站在客厅门口，亲爱的尼古拉斯就是不让他坐。"她真的痛心。

我时刻关注外婆神志不清时走漏的事情，赶紧追问她那人是谁。她突然回答：

"是加西亚，那个拉小提琴的。"

爸爸做过许多傻事，最不符合他个性的是买了支枪，以备不时之需，用来对付退伍军人马尔克斯上校。他买的是一支万人景仰的史密斯威森点三八口径的长筒左轮手枪，转手无数次，夺命无数条。唯一能肯定的是，无论是出于好奇还是防身，爸爸都从没开过一枪。多年以后，我们几个大孩子在杂物柜里发现了这支枪，五颗原装子弹一颗不少，和拉小夜曲的小提琴放在一块儿。

面对家人的反对，加夫列尔·埃利希奥和路易莎·圣地亚加没有屈服。开始，他们俩偷偷摸摸地在朋友家见面；遭到严加管束后，只能偷偷摸摸地鸿雁传书。凡是他参加的聚会，她都不许去，只能远远地看一眼。再后来，特兰基利娜·伊瓜兰大发雷霆，没人敢跟她对着干，公共场合便再也看不到他们俩的身影。连情书也送不成了，但两人依然奋力自救。她把贺卡藏在给他定做的生日蛋糕里，他利用一切机会给她发密码电报，甚至用上了隐形墨水。弗兰西斯卡表姑姥姥明目张胆地打掩护，还死不承认，这使她头一回在家里失去了威信，只能陪母亲在巴旦杏树下做针线活。于是，他就去街对面的阿尔弗雷多·巴尔沃萨大夫家，站在窗前打手语，向她传递爱意。她手语学得好，趁表姑姥姥不注意，能比画着跟心上人交谈。阿德里亚娜·贝尔杜戈是她的教母，足智多谋，胆大包天，想出无数办法帮她，这只是其中一个。

他和她备受煎熬，这些办法好歹是个安慰。结果有一天，加夫列尔·埃利希奥收到一封使他惊恐的信，来自路易莎·圣地亚加，逼他做出决断。信是匆匆忙忙写在卫生纸上的，跟他说了一个坏消息：父母决定带她去巴兰卡斯，遍游各镇，用非常手段治好她的相思病。这不是在里奥阿查坐船夜遇暴风雨，而是在内华达山脉那样的蛮荒之地骑骡、坐木轮马车，在辽阔的帕迪亚省境内颠簸劳顿，绝不是一次普普通通的旅行。

"当时，我宁愿死，也不愿走。"去卖房子那天，妈妈告诉我。她真的想死：把自己锁在房里，整整三天，只就着清水吃点儿面包，直到外公发火，她才害怕起来。加夫列尔·埃利希奥发现局势紧张、一触即发，也决定采取非常手段（好在可操作）。他从巴尔沃萨大夫家里出来，几大步迈过街，来到巴旦杏树下，站在两个女人面前。妈妈和弗兰西斯卡表姑姥姥把针线活放在膝上，心惊胆战地等他过来。

"请让我单独和小姐待片刻，"他对表姑姥姥说，"我有重要的事要对她说。"

"放肆！"表姑姥姥反唇相讥，"她的事没有什么是我不能听的。"

"那么我就不说了，"他回答，"但我要提醒您，您要对此负责。"

路易莎·圣地亚加求表姑姥姥让他们单独待一会儿，出了事，她负责。加夫列尔·埃利希奥说，只要她立下重誓，非他不嫁，就可以和父母出门，想去哪儿就去哪儿，多久都行。她欣然应允，甚至自作主张、自担风险地加上一句：除非死，不然非他不嫁。

　　他们花了近一年的时间见证此情不渝，个中艰辛谁也无法想象。第一程为期两周，妈妈骑骡跟着骡队在内华达山脉穿行。随行的还有维内弗里达的女仆恩卡纳西翁，大家都亲热地叫她琼。从离开巴兰卡斯起，她就一直跟我们住在一起。山路险峻，上校却了如指掌。打仗时，他每晚换一个地方，在这儿留下了一大堆儿女。外婆坐船坐怕了，非要走她从没走过的山路。妈妈是第一次骑骡子，或烈日当空，或大雨倾盆，山崖边的雾气催人入睡，她提心吊胆地赶路，这样的经历简直是噩梦，而她脑子里还装着一个不能使她放心的未婚夫，午夜盛装，拂晓琴音，莫非真的在做梦？第四天，妈妈实在坚持不住，威胁外婆：不回家，就从悬崖边跳下去。米娜比她更害怕，决定回头。可是，骡队首领展开地图，说前进、后退一样远。走到第十一天，站在最后一段山崖上，看见巴耶杜帕尔阳光普照的平原时，大家总算松了口气。

　　心上人还没走完第一程，加夫列尔·埃利希奥就找到了和她保持联络的好办法。妈妈和外婆要经过七个镇子才能抵达巴兰卡斯。爸爸和这七个镇子的电报员都说好了。妈妈也自有办法。伊瓜兰和科特斯家族遍布全省，家族观念牢不可破，而亲友们都向着妈妈。从巴耶杜帕尔——他们住了三个月——到近一年后旅行结束，妈妈和爸爸浓情蜜语，鸿雁传书。她只要在经过每个镇子的电报所时，拜托热心亲友（多为年轻女子）收发电报即可。琼平日不言不语，作用不可低估。电报藏在她衣服里，妈妈既不担心，也不害臊。琼嘴巴严，而且不识字。

将近六十年后，我为第五本小说《霍乱时期的爱情》搜集素材时，旧事重提。我问爸爸：电报所之间取得联系，有没有专门的行话术语。他不假思索，脱口而出：enclavijar。词典上有这个词，但没有这层含义。不过，问题迎刃而解：电报所之间的联系本来就靠电报机操作盘上的摆针（clavija）。我没告诉爸爸为什么问这个词。可是，爸爸在去世前不久接受了一次媒体采访，记者问他想没想过写小说。他说想过，但在我问过他 enclavijar 这个词后，就不想了，因为他意识到他想写的就是我在写的那本。

那次，他还披露了一段差点儿就改变了命运的插曲。妈妈走了六个月，来到圣胡安－德尔塞萨尔。爸爸接到密报，说米娜此行肩负使命，是去打前站。梅达多·帕切科之死风波已平，全家打算搬回巴兰卡斯。太荒唐了！苦日子都熬过去了，香蕉公司又将这块福地建成了梦幻王国。不过，要是马尔克斯·伊瓜兰家族固执己见，宁可牺牲自己的幸福，也要让女儿摆脱臭小子的纠缠，也情有可原。爸爸当机立断，申请调至距巴兰卡斯二十西班牙里的里奥阿查电报所。暂时没有职位，但领导答应一定考虑。

妈妈不懂外婆的葫芦里究竟卖的什么药，又不敢跟她对着干。她发现离巴兰卡斯越近，外婆越期待，脾气越好。家里人谁都会把心里话告诉琼，可她从琼那儿也没打听出任何消息。妈妈想弄个明白，跟外婆说要在巴兰卡斯住下。外婆犹豫了一会儿，什么也没说。妈妈感觉谜底就要揭晓，心里七上八下的，上街随便摸了几张纸牌，找吉卜赛女人算命。吉卜赛女人没说她会在巴兰卡斯如何，只说远方有个她刚认识的男人会爱她一生一世，她会长命百岁，跟他幸福一生。据描述，那个男人，特别是他的行为举止酷似她的心上人，这让她吃了颗定心丸。吉卜赛女人最后还断言：她会和他生六个孩子。"我吓坏了。"妈妈第一次提起这件事时说。她万万没想到，还会再多生五个。这次算命让他们俩津津乐道，来往电文不再沉湎于空想，而是变为办法和实事。二人电报来往频繁，远胜从前。两人定日子，定策略，说好重逢后，无须任何人同意，无论何地，无论如何，结为夫妇。

路易莎·圣地亚加信守诺言。在丰塞卡，她觉得不经未婚夫同意，不便参加盛大的舞会。加急电报铃声大作时，加夫列尔·埃利希奥正在发四十度的高烧，躺在吊床上冒汗。发报的是丰塞卡电报所的同事。她想万无一失，便询问线路那头谁在发报。未婚夫惊大于喜，发送了一句暗语："告诉她，我是教子。"妈妈心领神会，跳舞跳到第二天早上七点，飞快地换好衣服，赶去望弥撒。

巴兰卡斯人对妈妈一家并无半点怨恨。相反，悲剧发生的十七年后，梅达多·帕切科的亲戚们原谅并忘怀过去，他们既往不咎，盛情款待。妈妈甚至动了这样的念头：既然阿拉卡塔卡又脏又热，周末血腥，亡灵飘荡，全家人不妨搬回山区过太平日子。她还暗示爸爸，只要他能调到里奥阿查，就这么办。爸爸对此表示同意。可就在那几天，大家总算明白了搬家的事有多不靠谱，除了米娜，没人愿意。米娜的儿子胡安·德迪奥斯写信给她，说梅达多·帕切科死了不到二十年，搬回去让他害怕。她回信说，那好，不搬。胡安·德迪奥斯对瓜希拉当地的宿命论深信不疑。半个世纪后，他的儿子爱德华多要加入巴兰卡斯的公共医疗服务队，他也反对。

最令人担心的事终于发生了。短短三天，全线告急。就在妈妈向爸爸确认米娜不想搬回巴兰卡斯的那个周二，爸爸接到通知，里奥阿查的电报员突然身亡,他要的职位有了。第二天,米娜在食品储藏室里翻箱倒柜找剪刀,偶然打开了一个英国饼干盒,里面藏着女儿的电报情书。她气急败坏,骂出气急败坏时才会说的一句老话:"天主宽恕一切,但不听话,不可恕。"母女俩周末赶往里奥阿查,周日乘船去圣玛尔塔。没想到二月狂风大作,那一夜惊心动魄。外婆万念俱灰,妈妈既害怕又幸福。

翻出情书后,米娜情绪失控,上岸时才冷静下来。第二天,她独自回到阿拉卡塔卡,把妈妈留在圣玛尔塔,托付给了儿子胡安·德迪奥斯,好让她远离欲海情魔。谁知适得其反,爸爸从此频繁地离开阿拉卡塔卡,前往圣玛尔塔,抓紧一切机会去见妈妈。胡安舅舅当年和迪莉娅·卡瓦列罗恋爱时,也曾遭到父母反对,他当时就想好了:等妹妹谈恋爱时,自己绝不做恶人。可事到临头,既要呵护小妹,又要尊敬父母,左右为难。他索性自作主张,好人做一半:可以见面但不能在他家里,不能单独行动,不能背着他擅自行动。舅妈虽不记仇,但往事难忘。她像当年对付公婆那样,想出各种高招,为小姑制造各种"偶遇"。加夫列尔和路易莎先在朋友家会面,后来胆子越来越大,渐渐在人不多的公共场合会面,最后竟敢趁舅舅出门,一个在客厅,一个在街上,隔窗会面。反正没在家里,没有违规。窗户仿佛专为相爱受阻的痴男怨女设计,隔着安达卢西亚风格的落地栅栏,窗棂上爬满了藤蔓植物,夜幕中还有淡淡的茉莉花香。迪莉娅未雨绸缪,甚至设口哨为暗语,请邻居帮忙打掩护。可惜有天晚上出了状况,一个警报都没吹响。胡安·德迪奥斯面对现实,乖乖认输。迪莉娅趁机将恋人请进客厅,窗户大开,将恋情公之于众。妈妈永远忘不了她哥哥的那声长叹:"总算解脱了！"

　　那几天，爸爸接到正式任命，要去里奥阿查电报所就职。妈妈担心又要分开，便向当年的堂区神父佩德罗·埃斯佩霍大人求助，希望能不经父母允许，和爸爸结为夫妇。神父大人德高望重，被许多教民奉为神灵。有些教民去望弥撒，只想眼见为实，看他在举扬圣饼时，是否真能腾空几厘米。妈妈求助于他时，他再次表现出神职人员的智慧。外公外婆注重隐私，家务事不容外人插手。神父另辟蹊径，通过教会悄悄打听爸爸的家世。辛塞的堂区神父与人为善，绝口不提艾尔赫米拉·加西亚的自由主义作风，只说"家庭正派，略欠虔诚"。于是，神父大人找来这对苦命鸳鸯，先一起谈，又分别谈，谈完修书一封，动情地向尼古拉斯和特兰基利娜保证：加夫列尔·埃利希奥和路易莎·圣地亚加情比金坚，至死不渝。神职人员发话，外公外婆只好从命。他们愿意结束这段伤心事，授权胡安·德迪奥斯在圣玛尔塔为二人举办婚礼。他们没有到场，只派弗兰西斯卡·西莫多塞娅去当教母。

　　爸妈于一九二六年六月十一日在圣玛尔塔教堂结婚。当天，新娘忘了日子，八点多才被人叫醒，婚礼推迟了整整四十分钟。当晚，爸爸要前往里奥阿查电报所就职，两人又胆战心惊地上船，晕晕乎乎地在海上度过了新婚之夜。

　　妈妈十分留恋度蜜月时的住处。我们几个大孩子可以如身临其境一般，具体地描述出每间房。那些错误的印象至今依然深刻。然而，当年届六十的我首次踏上瓜希拉半岛时，却惊讶地发现，那间电报所和我记忆中的大相径庭。儿时心中的里奥阿查一片田园风光，可那只是外公外婆营造的幻境。街道被盐水浸过，越到海边，地势越低，海水里净是淤泥。更糟糕的是，亲眼见过又如何？心中的里奥阿查还是过去一点点想象出来的模样。

办完婚礼两个月后，爸爸发电报给胡安·德迪奥斯，告诉他路易莎·圣地亚加有喜了。消息传到阿拉卡塔卡，家里差点儿地震，还没从痛苦中走出来的米娜和上校决定既往不咎，欢迎新婚夫妇搬回家住。此事谈何容易。爸爸据理力争了好几个月，才答应让妈妈回娘家生产。

没过几天，外公去火车站接他们，对他说的话足以名垂家史："我会尽量让您过得舒心。"外婆腾出自己的房间，整饬一新，给小两口住。就在那一年，爸爸辞去电报员这份不错的工作，自学成才，钻研一门没落学科——顺势疗法。外公出于感激或悔恨，向政府申请，将我们在阿拉卡塔卡居住的街道命名为埃斯佩霍神父街，该街名沿用至今。

就这样，一九二七年三月六日，星期天上午九点，七个男孩和四个女孩中的老大在那栋宅子里出生了。当时天气反常，大雨瓢泼，金牛座从地平线上升起。婴儿差点儿被脐带勒死，家里的接生婆桑托斯·维耶罗在紧要关头慌了手脚。弗兰西斯卡表姑姥姥更是方寸大乱，她奔到街上，仿佛失了火似的大叫：

"男孩！是个男孩！"接着又大声呼救，"甘蔗酒在哪儿？孩子喘不过气来呀！"

家人认为甘蔗酒不是用来庆祝的，而是给新生儿擦身、帮他捡回一条命用的。大救星胡安娜·德弗雷特斯太太走进产房。她多次对我说，最危险的不是脐带，而是妈妈不正确的卧姿，她帮她及时纠正过来。救我可没那么容易，弗兰西斯卡表姑姥姥慌乱之中把我扔进洗礼用的水里。我应该叫奥莱加里奥，那天是他的圣日，可是谁也没有圣徒祭日表。情急之下，他们给我取名叫加夫列尔·何塞·德拉康科迪亚。第一个名字是父名；第二个名字用来纪念木匠若瑟[①]，他是阿拉卡塔卡的守护神，三月也是他的守护月；第三个名字由胡安娜·德弗雷特斯太太提议：我的出生意味着亲朋好友之间的和解[②]。可这个名字在三年后的洗礼仪式上忘了被加上。

---

①即《圣经》中耶稣的养父约瑟。天主教译为若瑟，是西语人名何塞（José）的词源。本书采用天主教译法。
②康科迪亚原文为 Concordia，意为"和解"。

二

陪妈妈去卖房子那天，我回想起了儿时所有记忆深刻的事。但对于事情发生的先后顺序、它们在生命中的意义，我并不确定。我只是模模糊糊地意识到：香蕉公司制造虚假繁荣，父母结婚时，阿拉卡塔卡正在走向穷途末路。自记事起，我总是听到那句带有不详预言意味的话："香蕉公司要撤走了。"先是偷偷摸摸地小声说，然后是惊慌失措地大声说。可谁也不信，谁也不敢去想那灾难性的后果。

妈妈说，其实没死几个人。想象中那么宏大的悲剧，场面居然如此之小，我甚至感到有些扫兴。后来，我去采访幸存者和目击者，梳理报刊和官方文件，发现真相始终无迹可寻。顺从者称的确无人死亡；绝不顺从者则斩钉截铁地断言，死者过百，他们曾亲眼目睹广场上血流成河，死者如残次香蕉，被装上货运列车，扔进大海。所以，我所理解的真相便在这两个极端之间某个含混不清的点上迷失了。把这个挥之不去的事件写进小说时，我将脑海中盘桓多年的恐惧化为确切的数字，对应事件的历史性，将死亡人数定在三千。虚构最终成为"现实"：不久前，在香蕉工人大屠杀纪念日，参议员发表讲话，倡议为死于军队之手的三千名无名烈士默哀一分钟。

之前大大小小的屠杀和香蕉工人大屠杀相比，实属小巫见大巫。据称，几位工人领袖被指认为共产主义者，也许此言不虚。陪妈妈去卖房子前后，我在巴兰基亚模范监狱邂逅了其中一位遭到追杀的杰出领袖爱迪华多·玛艾查，我当时自报家门，说自己是尼古拉斯·马尔克斯的外孙，自此和他建立了深厚的友谊。他告诉我，一九二八年罢工时，外公不是中立者，而是调停人。在他心中，外公做事公平公正。他的说法，使我对屠杀的了解更加完整，对这起社会冲突的看法更加客观。记忆最模糊、分歧最明显的只是死亡人数。话说回来，哥伦比亚的历史之谜远不止这些。

听了那么多彼此矛盾的说法，我脑海中冒出许多无中生有的记忆。最根深蒂固的是，我戴着普鲁士钢盔，挎着玩具步枪，站在家门口，看着汗流浃背的内地佬列队从巴旦杏树下经过。一位军官身着阅兵礼服，从我身边经过时，跟我打招呼：

"再见，加比①上尉。"

记忆十分清晰，可惜一点儿也不真实。军装、钢盔和步枪同时出现，可是，罢工两年后，卡塔卡已无作战部队。诸如此类的虚假记忆不胜枚举，让我在家中得了个坏名声：娘胎里记事，睡梦中预知。

自从对老宅有所了解，我便陷入一种状态：想起它，就只有深宅大院、孤寂萧瑟、痛苦、思念和疑惑。多少年来，那段日子几乎每晚入梦，如在那间圣徒像卧室一般，我醒来时总是心悸。少年时期，我就读于安第斯山区一所冰冷的寄宿学校，常常半夜哭醒。之后没心没肺地活了这么多年，我才明白，卡塔卡老宅里外公外婆的

---

①加夫列尔的昵称。

不幸源于剪不断的乡愁，越逃避，乡愁越浓。

简而言之，他们人在卡塔卡，心在帕迪亚省。我们仍管它叫"省"，而不呼其全名，仿佛世间独此一省。也许，他们不由自主地将卡塔卡的宅子建得跟巴兰卡斯的一模一样。在巴兰卡斯家中，隔着窗，能看见街对面凄凉的墓地，梅达多·帕切科就葬在那里。在卡塔卡，外公外婆虽备受关心和爱护，却故步自封，坚守故乡的喜好、信仰与偏见，拒不接受其他方式。

与他们走得最近的自然是同省乡亲。家里说的是上世纪他们的祖辈从西班牙经委内瑞拉带来的语言，之后一点点融入加勒比土话、奴隶口中的非洲语言和瓜希拉省方言。外婆会混在一起用，成心不让我听懂。她哪里知道，我和仆人接触得多，那些词我比她更熟悉，至今还记得不少：atunkeshi（我困了）、jamusaitshitaya（我饿了）、ipuwots（孕妇）、aríjuna（外乡人），最后这个词外婆会用来指西班牙人、白人，总之指一切敌人。在她看来，瓜希拉人总说一种索然无味的卡斯蒂利亚语，带着花哨的卖弄，如琼口中的方言，精确过头，什么"嘴上的唇"，必然产生歧义，外婆不许她这么说。

要是没有听说巴兰卡斯谁出生了、丰塞卡的公牛杀死了多少人、马纳乌莱谁结婚了、里奥阿查谁去世了、圣胡安－德尔塞萨尔病重的索卡拉斯将军病情如何，这一天就不完整。香蕉公司的仓库不时会出售包着纱纸的加利福尼亚苹果、埋在冰里的冷冻鲷鱼、加利西亚火腿和希腊油橄榄，可家里吃的永远是家乡土产：汤里放的一定是里奥阿查甘薯，早餐桌上的鸡蛋黄油玉米饼用的是丰塞卡玉米，小山羊吃瓜希拉盐长大，活龟活虾则是从迪武亚运来的。

每天下火车来家里的人多半是从"省"里来或是被"省"里人派来的，翻来覆去就利亚斯克斯、诺格拉、奥瓦耶这几个姓，往往和神圣的科特斯、伊瓜兰家族沾亲带故。他们只是背包路过，事先没打招呼，总会留下吃饭。我永远记得，外婆进厨房时总说："不知道客人什么口味，每样做一点儿。"

永远的逃亡精神背后是特殊的地理位置。"省"位于哥伦比亚加勒比海地区圣玛尔塔的内华达山脉和佩里哈山脉间富饶的峡谷，偏居一隅，自成天地，文化悠久，底蕴深厚。与内地交通不便，与海外交流便利，牙买加、库拉索近在咫尺，生活方式和安的列斯群岛上的更加接近，与委内瑞拉几乎不分彼此：两边国门大开，无肤色人种、高低贵贱之别。内地自说自话，政府立法、课税、驻军，任何坏消息自海拔两千五百米处由烧柴的汽船在马格达莱纳河上航行八天送到这儿，早已变了味儿。

外公外婆扎根于此时，"省"的岛屿性质早已衍生出自成一体的文化，有自己的特色。这座老宅不仅是一个家，更是一个镇子。流水席总要吃好几轮，但是自我三岁起，头两个位子变得神圣起来：上校坐主位，我坐他右手桌角，其余位子男人先坐，女人后坐，且男女不同桌，只有每年七月二十日国庆那天可以打破这个规矩。午饭轮流吃，所有人吃完为止。晚饭不上桌，厨房供应大杯牛奶咖啡和外婆制作的精美点心。关门就寝时，各人选地方挂吊床，高高低低，一直挂到了院子里的树上。

那些年里，有一天最神奇：家里来了一群着装统一、打着绑腿、靴后跟绑着马刺的男人，额头上都涂有圣灰十字。他们是"千日战争"时期上校在"省"内各地留下的私生子，他们从各自家乡赶来为他庆祝生日，但晚到了一个多月。进门前，他们先去望了周三的圣灰弥撒。安加里塔神父在他们额头上画的十字在我眼里如同超自然标志，虽然已经熟悉了圣周仪式，萦绕在我脑海中的神秘感多年来依然无法消除。

他们多半出生在外公婚后。米娜得知孩子出生，专门把名字记在本子上，以难得的宽宏大量，真心实意地接受他们成为大家庭中的一员。他们集体登门造访前，包括米娜在内的所有人根本分不清谁是谁。他们个性鲜明，把家里折腾得一团糟，平时本分、勤劳、顾家、不惹事，玩起来却昏了头：打烂餐具；追赶牛犊，想将它们兜在毯子里抛掷取乐，却踩坏了玫瑰花；枪杀母鸡，想煮来吃；放走了一头满身污泥的猪，长廊上的绣花活儿被它糟蹋殆尽。可这些麻烦谁也没放在心上。人来了，高兴还来不及呢！

我经常能见到埃斯特万·卡里略舅舅。他是埃尔维拉姨母的孪生兄弟，心灵手巧，随身携带工具箱，走到哪儿，修到哪儿。他的幽默感和好记性帮我填补了家族史中许多貌似无法填补的空白。少年时期，我也经常见到尼古拉斯·戈麦斯舅舅，他长着浓密金发和红雀斑，总是炫耀他在丰达西翁昔日的殖民地监狱开了家小餐馆。我声名在外（尽管这好名声注定要失去），让他印象深刻，临走前，他总要去市场大采购，专程向我告别，再赶路。拉斐尔·阿里亚斯舅舅总是骑着骡子，穿着骑行服，路过时站在厨房里喝杯咖啡就匆匆走了。其他舅舅我陆续在各地见过。为了创作最初的几本小说，我怀着乡愁，三番五次遍访全"省"。我永远怀念他们额头上的圣灰十字，那是独特的家族标志。

外公外婆去世、老宅废弃多年后，我坐夜车来到丰达西翁。车站里只有一家小餐馆尚在营业，等我坐下，已经没什么吃的了，女店主临时为我做了一顿可口的饭菜。她叽叽喳喳，乐于助人，在这些温良的品格背后，我依稀看到了我所在的家族中女性坚强的一面。多年后，我才得知，那位漂亮的女店主名叫萨拉·诺列加，是我另一个此前从未谋面的姨母。

阿波利纳尔是家里的老仆。他个头矮小，身体结实，我总是像回忆一个舅舅那样忆起他，他在家里消失了很多年，一天下午，没有任何理由地出现了，穿黑呢西装，戴黑帽子，帽子大得连他那双忧郁的眼睛也遮住了。经过厨房时，他说他来参加葬礼，但当时没有一个人明白他在说什么，直到第二天消息传来：外公刚刚在圣玛尔塔去世，病重时，他被紧急、秘密地送往那里。

所有舅舅中，唯一大名鼎鼎的是大舅何塞·马里亚·巴尔德布兰克斯，家里只有他属于保守党。他以共和国参议员的身份前往附近的尼兰迪亚庄园，出席了"千日战争"自由党投降仪式，他的父亲是战败方，坐在他对面。

家族里众多的女性和儿时众多的女佣铸就了我的性格和思维方式。她们个性坚强，心地善良，用人间天堂中一种自然不做作的态度对我。在我众多的记忆中，只有露西亚年轻的不良居心令我吃惊。她带我进蛤蟆巷，把自己的晨衣撩到腰部，让我看她卷曲的古铜色阴毛。不过，真正让我印象深刻的是她肚子上的疹状斑点，像一幅由深紫色沙丘和黄色海洋构成的世界地图。其他女佣似乎都是纯洁的天使长：当着我的面换衣服，自己洗澡时带我一块儿洗，自己坐便盆时也让我坐便盆，面对面坐。她们会抱怨、吐苦水、聊私房话，以为我听不懂。其实，我什么都懂，听多了，前因后果了然于胸。

琼要忙里忙外。跟外公外婆从巴兰卡斯搬来那会儿她还是个小女孩，在厨房里长大，我们都把她当家人看待。她陪恋爱中的妈妈游遍全"省"后，大家更当她是年长的监护人。晚年，她强烈要求独自搬到镇上最穷的地方住。大清早，她在街上卖做鸡蛋黄油玉米饼用的玉米粉团子，宁静的街道上传来她熟悉的叫卖声："琼老太婆的冰冻玉米粉团子……"

琼肤色很美，像印第安人，瘦得永远只剩一小副骨头，裹着白色缠头布和浆过的床单。她赤脚走路，走在路中央，像蜗牛一样慢，一群狗乖乖地、悄无声息地在她身边跑来跑去。最后，她成了镇上的一个传说。在几次狂欢节上，有人跟她打扮得一模一样，裹着床单，沿街叫卖，虽然没有训练一群形影不离的狗。她的冰冻玉米粉团子叫卖声日渐流行，手风琴师甚至以它为题写了首歌。一个不太平的早上，两条恶犬向她的狗群发起进攻，忠犬们奋力自卫，结果令琼摔倒在地，折断了脊椎骨。外公想了好多法子，还是没能保住她的命。

儿时的另一段回忆是我六岁时，家中的洗衣妇玛蒂尔德·阿门塔生孩子。我误打误撞进了她的房间，见她赤身裸体，两腿分开，躺在亚麻布床单上，痛得尖叫。一群女人簇拥在她身边，大呼小叫，一个用湿毛巾帮她擦汗，其余几个死命按住她的胳膊和腿，帮她揉肚子，以加快她的生产速度。桑托斯·维耶罗在混乱中淡定不惊，闭着眼，念念有词，与此同时，她像是在产妇两腿间挖东西。从厨房搬来几锅热水，直冒热气，房间里像蒸笼一样雾气迷蒙。我缩在墙角，既好奇又害怕。终于，接生婆从产妇的脚踝处拉出牛犊似的活物，那东西肚脐上拖着一根血淋淋的肠子。一个女人见我缩在墙角，硬是把我拖了出去：

"要死要死！罪过罪过！"她凶巴巴地命令我，"看见什么，通通忘掉！"

话说回来，真正夺走我童真的女人既不刻意，也不知情。她叫特莉妮达，是仆人的女儿，十三岁，已步入豆蔻年华，却还穿着九岁时穿的衣裳，绷在身上，欲盖弥彰。有天晚上，院子里只有我们俩。突然，邻家传来乐声，她拉我跳舞，紧紧地搂着我，搂得我喘不过气来。她什么感觉我不知道，可我至今仍会半夜惊醒，浑身燥热。只要能触到她的肌肤，嗅到她野性十足的气味，闭着眼我都能认出她来。刹那间，本能被唤醒，肉体的魅力被发现，那种感觉前所未有，回想起来，简直欲仙欲死。从那以后，我隐约觉得：有个谜深不可测，让我迷惑不解，心神不宁。相反，家族里的女性总把我往无聊透顶的纯洁道上引。

失去了童真，也使我明白了：圣诞节的玩具不是圣婴耶稣送的。不过，我很小心，没告诉任何人。十岁时，爸爸把这当作大人的秘密告诉我，带我去礼品店给弟弟妹妹们挑选圣诞礼物。事实上，撞见玛蒂尔德·阿门塔生孩子之前，生孩子的事我就懂。当大人们说孩子是一只鹳鸟从巴黎衔来的，我就笑得不行。不过，我得承认，无论当年还是现在，我始终都无法把生孩子和性联系在一起。总之，和仆人们亲密无间，使我和女人心意相通，一生中，和女人在一起总是比和男人在一起更自在，更有安全感。我坚信女人支撑世界，男人只有捣乱的份，有史为证。

萨拉·埃米莉亚·马尔克斯多少和我的命运有关，而当时我并未知觉。她年轻时有好多人追，可她都懒得看，直到相中一个，一辈子就这么定了。那人跟爸爸有点儿像，是外乡人——从哪儿来的，怎么来的，都不清楚——人品好，就是没钱，叫何塞·德尔卡门·乌里韦·贝赫尔，签名只写何·德尔卡。有段日子，他行踪不明。后来听说他给政府官员写演讲稿，在自创的文化杂志上发表情诗。杂志多久出一期，全凭天意。自他出现在家里，我便对他作家的名气十分崇拜，他是我这辈子认识的第一位作家。我立刻就想和他一样，直到嫲嫲学会给我梳了个他那样的发型我才满意。

我是全家第一个知道他们在偷偷恋爱的人。一天晚上，我在对面邻居家跟小朋友们玩，他进来，把我叫到一边，紧张兮兮地让我给萨拉·埃米莉亚送封信。我知道她就坐在门口招呼朋友，于是过街躲在巴旦杏树后，准确无误地把信扔到了她怀里。她吓得高举双手，认出信封上的笔迹后，压住了惊叫。萨拉·埃米莉亚与何·德尔卡从此和我成了朋友。

埃尔维拉·卡里略和埃斯特万舅舅是孪生儿，她用两只手挤甘蔗汁，手劲儿跟榨汁工人一样大。她出了名的直爽豪放，对孩子也温柔有加，对小我一岁的路易斯·恩里克更是恩威并施。不知为何，弟弟叫她帕姨。她最拿手的是解决不可能解决的问题。她和埃斯特万最早跟随外公外婆来到卡塔卡，埃斯特万跟着外公外婆得心应手地尝试各种行当，做各种生意，她则不知不觉地成为家中不可或缺的帕姨。她会在不需要她的时候消失，在需要她的时候及时出现。心情不好时，她会一边摇头，一边自言自语，高声说出遗失物品的方位。送老人入土后，她留在老宅，任杂草一点点蔓延，任家畜在卧室中游走，半夜三更胆战心惊地听邻屋从阴间传来的咳嗽声。

弗兰西斯卡·西莫多塞娅——嬷嬷是家里的女总管，七十九岁时以处女之身与世长辞。她的说话方式和生活习惯与众不同，遵从的不是"省"内文化，而是玻利瓦尔大草原上的封建文化。她的父亲何塞·马里亚·梅希亚·比达尔会打造金银器皿，年轻时从里奥阿查迁至玻利瓦尔。嬷嬷长发及膝，乌黑油亮，年事已高也无一丝银发。她每周一次，用香料水洗头，然后坐在卧室门口梳理，虔诚地梳好几个钟头。她还会不安分地吸劣质烟，倒过来吸，把有火那头放嘴里。自由党士兵就那样吸，以防夜间被敌人发现。她的穿着也与众不同：白色紧身胸衣、短裙、灯芯绒平底便鞋。

外婆语言纯正，嬷嬷却满口俗语，不分人，不分场合，不加掩饰，想说就说。妈妈在圣玛尔塔寄宿学校的修女老师说了无关紧要的错话，也会被她不客气地打断："您简直屁眼拉尿，搞反了门。"不过，她总有办法说得既不粗鲁，也不伤人。

嬷嬷半辈子都在保管墓地钥匙、出具死亡证明、在家做弥撒用的圣饼。一天晚上，医生要给她听诊，她不让，说："我想提醒您，医生，我没被男人碰过。"当年，这句话我没听懂。不过，大家都意识到，她是家中不分男女，唯一不会为情所伤、为爱所累的人。

之后，我常常听到她说那句话，既无骄傲，也无后悔，只是陈述一个对她的生活毫无影响的既成事实。想当年，她牵线搭桥做红娘，两边不讨好，既要帮我爸妈，又不能背叛米娜。

印象中，嬷嬷跟孩子相处得比跟大人好。她一直照顾萨拉·埃米莉亚，直到萨拉去有卡列哈童书的那间房一个人睡。后来，她接着照顾我和玛尔戈特，尽管个人卫生归外婆管，文化教育归外公管。

回忆儿时，最可怕的是佩特拉姨姥姥。她是外公[①]的姐姐，失明后从里奥阿查搬来和我们一起住，她的卧室就在外公的私人办公室，也就是后来的手工作坊隔壁。她很神奇，不要人搀扶，瞎着眼无所不能。往事如昨，历历在目。她跟明眼人一样，走路不拄拐杖，步子缓慢而坚决，识味道辨方向：靠隔壁手工作坊的盐酸味找到卧室，靠花园的茉莉花香找到走廊，靠睡前擦身的木醇味找到外公外婆的卧室，靠祭坛的灯油味找到嫲嫲的卧室，靠饭菜的香味找到走廊尽头的厨房。佩特拉姨姥姥身材苗条，手脚轻盈，皮肤是凋谢的百合色，发泽光亮，披至腰间，全靠自己打理，绿色的眼眸少女般剔透，但会随心情有所变化。不管怎样，她只是偶尔出来走走，多半时候都虚掩着门，一个人待在屋里，有时哼歌给自己听，她的声音像米娜，她的歌更忧伤，听说是里奥阿查咏叹调，我长大了才知道那些歌全是她信口编的。我忍不住潜进她卧室两三回，她不在。多年以后，我上中学，放假时跟妈妈聊起那段往事。她忙不迭地说是我记错了，理由很充分：佩特拉姨姥姥去世时，我还不到两岁。

我们都叫维内弗里达姑姥姥"娜娜"。家中属她最为开朗随和，但我只想得起她在病榻上的样子。她嫁给了拉斐尔·金特罗·奥尔特加。"金特"姑姥爷出生在距波哥大十五西班牙里左右、海拔相仿的齐亚，是位专为穷人打官司的律师。他十分适应加勒比地区的气候。卡塔卡气候恶劣，十二月，晚上天气凉，他要用好几瓶热水捂脚才能入睡。在家人走出梅达多·帕切科的死亡阴影时，他却走

[①]作者笔误，应为作者外婆的姐姐。

进了对手律师的死亡阴影。姑姥爷一看就是好人，与世无争，偏偏对方骚扰个没完，他只好随身携带武器。姑姥爷又瘦又小，穿童鞋。朋友们善意地说笑，说他衬衫底下的手枪鼓得像大炮。外公金玉良言、苦口婆心地劝他："您不知道死人的分量有多重！"可他已无暇考虑，对方在法院门前将他拦住，大声谩骂，魁梧的身躯直扑过来。"我无意识地拔枪，闭眼，双手握住，扣动扳机。"姑姥爷活到近百岁，临近去世时对我说，"等我睁开眼，大块头还站着，脸色惨白，然后开始慢慢倒下，坐在了地上。"直到那时，他才看见，子弹正中眉心。我问他见对方倒下，有何感受。"大大松了一口气！"他很坦率，把我吓着了。

我记得最后一次见到维内弗里达姑姥姥，是在一个大雨倾盆的晚上，当时巫婆正在为她驱邪。与传统形象不同，巫婆人好，穿着时尚，念咒语像唱摇篮曲，拿着一大把荨麻为她驱赶体内的邪气。姑姥姥突然浑身抽搐，床单里飞出一只羽毛闪闪发光、鸡一般大小的鸟。巫婆在半空中抓住，用事先备好的黑布一裹，命人在后院生火，扔进去了事。但是，她没有治好娜娜的病。

过了不久，院子里又生起了火。母鸡下了个乒乓球大小的蛋，还戴了顶弗里吉亚帽①。外婆一眼认出："是蛇怪②蛋。"她自己念咒语，把蛋扔进火里。

我永远都想象不出外公外婆不是记忆中那般年纪时的样子。刚刚迈入暮年的他们有几张照片，经过多次冲印，颜色一次比一次

①红色弗里吉亚帽是自由和解放的象征，最早出现在法国画家德拉克洛瓦为1830年法国七月革命创作的名画《自由引导人民》上，拉美独立战争时被多次使用，甚至曾出现在阿根廷等国家的国旗上。
②传说中蛇身鸟足、眼神会杀人的怪物。

浅，传家宝似的传了四代，代代人丁兴旺。特别是外婆特兰基利娜，没有哪个女人像她那样，说什么信什么，为日常琐事大惊小怪。她干活时，喜欢大声唱老情歌，歌声往往伴着一声惊呼戛然而止："圣母马利亚！"

因为她看见摇椅自己在动，产褥热的幽灵潜入产妇卧室，花园里的茉莉花香像隐身妖怪，偶然掉在地上的绳子显示出几个数字的形状——也许是中大奖的彩票号，一只没长眼睛的小鸟飞进餐厅——唱《圣母颂》可以将它驱赶出去。她觉得来自"省"里、传到她耳朵里的歌声中的人名和地名都暗藏玄机，想象着不幸迟早降临，猜测着谁会戴白帽子从里奥阿查来，谁会腹痛不止——只有鸡胆才能治好——从马纳乌莱来。除了未卜先知，她还是个偷偷摸摸的女巫医。

米娜有着一套独特的释梦方式，为她自己和其他人解梦，由此掌控着我们每个人的日常行为，决定着宅子里的生活。然而，她有天差点儿毫无预兆地丢了性命：她一把扯下床单时，上校藏在枕头底下、睡觉时放在手边的左轮手枪突然走火，子弹射穿了屋顶。还原弹道的结果是：险些打中外婆的脸。

从记事起，我最怕外婆早上帮我刷牙，而她自己享有神奇特权，可以把牙取下来刷，睡觉时泡在一杯水里。我坚信，那是外婆的真牙，她一定是使了瓜希拉巫术，才能把它们装上卸下，为此，我让她把嘴张开，好让我从里面看看她的眼睛、脑袋、鼻子和耳朵后面长什么样。可惜除了上颚，什么也没有。但没人跟我解释，很长一段时间里，我缠着牙医，让他也帮我拆卸牙齿，好让外婆在家帮我刷牙，我自己出去玩。

米娜和我心心相印，心意相通。她的魔幻世界白天让我着迷，晚上却令我恐惧。很简单，我怕黑，怕比人类还古老的黑暗，无论在独行的路上，还是在拥挤的舞厅，这种恐惧与我相伴一生。在外公外婆家，每个圣徒都有自己的房间，每个房间都死过人。可是，官方承认的唯一一栋"死人屋"在我们家隔壁，死者名叫阿方索·莫拉，是降神会上唯一靠生前姓名被认出的人。有个跟他走得近的人，专门查过出生和死亡记录，找到了一大堆同名同姓的人，但没有一个显示出他身上的特征。多年以来，"死人屋"一直是神父的住处。有谣言称，是安加里塔神父自己装神弄鬼，免得晚上出门时被人盯梢。

梅梅，从巴兰卡斯带来的瓜希拉女仆，在一个风雨交加的夜晚，跟十几岁的弟弟阿利尼奥一块儿跑了。我没见过她，听说印第安土语就数他们姐俩说得最多，而她口中的卡斯蒂利亚语连诗人都听不懂。一天，胡安·德迪奥斯舅舅的火柴丢了，被她捡到了，还火柴时，她用她胜利者的俚语说道："我在这儿，你的火柴。"

很难相信，捉襟见肘时，居然是外婆米娜带着她那帮稀里糊涂的女人做了家里的顶梁柱。上校有几处分布在各地的田产，被内地佬强占，他也不管。为了挽救某个儿子的名誉，他不得不抵押房产，后来花了一大笔钱才把房子保住。没钱生活，米娜就靠面包房和在全镇卖糖果小动物、花母鸡、鸭蛋以及种在后院的蔬菜养家。她大刀阔斧地削减人手，只有最得力的仆人才被留下。在家里谈论金钱已无任何意义。妈妈念完书回家，外婆给她买了一架钢琴，帕姨的账是这么算的："一架钢琴值五百个鸡蛋。"

和那群热衷于传播自己观点的女人生活在一起，我的安全感完全来自于外公。和他在一起，我才不会惶恐，才会立足现实，脚踏实地。回想过去，奇怪的是，我想和外公一样勇敢、现实、自信，却怎么也忍不住去窥探外婆的世界。记忆中，外公身材矮胖，气血旺盛，光亮的头皮上有些许白发，髭须硬朗，精心修剪过，戴一副金框圆片眼镜。天下太平时，外公说话不紧不慢，善解人意，秉持息事宁人之道，但他的保守派朋友们回忆说，他在战场上却步步紧逼，很难对付。

外公是革命者，不是职业军人，从不穿军装。不过，战后很久，他还在穿加勒比老兵常穿的那种加勒比西装①。战争抚恤金法案出台后，他填好申请表，和妻儿望眼欲穿地等待，一直到死。外婆特兰基利娜在远离老宅的地方去世，那之前，她双目失明，老态龙钟，有些犯糊涂，她在最后的清醒时刻对我说："我知道你们都会领到亲爱的尼古拉斯的老兵退伍金，所以，我可以安心走了。"

那是我第一次听到"退伍"这个神奇的词，它让全家人做了一辈子虚无缥缈的美梦。政府为"千日战争"老兵设立退伍金时，我还没出生。外公亲手填写申请表，提供了一大堆人证物证，送到圣玛尔塔，当面签字交表。这笔钱怎么说都会是一笔不小的数目，够他和子女用，就是下一代也够用。"别担心，"外婆常说，"发了退伍金，买什么都行。"家里以前没焦急地等过什么邮件，自那以后却像期盼天国福音般期盼着邮件的到来。

我也不能置身事外，心里一直有将信将疑的负担。特兰基利

---

①委内瑞拉与哥伦比亚传统服饰，上衣为长袖立领，丝绸衬里，棉布质地；长裤多为白色、咖啡色、黑色或有条纹图案；鞋为牛皮底，黑麻织成。

娜有时也会名不副实①。"千日战争"中，外公被外婆的表兄关在里奥阿查，后者是保守党军官，战事临头，只能大义灭亲。自由派亲属，包括外婆在内，都表示理解。可是，当外婆得知外公和普通犯人一样戴了脚镣时，她抄起鞭子就打上门去，逼表兄放人，并要求一根毫毛也不能少。

相比之下，外公的世界完全不同。晚年的他依然身手敏捷，拎着工具箱到处跑，在家里修修补补；在后院摇好几个小时的手摇泵，送水上洗澡间；爬很陡的梯子，看接雨桶里的水积了多少。可他老让我帮他系鞋带，说自己系的话，喘不上气。一天早上，老眼昏花的鹦鹉飞到了水桶上，在抓到鹦鹉脖子的同时，他脚下一滑，从四米高的地方坠落。五十多岁、九十公斤的他却没摔死，原因何在，谁也解释不清。那天让我永世难忘。他脱掉衣服，躺在床上，医生一点点检查，问他腹股沟半英寸长的旧疤是怎么回事。

"打仗时子弹留下的。"外公说。

我的情绪至今未能平复，另一天也是如此。那天有人经过，要卖给他一匹名贵的马。外公从办公室窗口探出头去，想见识一下名贵的马长什么样，突然，眼里充满了水，他用手一抹，几滴透明的液体落在掌上，他不仅右眼失明了，外婆还不许他买那匹被魔鬼附了身的马。他在模糊的眼窝前蒙上一块海盗的遮眼布，没过多久，眼科医生给他配了一副深度近视眼镜，外加一根拐杖。后来，那根拐杖和金链音乐怀表成了外公的标志性物品。大家一直都有一个共识，那就是年龄的种种背叛虽然开始烦扰他，却丝毫没有影响他作

---

① 特兰基利娜原文为 Tranquilina，在西班牙语中意为"镇定自若"。

为情场老手、大众情人的魅力。

每天早上六点，他雷打不动地去洗澡，在他生命的最后几年，他带着我一块儿洗。我们用加拉巴木勺把池子里的水浇到身上，再喷上L＆K牌花露水——同白兰地和中国丝绸一样，库拉索走私犯们上门整箱整箱地推销。他只用这个牌子的花露水，因为听说只有抹的人能闻到香味。后来，有人在别人的枕头上也闻到这股香味，他就不信这说法了。另一个故事我也听了多年：有天晚上停电，外公把墨水当花露水往头上倒。

外公在家处理日常事务时，穿卡其布背带裤、软底鞋，戴有檐灯芯绒帽；每逢周日弥撒（除非万不得已，他不会不去）、重大庆典或纪念日，穿全套白色亚麻西装，戴假领，系黑领带。这些为数不多的正式场合让他背上了挥霍、傲慢的名声。在我的印象中，家和家中的一切只为他而存在，外公外婆是母系社会中奉行大男子主义的模范夫妻：一家之主是男人，管事的却是女人。说直白点，他就是个能屈能伸的男子汉。也就是说，门里头温柔体贴，门外头耻于承认，妻子则拼命伺候，让他高兴。

一九三〇年十二月，纪念西蒙·玻利瓦尔[1]逝世一百周年那段日子里，外公外婆又去了一趟巴兰基亚，迎接我排行老四的妹妹阿依达·罗萨出生。他们把一岁多的玛尔戈特带回了卡塔卡，我父母带着路易斯·恩里克和新生儿留在巴兰基亚。玛尔戈特又瘦又野，心门紧闭，仿佛来自另一个世界，这让我难以适应生活中的改变。路

---

[1] 西蒙·玻利瓦尔（1783—1830），拉丁美洲革命家、军事家、政治家、思想家，被称为拉丁美洲的解放者，在拉丁美洲脱离西班牙殖民统治、争取独立的历程中发挥了关键作用。马尔克斯以他为原型，创作了小说《迷宫中的将军》。

易斯·卡梅洛·科雷亚的母亲阿维盖尔见了她，不明白外公外婆干吗揽这个活儿。她说："这小丫头快咽气了。"别人也这么说过我，因为我吃得少，老眨眼，夸大其词，谎话连篇，却不明白其实我只是把实话换了个方式说出来。多年以后，我才知道，只有巴尔沃萨大夫开过金口，替我辩护："孩子的谎言是天才的标志。"

玛尔戈特过了好久才融入家庭生活。她会躲在最意想不到的角落，坐在摇椅上吮手指。她只对钟声感兴趣，每隔一小时，茫然的大眼睛就四处寻找。她好几天不吃不喝，不哭不闹，有时偷偷地把饭菜往角落里倒。谁也不懂，她不吃饭，怎么还活着。后来才发现，她只爱吃花园里湿润的泥土和用指甲从墙上抠下的石灰块。外婆发现后，给花园里最诱人的犄角旮旯全都抹上牛粪，把小辣椒埋进花盆。安加里塔神父为她洗礼时，顺便帮我补上，正式定下了我出生时家人仓促为我起的名字。我站在椅子上，鼓足勇气，让神父把盐撒在我舌头上，把水浇在我脑袋上。玛尔戈特则不然，独自一人为我们两人出头，像受伤的野兽一样拼命尖叫、挣扎，教父教母们好不容易才把她按在了洗礼池上。

如今想来，她和我相处，比大人之间更明理。很奇怪，我们俩不止一次猜到对方的心思。一天早上，她和我在花园玩耍，突然听到每天十一点响起的火车的汽笛声。可不知为何，我感到那天的那阵响声是在告诉我：几个月前给我开大黄汤剂、让我呕吐不止的香蕉公司的医生来了。我吓得大叫着满屋乱窜，可就是没人相信，除了妹妹玛尔戈特。她一直陪我躲到医生吃完饭，搭车回去。家人在床底下找到我们。"圣母马利亚！"外婆感叹道，"跟这些孩子生活在一起，还要什么电报？"

我始终战胜不了独处的恐惧，更别提独自在黑暗中待着。我知道根源在哪儿：夜里，外婆的幻想和预感会成真。如今，我已年过七旬，还会在梦里隐约瞥见走廊上茉莉花的灼热和昏暗卧室里的幽灵。我自小就惧怕黑夜，至今仍未能克服：多少个夜里，我辗转反侧，感觉生活在幸福世界里的我也背负着那栋传奇老宅的诅咒，每晚死去。

外婆的持家方式匪夷所思。入不敷出，何以为继？这笔账没法儿算。上校子承父业，父承祖业。小金鱼虽说广受欢迎，但并不是什么赚钱的生意。更何况儿时印象中，他只是偶尔做做这项买卖，或是把它们当婚庆礼物。外婆常说，外公工作是为了送人礼物。不过，自由党上台后，上校履行公职，名声在外，多年任收税官，多次主管地方财政。

我无法想象还有哪种家庭环境更适合培养文学志向。家人疯疯癫癫，把我带大的女人们都是如此。只有我和外公是男性。他跟我描述血腥的战场，带我走进悲惨的成人世界。他告诉我鸟为什么会飞、傍晚为什么会打雷。他还鼓励我画画。开始，我画在墙上，家里的女人们气急败坏，说只有地痞流氓、市井无赖才会在墙上涂鸦。外公气不过，把手工作坊的一面墙刷白，先买彩色铅笔，再买水彩颜料，让我随便画，他在一旁制作著名的小金鱼。有一次，我听到他说，外孙将来会当 pintor①。我没在意，以为 pintor 只是粉刷匠。

都说我四岁时面色苍白，若有所思，满嘴胡言乱语。其实，我说的多半是日常琐事，添油加醋而已，为的是让大人理会。大人们

---

① Pintor 在西班牙语中既指"画家"，也指"粉刷匠"。

当着我的面说话，以为我听不懂，或拐弯抹角故意不让我听懂，结果适得其反。大人间的谈话成为我最理想的灵感来源。我先听来，然后拆散打乱，隐去出处，再说给大人听。我所言即他们心中所想，听者无不愕然。

无所适从时，我为了掩饰，只好拼命眨眼。如此这般多次，家里的一位理性主义者决定带我去看眼科医生。医生诊断，眨眼是因为扁桃体发炎，开了瓶含碘杨花萝卜糖浆，这倒帮了我的忙，免得大人们担心。但外婆说天意如此，外孙能未卜先知。结果，她成了我最喜欢的捉弄对象，直到有一回，我真的梦见外公嘴里飞出一只鸟，把她吓晕了。我怕她会因我而死，这才有所收敛。现在看来，我当时根本不是小孩子淘气。我爱讲故事，而让现实生动逼真是最基本的叙事技巧。

当我发现，可以在街头或邻家菜园里踢足球，我第一次走进了现实世界。路易斯·卡梅洛·科雷亚是我的教练，他既有运动细胞，又有数学天赋，比我小五个月，但长得比我高，跑得比我快，所以老笑话我。我们先踢破布做成的球，我守门，技术还不赖；后来换成皮球，他一脚劲射，打在我肚子上，让我彻底泄了气。长大后，我们见过几次，还跟儿时一样亲密，我很开心。不过，那段日子，印象最深的是香蕉公司老总开着豪华敞篷车，同行的女人金发碧眼、长发飘飘，同行的德国牧师像端坐在贵宾席上的国王。汽车飞驰而过，场景转瞬即逝。那是个遥不可及、难以置信的世界，凡人禁入。

我帮神父做弥撒时，并不虔诚，但很严格，也许这被认为是信仰的一个基本构成要素。我品行优良，六岁就被安加里塔神父叫去领圣餐。生活从此改变，他们开始待我如大人，圣器总管教我怎么帮忙做弥撒。我唯一的问题就是搞不懂什么时候摇铃，想摇就摇，完全凭兴致。摇到第三次，神父回头，没好气地让我别再摇了。这份差事的好处是，我、另一位侍童和圣器总管留下来整理圣器时，可以就着一杯葡萄酒，将剩余的圣餐全部吃掉。

第一次领圣餐前夜，神父突然如教皇般正襟危坐，让我跪在他面前的长毛绒垫子上忏悔。当年，我的是非观十分单纯，可神父历数了一大堆罪过，问我是否犯过，我对答如流。他又问我是否与动物行过苟且之事。我依稀知道有大人跟母驴犯下过什么罪过，但干了什么我不懂。那晚，我听说跟母鸡也行。就这样，第一次领圣餐让我再次失去童真，没兴趣再做侍童。

爸爸妈妈带路易斯·恩里克弟弟和阿依达妹妹搬回卡塔卡时，对我真正的考验才算开始。玛尔戈特不记得爸爸了，很怕他，我也是。不过，爸爸对我更有分寸，只用皮带抽过我一回。我站得笔直，咬着嘴唇，死死地盯着他，就是不哭。他垂下手，系上皮带，咬牙切齿地痛斥我犯下的错。我们以成年人的方式长谈过，他承认，打在儿身上，痛在他心里。也许他动手，是怕我们不走正道。他脾气好的时候挺有趣的，喜欢在饭桌上说笑，有些笑话很好笑，可他总是重复。一天，路易斯·恩里克站起身来说：

"笑完了再叫我。"

一天晚上，爸爸暴打了他一顿。那晚，他不在爸妈家，也不在外公外婆家。大家找了半个镇子，才在电影院里找到他。卖冷饮的塞尔索·达萨晚上八点给了他一杯仁心果汁，他没付钱，人就不见了，还拿走了杯子。卖油炸食品的女摊贩卖给他一块肉馅饼，没过一会儿，又看见他在影院门口和检票的人搭讪。他说爸爸在里头，人家就放他进去了。放映的是由乔治·梅尔福德执导、卡洛斯·比拉利亚斯和卢皮塔·托瓦尔主演的《德拉库拉》。很多年里，路易斯·恩里克不断地跟我说起，德拉库拉伯爵将吸血獠牙插进美人脖子那一刻，灯亮了，吓得他灵魂出窍。他躲在顶楼最隐蔽的角落，看见爸爸和外公在影院老板和两名警察的陪同下，逐排检查池座，正打算自首，"老爹"瞅见他在顶楼最后一排，拿拐杖一指，说：

"他在那儿！"

爸爸揪着他的头发把他拖了出来，到家后暴打一顿，成为家族历史上有名的惩罚之举。弟弟的独立运动壮举让我又爱又怕，终生难忘，他却越战越勇，屡屡逢凶化吉。时至今日，让我纳闷的是，爸爸不在家，他就不捣乱。

我越发躲在外公的保护伞下，和他形影不离，在手工作坊或财政办公室度过上午。他给我派了个好差事：把即将宰杀的母牛身上的烙印画下来，这活儿重要到他把办公桌都挪给我用了。中午，我们坐在桌首，陪客人共进午餐。他管放冰块的大铝罐，我拿万用小银勺。让人瞠目的是，我如果要冰块，会直接用手去取，在冰水里留下一层油脂。外公向着我，说："他做什么都可以。"

十一点，我们去迎火车。外公的儿子胡安·德迪奥斯还住在圣玛尔塔，每天托司机捎来家信，邮资五生太伏；外公回信，再付五生太伏。日落时，他牵着我的手去办私事：进发廊（儿时最漫长的一刻钟）、看国庆烟火（让我心惊胆战）和圣周游行（我一直以为死去的耶稣有血有肉）。我戴的苏格兰格子帽跟外公那顶一模一样，米娜就是为了让我更像他而为我买的，效果奇佳："金特"姑姥爷把我们看作不同年龄段的同一个人。

外公还会突然带我去香蕉公司美味可口的仓库采购。我在那儿认识了鲷鱼，第一次把手放在冰上，发现是冰的，吓得我一激灵。我想吃什么就吃什么，心满意足。可外公和比利时人下象棋，谈政治，又让我百无聊赖。如今我才意识到，外公和我东走西逛时，我们两个看到的世界完全不同。外公有他的视野，我个子小，视野有限。他问候阳台上的朋友，我眼馋小摊上的玩具。

傍晚过后，我们去热闹喧嚣、无奇不有的"四拐角"，外公和站在自己彩色帐篷门口的安东尼奥·达孔特聊天，与此同时，我对来自大千世界的最新奇观赞叹不已，如痴如醉：魔术师从帽子里变出兔子；吞火者把火放入嘴中；腹语者让动物开口说话；手风琴师高声唱出"省"内轶事。如今我才发现，其中一位白胡子老人可能就是传说中的"好汉弗朗西斯科"[①]。

只要片子合适，堂安东尼奥·达孔特会邀我们去他的奥林匹亚影院看早场电影。把天真无邪的外孙带去胡闹，外婆认为不妥。"老爹"坚持带我去，第二天让我在饭桌上讲剧情，帮我拾遗纠错，解释晦涩场景。诸如此类的电影艺术初探无疑对我大有裨益，我没学会写字，就先学会了画漫画。开始，大人会赞叹童真童趣，等我对这些得来全不费工夫的喝彩声上瘾后，他们却唯恐避之不及。再后来，他们逼我在婚礼和生日会上唱歌，我也一样望风而逃。

睡前，我们会在比利时人的作坊里待好久。这位令人敬畏的老人第一次世界大战后出现在阿拉卡塔卡，他口音怪异，眷念航海生

[①]哥伦比亚加勒比海地区游吟诗人的代表，后用以指年长、走到哪儿唱到哪儿的手风琴师。

活，是不折不扣的比利时人。他家里的另一个活物是一条大丹犬，耳聋，好男色，主人给它起了一位美国总统的名字：伍德罗·威尔逊。我四岁就认识了这位比利时人，外公跟他下象棋，两人一言不发，杀得难解难分。第一天晚上，我就惊讶地发现，他家没有一样我能说得出用途的东西。身为艺术家，他涉猎甚广，作品纷繁芜杂，随处可见海景水彩画、儿童生日照或第一次领圣餐照、亚洲珠宝仿制品、牛角雕刻、不同时代不同风格的家具，不一而足。

我记得这位比利时人皮包骨，头发是和皮肤一样的明黄色，有一绺垂在眼前，会妨碍他说话。他吸水烟，只在下棋时才点上，外公说他成心想熏死对手。他有只玻璃眼，外凸，看人时比那只好眼专注。他驼背，腰以下瘫痪了，身子左倾，但他在作坊里行走就像在暗礁间行进自如的鱼儿一样，不像是靠着拐杖，更像是挂在拐杖上。我从没听他讲过他的航海经历，不过看样子他经验丰富，无所畏惧。他只会为了去看电影出门，甭管放什么，周末必看。

我从来都不喜欢他，特别讨厌他下棋的时候磨蹭，看得我哈欠连天。一天晚上，我见他孤独无依，突然觉得他将不久于人世，为他感到难过。可他下棋老那么磨蹭，我便发自内心地希望他早死早好。

那段时间，外公在餐厅里挂了一幅解放者西蒙·玻利瓦尔停灵时的画像。我在灵堂见过的死人身上都有裹尸布，玻利瓦尔却一身戎装，平躺在办公桌上，令我百思不得其解。外公一句断语解开了我所有的疑惑：

"他跟别人不同。"

之后，他用颤抖的声音——不像他的声音——将画像边的长诗念给我听，我只记得最后几句："热情好客的圣玛尔塔，你给他这片海滩，让他长眠在你怀中。"此后多年，我都以为玻利瓦尔死在了海滩上。外公教导我，要我永远记住玻利瓦尔是世上最伟大的人。外婆也说过类似的话，可她指的不是同一个人。我有点儿晕，问外公：玻利瓦尔是不是比耶稣基督更伟大？他摇摇头，没那么肯定地回答：

"两回事儿，没法儿比。"

现在我才明白，外公傍晚带我散步，是外婆要求的。她坚信外公散步是假，去会真真假假的情人是真。也许有我在，他会有所收敛。事实上，计划外的地方，他从不带我去。可是，我清楚地记得，有天晚上，我抓着某人的手，经过一栋陌生的房子，碰巧看见外公像主人般坐在客厅。不知怎的，我心如明镜：这事对谁也不能讲，直到今天也是。

我五岁时第一次接触书面用语，也得益于外公。一天下午，他带我去看马戏，一家动物马戏团路过卡塔卡，搭了顶像教堂那么大的帐篷。有种疲惫憔悴、可怜兮兮的反刍动物引起了我的注意。

"它叫骆驼。"外公告诉我。

旁边有人插嘴：

"不好意思，上校，它叫单峰驼。"

当着外孙的面被人指摘，外公的心情可想而知。他不假思索，义正词严地问：

"区别何在？"

"说不清，"那人说，"但它的确是单峰驼。"

外公不是文化人，也不想装文化人。他从里奥阿查的公立学校逃学，参加了无数加勒比内战中的一场，从此再也没念过书。他一生引以为憾，求知若渴，亡羊补牢。那天下午，他垂头丧气地从马戏团回到办公室，如孩子般专心致志地查词典，总算明白了单峰驼和骆驼的区别。最后，他把那本了不起的"大砖头"放在我的膝盖上，告诉我：

"这本书无所不知。天底下百分之百正确的书，仅此一本。"

这是一本彩绘版大部头，书脊上有巨人大力神肩负宇宙苍穹的画像。当年的我虽不识字，但面对那本包罗万象、插画精美、大开本、近两千页的词典，怎么都会觉得上校言之有理。教堂里的弥撒书已经大得吓人，词典居然比它还厚。那感觉就像第一次放眼世界。

"有多少词？"我问外公。

"应有尽有。"外公回答。

其实，当时的我并不需要书面用语，我在画里表达给我留下印象的一切。四岁时，我画了个砍下女人头再粘回去的魔术师，跟理查迪内在奥林匹亚影院表演的一模一样：魔术师用锯子锯头，胜利般展示鲜血淋漓的脑袋，粘上脑袋的女人向观众致意。当时已经出现的连环画，我后来才在报纸的周日版彩色增刊上见到。于是，我开始创作无字图画故事。即便如此，外公送我的词典依然激发了我对文字的好奇。我把词典当小说，按字母顺序不求甚解地往下读。那是我第一次接触词典，它是我成为作家的路上一本关键的书。

当孩子听到一个真正吸引他们的故事后，想让他们再听一个，就没那么容易了。爱讲故事的孩子则没有这个问题，我就没有。我想听一个，再听一个，怎么听也听不够，总希望第二天能听到更精彩的故事，所有这些故事都带有一种圣经故事的神秘。

我在门外的所见所闻在家里反响巨大。厨房里的女人们会把这些故事说给乘火车来的外乡人听，外乡人也会说自己的故事给她们听，四面八方的故事汇聚成口述传统的洪流。手风琴师在集市上把一些事件编成歌唱过，游客们口口相传，增色添彩。儿时印象最深的事发生在某个星期天一大早，我们正要出门去望弥撒时，外婆说了句有欠考虑的话：

"可怜的尼古拉斯要错过五旬节弥撒了。"

我很开心。礼拜日弥撒对我这么大的孩子来说太漫长了，小时候我很喜欢的安加里塔神父的布道听得人直打瞌睡。结果却是空欢喜一场。我穿着望弥撒时才穿、裤裆过短的绿色灯芯绒套装被外公拖进了比利时人的作坊。警察老远就认出他来，客气地给他开了门：

"上校，您请。"

我这才知道，比利时人看完根据埃里希·马里亚·雷马克[①]小说改编、由刘易斯·迈尔斯通执导的电影《西线无战事》后，和狗一起吸氰化金自杀了。民众的眼睛是雪亮的，总会在看似不可能的地方找出真相。据说，比利时人的小分队在诺曼底泥沼全军覆没，电影令他噩梦重现，不能自己。

窗户紧闭，小小的会客室里光线昏暗。清晨的日光从院子照进卧室，镇长和另外两名警察在等外公。尸体在行军床上，盖着毯子，拐杖就在手边，是比利时人躺下自杀前放在那里的。床边的小木凳上放着雾化氰化金用的盘子和一张纸，纸上用画笔写着大字："不怪任何人，是我傻，自己想死！"外公不到十分钟就利落地依法办完手续，安排好葬礼。但对我而言，那十分钟永世难忘。

①埃里希·马里亚·雷马克（1898—1970），德国小说家，曾参加第一次世界大战，代表作为《西线无战事》。该书被誉为描写一战最具代表性的作品。

一进门，最先令我惊讶的是卧室里的味道。很多年后，我才明白，那是比利时人自杀时用的氰化金散发出的苦巴旦杏味。不过，其他什么印象都比不上见到尸体那么持久而强烈。镇长掀开毯子给外公看：尸身全裸，僵硬、扭曲，粗糙的皮肤上覆盖着黄色的汗毛，眼神温顺，似乎还活着，在看我们。自杀的人不许埋在教堂的墓地里，墓碑上也不许放十字架。多少年来，每次经过这样的坟头，我都感觉到死人的目光，恐惧不已。可是，看着比利时人的尸体，怕归怕，我想到的却是他房子里每晚的厌倦。也许，正因为这样，离开时，我才对外公说：

　　"比利时人再也下不了象棋了。"

　　简简单单一句话，却被外公当成珠玑妙语讲给家人听，女人们又兴致勃勃地传扬开去。那段日子，我见客就躲，怕他们当面议论，或逼我再说一遍。这件事也让我看出了大人们的一个特点——每个人都自行为故事添加细节，讲到最后众说纷纭，面目全非——对我当作家大有裨益。此后，谁也想象不出我对爸妈口中所谓的天才儿童有多同情。他们太可怜了，为了逗客人开心，要唱歌、学鸟叫，甚至撒谎。但是，如今我发现，那句简简单单的话是我文学生涯中的第一个成就。

　　那就是我在一九三二年的生活，直到政府宣布，路易斯·米格尔·桑切斯·塞罗[①]将军统治下的秘鲁军队占领了哥伦比亚最南端、亚马孙河沿岸不设防的城市莱蒂西亚。消息传来，举国震惊。政府号召全民总动员，挨家挨户征用最值钱的首饰。秘鲁军队的侵略行

―――――――――――――――
①路易斯·米格尔·桑切斯·塞罗（1889—1933），秘鲁军人、政治家，曾两次任秘鲁总统。

径激发的爱国主义热情在民众中产生了前所未有的反响。家家户户自愿捐献，尤其是既值钱又有象征意义的婚戒。征收者应接不暇，人手匮乏。

对那时的我而言，乱世反倒是最幸福的时光。无须遵守学校的清规戒律，群众的创造性体现在大街小巷、各家各户。青年人不分阶级、不分肤色地组建民兵营；红十字会组建女兵旅；民众即兴创作与十恶不赦的侵略者抗争到底的歌曲；举国上下同声呐喊："打倒秘鲁！哥伦比亚万岁！"

这些史诗般的壮举是如何收场的，我无从知晓，因为过了一阵子，昂扬斗志莫名其妙地偃旗息鼓了。随着血腥统治的桑切斯·塞罗将军遭反对派刺杀，局势回归太平，战争的呐喊成为惯例，用来庆祝学校足球赛的胜利，但那些为战争献出婚戒的父母却永远地失去了那份赤子情怀。

还记得那些年，我对音乐的爱好体现在对手风琴师的痴迷上。我暗暗学会了一些游吟歌曲，厨房里的女人们也会偷偷唱，因为外婆嫌那些歌粗俗。卡洛斯·加德尔[1]的探戈红遍半个世界，让我迫不及待地想纵情歌唱。我像他那样戴毡帽、围丝巾，不需要三请四邀，便会高歌一曲，直到那个该死的早上，嬷嬷把我叫醒，告诉我两架飞机在麦德林上空相撞，加德尔死于空难。那之前几个月，我在一场慈善晚会上和埃切韦里姐妹合唱过《滑落》。姐妹俩是地道的波哥大人，是大师中的大师，是卡塔卡所有慈善晚会和爱国纪念活动的灵魂人物。我唱得十分执着，以至于当我跟妈妈说不想学外

---

[1]卡洛斯·加德尔（1890—1935），阿根廷著名探戈歌手。

婆讨厌的手风琴，想学钢琴时，妈妈都没敢反对。

当晚，她带我去埃切韦里姐妹家拜师学琴。她们聊天，而我盯着客厅那头的钢琴，像小狗遇上了主人。我在想我的腿能不能够到踏板，我的大拇指和小指能不能跨个八度，我能不能认识五线谱上的那些小蝌蚪……我们怀着最美好的愿望拜访了两个小时，但没什么用。老师说钢琴坏了，不知何时才能修好。调音师一年来一回，我学钢琴的想法就此搁置，过了半辈子才又提起。某次和母亲聊天时，我偶然提到当年没学成钢琴自己有多难过。妈妈叹了口气，说："更糟的是，琴并没有坏。"

我这才知道，她跟两位老师串通，骗我钢琴坏了。她小学阶段傻练了五年钢琴，不想让我再吃同样的苦。好在那些年，卡塔卡开办了蒙台梭利学校，老师们通过实践活动刺激学生们的感官，教学生们唱歌。罗莎·埃莱娜·弗格森校长集美貌和智慧于一身，在她的指导下，学习成为一件可与生之乐趣媲美的事。我学会了充分利用我的味觉，它唤起怀旧的力量势不可挡。我对味道进行了细之又细的精分，分辨出窗户味的饮料、箱子味的陈面包和弥撒味的药汤。理论上，这些主观感受很难被理解，但感受过的人会立刻明白。

让儿童感受世界之美、激发儿童探索生命奥秘的好奇心，再没有比蒙台梭利更好的教育方式了。有人指责说，它助长了独立意识与个人主义，也许我就是一例，但另一方面，我永远学不会除法或求平方根，无法驾驭抽象思维。那时大家年龄太小，我只记得两个同学。一个是胡安妮塔·门多萨，七岁死于伤寒。那是刚开学发生的事，让我印象深刻。我永远也忘不了她戴花冠、蒙面纱、躺在棺材里的模样。另一个是吉列尔莫·巴伦西亚·阿夫达拉，第一堂课后就和我成了朋友，是治疗我的星期一综合征的医师，从未失手。

妹妹玛尔戈特恐怕在学校过得不太愉快，尽管她从来不说。她坐在初级班的一个座位上一言不发，连课间也不开口，盯着某个地方，直到放学铃响。当年我一直不知道，她一个人待在空荡荡的教室的时候，吃偷偷装在围裙口袋里的来自家中花园的泥土。

我好不容易才学会了阅读。字母 m 念作 eme，后接元音时却不读 emea，而读 ma，似乎很不合理，我没法儿那样念。后来进了蒙台梭利学校，老师不教辅音名称，只教读音，我这才读懂了在家中储藏室里翻到的第一本书。那本书装在大木箱里，积了厚厚一层灰，不仅脱线，还残缺不全，但我还是一头栽了进去，读得如痴如醉。萨拉的男朋友经过时看见，一语道破天机："妈的！这孩子将来会当作家。"

他本人就以写作为生，他讲的话，我自然看重。几年后我才知道那本书是《一千零一夜》。我最喜欢的那篇故事成为我一生的最爱，尽管那一篇篇幅短，情节简单，尽管我无法确定就是在那时读到的，这个谜团没人能帮我解开。故事是这样的：一个渔夫向邻居保证，如果借给他一块铅，帮他撒网，他会回赠捕到的第一条鱼。邻居想用油煎着吃，于是剖开鱼肚子，发现里面有块杏仁大的钻石。

我总是将秘鲁战争和卡塔卡的没落联系在一起。天下太平了，爸爸却开始惶惶不可终日，他的这种状况直到全家搬回他的故乡辛塞时才结束。路易斯·恩里克和我陪他去打前站。搬家意味着换一个世界，接触新的学校和新的文化。回乡第二天，我们就去邻家的农庄，学骑驴、挤奶、阉牛、下套捉鹌鹑、下饵钓鱼、弄懂公狗为何一个劲儿地盯着母狗。路易斯·恩里克在探索米娜不准我们涉足的世界方面遥遥领先，辛塞的艾尔赫米拉奶奶却向我们娓娓道来关于这世界的一切。那么多叔叔姑姑，那么多不同肤色的堂兄妹，他们姓氏古怪，说的话也古怪。开始，我们没觉得新鲜，而是被弄得晕头转向，后来才明白这也是一种表达爱的方式。爷爷堂加夫列尔·马丁内斯是位身披传奇色彩的小学老师，他在院子里欢迎孙子们的到来，这里绿树成荫，芒果树能结出镇上最大最甜的芒果。每年到了采摘芒果的季节，从第一天起，爷爷每天挨个数，亲自摘，以每个一生太伏的"高价"出售。他开心地跟我们聊他当老师的日子，我们离开时，他从那棵最茂密的树上摘下一只芒果，送给我们两个。

爸爸总说，回乡最重要的目的是阖家团圆，但回乡后我们才发现，他真正的目的是在中心广场上开一家药店。我和弟弟被路易斯·加夫列尔·梅萨老师的学校录取，在这里我们感到更加自由，很快就融入了新的集体。我们在镇上最好的拐角租了栋上下两层的大房子，相通的阳台正对广场，凄凉的卧室里，石鸻鸟的幽魂彻夜哀鸣，却不见踪迹。

万事俱备，只等妈妈带妹妹们前来团聚，等来的却是尼古拉斯·马尔克斯外公去世的电报。外公嗓子不适，一检查，居然是癌症晚期，只来得及送回圣玛尔塔落叶归根。我们这些外孙当中，只有六个月大的古斯塔沃弟弟见过弥留之际的外公。他被抱到外公床上，跟他告别，外公摸了摸他。多年以后，我才意识到外公的意外离去对我而言意味着什么。

搬家势在必行，儿女要搬，连外婆米娜和有恙在身的嫲嫲也要搬，她们俩由帕姨照顾。可是，新鲜感和挫败感如影随形，不到一年，我们又"灰溜溜"地——妈妈身陷困境时总这么说——回到了卡塔卡的老宅。爸爸留在巴兰基亚，琢磨着如何开他的第四家药店。

关于那段让人揪心的日子里的卡塔卡的老宅，我最后的记忆是院子里生了一堆火，用来烧外公的衣服。他打仗时穿的加勒比西装和退役后穿的白色亚麻布西装在火堆里燃烧时那么像他，仿佛他还活着。特别是那么多顶不同颜色的灯芯绒帽子，曾经是老远认出他的标志。我发现，我那顶苏格兰格子帽也被误扔了进去。这场焚烧仪式使我感到自己在外公的去世中扮演了某种角色，让我深受震动。如今我明白了：我的部分生命已随他而去。当然，我也相信，那一刻，我已经是个小学生作家了，往后只需要学习如何去写。

妈妈和我没能把房子卖掉。从老宅出来，我又找到了当年激励我继续生活的那种心境。回程火车随时可能到站，我们不想再见任何人，直接去了车站。"等有了更多时间，我们会再回来的。"妈妈说，她的意思是再也不回来了，这样说委婉些。而我心里明白，我将永远想念午后三点的雷声。

车站里，候车的只有我们俩，穿连体工作服的职员除了卖票，还要干过去由二三十人忙活的事儿。天热得让人不堪忍受。铁轨那边，香蕉公司的私人领地一片荒芜：气派的老房子没有了红色的屋顶，杂草和医院废墟间的棕榈树已经枯萎，散步道尽头是废弃的蒙台梭利学校，周围环绕着枯老的巴旦杏树，面向车站的硝石小广场，昔日的宏伟半点儿痕迹也不剩了。

这里的一草一木，仅仅看着，就在我内心唤起一股无法抗拒的渴望：我要写作，否则我会死掉。过去我也有过类似的感受，但只有那天上午我才认识到这是灵感喷发的紧要关头。"灵感"这个词既可恶又真实，它稍纵即逝，却摧枯拉朽。

我不记得我们还聊过什么，甚至回程车上我们也没再说话。周一清晨，我们已经踏上汽艇，吹着自沉睡的沼泽吹来的凉风，妈妈发现我也一夜没睡，便开口问：

"在想什么？"

"我在写作，"应该更友善些，"确切点儿讲，我在酝酿回到办公室后要写的东西。"

"不怕你爸爸伤心死？"

我虚晃一枪，避开话题。

"他要死，理由多着呢，这个最站不住脚。"

那可不是冒险创作第二部小说的好时候：第一部小说停滞不前，我又开始尝试其他文学体裁。可是，那天晚上，我像战场上的战士一样视死如归地发下誓言：要么写作，要么死去。或者如里尔克[①] 所言："如果您觉得不写也能活，那就别写。"

从开往码头的出租车上望出去，我所熟悉的巴兰基亚，在那个受天主保佑的二月的第一缕阳光中，看上去陌生而又凄凉。"伊莱恩·梅塞德斯号"的船长说我可以把妈妈送到苏克雷，家人十年来就住在那儿。我甚至都没去考虑这个提议，就和妈妈吻别。她看着我的眼睛，从前一天下午起第一次对我露出笑容，然后以她惯常的淘气问道：

"我怎么跟你爸爸说？"

我真心实意地回答：

---

①里尔克（1875—1926），奥地利诗人，20世纪德语世界最伟大的诗人。

"跟他说：我很爱他，因为他，我会成为作家。"我毫不留情地先把其他路堵死，"别的不当，只当作家。"

我喜欢这么说，有时开玩笑，有时当真，可那天说得最自信。妈妈站在汽艇栏杆边上，慢慢地跟我挥手告别，我也在码头上冲她挥手，直到汽艇消失在一大堆轮船之中。之后，我飞奔回《先驱报》办公室，灵感如鲠在喉，不吐不快。我连气都没喘，就用妈妈的话作为第二部小说的开头："我想请你陪我去卖房子。"

我当年的创作方式和成为职业作家后的方式有所不同。我用两根食指打字（现在依然如此），写够了才分段（现在不是这样了），不假思索，畅所欲言。之所以这样写，完全是因为纸张尺寸：从印刷机用的新闻纸纸卷上裁下的细长条，有的长达五米。结果，原稿总是又窄又长，像从打字机里泻出的瀑布。写得越多，铺在地上的就越多。主编分配任务时不说要写多少页、多少个单词，或多少个字母，而说要写多少厘米。他常说："写一篇一米半长的报道。"中年之后，我突然意识到那跟电脑滚屏没什么区别，开始怀念那种方式。

开篇劲头十足，势不可挡，让我废寝忘食。早上十点，我已经写了一米多。阿方索·富恩马约尔突然推开正门，愣在了那里，钥匙还留在锁眼里，仿佛误闯进了厕所。他终于认出了我。

"是您！这个点儿究竟在这儿干吗呢？"他惊讶地问。

"写这辈子最想写的小说。"我回答。

"又写一本？"阿方索尽情嘲笑，"您的命比猫还多几条。"

"还是那本，只不过换个方式写。"我不想做无谓的解释。

我们互相并不以你相称。哥伦比亚的习俗怪得很，初次见面用"你"，彼此信任后倒用"您"，夫妻间也是如此。

他从饱经沧桑的小手提箱里取出书和纸张，放在桌上，饶有兴致地听我讲述这趟感慨良多的旅行。最后，词穷的我用一句话做了概括：

"这是这辈子发生在我身上的最重要的事。"话已出口，收不回来了。

"幸亏不是最后一件事。"阿方索说。

他才不会认同这么不切实际的话，他根本没觉得我走这一遭有那么重要。不过，我了解他。我知道，旅行带来的激动或许没能如我所愿感染到他，但会让他好奇。果然，从第二天起，当我创作时，他会不经意地提出各种发人深省的问题，一个表情就能提醒我，某处要改。

我一边跟他聊天，一边收拾稿纸，腾出桌子。那天早上，他要给《纪事》周刊撰写第一篇社论。他带来的消息让我高兴了一整天：预计下周问世的第一期杂志因纸张未到货，已经第五次延期。他说，如果运气好，三周后出版。

天助我也！三个礼拜，够我写好开头。当年的我还太青涩，没意识到小说不是按你想要的方式开头，而是按它们自己的意愿开头。六个月后小说收尾，我却要将开头十页推翻重写，为的是让读者相信我所写，而如今，我仍然觉得开头不是那么站得住脚。延期也一定让阿方索松了口气，他没有抱怨，脱掉外套，坐在桌前，继续校对刚刚到手的最新版《西班牙皇家语言学院词典》。自从他偶尔在英文词典上发现了错误，给词典纠错便成了他的一大嗜好。当年，他引经据典将正确说法寄往伦敦，似乎还在信上跟编辑们开玩笑，说什么"英国总算欠了哥伦比亚一个人情"。编辑们和颜悦色地回信认错，盛情邀请他继续纠错。于是，好几年间，他不仅在同一本词典里纠出了其他错误，还为其他不同语言的词典纠错。等那段交往结束，他已经养成了在西、英、法语词典里纠错的嗜好。等会面，等公车，但凡排队等候，他都会抓紧每分每秒，仔仔细细地在语言的灌木丛中清除杂草。

正午十二点，酷热难当。我们俩都是烟枪，吞云吐雾，原本就只有两扇窗能透进一丝光线，如今也被烟雾笼罩。尽管如此，谁也不愿开窗通风，也许是因为有吸二手烟的不良嗜好，烟雾呼出又吸进，至死方休。热不一样。我天生不怕热，阴凉里三十度以下都能扛住。相反，阿方索热了就脱，领带、衬衫、背心一件接一件地脱，但手中的活儿不停。这样挺好，人出汗，衣服不湿。等到太阳落山，他再一件件穿上，衣服跟吃早饭那会儿一样干爽挺括。也许，这就是他随时随地保持白色亚麻正装平整、领带端正、硬邦邦的头发一丝不苟中分的秘诀。中午一点，他又这副打扮，从厕所出来，像刚补完觉，走过我身边时，问道：

"吃午饭去？"

"大师，我不饿。"我回答。

回答很直接。个中真意，不言自明。说"去"，表明我适逢困顿，也许吃了两天面包就清水，我会二话不说跟他走。显然，他能想办法请我吃一顿。说"不饿"，可以表达任何意思，但我想表达的是：午饭不是问题。和往常一样，我跟他约好下午在世界书店见面。

中午刚过，来了个像电影明星的年轻人：头发金黄，皮肤皲裂（日晒雨淋过），一双神秘的蓝眼睛，声音悦耳热情。我们聊起即将面世的杂志，他在书桌上用寥寥六笔勾出一头凶猛的斗牛，题词献给富恩马约尔，然后将笔一扔，关上门，告辞了。我文思泉涌，没顾得上看签名。就这样，我不吃不喝，写到天黑，捧着新出炉的小说草稿摸索着出门，满心欢喜：我确信自己终于另辟蹊径，一年多以来的无望总算告一段落。

那晚我才得知，下午的访客是常去欧洲、刚刚归来的画家亚历杭德罗·奥夫雷贡。此后，他不仅是哥伦比亚著名画家，还是朋友们心中的挚爱。那次，他专为《纪事》周刊的问世提前归来。我在下街区拉鲁斯小巷的一家无名酒馆见过他和几位密友聚在一起，阿方索·富恩马约尔用格雷厄姆·格林的新作《第三人》为酒馆命名。画家每次归来，都会引发历史性事件，那晚的"蟋蟀事件"更是登峰造极。被驯养过的蟋蟀颇通人性，对主人言听计从。它抬起前足，张开翅膀，有节奏地鸣叫。观众掌声如潮，蟋蟀颔首致谢。最后，驯养师陶醉在掌声中，而奥夫雷贡在众目睽睽之下，用指尖捏起蟋蟀的翅膀，扔进嘴里，美滋滋地生嚼下肚。驯养师痛不欲生，大家又是赔钱，又是赔好话，好不容易摆平。后来我才知道，这不是奥夫雷贡在公开表演中生吃的第一只蟋蟀，也不会是最后一只。

那些日子里，我与那座城市以及那五六个朋友彼此契合，亲密无间。我们几个在国内新闻界和知识界开始被誉为"巴兰基亚文学小组"。年轻作家和艺术家在加泰罗尼亚老师堂拉蒙·宾耶斯的帮助下，对巴兰基亚的文化生活起到了一定的引领作用。堂拉蒙·宾耶斯是位赫赫有名的剧作家、书商，一九二四年起入选《插图本欧美大百科全书》。

前一年九月，我在《宇宙报》总编克莱门特·曼努埃尔·萨巴拉的紧急推荐下——我的第一批社论就登在《宇宙报》上——从居住地卡塔赫纳来到巴兰基亚，结识了他们。我们整晚海阔天空地畅所欲言，聊书和文学。最后，我决定留下和他们一起干。小组里的三位元老级人物赫尔曼·巴尔加斯、阿方索·富恩马约尔和阿尔瓦罗·塞佩达·萨穆迪奥思想独立，酷爱文学。我们既志同道合（说难听点儿，就像是从一个娘胎里生出来的），又和而不同，互不买账，因为我们彼此独立，有无法抗拒的文学志向和势不可挡的创作决心，又都很腼腆，各自想办法克服，尽管有时克服不了。

阿方索·富恩马约尔二十八岁，是一流的作家兼记者，长期为《先驱报》时评专栏"今日空气"撰稿，笔名布克①，颇具莎士比亚风格。他很不正经，爱开玩笑。我们对他越是了解，越是无法相信他居然能用四种语言博览群书。他最近一次不要命的举动发生在他近五十岁时，他以二十公里的时速开着一辆硕大无比、遍体鳞伤的老爷车。出租车司机、挚友以及渊博的读者老远就认出了他，纷纷闪到一边，给他让道。

赫尔曼·巴尔加斯·坎蒂略是晚报《民族报》的专栏作家，是一针见血、尖酸刻薄的文学评论家，文字功底深厚，所述之事让人不由得不信。他也是成功的电台主持，而且无疑是新兴行业蓬勃发展时期学识最渊博的电台主持，天生是当记者的料，可遇而不可求，是我的职业偶像。他头发金黄，眼睛是一种危险的蓝色，骨架大，值得读的书一本没落下，真搞不懂他哪儿来那么多时间。他很早便立志要挖掘"省"内各种有价值的文学作品，以飨读者，常年

---

①莎士比亚《仲夏夜之梦》中喜欢搞恶作剧的小妖精。

不辍。身为粗心大意家族的一员，所幸他没学过开车，我们怕他会忍不住边开车边看书。

阿尔瓦罗·塞佩达·萨穆迪奥和他不同，驾驶汽车和驾驭文字的能力同样精湛。他只要动笔，就能写出最精彩的短篇故事和影评，挑起最大胆的争论。他像大沼泽地区的吉卜赛人：古铜色皮肤，迷人、乱蓬蓬的黑色卷发，疯狂的眼神掩饰不住单纯的心灵，爱穿最便宜的布凉鞋，嘴上永远叼着大雪茄，但十有八九没点着。他最初的报道和短篇都发表在《民族报》上。那一年，他即将从纽约哥伦比亚大学新闻专业毕业。

阿方索的父亲何塞·费利克斯·富恩马约尔是文学小组的非正式成员，和堂拉蒙一样德高望重。他是资深记者、著名作家，出版过诗集《热带缪斯》（1910）、小说《科斯麦》（1927）和《十四智者颠沛记》（1928），无一畅销。但专业评论家始终认为他是优秀的短篇小说作家，生在"省"内无人知晓罢了。

认识他以前，我从没听说过他。一天中午，哈皮咖啡馆里只有我们俩。他谈吐睿智，深入浅出，让我顿觉相见恨晚。他是"千日战争"老兵，蹲过黑牢，不像宾耶斯那样受过良好教育，但他为人处事的风格和他身上的加勒比文化让我倍感亲切。不过，我最佩服的是他举重若轻的神奇本领，谈论学识像谈论孩童的游戏。他是无与伦比的谈话对象、人生导师，思维方式和我之前认识的所有人都不同。阿尔瓦罗·塞佩达和我听他说话，一听就是好几个钟头，尤其是听他讲他所恪守的基本原则：文学和人生只有形式上的差别，本质上是相通的。再后来，阿尔瓦罗在直觉一闪而过时下笔精准地写道："我们都来自何塞·费利克斯。"此言不虚。

文学小组几乎是在万有引力的作用下自发形成的。物以类聚，人以群分，因为相似，所以难舍难分，尽管乍看之下很难理解。别人总问：差别如此之大，怎么能谈得拢？我们总是随口敷衍。其实，大家并非永远谈得拢，只是我们都讲道理。我们知道，在外人眼里，我们自负、自恋、目无法纪。我们的政治姿态尤甚：阿方索是正统的自由派，赫尔曼是不情愿的自由意志论者，阿尔瓦罗是随心所欲的无政府主义者，而我是持怀疑论的共产主义者和潜在的自杀者。但毫无疑问，就算走到绝境，失去耐心，我们也永远不会失去幽默感，这是我们最大的一笔财富。

大分歧不多，只要碰上，我们总是内部讨论，有时会吵得不可开交，但只要从桌边站起，或来了个不相干的朋友，任何分歧即刻就被抛在脑后。发生在巴旦杏酒馆的那次分歧让我终生难忘。那晚，阿尔瓦罗和我刚到不久，就为福克纳争得你死我活。在场的只有同桌的赫尔曼和阿方索，他们俩置身事外，似石像般一言不发，简直让人难以容忍。不知何时，我酒劲儿上来了，气急败坏地问阿尔瓦罗敢不敢出去打一架。我们俩跃跃欲试，正打算起身往街上冲，赫尔曼·巴尔加斯心平气和地说了一句"谁先站起来，谁就输了"，利落地劝住了我们。这是一辈子的教训。

当时，我们当中没有一个人年满三十。我二十三岁，在文学小组里年龄最小，蒙他们收留，前一年十二月搬来住下。不过，在堂拉蒙·宾耶斯身旁，我们四个表现得就像信仰的倡导者与捍卫者，同进同出，话题一致，嘲弄一切，又都那么喜欢针锋相对，在别人眼里，如同一人。

梅拉·德尔玛是文学小组里唯一的女性，诗歌热情初燃。我们四个的行为难得像样，只有那种时候，才能跟她聊上几句。途经巴兰基亚的著名作家和艺术家会在她家相聚，那些夜晚令人难忘。另一位女性朋友——画家塞西莉亚·波拉斯——跟我们不常聚，她偶尔从卡塔赫纳来，陪我们夜游。女人进出醉鬼酒馆和淫荡场所被认为不成体统，她也不管。

文学小组成员一天两次在世界书店碰头，久而久之，那里成为一处文学中心。书店闹中取静，圣布拉斯街是条繁华的商业街，下午六点，市中心的人群在附近散去。阿方索和我像两个用功的学生，在《先驱报》编辑部旁自己的办公室里写稿到深夜。他写颇有见地的社论，我写乱七八糟的文章。一人一台打字机，频繁沟通，互借形容词，互查资料，有时很难分清某些段落的作者究竟是谁。

我们的日常生活基本规律，只有周五晚上全凭兴致，有时会连着玩到周一凌晨。我们四个兴致一上来，就会放开手脚，来一场文学之旅。先去"第三个人"会一会街区里的手工艺人和车行技师，以及程度不一的无良公务员。这些人当中，最古怪的要属一个入室行窃的小偷。临近午夜，他才全副武装地赶来：芭蕾紧身裤、网球鞋、鸭舌帽、轻型工具箱。有人撞见他在家中行窃，拍照登报，供人指认，却只收到几封义愤填膺的读者来信，说他对可怜的小偷使阴招。

这个小偷有着坚定的文学志向，每次都全神贯注地倾听有关艺术和书的讨论。我们知道，他写情诗，又有点儿自卑，会趁我们不在时念给其他客人听。午夜过后，他去"上班"，在高档住宅区行窃，三四个钟头后胜利归来，值钱的东西自己留下，送我们几件小玩意儿，总说"送给你们的女儿"，也不问我们有没有女儿。他要是对哪本书感兴趣，也会带来送给我们。要是书真的好，我们会转赠给梅拉·德尔玛管理的图书馆。

我们四处游荡，桀骜不驯，在望完五点钟弥撒的正经女人们中间小有"名气"。为了避开清早的醉汉，她们会横穿街道。但其实，那些醉酒的狂欢最坦荡，也最有收获。我最早领悟到这点。我和他们一起在妓院里高谈阔论约翰·多斯·帕索斯[1]的作品或巴兰基亚青年队错失的进球。黑猫妓院的妓女们被我们吵了一整夜却分文未得，趁我们路过，对我们喊道：

"要是你们把这股嚷嚷的劲头拿来睡女人，我们这些女孩都能在金子里洗澡了！"

多少次，我们在红灯区一家无名妓院里迎接初升的太阳。奥兰多·里维拉[2]，绰号"人小物"，栖身在妓院多年，创作跨时代的壁画。他蓄着山羊胡子，眼神疯狂，心地善良，我没见过比他更狂野的人。从小学起，他就一心想当古巴人，最后比古巴人还古巴人。他像古巴人那样生活——说话、吃饭、画画、穿衣、恋爱、跳舞，像古巴人那样死去，一生却从未去过古巴。

他不睡觉。我们大清早去找他，他从脚手架上跳下来——脚手架上也画满了画，比壁画更花哨——好似十九世纪反西班牙殖民统治的古巴人。阿方索和我带去新闻报道和短篇小说，请他画插图。他没耐心一篇篇读，我们只好绘声绘色地给他讲。他用他唯一认可的技法——漫画——一挥而就，满意的作品居多，但赫尔曼·巴尔

①约翰·多斯·帕索斯（1896—1970），美国小说家、艺术家，主要作品有《三个士兵》《美国三部曲》等。
②奥兰多·里维拉（1920—1960），哥伦比亚画家、作曲家、舞蹈演员及设计师，因第一本发表他绘画作品的杂志名为《人物》（Figura）而取绰号"小人物"（Figurita）。

加斯总是愉快地说，他不满意的画效果倒更好。

巴兰基亚就是这样一座与众不同的城市，尤其是十二月到三月间，如地狱一般。北方信风来袭，夜里狂风大作，席卷家家户户的院子，能把母鸡刮上天。只有港口附近做过路客生意的饭店和招待汽船上的水手的酒馆有些生气。妓女们整夜等候，船来了，没准儿就有客。一支铜管乐队在林荫道上演奏着有气无力的华尔兹舞曲，无人捧场。出租车并排停靠在玻利瓦尔大道上，司机们大呼小叫地评论足球。唯一的去处是西班牙难民开的罗马咖啡馆，那儿从来不关门。理由很简单，没有门，也没有屋顶。然而，在这座动辄大雨倾盆的城市，从来没听说过有人因为下雨吃不上土豆饼或谈不成生意。这是一块露天宝地，花团锦簇的金合欢树下，摆放着白色小圆桌和铁制靠背椅。晚上十一点，《先驱报》《新闻报》等早报编辑部下班，编辑们会一块儿来这儿吃饭。西班牙难民们在家听完胡安·何塞·佩雷斯·多梅内奇教授的每日新闻，七点钟就来了。战败十二年后，这位教授还在说西班牙内战。决定命运的一夜，作家爱德华多·萨拉梅亚①从瓜希拉返回途中，上岸在此小憩，对着自己的胸口开了一枪，所幸并无大碍。那张桌子从此变成文物，只能看，不能坐。多年以后，萨拉梅亚将这段经历写进《四年与我同行》，这本小说无疑让我这代人大开眼界。

文学小组中，数我最穷困潦倒。我那两份工作固然重要，但薪水都不高。我常常躲在罗马咖啡馆僻静的角落里，写到天明，或读到天明。饿了，喝一杯浓巧克力，吃一块夹着上好西班牙火腿的三

---

① 爱德华多·萨拉梅亚·博尔达（1907—1963），哥伦比亚记者、作家，曾任《观察家报》主编，被马尔克斯尊称为"文学教皇"。后文中，马尔克斯多次提到与他的交往。

明治，然后在玻利瓦尔大道开花的可可树下沐浴着晨曦散步。开头几周，我在报社写到很晚，之后在空荡荡的编辑部或成卷的新闻纸上睡几个时辰；日子久了，总得找个正常点儿的住处。

玻利瓦尔大道上善良温厚的出租车司机们帮我解决了难题，他们后来也帮过我不少忙。有家旅馆离大教堂一个街区，每晚一个半比索，可以单独住或找人同住。房子很老，但保养得不错，全靠那些从下午六点起就在玻利瓦尔大道上寻觅越轨男人的落魄妓女。门房名叫拉希德斯，我至今都记得他。他有只玻璃眼，光轴不正，性格腼腆，说话结巴。从第一晚起，我就对他心存感激。他把一个半比索扔进柜台抽屉——装着前一天晚上的进账，全是皱巴巴的零钱——递给我六号房的钥匙。

我没住过这么安静的地方，最多也就是低沉的脚步声、含糊不清的嘟囔声、偶尔传来的生锈弹簧的吱呀声。没有窃窃私语、唉声叹气，完全没有。唯一糟糕的是，十字木条窗挡不住炎炎热浪。不过，住在这儿的第一晚，我读威廉·艾里什①读得十分入神，几乎读到天明。

这座大楼原是老船主的寓所，雪花石膏柱的端口包着铜箔，彩绘玻璃封住的内院酷似温室。底楼是市公证处，三层楼每层原本都有六间宽敞的大理石卧室，如今用纸板隔成小间——跟我那间一样——供妓女们接客。这家快乐的妓院一度名叫"纽约酒店"，阿方索·富恩马约尔后来管它叫"摩天大楼"，以纪念那些年从这座帝国大厦顶楼一跃而下的自杀者。

---

①美国著名悬疑小说作家康奈尔·伍尔里奇（1903—1968）的笔名。

无论如何，我们生活的重心都在人气最旺的圣布拉斯街世界书店，中午十二点、下午六点，每天聚两回。赫尔曼·巴尔加斯是店主堂豪尔赫·龙顿的好友，开书店的想法就是他提出来的。没过多久，世界书店便成为记者、作家和年轻政客的聚会之地。龙顿做生意没经验，但他好学，热情大度，文化商人的形象深入人心。赫尔曼、阿尔瓦罗和阿方索作为购书顾问，特别关注布宜诺斯艾利斯的文学动态。那里的出版商开始批量翻译、出版、销售二战后各国文学新作。有了他们三个，我们才能及时读到原本在巴兰基亚读不到的书。在堂拉蒙的老书店关门之后，是他们再次激发了人们的读书热情，使这座城市重新成为阅读的中心。

　　我来这儿没多久，就跟他们一起，盼星星盼月亮似的等候来自阿根廷各个出版社的流动书商。多亏这些流动书商，我们才会早早地仰慕豪尔赫·路易斯·博尔赫斯、胡里奥·科塔萨尔、菲利斯贝托·埃尔南德斯以及被维多利亚·奥坎波那群人译得很棒的英美小说家。阿图罗·巴雷阿的《反叛者是怎样炼成的》是从千里之外、被两场战争打得缄默无言的西班牙传来的第一个令人振奋的消息。这些书商中的一位，守时的吉列尔莫·达瓦洛斯有个好习惯：晚上跟我们一起狂欢；在城里谈完生意后，把样书留给我们。

　　文学小组成员的住处离市中心很远，没有特殊原因，大家晚上不会去罗马咖啡馆。但对我而言，那里就是我的家。早上，我在《先驱报》安静的编辑部里工作；午饭什么时候吃，在哪里吃，怎么吃，看情况，买单的基本都是好友或关心我的政客，下午写"长颈鹿专栏"或其他文章。中午十二点、下午六点，我通常都会准时出现在世界书店。许多年里，小组成员都在哥伦比亚咖啡馆喝午餐前的开胃酒，然后换到街对面的哈皮咖啡馆，因为那是圣布拉斯街上通风最好、气氛最棒的咖啡馆。我们在那儿会客、办公、谈生意、接受采访。总之，十有八九能在那儿找到我们。

想在哈皮咖啡馆跟堂拉蒙坐一张桌子，必须遵守一些约定俗成的规矩。他是老师，四点下课，总是第一个到。一张桌子只够坐六个人，按照关系亲疏排座位。再添椅子，既放不下，也不合适。赫尔曼跟他认识最早，交情最深，从第一天起就坐在他右手边，帮他处理具体事务，有时甚至无须他吩咐。堂拉蒙饱读诗书，却天生应付不了日常事务。那些日子里，他的头等大事是向省图书馆推销他的作品并办理去巴塞罗那前要办的其他事宜。赫尔曼不像秘书，倒像个孝顺儿子。

堂拉蒙和阿方索的友谊建立在更加艰深的文学和政治问题之上。至于阿尔瓦罗，我总觉得他和堂拉蒙独处时显得拘束，需要有别人在，才会侃侃而谈。只有何塞·费利克斯能随便坐。堂拉蒙晚上不去哈皮咖啡馆，而是去附近的罗马咖啡馆见同样流亡到此的西班牙同胞。

最后加入的是我。从第一天起，我就鸠占鹊巢，抢了阿尔瓦罗·塞佩达的座位，他当时人在纽约。堂拉蒙读过我在《观察家报》上发表的短篇小说，他就当又收了个学生。可我做梦也没想到，我会信任他到向他借钱陪妈妈回阿拉卡塔卡的地步。没过多久，不可思议的一次巧合，我比其他人早到，趁没别人，正好还他六个比索，那是我第一次也是唯一一次和他单独交谈。

"您好，天才。"他总是这么叫我，我的脸色让他有些担心，"病了？"

"没有，先生。"我略感不安地答道，"为什么这么问？"

"我见您有些憔悴。"他说，"不过别理我！这几天，所有人的情绪都很操蛋①。"

他不情愿地把钱收下，放进钱包，仿佛那是一笔不义之财。

"那我就收下了。"他面红耳赤地向我解释，"穷小子不用催，有债必还，我留着当纪念。"

我无言以对，一声不吭。咖啡馆里人声鼎沸，我却如一眼呆滞的泉。我做梦也没想到会有这样的运气。印象中大家一块儿聊天时，七嘴八舌，各抒己见，互相掩盖优缺点。可我从未想过，会独自与多年沉浸于书海的人谈论艺术和荣誉。

多少个清晨，我在房里独自遐想：要是能跟他探讨文学困惑，那将多么激动人心。可太阳一升起，什么想法就都烟消云散了。阿方索有绝妙的主意，赫尔曼不同意老师的仓促之见，阿尔瓦罗拼命嚷嚷一个让我们气急败坏的计划，这些都让我越发自惭形秽。

那天在哈皮咖啡馆，幸好是堂拉蒙先开口。他问我书读得如何。当时，能找到的"迷惘的一代"作家②的所有西班牙语译本我都读过，尤其是福克纳，我读得很细，好比用剃须刀一点点刮，谨防出血，就怕日后再读，发现他不过是一个敏锐的修辞学家。话音刚落，我感觉有些冒昧，正想补救，堂拉蒙开了口。

"别担心，加比托。"他不动声色地说，"要是福克纳在巴兰基亚，他也会坐在这里。"

---

① 原文为加泰罗尼亚语。
② 代表作家有菲茨杰拉德、艾略特、多斯·帕索斯、邓肯、雷马克、福克纳等。

堂拉蒙觉得奇怪的是，我怎么会对拉蒙·戈麦斯·德拉塞尔纳[①]感兴趣，在"长颈鹿专栏"上将他与其他毋庸置疑的小说家相提并论。我说，我对他的小说没兴趣——除了《玫瑰别墅》我十分喜欢——吸引我的是他的奇思妙想和文笔，我只当那是韵律操，练习写作用，在这方面，他著名的greguería鹤立鸡群。堂拉蒙讥笑地打断我：

"小心！您也会不知不觉地学会写坏文章。"

不过，在结束这个话题前，他也承认，虽然戈麦斯·德拉塞尔纳深陷在闪光的混乱之中，却也是位出色的诗人。他回答得又快又好，我神经紧张，拼命领会，一面担心有人贸然打断这千载难逢的交流机会。堂拉蒙知道该如何掌控局面。相熟的服务生十一点半送来可乐，他似乎没留意，却在不打断谈话的情况下，用纸吸管小口吸着。客人多半进门就高声向他问好："您好，堂拉蒙。"他也不瞧，挥一挥他那只艺术家的手，作为回应。

他说话时，偷偷瞟过我用双手紧紧抱着的皮文件夹。喝完第一杯可乐，他把吸管拧成螺旋状，再要一杯。我明知各自付账，也要了一杯。最后，他终于问我，我像抓着最后一根救命稻草似的抓着的那个文件夹，是否内有乾坤。

我实话实说：这是陪妈妈回卡塔卡之后，正在创作的小说初稿，刚写完第一章。我心一横，打开文件夹，放到他面前，有点儿

①拉蒙·戈麦斯·德拉塞尔纳（1888—1963），西班牙著名作家，善于用一种与传统写作方式大相径庭的象征手法进行各种文学作品的创作。作品中最具特色的是greguería，原意为"嘈杂""喧闹"，他却指头脑中杜撰出来的、带文字游戏性质的短句或短诗。他曾写过一个公式：幽默＋隐喻＝greguería，如"雷是从天梯上滚下来的一只大箱子""只有在植物园里的植物才带上名片"等。

像无恶意的挑衅。哪怕是在生死关头，我也绝不会再有如此举动。他用清澈的眼眸盯着我，发出危险的蓝光，略显讶异地问：

"您给我看？"

那是份打字稿，被修改得面目全非，折成风箱状。他不慌不忙地戴上眼镜，用极其专业的手法拉开稿纸，铺在桌上。他面无表情地读，气都不喘一口，一绺白发随他的思绪波动起伏。他读完整整两沓，用中世纪的手法默默叠好，合上文件夹，装好眼镜，放进胸前的口袋里。

"还很粗糙，能理解，"他言简意赅，"但很不错。"

他就如何处理时间大致说了几句，那是我最大的难题，致命伤。他又说：

"您应该意识到，事情已经发生，人物的出现只是为了回忆。因此，您要驾驭两种时间。"

他又说了些具体的技巧，我没经验，领会不了。他建议，小说里的城市不能叫巴兰基亚——初稿里是这样写的——否则，读者受地名所限，缺乏想象空间。最后，他开玩笑道：

"要不，您就装傻，等天上掉馅饼。反正，索福克勒斯①生活过的雅典绝不是安提戈涅②生活过的雅典。"

那天下午分手时他说的话终生被我奉为圭臬：

"感谢您以礼相待，回赠您一个忠告：正在创作的草稿，永远不要给别人看。"

---

① 索福克勒斯（前496—前406），古希腊剧作家，古希腊悲剧的代表人物之一，代表作为《俄狄浦斯王》。
② 安提戈涅是索福克勒斯同名剧作的女主人公。

单独和他交谈，只此一次，却弥足珍贵。筹划了一年多，一九五〇年四月十五日，堂拉蒙穿着黑呢西装，戴着法官帽，飞回了巴塞罗那。六十八岁的他高兴得像个孩子。虽然他身体硬朗，神志清晰，去机场送别的人却都有送他叶落归根、长眠故土之感。

第二天，我们去哈皮咖啡馆，才发觉首座空荡荡的。谁也不愿去坐，最后大家一致决定让给赫尔曼。过了好些天，等来堂拉蒙的第一封信，我们才适应了每天谈话的新节奏。他的信是用深紫色墨水写的，字迹细致，读着信就像听到他的声音。此后，由赫尔曼执笔，我们与他鸿雁传书，来往密切。他在信中说自己少，谈西班牙多。他认为：只要佛朗哥①还活着，西班牙帝国继续占领加泰罗尼亚，那儿就依然是敌占区。

办周刊是阿方索·富恩马约尔率先提出的。想法早就有了，但在我的印象中，加泰罗尼亚智者堂拉蒙的返乡加快了实施进程。三天后，我们齐聚罗马咖啡馆，专议此事。阿方索说都准备好了：版面比大报小一半，二十页，时事与文学兼顾，刊名"纪事"无特别含义。筹措四年无果的经费如今居然绰绰有余，连我们都觉得疯狂。阿方索·富恩马约尔的筹资对象是手工艺人、汽车技师、退休法官，以及答应用甘蔗酒支付广告费、对我们鼎力相助的酒馆老板。有理由相信，周刊会在巴兰基亚大受欢迎。虽说工业发展、市民倨傲，但诗人在此向来备受尊敬。

除了我们自己，定期撰稿人没几个。诗人兼记者卡洛斯·奥修·诺格拉，绰号"诗人奥修"，是唯一有经验的专业人士。他身材

---

① 弗朗西斯科·佛朗哥（1892—1975），西班牙军人，1936 年发动兵变，挑起西班牙内战，1939 年内战胜利后任独裁者，直到 1975 年 11 月 20 日病逝。

高大，待人和善，在政府任职，是《民族报》的新闻审查官，与阿尔瓦罗·塞佩达、赫尔曼·巴尔加斯共过事。另一位是上层社会难得一见的博学大家罗伯托（鲍勃）·普列托，他能用英、法、西三种语言思考，不看乐谱，就能在钢琴上弹奏出不少世界名曲。在阿方索·富恩马约尔拟就的撰稿人名单中，最让人大跌眼镜的是胡里奥·马里奥·圣多明戈①。就因为他说想换一种生活方式，阿方索便毫不犹豫地点了头。可他居然跻身编委会，真让人想不明白：他聪明、博学、亲切，似乎注定会成为拉丁裔的洛克菲勒，但也不可避免地会陷入权力的泥沼。除了我们四个周刊创始人，鲜有人知二十五岁的他藏在心底的愿望是当作家。

社长当然是阿方索。赫尔曼·巴尔加斯打头阵，负责写分量最重的稿子。我想跟他一起干，不是因为有时间——我们永远没时间——而是因为终于有了梦寐以求的学习机会。阿尔瓦罗·塞佩达仍在纽约哥伦比亚大学学习，他可以利用闲暇时间写稿。最后，前途未卜的独立周刊还缺一名主编，没人比我更自由、更迫切，因此，这个职位归我。

阿方索搜集资料好多年了，近六个月提前完成了不少工作：社论、文学资料、重磅报道，有钱的朋友还答应他刊登商业广告。主编没有固定的工作时间，薪水比我这个级别的记者高，但和收益挂钩。我也在准备着准时推出高水平的刊物。紧接着的周六下午五点，我走进《先驱报》办公室，阿方索·富恩马约尔在赶社论，忙得抬不起头。他对我说：

①胡里奥·马里奥·圣多明戈（1923—2011），哥伦比亚实业家，曾在福克斯世界富人榜上排第 108 位，名下有一百多家公司，其中包括著名的《观察家报》。

"大师，您得赶紧，下礼拜出《纪事》。"

我并没被吓着，这话听过两遍了。但事不过三。那周的绝对头条，最轰动的新闻事件，是巴西球星埃莱诺·德弗雷塔斯加盟巴兰基亚青年队。我们不想跟专业体育杂志竞争，而是想将其打成社会文化头条。我们不希望《纪事》被贴上任何标签，更别说足球这么大众化的标签。大家一拍即合，工作卓有成效。

我们提前备好了充足的稿件，最后一刻，只需一篇由球迷赫尔曼·巴尔加斯大师执笔的埃莱诺专题报道。一九五〇年四月二十九日，周六清晨，创刊号准时送达各售卖点。那天是圣卡塔利娜·德锡耶纳①圣日，她曾在世界最美的广场上写下蓝色的书信。最后一刻，我在刊名下补上题记："您最好的周末刊物"。明知挑战了那些年思想纯正、复杂难懂的哥伦比亚主流杂志，可那是我们的心声，西语中找不出其他更好的表达方式。封面是埃莱诺·德弗雷塔斯，由三名画师中唯一的肖像画家阿方索·梅洛用钢笔完成。

次日，四月三十日，星期天，巴兰基亚的两支球队——青年队对阵竞技队——的精彩比赛在市体育馆举行。尽管最后很赶，缺乏宣传，创刊号居然在球赛前被一抢而空。周刊内部观点不一：赫尔曼和阿尔瓦罗支持竞技队，阿方索和我支持青年队。然而，埃莱诺的名字与赫尔曼·巴尔加斯的精彩报道无疑使《纪事》成了哥伦比亚人翘首以待的高水平体育杂志。

体育馆旗帜飘扬，人头攒动。开场六分钟，埃莱诺·德弗雷塔斯中场左脚射门，球破门入网，这是他在哥伦比亚进的第一个球。

①卡塔利娜·德锡耶纳（1347—1380），天主教圣女，留下381封书信。

尽管竞技队最终以三比二胜出，但那个下午是埃莱诺的，也是我们的——我们押宝押中了。然而，无论人力还是神力都无法让读者明白：《纪事》不是体育杂志，而是文化杂志，埃莱诺·德弗雷塔斯是被我们当作年度重大新闻事件才备受瞩目的。

也不是新手运气好。我们中有三个人在大众专栏写过足球：赫尔曼·巴尔加斯自然是其中之一，阿方索·富恩马约尔也是个不折不扣的球迷，阿尔瓦罗·塞佩达多年来一直是密苏里州圣路易斯《体育新闻》驻哥伦比亚记者。我们对读者满怀期望，读者却不接受后面的几期杂志，绿茵场边的球迷义无反顾地弃我们而去。

为了补上这个窟窿，编委会决定，由我写一篇有关青年队乌拉圭球星塞瓦斯蒂安·贝拉斯科切亚的重磅报道，希望能让足球和文学殊途同归，如同我在每日专栏上屡屡将足球和神秘学联系在一起。路易斯·卡梅洛·科雷亚在卡塔卡的田野里传递给我的足球热情早已冷却。更何况，我早就迷上了加勒比垒球——当地俗称"投球"。但我还是接受了挑战。

当然，我主要参考赫尔曼·巴尔加斯的报道，也拜读了其他一些体育报道，作为辅助参考。和贝拉斯科切亚长谈后，我松了一口气。他聪明又亲切，希望给读者留下好印象。糟糕的是，我定错了位，单凭姓氏，就把他描绘成典型的巴斯克人①，竟然没留意到他的黑皮肤和黑头发：来自非洲最显赫的家族。我在杂志兴衰成败的紧要关头，犯下了这辈子最大的错误。读者来信，骂我枉做体育记者，连足球和电车都分不清；骂得真好！赫尔曼·巴尔加斯一向出

---

①巴斯克自治区位于西班牙北部，有自己独特的语言和文化。

言谨慎，多年以后，他也在回忆录中写到，有关贝拉斯科切亚的专题报道是我此生最大的败笔。这么讲有些言过其实，但也不能算太夸张。他对新闻业了如指掌，撰写报道、社论无不行云流水，口吻就像在对铸排工口述，一气呵成。

我们没有放弃加勒比海岸盛行的足球或垒球，但是加强了新闻时事与文学动态的报道力度，只可惜无济于事。读者将《纪事》误认作体育杂志，错已铸成，回天乏术；而真正的球迷早已看清形势，扬长而去。我们想恪守最初的原则，但从第三周起，原则已摇摆不定，模棱两可。

我没有气馁。陪妈妈回卡塔卡的旅行、与堂拉蒙·宾耶斯的历史性对话、和"巴兰基亚文学小组"的深情厚谊，给我注入了新的活力，让我受益终生。此后，我所赚的每一分钱，都是用打字机敲出来的，个中艰辛，他人殊难想象。在出版了四本稿酬微薄的书后，我在年过四十时才盼来了能使我真正地靠卖文为生的头几笔版税。此前，我的生活中充满了陷阱、推诿、幻想，更要竭力避开无数的诱惑：似乎我干哪行都行，就是当不了作家。

三

当阿拉卡塔卡的灾难完全结束，外公去世，所谓的一家之主最后的能量也随之灰飞烟灭时，我们这些靠着这种无法言明的能量活着的人所能做的只剩怀念。没有人再乘火车来，老宅也像失了魂，米娜和弗兰西斯卡·西莫多塞娅全靠埃尔维拉·卡里略任劳任怨、尽心尽力地照顾。外婆双目失明、脑子糊涂后，被爸妈接来，好让她在去世前过几天舒坦日子。表姑姥姥弗兰西斯卡仍是处女之身，受苦受难，满口俗语，口无遮拦。她拒不交出墓地和圣餐作坊的钥匙，声称："不是不交，时辰未到。"一天，她拿着几块雪白的床单，坐在房门口，开始给自己做寿衣。她缝得讲究，针脚细密，让死神等了两个多礼拜。寿衣做好当晚，她照常就寝，没有和任何人告别，无疾而终。我们后来才发现，前一晚，她已将死亡登记表填写好，入土手续也已办理完毕。埃尔维拉·卡里略也自愿终生不嫁，独守空旷的老宅。半夜三更她常被邻屋永久不息的咳嗽声惊醒，不过，与魂灵共患难，她已习以为常，并不在意。

相反，她的孪生兄弟埃斯特万·卡里略一直到老都头脑清醒，精力充沛。一次，我跟他吃早饭，突然想起那次汽艇驶过谢纳加时，人们抬起"老爹"，像赶骡子的人用毯子兜住桑丘·潘沙[①]那样，想把他扔下水的场景。当时，"老爹"已经去世，我觉得好玩，才把这段回忆讲给舅舅听，谁知，他气得一蹦三丈高，一个劲儿地怪我说得晚了，让我赶紧回忆，当时跟外公说话的那个人究竟是谁，他好去打听是谁想淹死外公。"老爹"参加过两次内战，多次穿越火线，枪法好，枕枪待旦；天下太平了，还跟人决斗，杀死了对手。那次他居然束手就擒，舅舅怎么也想不通。他说，君子报仇，十年不晚，他要和兄弟们替父雪耻。这就是瓜希拉法则：一人受辱，挑衅者全家（男丁）偿命。舅舅决心已定，拔出手枪，放在桌上，打算问了就动手。之后每次遇到我，他都希望我能想起那人的姓名。在我想把家族史写进我第一部始终未能完成的小说的那段时间里，一天晚上，舅舅突然出现在报社办公室，建议和我联手展开调查。他始终没有放弃。最后一次见他，是在卡塔赫纳。他老了，心脏不好。分手时，他苦笑道：

"你记性这么差，怎么能当作家？"

在阿拉卡塔卡已无事可做，爸爸便带我们搬回巴兰基亚，重开了一家药店，虽然是白手起家，却有来自批发商们——爸爸以前的生意伙伴——良好信誉的保障。家人说，那不是他开的第五家药店，而是我们依据爸爸的商业直觉，在不同城市间搬来搬去的同一家药店——两次在巴兰基亚，两次在阿拉卡塔卡，一次在辛塞。赚的钱一直不多，欠的债总能还上。家里没有了外公外婆、舅舅姨母、男仆女佣，只剩父母子女。爸妈结婚九年，有六个孩子：三男

---

① 《堂吉诃德》中主人公的侍从。

三女。

生活中的这次改变让我感到非常不安。小时候我去过几次巴兰基亚，去看父母，待几天就走，因此，关于那段时间的记忆支离破碎。三岁时，我第一次去那里，因为妹妹玛尔戈特的出生。我记得清晨港口的淤泥臭气熏天，在荒凉、尘土飞扬的街上，一辆单马马车的车夫在扬鞭恐吓那些企图爬上驾驶席的搬运工。我记得妹妹出生在一个赭色墙壁、绿色门窗、药味浓郁、气氛凄凉的房间，最里头是张十分简陋的铁床，上面躺着新生儿和一个女人——无疑是我的妈妈。我想不起她当时的样子了，只记得她有气无力地伸出一只手，轻轻地对我说：

"你已经不记得我了。"

没别的了。几年后，我才对她有了具体清晰、确凿无疑的印象。确切时间不记得了，应该是二妹阿依达·罗萨出生后，妈妈来到阿拉卡塔卡。当时，桑托斯·维耶罗从丰塞卡抱来了一只刚出生的小羊羔，我正在院子里和它玩，嬷嬷跑来，大声对我说：

"你妈妈来了！"

吓了我一跳。她几乎是把我拖进客厅的，家里的女人们和邻家的女人们坐在靠墙的椅子上，像是在守灵。我突然进去，大家都不说话了。我呆呆地站在门口，认不出谁是我妈妈，直到她张开双臂，用记忆中最温柔的声音对我说：

"你都长这么大了！"

她有罗马人漂亮的鼻子，高雅，苍白，时尚，出众：收臀的象牙白真丝长裙、绕了好几圈的珍珠项链、银色扣袢高跟鞋、默片中才有的钟形草帽。她拥我入怀，身上散发着那种永恒不变的特殊的味儿。我知道我该爱她，但我做不到。负疚感袭来，我身心俱伤。

对爸爸最初的印象倒是具体而清晰。一九三四年十二月一日，他三十三岁生日那天，我看见他穿着白色亚麻正装，戴着扁平窄边草帽，大步流星、兴高采烈地走进了外婆外公在卡塔卡的老宅。有人和他拥抱，祝他生日快乐，问他多少岁了。他的回答我永远也忘不了，因为当时我没听明白：

"耶稣多少岁我多少岁。"

我一直纳闷，这段记忆为何感觉如此久远。无疑，那之前我和爸爸已经见过多次。

我们从未在同一个屋檐下生活。玛尔戈特出生后，外公外婆养成了带我去巴兰基亚的习惯。等阿依达·罗萨出生，我对那儿已经不再陌生。我觉得那是个幸福的家。他们在那儿有一家药店，不久在商业区又开了一家。我们又见到了艾尔赫米拉奶奶——茜麦大妈，以及她的两个儿女——胡里奥和埃纳。埃纳貌美如花，只可惜红颜薄命，二十五岁就香消玉殒，死因不明，至今还有人说她是死于一个被拒绝的追求者的诅咒。我们一天天长大，茜麦大妈更加和蔼可亲，也更加出言不逊。

同一时期，爸妈的感情摩擦给我留下了难以抚平的伤痕。一天，妈妈突然怀旧起来，坐在钢琴前弹奏偷偷恋爱时那首著名的华尔兹舞曲《当舞会结束》。爸爸为了增添浪漫情调，取出尘封已久的小提琴——尽管少了根弦——与她合奏。妈妈很快融入了他如黎明般的浪漫风格之中，超水平发挥，直到她满心欢喜地抬起头，看见他早已泪水盈眶。"你在想谁？"妈妈问得太天真。"想你和我初次合奏此曲的情景。"爸爸受华尔兹舞曲感染，回答道。妈妈怒不可遏，两只拳头砸在琴键上。

"天啊！你没跟我合奏过！"她歇斯底里地叫道，"到底跟谁，你心里清楚！你流泪，也是为她！"

她没有指名道姓，当时没有，后来也没有。可是，咆哮声让全家上下目瞪口呆。路易斯·恩里克和我——总是出于一些不可告人的原因害怕——吓得躲到床底下；阿依达逃去了邻居家；玛尔戈特突发高烧，说了三天三夜的胡话。就连更年幼的弟弟妹妹也早已见惯了妈妈吃醋时的大爆发，她眼里喷火，罗马人的鼻子尖得像刀。我们见过她一反常态，平静地将客厅里的画一幅幅摘下，噼里啪啦砸烂，留下一地的玻璃碴。我们见过她拿着爸爸的脏衣服，一件件地闻，闻完又扔进洗衣篮。二重奏以悲剧收场后，什么也没有发生。只是来自佛罗伦萨的调音师把钢琴抬走卖了，小提琴和左轮手枪被扔进衣橱，永远不见天日。

当年的巴兰基亚率先实现了社会进步、温和的自由主义以及各政党的和平共处，它们是城市进步与繁荣的关键因素。哥伦比亚脱离西班牙独立后，兵连祸结，打了一百多年的内战。之后，香蕉种植园区大罢工又惨遭镇压，枯枝败叶，肃杀萧条。

至此，人民的开拓精神早已势不可挡。一九一九年，胡里奥·马里奥的父亲，年轻的实业家马里奥·圣多明戈将五十七封信放入帆布口袋，搭乘美国人威廉·诺克斯·马丁驾驶的简易飞机，空投到距巴兰基亚五西班牙里的哥伦比亚港海滩，开了国内航空邮件之先河，赢得了国民的交口称赞。第一次世界大战后，来了一批德国飞行员，包括赫尔墨斯·冯·克罗恩，驾驶最早的水陆两栖容克斯 F-13 型客机开辟航线。飞机载着邮包和六名大无畏的乘客，像受天主保佑的蚱蜢，飞行在马格达莱纳河上空。这是世界上最早成立的空运公司之一，哥伦比亚－德国空运公司的雏形。

对我而言，搬回巴兰基亚不仅是换了城市，换了家，而且是在十一岁的时候换了家长。过去的家长是外公，我和玛尔戈特在老宅里生活得很快乐；如今的家长是个了不起的男人，但对父母权威的理解完全不同。我们习惯了无拘无束，很难管教。爸爸有令人崇拜、让人感动的一面：他百分之百自学成才，是我见过的读书最多、最杂的人；他原本学医，中途辍学，后来自学顺势疗法——当年无须科班出身——成绩优异，考取了行医执照。可他不像妈妈，日子难过，他就一筹莫展。实在过不下去，就躲进房间，往吊床上一躺，把手边能读的文字通读一遍。他能解出填字游戏，却解不出实际问题。他对有钱人几乎到了顶礼膜拜的程度，不是对那些不劳而获的有钱人，是对那些依靠个人才能诚实致富的有钱人。他大白天躺在吊床上，睁着眼做白日梦：如何轻而易举地日进斗金。方法很简单，之前怎么就没想到？他总是以一个奇怪的例子来说明达连①的富有：那儿刚刚生猪崽的母猪能排两百西班牙里。不过，那些耸人听闻的事没发生在我们这儿，那是他当电报员四处漂泊时道听途说来的。他不切实际，不停地栽跟头，不停地重蹈覆辙，害得我们提心吊胆，而很长一段日子里，天上连面包渣都不掉一粒。好日子也好，坏日子也罢，父母教导我们：好坏都要过，要像老牌天主教徒那样，不卑不亢、逆来顺受。

对我的考验就差跟爸爸单独旅行了，这下好了，他要带我去巴

---

①哥伦比亚与巴拿马交界地区，位于加勒比海南部沿岸。

兰基亚，帮他开药店，然后做准备让全家都搬来。我很吃惊，独处时，他当我是大人，对我既亲热又尊重，甚至派给我一些就我当时的年龄来说挺难干的活儿。我乐呵呵地接下，完成得也不错，尽管他并不是次次都满意。他爱讲他在故乡的童年故事给我们听，年年讲，添个孩子，就再讲一遍。我们都听过，渐渐对那些故事失去了兴趣。后来，吃完饭，他一开口，我们几个大孩子起身就走。路易斯·恩里克明目张胆地跟他对着干，走时还故意惹他生气：

"说到爷爷去世，再叫我。"

那些非常自然的一时冲动惹恼了爸爸。他原本就想送路易斯去麦德林的教养院，如今理由更加充分。爸爸跟我在巴兰基亚时却不是这样。他不再讲那些老掉牙的童年趣事，改说跟奶奶度日艰难、爷爷出了名的抠门、家里没钱供他读书那些事。我听了这些才明白他为什么有时会心血来潮，做一些旁人无法理解的事情。

那时候，我们畅谈各自读过的书和待读的书，从公共市场麻风病人的摊位上淘来一大堆有关人猿泰山、神探断案、星际战争的连环画。但我也差点儿成为他苦行观念的牺牲品，尤其是他决定我们一天只吃一顿饭。我跟他第一次闹别扭就是因为在吃过午饭七小时后，他撞见我在喝汽水、吃甜面包。我不能告诉他钱是从哪儿来的，不敢说那几个比索是妈妈怕他在旅行中强制推行特拉普派修士的节食苦修制度，偷偷塞给我的。妈妈只要有钱，总会塞一点儿给我，多年来一直如此。我中学住校，她往我箱子里放了各种洗护用品，在香皂盒里藏了十个比索，希望我穷途末路时能翻出来，救个急。果真如此，要知道离家求学，任何时候翻出十个比索，都会令人激动不已。

在巴兰基亚，爸爸晚上尽量不留我一个人待在药店，但他想出的办法对一个十二岁的男孩来说，并不总是那么令人兴奋。他常常带我去朋友家，弄得我精疲力竭。他朋友家里像我这么大的孩子，八点钟就都上床睡觉了。大人们东拉西扯，我又闷又困。一天晚上，在他的一位医生朋友家，我一定是不知不觉睡着了，醒来时却发现自己走在陌生的街道上。怎么回事，几点了，脑子里一片空白；具体方位，怎么去的，也都一头雾水，只能说我梦游了。虽然既无家族史，又没再复发，但它依然是唯一合理的解释。我一觉醒来，只见一间有着明晃晃的镜子和三四名顾客的发廊里，挂钟指针指向八点十分。我年纪尚小，那么晚一个人走在街上，简直不可思议。我吓坏了，记不清那个医生的姓名和他家的地址了。几个路人半蒙半猜，居然把我送了回去。街坊四邻因为对我的无故失踪做了各种不着边际的猜测，正处在一片恐慌之中。他们只说正聊着，见我起身，以为我是去厕所。梦游的说法谁也不信，爸爸第一个就不信。他想都没想，以为我就是淘气，结果把自己弄丢了。

还好没几天，我大显了一把身手，算是赔了罪。爸爸要陪人吃饭谈生意，把我放在他的另一个朋友家。晚上，全家人一起收听大西洋电台的全民竞猜节目。那天的谜语很难猜：翻个跟头便会换个名字的动物叫什么？无巧不成书，当天下午我刚在新版布里斯托尔日历牌上看过谜底，还认为这是个蹩脚的笑话：符合条件的只有 escarabajo（金龟子），翻个跟头，会变成 escararriba[①]。我悄悄把答案告诉这家的一个女儿，大女儿冲过去，给大西洋电台打电话，结

[①]西班牙语中，escarabajo（金龟子）读音同 es cara bajo（脸朝下），如果翻个跟头，就会变成 escararriba（脸朝上）。escararriba 这个单词并不存在。

果得了一等奖，奖金一百比索，够付三个月房租。正在收听节目的邻居们涌进客厅，争先恐后地向他们祝贺。不过，这家人在意的不是钱，而是名，要知道那可是加勒比海岸创造电台历史的一次竞猜。我被所有人遗忘了。爸爸来接我时，也替他们高兴，还和他们一起举杯庆祝。没有人告诉他是谁猜出了谜语。

那年的幸事还有一件：爸爸允许我星期天一个人去哥伦比亚剧院看早场电影。那里头一回放连续剧，每周一集，令人一整周都在惦记。《蒙戈入侵》是第一部星际史诗巨作，多年以后，斯坦利·库布里克执导的《2001太空漫游》才取代了它在我心目中的地位。但最终胜出的是以卡洛斯·加德尔和里贝塔德·拉马克作品为代表的阿根廷电影。

不到两个月，药店开张，房子租好了，家具也买好了。药店位于商业中心一个熙熙攘攘的街角，距玻利瓦尔大道只有四个街区；家却在臭名昭著、夜夜笙歌的下街区的偏街陋巷，是哥特式建筑，有两个尖顶——打仗时能派上用场，我们租的房子在五楼，墙面涂得红一块黄一块的，根本不值那些租金。

药店交付那天，我们在店后面睡吊床，仿佛文火炙烤，一夜汗如雨下；搬回家才发现那里没有挂吊床的环，只好打地铺，又借了只猫来抓老鼠，才能睡得安稳。妈妈率大部队前来会合时，家具还不全，没有厨房用具，生活用品也严重缺乏。

新家表面上有几分艺术气息，终究不过稀松平常。一间客厅、一间餐厅、两间卧室、迷你型铺石庭院，勉强够住，实价不及租金的三分之一。妈妈见了大惊失色，爸爸却说前途一片光明，让她放宽心。他们总是这样。很难想象，两个如此不同的人却能相爱相知。

妈妈的模样给我留下了深刻的印象。她第七次怀孕，不仅腰粗，眼皮和脚踝也肿了。她当时三十三岁，这是她布置、装饰的第五个房子。我发现她情绪低落，从头一晚起就逐渐加重，会无缘无故地吓自己，说X女士被捅死前在这儿住过。凶案发生在七年前——他们当时就住在巴兰基亚，案情令人毛骨悚然，以至于妈妈动过一辈子都不回来的念头。她终究还是回来了，也许是忘了曾经说过的话，却在入住这里的头一晚突然想起，她觉得房子阴森森的，有德拉库拉城堡的气息。

有关X女士，先是发现了一具完全腐烂、无法辨认的裸尸，只能推测出她不到三十岁，黑发，姿色出众。据说是被活埋的，因为她左手捂眼，表情恐惧，右手高高地举过头顶。有关她身份的唯一线索是两条蓝丝带和一把可能是插在辫子上的装饰性发梳。在林林总总的说法当中，似乎可能性最大的是认为尸首是生活放荡、凶案发生后便人间蒸发了的法国舞女的这个猜测。

巴兰基亚名声在外，的确是全国最好客、最太平的城市，每年却总会发生一起残暴的凶杀案。在无名女子被刀捅死的罪案发生之前，舆论从未如此哗然，如此经久不息。《新闻报》是当年全国最有分量的报纸之一，不仅率先推出了周日版连环画——《布克·罗杰斯》《人猿泰山》——还从创办开始，便率先报道血腥案件。《新闻报》连续好几个月用大幅标题和惊人的真相揭露引得市民们时刻关注；不管报道有无道理，那个原本默默无闻的记者也开始在全国名声大噪。

当局曾以妨碍司法调查为由，试图遏制报道，可到头来，读者不信当局，更信报纸。双方对峙数日，局势紧张，一触即发。至少有一回，调查人员被迫调整调查方向。X女士的形象深深扎根在了公众的想象中，许多人家大门加装了保险链，加强了夜间警戒，以防逍遥法外的凶手继续逞凶作恶。晚上六点以后，少女禁足。

然而，真相始终没有被查明，而是过了一段日子，由凶手本人披露。埃弗拉因·顿康承认谋杀了妻子安赫拉·奥约斯，供认的案发时间与法医推算的完全一致，埋尸地点也完全吻合。家属认出了蓝丝带和发梳，那是四月五日安赫拉和丈夫出门去卡拉马游玩时戴的饰物，就此结案。令人匪夷所思的是，安赫拉·奥约斯有个孪生姐妹，和她长得一模一样，身份据此认定，确凿无疑：奇幻小说里才有这种情节。

X女士的神话破灭，变成了一桩普通的情杀案，但双胞胎姐妹的谜团却笼罩在家家户户心头，人们说她就是使了巫术还魂的X女士。大门上闩，再用家具顶上，免得神不知鬼不觉越狱成功的凶手夜间潜入。富人区纷纷训练猎狗，专门对付翻墙入室之徒。事实上，直到邻居们说下街区这栋房子在X女士时代尚未建造，妈妈这才放心了。

一九三九年七月十日，妈妈生了个女儿，长得很漂亮，像印第安人，取名丽塔，因为全家人无比信奉圣丽塔·德卡西亚①，这位女圣徒具有诸多美德，其中包括耐心对待迷途不返、脾气不好的丈夫。妈妈讲过这个故事：一天晚上，母鸡在餐桌上拉了一泡屎，一分钟后，丽塔的丈夫醉酒回家。她来不及清理雪白的桌布，只好先用盘子扣住，免得被他看见。她急忙打岔，随口问道：

---

①丽塔·德卡西亚（1381—1457），天主教最知名的女圣徒之一。

"想吃什么？"

丈夫嘟囔道："我想吃屎。"

妻子掀开盘子，甜甜地说道："这儿就有。"

故事的结尾：丈夫终于相信妻子是女圣徒，决定皈依耶稣。

巴兰基亚的新药店亏得一塌糊涂，幸亏爸爸发现得早，才没有倒闭。靠零售撑了几个月，拆东墙补西墙，药店陷入了前所未有的风雨飘摇的境地。一天，爸爸收拾行李，准备去马格达莱纳河边的偏远村庄淘金，临走前，他带我去见他的生意伙伴和朋友，郑重地向大家宣布，他不在，我管事。他大事说笑，小事当真，这回究竟是说笑还是当真，我也分不清。我觉得，这得靠各人理解。十二岁的我苍白瘦小，连唱歌画画都还不能胜任。赊牛奶给我们的女人不怀任何恶意，当众（我也在场）跟妈妈讲：

"夫人，请原谅我这么说，可这孩子，我看是长不大了。"

这话听得我惶惶不可终日，一直等着随时可能降临的死神，还总梦见照镜子时照不出自己，只能照出一头开膛破肚的牛犊。经校医诊断，我因滥读书导致身患疟疾、扁桃体炎外加黑疸症。我并未努力让大家放心，反将不适无限放大，趁机逃避责任。岂料，爸爸根本不予理睬，离家前，宣布我为一家之主：

"见他如见我。"

离家那天，爸爸把我们召集到客厅，训了一通话，免得我们趁他不在瞎胡闹。我们能看出，他这么做，只是为了不落泪。爸爸给每人一枚五生太伏的硬币——当年在孩子眼里，真的不少——说等他回来，若没花掉，到时可以换到两枚五生太伏硬币。最后，他像宣读《福音书》一般对我说：

"现在，我把他们交到你手里；等我回来，就从你手里要。"

看着他绑着骑行绑腿、背着褡裢跨出家门的那一刻，我的心碎了。拐过街角前，他回头看了最后一眼，挥手告别，我第一个落泪。直到那时，我才发觉我有多爱他，这份爱永生不变。

完成他交代给我的事并不难。尽管孤独来得不是时候，日子也过得不踏实，但妈妈逐渐适应了。虽然不开心，但应付得相当自如。小孩子们也要帮忙做家务，做饭、收拾房间，他们表现出色。那段日子，我第一次觉得自己是个大人，而弟弟妹妹们也当我是个叔叔。

我一辈子都没法儿克服自己的腼腆。爸爸四处闯荡去了，我得负起责任，完成他的嘱托，这才发现腼腆是个无法战胜的恶魔。每次出去借钱，哪怕事先说好了，哪怕去的是相熟的商店，我也会在周围转悠好几个钟头，忍饥挨饿，把眼泪往肚子里咽，等终于壮着胆子进了门，还是会紧咬牙关，说不出话来。无良店主会问："傻孩子，嘴巴闭着，怎么说话？"这让我越发不知所措，我不止一次找借口，两手空空地回家。不过，最窘迫的是第一次在街角那家商店打电话。当年还不能直接拨号，店主帮我转接线员。当他把话筒递给我时，我嗅到了死亡的气息。我以为接线员会彬彬有礼地提供服务，却听见黑暗中有人在和我一起吼。我以为他听不懂我说话，尽量提高嗓门。对方气急败坏，也提高嗓门吼道：

"你他妈的冲我瞎嚷嚷什么！"

吓得我魂飞魄散，挂了电话。我得承认，热衷于交流的我至今仍有些害怕飞机和电话，我不知道这是否源自那些日子所受的惊吓。怎样才能成事？幸好，妈妈时常把答案挂在嘴边："要成事就得吃苦。"

两周后，爸爸有了消息。他信上什么实际的也没说，只想逗我们高兴起来，妈妈是这么认为的。那天，她一边洗碗，一边唱歌，想让我们振作点儿。爸爸不在，她变了，成了女儿们的姐姐，和她们步调一致，玩游戏玩得最棒，连洋娃娃都玩，还没大没小地跟她们打架。爸爸后两封信的内容和第一封差不多，充满了各种给人希望的计划，使我们的睡梦更加香甜。

衣服是大问题，短缺得太快。没人穿过路易斯·恩里克的旧衣服，事实上，也没法儿穿。不知怎的，他总是破衣烂衫、潦倒不堪地进门，用妈妈的话讲，好似穿越过层层带钩的铁丝网。七至九岁的女孩子们想办法互相凑合。我总觉得，过完那段捉襟见肘的日子，她们都早早地懂事了。阿依达足智多谋，玛尔戈特不再腼腆，对刚出生的小妹呵护备至。最难的是我，家里的事需要我出头露面。妈妈在所有人的鼓舞下，冒风险掏家底，让我去离家十个街区的卡塔赫纳小学报名上学。

根据招生简章，我们二十几个学生上午八点去参加入学考试。还好不是笔试，前一周报的名，三位考官按报名的先后次序叫人，参照成绩单进行简单的面试。我是唯一没有提交成绩单的学生，太仓促了，来不及请蒙台梭利学校和阿拉卡塔卡小学出具。妈妈说，没有成绩单，恐怕录取不了。我决定发次疯，跑去试试，坦白地告诉他们，我没有成绩单。一位考官让我别排队了，另一位考官改变了我的命运。他二话不说，让我进办公室，问我 gruesa① 是多少，

---

① ② ③ Grueso 指 12 打，144 个；lustro 指 5 年；milenio 指 1000 年。

lustro②和 milenio③是多少年，还问了我各州首府、全国主要河流和邻国的名称，都是中规中矩的题目，直到问我读过什么书。他没想到我小小年纪，读的书既多又杂，包括那本把安加里塔神父气得半死的未删节成人版《一千零一夜》。得知那是本名著我很吃惊，因为我一直以为一本正经的大人不会相信瓶子里钻出魔鬼或用咒语打开密室的故事。排在我前面的学生，无论录取与否，顶多面试一刻钟，我却和考官东拉西扯了半个多小时。我们一同看着他书桌后面满满当当的书架，那儿漂漂亮亮地摆着一整套"青年文库"，这套书我听说过。考官说，我这个年纪，最好去读《堂吉诃德》。书架上没有，他答应日后借给我看。跟我聊了半小时的《水手辛巴达》《鲁滨孙漂流记》后，他送我出门，没说录不录取。我以为肯定没戏了，可是，他在门口跟我握手告别，让我周一上午八点去高年级报名，念小学四年级。

那位考官就是校长胡安·本图拉·卡萨林斯。在我的记忆中，他是我儿时的朋友，完全没有当年老师们凶神恶煞般的面孔。最令人难忘的是，他把孩子们都当成地位平等的大人，对我尤其关照，课堂上提问我的次数比别人多，还教我如何回答得言简意赅。他允许我把校图书馆的书带回家，其中的《金银岛》和《基督山伯爵》成了我坎坷岁月中的精神食粮。我如饥似渴地读，想知道下一行发生了什么，又不想知道，生怕精彩戛然而止。读完《一千零一夜》和这两本书之后，我永远地明白了一个道理：只有百读不厌的书才值得去读。

关于《堂吉诃德》的阅读过程，有必要另起一段。此书远不及卡萨林斯老师所言那么震撼。游侠骑士睿智的长篇大论我看不下去，侍从的糊涂话和混账事一点儿也不好玩，简直让我怀疑：此书非彼书。但我告诉自己：博学的老师不可能推荐错。我像一勺勺吃药那样，很努力地一页页啃。到了中学，《堂吉诃德》成了必读书，我又试过好几次，还是无可救药地厌恶。直到朋友劝我把书放到厕所，方便时翻一翻，我这才着了魔，从前往后，从后往前，反反复复地读，意犹未尽，直到能整段背诵。

那所上天赐予我的学校还给我留下了有关那座城市、那个时代无法找回的历史的记忆。学校孤零零地伫立在绿色的小山顶，站在学校门前，能看见大千世界的两极。左手边是最昂贵显赫的普拉多区，我第一眼就觉得那是美国联合果品公司驻地——围着通电的铁丝网，像硕大无比的鸡笼——的翻版。雷同绝非偶然，它们都由美国城市规划公司出品。品位、标准、价格，全是舶来品，对于国内其他地区的人而言，这里绝对是观光旅游的好去处。右手边是我们居住的下街区。热浪滚滚、尘土飞扬的街道和棕榈叶铺顶的茅屋时刻提醒着：我们只是凡夫俗子，血肉之躯。难得的是，站在学校门前，也能看见通往未来的图景：马格达莱纳河口名垂青史的三角洲——世界上最大的三角洲之一——与灰烬之口[①]烟灰色的海水。

一九三五年五月二十八日，鼓乐喧天，烟花绽放，我们目睹由D. F.麦克唐纳船长指挥、悬挂加拿大国旗的"塔拉利特号"油轮在欢呼声中绕过礁石群，停泊在港口，创下了享誉多年、影响深远的平民壮举，使巴兰基亚成为国内唯一的河港兼海港。

没过多久，哥伦比亚飞行史上的先驱之一，尼古拉斯·雷耶斯·马诺塔斯机长驾驶飞机在本地超低空飞行，以寻找一处开阔

---

①马格达莱纳河入海口，因河水呈烟灰色得名。

地，实施紧急迫降，不仅要自保，还要避免坠机，以免殃及无辜。有人在墨西哥送了他一架老爷机，他独自驾驶，飞越中美洲。众人在巴兰基亚机场备好手绢、彩旗和乐队，等候他凯旋。他想在城市上空多飞两圈，向大家致意，谁知发动机出了故障。他施展绝技，奇迹般地稳住了飞机，希望降落在商业中心楼顶的平台上，无奈飞机被电线缠住，挂在了电线杆上。路易斯·恩里克和我随着慌乱的人群，跑到力竭，只见那名飞行员总算被人毫发无伤地从机舱救出，如英雄般博得众人的欢呼与喝彩。

此外，巴兰基亚拥有了第一家电台，指导市民如何净水，开辟了吸引游客、开启民智的现代化渠道，听到消防车的警笛声，男女老少兴奋不已；敞篷车作为新生事物，满大街横冲直撞，在新修的柏油路上车毁人亡，"公平"殡葬公司从死亡幽默中汲取灵感，在城市出口处放置硕大无比的广告牌，上面写着："别着急，我们等着您！"

晚上我们无处可去，只能待在家里，妈妈给我们念爸爸寄来的信。他基本上是没话找话，无事调侃，只在一封信中细细描述了马格达莱纳河下游的老人们对顺势疗法多么感兴趣，爸爸说："这里有一些病例的情况看上去就像奇迹。"有时，我们以为他的生活很快会有转机，可紧接着，又是一个月的杳无音讯。圣周期间，当我的两个弟弟得了恶性水痘时，我们没办法联系到他，因为连最有经验的向导也寻不到他的踪迹。

那几个月的日子让我明白了何为"贫穷"。外公外婆老把"贫穷"一词挂在嘴上，我误以为他们是指香蕉公司撤走后老宅的处境。他们总是抱怨：过去，午饭要开流水席，两席不够开三席，如今只开一席。当已无力维持午饭时的排场，他们便打肿脸充胖子，去小饭馆买现成的，没想到这物美价廉的饭菜孩子们更爱吃。但有些老食客觉得饭菜不如过去可口，决定不再登门。米娜得知后，谢绝宾客，关门大吉。

爸妈在巴兰基亚穷得揭不开锅，我却因祸得福，跟妈妈特别亲，不是常人理解的那种母子情，而是对她五体投地的崇拜。面对逆境，她像一头沉默而凶猛的狮子；面对上帝，她绝不俯首帖耳，而是誓死抗争。这两种态度，她终生受用，屡试不爽。她笑言，穷途末路时，总会眉头一皱，计上心来。有一次，她买了一根牛膝骨炖汤，炖了好多天，每天加水，炖到无法再炖。有一晚，狂风暴雨，彻夜停电，她把一个月的食用猪油当灯油抹在布上，还吓唬小孩子，让他们怕黑，免得他们下床乱动。

因为香蕉危机和公共秩序混乱，许多爸妈认识的人也从阿拉卡塔卡来到了巴兰基亚。他们一开始还会去这些人家里串门，轮流串，聊来聊去，无非是镇上的人和命不好之类的话题。但当贫穷在巴兰基亚压得我们不能动弹时，我们不再去别人家吐苦水。妈妈一言以蔽之："穷人的眼睛里都写着'穷'字。"

五岁前，死亡对我而言，是他人遭遇的平常事。天堂之美、地狱之苦只是阿斯泰特神父教义问答的背诵篇目，与我无关，直到守灵时偶尔得知从死人头发里爬出的虱子会漫无目的地游走在枕间。从那时起，我便惴惴不安。不是怕死，是怕亲朋好友给我守灵时，也会看见从我头发里爬出虱子。在巴兰基亚上小学时，我没发现自己身上有虱子，直到传染给了全家人。当时，妈妈再次展露个性，用灭蟑螂剂挨个给孩子们消毒，美其名曰"警察地毯式搜捕"。糟糕的是，刚收拾完，又染上，因为我在学校又被别人传染了。这次，妈妈决定快刀斩乱麻，逼我剃光头。周一，我大无畏地戴了顶破帽子去学校，被同学们好生奚落了一番，直到期末考第一，方雪前耻。我再也没见过卡萨林斯老师，但我永远对他心怀感激。

一个我不认识的爸爸的朋友帮我找了份工作，假期我在我们家附近的印刷厂打工。薪水少得可怜，我唯一的动力是想学会这门手艺。可惜连印刷机的影子都没见着，只负责整理印好的版纸，送到下个车间装订。还好妈妈允许我花薪水去买《新闻报》周日增刊，上面有《人猿泰山》《布克·罗杰斯》（改名为《征服者罗杰里奥》）和《穆特和杰夫》（改名为《本尼丁和埃内阿斯》）等连环画。周日闲来无事，我先凭记忆学着画，然后在当周的连环画后面独立编下去。我成功唤起了街区里某些大人的兴趣，以两生太伏的价格卖给了他们。

工作又累又无趣。无论怎么用心，领导总说我缺乏积极性。大概是看在家人的分上，才给我换了个岗位。我离开按部就班的车间，上街分发知名影星推荐的止咳糖浆广告。我觉得这活儿不错，宣传广告制作精美，亚光纸上印着明星彩照。可我一开始就发现，分发广告没我想象的那么简单。免费发放，行人不敢接，大多疑神疑鬼，怕触霉头。头几天，我会拿着剩下的广告回车间补货，直到有一天，我遇到了几个来自阿拉卡塔卡的同学，他们的妈妈看见我干这等要饭营生，吓了一跳，几乎高声训斥，说我趿着布鞋满街乱窜。布鞋是妈妈买给我的，免得我走坏皮鞋。

"告诉路易莎·马尔克斯，"她说，"要是让她父母瞧见宝贝外孙在市场上给结核病人发广告，他们会怎么想！"

我没告诉妈妈，免得她生气，自己却又羞又恼，趴在枕头上哭了好几晚。后来，广告不发了，直接扔进市场下水道。没想到水流不急，亚光纸浮在水面上，花花绿绿的一层，从桥上看，很是壮观。

不知哪位先人托梦，不到两个月，妈妈不由分说，把我从印刷厂领回家。我坚决不从，因为不想失去被全家视为神赐之物的《新闻报》周日增刊。尽管汤里要少放一个土豆，妈妈还是接着帮我买那份报纸。最难挨的那几个月，全靠胡安舅舅接济。他还在圣玛尔塔当执业会计师，收入不高，却坚持每周寄一封信，捎来两张一比索的钞票。"曙光号"的船长是家里的老朋友，早上七点把信交给我，我便在市场上采购几天的必需品回家。

有一个周三，我走不开，妈妈派路易斯·恩里克去取信。他路过中餐馆，看见老虎机，忍不住拿两个比索当本钱去赌。头两把输了，他不罢休，接着赌，想翻本，直到把倒数第二个硬币也赔了进去。长大后，他曾对我说："当时我吓坏了，决定再也不回家了。"他很清楚，两个比索够买一周的必需品。幸好，最后一个硬币投进去，老虎机浑身一哆嗦，肚子哗啦啦一响，又吐出了相当于两个比索的硬币。他说："当时我鬼迷心窍，壮着胆子又投了一个。"赢了。再投，又赢了。再投，再赢。再投，再赢。"赢钱比输钱更恐怖，心里空落落的。"最后，本钱两个比索，他赚了两倍，全是五生太伏的硬币，他不敢去收银台换纸币，怕被中国人骗。兜里塞得鼓鼓囊囊地回到家后，他先把赚来的四个比索埋在庭院深处，和非正当途径弄来的钱埋在一块儿，再把胡安舅舅捎来的两个比索（一堆五生太伏的硬币）交给妈妈。赚了钱他没告诉任何人，一点点花掉了。多年后，他才坦白：终究没能经得住诱惑，最后几个五生太伏的硬币还是在那家中餐馆里输掉了。

路易斯·恩里克对钱自有看法。有一次,妈妈撞见他在偷买菜的钱,他狡辩得很鬼:未经允许拿父母钱,不能算偷,钱是大家的,大人不给,是忌妒不能像孩子那样花。我也去帮腔,甚至承认自己应急时也拿过家里的钱。妈妈气急败坏,几乎冲我嚷嚷:"别不识好歹!你也好,弟弟也好,谁也没偷。是我故意放的,知道你们急了会去那里找。"有一次,她发脾气,我听见她绝望地咕哝:孩子们没饭吃,不得已去偷,上帝应该原谅。

说到淘气,路易斯·恩里克的鬼主意特别管用,能帮大伙儿解决不少麻烦。可他从不拉我下水,还千方百计地不让别人怀疑我。所以,我和他一辈子兄弟情深。但我没有告诉过他,他胆大包天,让我忌妒;他挨爸爸打,让我心疼。我和他个性迥异,有时还是免不了对他心生忌妒。然而卡塔卡的外公外婆家也曾让我烦恼,要喝打虫药或蓖麻油时,我才会被送过去睡。倒贴我二十生太伏,我也不喝。

我相信,当妈妈让我去给全城首富兼大慈善家送信时,已经是走投无路。据报道,这位富人既善于理财,又乐善好施。妈妈给他写了一封愁肠百结的信,直接请求他给钱救急,不为自己——她怎么都能过——只为孩子。了解她的人才会懂低三下四对她而言有多难,可是没办法,为势所迫。她嘱咐我,此事天知地知,她知我知。我一直没对任何人说起,直到写下来这一刻。

富人家的大门有点儿像教堂大门。我一敲,小窗几乎应声而开,探出一张女人的脸。我只记得她眼神冰冷,二话不说接过信,关上了窗。当时大概是上午十一点,我坐在台阶上等,等到下午三点,决定再去敲一次门,要个回话。开窗的还是那个女人,她惊讶地认出了我，让我等一会儿。回话是：下周二同一时间再来。我按时去了，她只说再等一周。我又去了三回，回回如此。一个半月后，一个更凶的女人开窗答复我：先生说了，他家不是福利院。

我在热死人的街上转了一圈又一圈，想鼓足勇气，带话回去，让妈妈死了这条心。天已经黑透了，我才痛心疾首地回家，只说大慈善家几个月前过世了。更让我痛心疾首的是，妈妈为他祈祷，愿他的灵魂安息。

四五年后，我们在广播里听到大慈善家前一天去世的消息。我惊呆了，不知妈妈会有何反应。然而，我无法理解，她全神贯注地听完新闻，深深地舒了一口气，说：

"愿上帝在神圣的天国守护他！"

我们和莫斯克拉家的孩子成了朋友。他们住在一个街区外，家里花了好多钱给他们买形象生动的漫画杂志，杂志在院里的棚屋中从地面堆到屋顶。我们是唯一的幸运儿，能整天待在那儿看《狄克·特雷西》和《布克·罗杰斯》。我们还幸运地发现，有个学徒在第五大道电影院附近画海报。我去给他帮忙，纯粹是为了刷字母取乐，而他每周两三次，放我们进电影院看精彩的枪战动作片。我们只缺一件奢侈品：按下开关就能随时收听音乐的收音机。今天的人们很难想象当年的穷人穷到什么程度。路易斯·恩里克和我坐在街角那家商店的长凳上，等着无事佬们聚在那儿，一起听一个下午的流行音乐（几乎所有的节目都在播放流行音乐）。我们熟知海滩赌场乐队的米盖里托·巴尔德斯、马坦萨斯乐队的丹尼尔·桑托斯的所有曲目，以及阿古斯丁·拉腊创作、黑姑娘托尼亚演唱的博莱罗。那些夜里，尤其是欠费被断电那两次，我们就教妈妈和弟弟妹妹们唱歌。莉西亚和古斯塔沃一头雾水，鹦鹉学舌，乱唱一气，笑得我们肚子痛。我们每个孩子都遗传了爸妈的音乐天赋，无论什么歌，听两遍就会唱。尤其是路易斯·恩里克，天生是当音乐家的料，自学成才，十分擅长用吉他独奏伤感缠绵的小夜曲。没多久，我们发现没有收音机的邻家孩子唱的歌都是跟我们学的，妈妈教的最多。家里全是孩子，久而久之，她也成了大孩子。

我的最爱是中午一点开始，由作曲家、歌手兼老师安赫尔·马里亚·卡马乔－卡诺主持的《杂七杂八》，节目想出各种法儿来俘获听众。特别是"十五岁以下业余歌手时间"，观众可以去祖国之声电台报名，提前半小时进场就行。老师亲自弹钢琴伴奏，歌手只要犯一丁点儿错，铁面无私的助手就会打铃叫停。我们做梦也没想到最佳歌手的奖金居然有五个比索。不过，妈妈说了，最重要的是在知名节目里一展歌喉。

自小，我只用父姓加西亚和双名加夫列尔·何塞，可在那个历史性时刻，妈妈要求我加上母姓马尔克斯，免得有人怀疑我的身份。那是家里的一件大事。我像第一次领圣餐那样穿了一身白衣，出门前喝了安神用的溴化钾，提前两小时到达祖国之声电台。节目开始前一刻钟才能进演播室，我只好去附近公园等，安神剂的药效早没了。时间一分一秒地过去，我百爪挠心。总算进了演播室，我的心怦怦直跳，差点儿打退堂鼓，想编个理由告诉大家说没赛成。老师给钢琴试音定调。按报名顺序上台，共七人。前三个不是这儿错就是那儿错，都被打铃叫停。轮到我时，只叫我加夫列尔·马尔克斯。我唱的是抒情歌曲《天鹅》，讲述的是一只雪白的天鹅被冷血的猎人射杀在爱人身旁。一开口，我就发现调子起高了，排练时试过，有些音会唱不上去。助手有些犹豫，正想打铃，我不知哪儿来的胆量，坚决示意他别动。还是晚了，无情的铃声已经响起。五个比索的奖金外加几件宣传品全都给了金发碧眼、把《蝴蝶夫人》选段唱得不堪入耳的小美女。我垂头丧气地回到家，妈妈的心永远地碎了。很多年后，她才对我说：事先通知了亲朋好友，她实在下不了台。

在有笑有泪的日子里，我天天上学，哪怕饿着肚子，也从不逃学。不过，在家读书的时间用在干家务活上了，而我们没钱付电费，我也就没法读书到深更半夜。不管怎么说，读书让我明理。上学路上，有好几家公共汽车车行。我老在其中一家观看他们把行车路线、途经各站刷上车身，一看就是好几个钟头。一天，我请油漆工让我刷几个字母试试，他惊讶地发现我天生就会刷，于是让我有空帮他，挣点儿小钱贴补家用。还有一件美事：我偶然结识了马格达莱纳河上一名水手的三个孩子，加西亚三兄弟，他们是流行音乐三人组，纯粹出于艺术爱好，在朋友聚会时唱歌助兴。我加入后，组成加西亚四人组，我们去大西洋电台参加业余歌手大赛，从比赛第一天起，听众便掌声雷动。可惜报名时出了个无法弥补的错误，我们没拿到五个比索的奖金。那一年，我们继续排练，在家庭聚会上表演，直到生活让我们各奔东西。

说爸爸面对贫穷时的所作所为显得不负责任，这种鬼话我死也不信。我反倒觉得，这恰恰证明了他和妈妈默契常在，总能置之死地而后生。他知道妈妈能应付绝望，更能应付恐惧，而这也是我们活下来的秘诀。也许，他没有想到的是，妈妈在帮他排忧解难的同时，奉献了自己最美好的年华。我们永远也猜不透他为何要东奔西走。周六半夜——往往如此——我们突然被叫醒，去卡塔通博油田接爸爸打来的无线电话。我永远不会忘记因技术原因通话含糊不清那次，妈妈哭成了泪人。

"哦，加夫列尔！"妈妈说，"瞧你扔给我这一大帮孩子，家里有好几回揭不开锅。"

爸爸却以一则坏消息作答：他肝肿大。这毛病他常犯，但妈妈并没有太当回事，他在外头胡闹时，用过这块挡箭牌。

"你吧，一做坏事就肝肿大。"妈妈拿他寻开心。

妈妈一边说话，一边看着麦克风，仿佛爸爸就在那儿。最后她糊涂了，想吻爸爸一下，结果吻了麦克风，自己也忍不住哈哈大笑。这个故事，她总是还没说完，就笑得满脸是泪。那天，她若有所思，终于在饭桌上自言自语道：

"感觉加夫列尔的声音有点儿怪。"

我们跟她说，无线通话系统会改变人的声音，听着是不像本人。她第二天晚上说梦话："怎么听，都觉得他瘦了。"在那些艰难的日子里，她的鼻子变得更尖了，在长吁短叹之间，说爸爸没人照顾，去的那些村子既无上帝，又无王法。第二次打电话，妈妈就说出了心里话，让爸爸保证：要是两个礼拜还不好，马上回家。两个礼拜没到，我们收到一封从洛斯奥尔托斯·德尔罗萨里奥发来的出人意料的电报，只有两个字："未定"。果不其然，妈妈一看，便不容分说地命令爸爸：

"要么你周一前回家，要么我现在就带孩子们过去。"

立竿见影。爸爸知道妈妈的厉害，一个礼拜不到，乖乖地回到了巴兰基亚。他进门时吓了我们一跳：破衣烂衫，脸色发绿，胡子拉碴，妈妈以为他真病了。其实那只是暂时现象，两天后，他又容光焕发，头脑发热，想去苏克雷开连锁药店。苏克雷恬静怡人，繁荣富庶，距巴兰基亚行船需一个昼夜。他年轻时当电报员那会儿去过，想起金色的沼泽、傍晚的水道、永远的舞会，他的心脏为之收缩。他曾经很想去苏克雷工作，可惜时运不佳，不像其他想去的地方，如阿拉卡塔卡，都还算如愿以偿。五年后，他又想起苏克雷，适逢第三次香蕉危机，但他发现那里已经被来自马甘格的批发商们占据。然而，回巴兰基亚前一个月，他偶遇其中一位批发商，那人不仅向他描绘了完全不同的事实，还给他提供去苏克雷的一大笔贷款。他当时没接受，因为他就要在洛斯奥尔托斯·德尔罗萨里奥实现他的淘金梦。但当他收到妻子那出乎意料的最后通牒时，他找到那位批发商——他还在水乡里转悠——谈妥了协议。

和几位批发商朋友商讨了差不多两个礼拜后，爸爸身心恢复，离家上路，对苏克雷印象深刻的他在第一封信中写道："此地如今更胜从前。"他在中心广场租了栋带阳台的房子，在那儿他重逢旧友，他们热情地欢迎他。家里得把能卖的全卖掉，剩下的——所剩无几——打包带上往返于马格达莱纳河上的汽船。爸爸还随信附上一张精打细算的应急费用支票，并说路费随后寄到。对满怀憧憬的妈妈来说，没有比这更好的消息了。她的回信字斟句酌，既不让爸爸士气低落，又委婉地告诉他自己第八次怀孕了。

我在"卡罗船长号"上办了手续、订了票，这艘充满传奇色彩的船将从巴兰基亚行驶一夜加半个白天到达马甘格，之后我们再换汽艇，沿圣豪尔赫河和莫哈纳航道抵达目的地。

"只要能离开这儿，去地狱都行。"妈妈宣称，尽管她对苏克雷世外桃源般的盛名向来持怀疑态度，"不能让丈夫一个人待在那种地方。"

时间很紧。出发前三天，全家只能打地铺。床卖了，能卖的家具都卖了，其余物品装箱，路费妈妈收着，她数了又数。

轮船公司接待我的职员很有亲和力，我没费什么劲儿就和他交谈甚欢。他是那种乐于助人的加勒比人，票价说得一清二楚。我保证，我全都原原本本地记在了纸上。让我特别开心、特别难忘的是十二岁以下半票，即除了我，所有孩子半票。妈妈按这个价格预留了路费，其余的钱用来搬家，花得一分不剩。

周五我去买票，还是那个职员，他却说，十二岁以下不是半票，是七折票。我们的预算出了个大窟窿。他说我记错了，票价白纸黑字，贴在公告栏上，还指给我看。我难过地回到家，妈妈什么也没说，换上为外公服丧时穿的孝服，跟我去了轮船公司。她实话实说，一定有人弄错了，也许是她儿子，但这不重要。问题是我们没钱，职员表示无能为力。

"夫人，您要明白，"那位职员说，"不是我不想帮忙，这是公司的死规定，不能说改就改。"

"全是些孩子。"妈妈指着我，以我为例，"您想想，这个最大，刚满十二岁。"她又用手比画：

"其余的都这么大。"

那位职员说，不管身高，只看年龄。谁都不能少付船票费，只有新生儿免票。妈妈寻求上层路线：

"这事谁管？我该找谁？"

那位职员没能回答，妈妈的申辩说了一半时，经理——一位大腹便便的长者——突然出现在办公室门口，那位职员见了，赶紧起身。经理体型庞大，外表体面，显然，他就算穿着汗津津的衬衫也威望十足。他专心地听妈妈说，心平气和地回答，说除非在股东大会上修改规定，否则没办法减价。

"相信我，真对不起。"他最后说。

妈妈听出他有权做主，于是把理由说得更充分。

"先生，您说得没错。"她说，"可问题是：要么是这位职员没跟我儿子说清楚，要么是我儿子理解错了，而我则是将错就错。现在东西全打包了，准备上船，我们睡觉打地铺，买菜钱只能用到今天，房子周一要交给新房客。"她发现屋里的职员全都饶有兴致地凑过来听，于是对他们说："这么大的公司，这点儿钱算什么？"别人还没回答，她就直勾勾地盯着经理问：

"您相信上帝吗？"

经理糊涂了。整个办公室沉默许久，等他回答。妈妈在一把椅子上坐下，将发抖的膝盖并拢，双手抱着包，护在怀里，用大事临头时的决断口吻说：

"不给我办，我就不走！"

经理傻了，所有人停下工作，看着妈妈。她不动声色，鼻子尖利，脸色苍白，渗出细细的汗珠。外公的丧期早过了，如今她又穿上这身丧服，因为她觉得，来办这件事，穿孝服最合适。经理不知所措，不看妈妈，看向职员。最后，他嚷嚷道：

"下不为例！"

妈妈的眼睛眨都没眨。"眼泪哽在喉咙里，我得忍，流出来不好。"她曾对我说。经理让职员送文件到他的办公室，职员遵命，五分钟后他咕哝着，气鼓鼓地走了出来，拿着我们所有人的船票。

接下来那个礼拜，我们在苏克雷下船，像回归故里一般。这里和当年的其他城市一样，拥有一万六千居民，所有人彼此相识，知名知姓，知根知底。整座城市乃至整个地区就是一泓宁静的海，与花海同色。季节不同，地点不同，心境不同，颜色便不同。它的灿烂让人想起如梦如幻的东南亚海面。居住多年，从未在这儿见过汽车。车不实用，街道横平竖直，以土夯实，适合赤脚走。不少家庭在厨房都设有私人船坞，泊自家船，当地出行全靠它。

　　初来乍到，这里的自由气息让我激动不已。我们这些孩子没有的、想要的，突然间唾手可得。饿了就吃，困了就睡，谁也难管谁。尽管法律如山，大人们沉浸在自己的时间里，连自个儿都顾不上管。对孩子而言，人身安全的唯一保障是先学游泳，再学走路。一条既引水又排水的浑浊水道将城市一分为二。从一岁起，孩子就被大人从厨房阳台直接扔下水，先套上游泳圈，让他们不怕水；再去掉游泳圈，让他们不怕死。几年后，成功度过溺水危险期的弟弟海梅、妹妹莉西亚都在儿童游泳锦标赛上大放异彩。

　　苏克雷之所以叫我难忘，是因为我们这些孩子们可以自由自在地满街疯玩。两三周后，我们就熟门熟路，跟谁都像是相识已久。这里文化封建，生活现代，社会习俗从简。富人（牧场主和蔗糖厂主）住在中心广场，穷人则到处蜗居。对教会来说，这里是汪洋大海中的传教地。社会中心是教堂，位于苏克雷中心广场，是一位西班牙堂区神父兼建筑师单凭记忆根据科隆大教堂微缩仿建出来的。教会拥有绝对权力，一旦行使，刻不容缓。每晚念完《玫瑰经》后，他们根据天主教电影审查条例给附近影院正在上映的片子评级，评几级，敲几下钟。审查办公室和影院一街之隔，教士们轮流值班，坐在门口监视，凡违规者，一律惩处。

搬到苏克雷，我最大的心病是年龄。我离十三岁这道该死的坎儿还差三个月，半大不小，家里人既不把我当孩子，也不把我当大人。到头来，我是小辈中唯一的旱鸭子；吃饭不知道该坐孩子那桌，还是大人那桌；就算黑着灯，女佣们也不当着我的面换衣服，不过，其中一个赤条条地在我床上睡过好几次，而我照样睡得安稳。还没痛痛快快地玩个够，来年一月，我就要回巴兰基亚读中学了。卡萨林斯老师给的起点太高，苏克雷没有像样的学校。

爸爸妈妈经过四处打听、充分讨论——我基本没参与——决定让我去上巴兰基亚耶稣会圣若瑟中学。刚搬家几个月，药店和顺势疗法诊所连影子都还没有，不知道他们哪儿来那么多钱。妈妈给出的解释总是不需要任何证据："上帝很伟大。"搬家费里应该预留了安家费和生活费，但不会有我的学费。我只有一双破鞋，两套衣服一洗一换。妈妈备好新衣，装在棺材大小的箱子里，她没有预见到，六个月的工夫，我会长高一拃。妈妈还一意孤行地让我开始穿长裤。爸爸说，变了声才能穿长裤，她才不管这些条条框框。

说实在的，每次他们为孩子的教育问题发生争执，我总盼着爸爸能怒发冲冠，说这个学甭上了。又不是不可能。他自己就是因为穷，自学成才的；爷爷受堂费尔南多七世[1]的坚定意志启发，宣布在家因材施教，以维护家庭的完整性。中学对于我来说就像监狱，我怕听钟声过呆板日子，想想都怕。然而，这也是十三岁起享受自由的唯一机会，既和家人保持良好关系，又远离其约束，孩子随他们

---

[1]费尔南多七世（1784—1833），1808年3月至5月间任西班牙国王，后被拿破仑废黜，1813年后再任国王，直至去世。

生，动荡不安的日子随他们过。只要有灯，我就能一直不停地看书。

圣若瑟中学是加勒比地区要求最严格、费用最高昂的中学之一，我就是不喜欢它的军事化管理，妈妈拦住我的话头："那儿是管理者的摇篮。"爸爸发现已经没有退路，赶紧推卸责任：

"我没说同意，也没说不同意。"

爸爸想让我念美国中学，好好学英语，妈妈不让，说那儿是路德派教徒的天下。如今我得承认，还是爸爸有先见之明，这些年来，身为作家，英语是我的硬伤。

三个月前，全家乘"卡罗船长号"从巴兰基亚搬来；如今，我又要乘"卡罗船长号"返回巴兰基亚。我心烦意乱，似乎预见到，将要独自面对现实生活。还好，爸妈拜托表哥何塞·马里亚·巴尔德布兰克斯和表嫂奥顿西亚照顾我的饮食起居。他们年轻和善，和我分享他们的平静生活。一间简单的客厅，一间卧室，外加铺石小庭院。铁丝上永远晾着衣服，挡着光线。他们带六个月的女儿睡卧室，我睡客厅沙发。晚上，沙发可以变成沙发床。

圣若瑟中学位于六个街区外的巴旦杏树公园，这里曾经是全市最古老的墓地，铺路石边上还可以看到散落的尸骨和死人衣裳的碎片。进校园那天，学校举办了新生典礼。学生们穿礼服，白裤子、蓝上衣。我觉得他们无所不知，而我一无所知，不禁战栗。但我很快就发现，他们其实和我一样胆小青涩，前途未卜。

一年级教务长佩德罗·雷耶斯修士是我的噩梦，他渴望说服中学的领导们我还没准备好读中学。他像幽灵似的，会神不知鬼不觉地躲在一边，突然蹦出来袭击："上帝会创造出一块连他自己也搬不动的石头吗？"他不假思索，张口就问。要么就换一个，也不是什么好问题：

"给赤道围一条五十厘米厚的金腰带，地球会重多少？"就算知道答案，我也跟第一次打电话似的，吓得张口结舌，哑口无言。我有理由害怕，雷耶斯修士说得没错，我没准备好读中学，但我是免试入学，这么好的运气不容浪费。我一见他，就浑身发抖。他对我围追堵截，有些同学给出了恶意的解释，但我没有理由也那样认为。况且，我的认真谨慎帮了我大忙：第一次口试，我流利地背诵出路易斯·德莱昂[①]的诗，用彩色粉笔在黑板上画出惟妙惟肖的耶稣像，顺利通过。考官们十分满意，以至于忘了考我算术和哥伦比亚史。

圣周到了，教植物学的雷耶斯修士要画几幅图上课用，我不费吹灰之力帮他画好，从此与他冰释前嫌。他不再为难我，课间还告诉我那些怪题的答案，有些更怪的题目后来碰巧出现在一年级试卷上。但每当我和同学们在一起时，他就会拼命地笑话我，说我是唯一一个只配读小学三年级的初中生。如今我发现，他说得没错，尤其是在拼写上。上学期间，我的拼写始终过不了关；稿子至今还会吓坏校对，好心的校对只当是打字员的错，聊以自慰。

画家兼作家埃克托尔·罗哈斯·埃拉索来教美术，担惊受怕的我总算松了口气。他二十多岁，在教务长的陪同下来到教室，他的问候如同闷热的午后三点响起的一声惊雷。他穿着配金色纽扣的紧身驼毛外套、装饰性马甲，系印花真丝领带，英俊潇洒，酷似电影明星。奇怪的是，树荫下三十度，他还戴着圆顶礼帽。他人高马大，在黑板上写字时要俯身弯腰。教务长和他并肩而站，对比鲜明，惨不忍睹。

---

①路易斯·德莱昂（1527—1591），文艺复兴时期西班牙阿古斯丁修会修士，西班牙著名诗人、翻译家。

从一开始，我们就发现，他在教学上既无方法也无耐心。但他喜欢恶搞，让我们很期待，比如，他用彩色粉笔在黑板上画的画实在惊艳。不知为何，他只教了三个月，也许是教学太过随意，和耶稣会强调的思想秩序格格不入。

一进中学，我便得了个"诗人"的名号。我过目成诵，能扯着嗓子背出课本上的西班牙古典和浪漫主义诗作；在校刊上发表致同班同学的打油诗，要是知道它们会被印成铅字，我要么不写，要么会写得更认真一些。我写的实际上都是些善意的玩笑，写在小纸条上，下午两点在昏昏欲睡的教室里传来传去。二年级教务长路易斯·波萨达神父没收过一张，他皱着眉头看了看，装进口袋，批评了我两句。阿图罗·梅希亚神父叫我去他的办公室，建议我把被没收的那张纸条上的打油诗发表在校刊《青春》上。当时，我又惊又喜，羞愧难当，赶紧推辞，尽管理由一点儿也不充分：

"全是胡言乱语。"

梅希亚神父记下了我的回答，将那组打油诗命名为"我的胡言乱语"，署名"加比托"，并事先征得了"主人公们"的同意，预备刊登在下一期校刊上。应同学们的要求，在之后两期校刊上，我又发表了另外一组打油诗。甭管愿不愿意，严格来说，这些儿时的诗作是我的处女作。

嗜书占用了我的业余时间和几乎所有的课堂时间。我能背出哥伦比亚所有脍炙人口的诗作，以及西班牙黄金世纪和浪漫主义时期的佳篇，其中很多诗也出现在正在学的中学课本里。以我的年龄，这些脱口而出的知识让师长们恼火。他们在课堂上刁难我，而我总是引经据典，旁征博引，说得他们难辨真假。梅希亚神父说："这孩子爱咬文嚼字。"他其实想说:"这孩子让人受不了。"我从不刻意去记,读三四遍,诗歌佳作自然铭记于心。我的第一支自来水笔就是教务长奖给我的,因为我非常流利地背出了加斯帕尔·努涅斯·德阿尔塞①的五十七节八音节十行诗《眩晕》。

课堂上,我明目张胆地把书放在膝盖上读,没挨过批,只能说是老师们睁一只眼闭一只眼的缘故。无法靠朗朗上口的打油诗逃掉的,唯有每天早上七点的弥撒。除了创作"胡言乱语"系列,我还在合唱团当领唱、画讽刺漫画、在隆重场合朗诵诗歌,还做其他杂七杂八的事。谁都不明白我哪儿来的时间学习,原因很简单:我不学习。

我不务正业,忙得很欢。奇怪的是,关注我的老师从不关注我糟糕的拼写。妈妈不同,我的信,她会藏几封吊爸爸胃口,其余的修改好后再寄还给我。有时,她会表扬我语法有长进,用词得当。只可惜两年过去了,成效甚微,拼写问题遗留至今。我永远不明白为什么有的字母不发音,有时两个字母发一个音,还有那么多没用的规则。

接下来要讲的事让我发现了一项伴随我一生的爱好:跟学长交流。即便今日,参加年轻人的聚会时,哪怕他们足以做我的孙辈,我也得努力调整,才能感觉自己不比他们小。我和两位学长交上了朋友。后来,他们陪伴我度过了人生中几个重要的时期。一个叫胡安·B.费尔南德斯,巴兰基亚《先驱报》三位创始人和业主之一的公子。我从《先驱报》开始涉足新闻界,他在《先驱报》从学写文章干到总经理。另一个叫恩里克·思科佩尔,古巴一位传奇摄影师的公子,住在巴兰基亚,后来也当上了摄影记者。我之所以对他心

---

①加斯帕尔·努涅斯·德阿尔塞(1834—1903),西班牙诗人。

怀感激，不是因为我们一块儿跑新闻，而是因为他会鞣制行销半个世界的野生动物皮，我头几次出国，他送了我一张三米长的鳄鱼皮。

"这块皮子很值钱，"他的口气一点儿也不夸张，"但我劝你，饿不死，就别卖。"

至今，我仍在问自己，睿智的基克①·思科佩尔究竟知不知道，他给了我一张永远的护身符。在动辄挨饿的日子里，我多次动过出手的念头，但它至今还在我身边，尽管落满灰尘，硬得像石头。自我把它装进箱子周游世界起，我就再也没缺过吃饭的钱。

耶稣会老师上课时一本正经，下课后则判若两人，会迫不及待地把课上不能教但其实特别想教的知识传授给学生。在我那个年纪，孰轻孰重，我相信自己已然分得清。路易斯·波萨达神父是内地佬，年轻，思想进步，做了多年工会工作，有一套百科知识卡片，关于作家和作品的部分最全。伊格纳西奥·萨尔迪瓦神父是巴斯克山里人，等到他年事已高，住进了卡塔赫纳的圣佩德罗·科拉瓦修道院，我还常去看他。爱德华多·努涅斯神父当年有本哥伦比亚文学史巨著即将杀青，后来此书命运如何，我不得而知。年长的曼努埃尔·伊达尔戈神父教唱歌，已然十分老迈的他能慧眼识珠，看出谁有音乐天赋，还会介绍一些出人意料的世俗音乐。

我跟校长皮耶斯查孔神父偶尔聊过几次。他选择的话题、大胆的解释，都让我坚信：他当我是大人。简单的地理障碍让我看不懂教义问答，厘清天堂和地狱的概念对我的一生至关重要。校长不教条，解释得很大胆，让我豁然开朗。上帝所在之处即为天堂，反之

---

① 恩里克的昵称。

则为地狱，仅此而已，没有更多复杂的神学解释。有两回，他向我坦承他的困惑，说他想不通为什么"地狱里始终有火"。多亏这些课外知识，而非一本正经的课堂知识，我在学年末得了一大堆奖章。

我在苏克雷的第一个假期始于某个周日下午四点。码头装饰着花环和彩球，广场成了圣诞集市。我刚上岸，一位美若天仙的金发女郎便无比自然地搂住我的脖子，乱亲一气。她是爸爸婚前的私生女卡门·罗萨，来这儿和陌生的家人生活一阵子。同来的还有爸爸的另一个儿子阿维拉多，他是个巧手裁缝，在中心广场边开了家裁缝铺，他是我青春期的人生导师。

新家又添家具又添丁，一派节日的气氛。弟弟海梅五月出生，双子座（好兆头），是个六个月的早产儿，我到家才知道，因为我本以为爸妈决定不再年年生孩子了，但妈妈急忙跟我解释，说弟弟是献给圣丽塔的礼物，谢谢她给家里带来的幸福和成功。妈妈青春焕发，喜气洋洋，比往日更爱唱歌。爸爸心情也很舒畅，诊所病人爆满，药店货品齐全，尤其是每到周日，附近山里的人也会前来问诊。不知他是否知情：门庭若市、生意兴隆的确是因为他有"药到病除、妙手回春"之名，但乡村的人没有将其归功于他顺势疗法的小糖丸和神奇的水，他们都以为爸爸会施巫术。

苏克雷如今更胜从前。依照传统，圣诞节期间，市民分成两大阵营：南边的苏丽雅区和北边的孔戈维奥区。小比赛不说，还要举办花车大赛，宿敌之间展开一场艺术较量。圣诞前夜，花车聚集在中心广场，公众经过激烈辩论，决定年度冠军花落谁家。

卡门·罗萨的降临是圣诞庆典一道亮丽的风景。她时髦、妖娆，被追求者争抢，成了舞会皇后。妈妈对女儿们严加管束，对她则不然，甚至支持她谈情说爱，给家中增添了些许不同寻常的气氛。妈妈和她是闺蜜，和自己的女儿们则从未有过这样的关系。阿维拉多一个人过，裁缝铺只有一间屋子，用屏风隔开。他手艺不错，但重色轻艺，躲在屏风后卿卿我我的时间长，坐在缝纫机前百无聊赖的时间短。

那个假期，爸爸突发奇想，让我学做生意。"没准儿今后用得着。"他提醒我。他先教我如何替药店上门讨债。一天，他派我到郊外有客就接的时光妓院去收几笔账。

有一间朝街的房子门半开着，我探头进去，只见房里有个女人光着脚，正躺在充气垫上睡午觉，衬裙短得遮不住大腿。我还没开口，她就在床上坐起来，睡眼惺忪地看着我，问我有何贵干。我说帮我爸爸给老板堂埃利希奥·莫利纳带个口信。她没说老板在哪儿，而是让我进去，把门关好，冲我勾了勾食指，意思很白：

"过来。"

我走过去。我走得越近，她的呼吸就越急促，像河水涨潮，淹没了整个房间，直到她右手抓住我胳膊，左手滑进我裤裆。我怕，又有快感。

"这么说，你是小糖丸医生的儿子。"她一边说话，一边用五个指头，不，好似有十个指头，灵巧地在我裤裆里摸来摸去。她脱掉我的裤子，一面不停地在我耳边呢喃软语，一面从头上脱掉衬裙，仰面躺下，浑身上下只剩花内裤。"这件你来脱，"她说，"这是男人应该做的。"

我去扯内裤边儿，太急，扯不下来。她只好把腿伸直，游泳般快速扭动，帮我一把。之后，她撑着我的胳肢窝，让我趴在她身上，姿势十分规范。其余的由她来做，我在她小母马般骚味十足的大腿间扑腾，差点儿没死过去。

她侧躺着不说话，盯着我看。我也盯着她看，不怕了，想再来一次，做久一点儿。她突然说，我并不是有备而来，两个比索的服务费不收了。之后她躺平，仔细端详着我的脸。

"对了，"她说，"你是路易斯·恩里克那个一本正经的大哥，是不是？你们俩的声音一模一样。"

我天真地问她怎么会认识路易斯·恩里克。

"别傻了！"她笑了，"我这儿还有他一条内裤，上次是我帮他洗的。"

路易斯·恩里克才那么小，她胡说。可她拿内裤给我看，没错，是弟弟的。后来，她带着芭蕾舞的优雅，光着身子从床上跳起来，边穿衣服边说，堂埃利希奥·莫利纳在左手那间屋里，最后问我：

"第一次，对吧？"

我的心漏跳了一下。

"谁说的？"我胡扯，"都七八回了。"

"不管怎样，"她的表情在笑话我，"让弟弟教你两招。"

第一次性爱经历在我体内激起无限活力。假期从十二月持续到二月，我反复问自己要不要弄两个比索回去找她。弟弟路易斯·恩里克已经对肉体那点事儿很老练了，他说我们这个年龄的人，要为这种两人做、两人乐的事情付钱，这也太好笑了。

按照拉莫哈纳①地区的封建思想，领主享有初夜权，可以占有

---

① 哥伦比亚苏克雷省下辖地区。

少女，享乐几晚，再把她们交还给命运。舞会过后，广场上有四处拉客的女人可供挑选。但过完假期，我却像怕电话那样怕女人，当她们是水中月镜中花。我的第一次冒险纯属偶然，它在我体内留下的那种孤独感让我时刻不安。返校后，我的脾气变得古怪，相信根源就在这儿。甚至今天想来，我也不认为这是夸大其事。我完全折服于波哥大天才诗人堂何塞·曼努埃尔·马洛金[1]的胡言乱语，他的诗从第一节起就让人大跌眼镜：

> 现在吠狗，现在叫鸡，
> 现在晓拂，现在鸣钟；
> 嘶驴，啼鸟，
> 曲吹，哼猪，
> 霞粉，野金，
> 珠露当我泪滴，
> 冷身，炙魂，
> 我息叹，下窗。[2]

　　我不仅随意篡改一大堆诗，还学会了天知道是哪里的方言，说得很溜。上课提问，我乱答一气，要么搞怪，要么搞笑，气得老师不再管我。要是我在考卷上答对一道题——尽管开头会让人看不懂——别人反倒会担心我的心理健康。那些只是玩笑而已，

---

[1] 何塞·曼努埃尔·马洛金（1827—1908），哥伦比亚作家、统计学家，1900 年至 1904 年间任哥伦比亚总统。
[2] 此诗严格说来，无法翻译。诗人将搭配中的名词和动词拆成两半，交叉组合，达到凌乱的效果。译文只将词序颠倒，勉强对应诗歌的形式。

图个开心，根本没有恶意。

我发现神父们跟我说话，有点儿神神道道，我也就顺着他们，将错就错。还有一件了不得的事：我把歌词改了，神圣的合唱变得一点儿也不神圣了，还好没人听懂。经父母同意，指导老师带我去看专家，做了一个特别费脑子但特别有趣的测试。专家思维敏捷，待人随和，方法得当，让人跃跃欲试。他让我阅读并理顺一大堆复杂的长句。我做得津津有味，他也按捺不住，陪我一起做。我们还想出其他测试方法，记下备用。他事无巨细地盘问我的各种生活习惯，最后问我手淫的频率。我脱口而出：没做过，不敢做。他不信，看似轻描淡写地说，对于健康的性生活而言，恐惧是负面因素。他的严重怀疑刺激了我。我觉得他是个非常好的人。长大后，我在《先驱报》当记者，想去找他，私下问一问那个测试结果究竟如何，而我收获的唯一消息是他已在多年前移民美国。他的一位老同事再明白不过，他饱含深情地对我说，要是这位专家被关进芝加哥精神病院，一点儿也不奇怪，因为他常说，自己比病人更疯。

他的诊断结果是饭后读书，神经疲劳，建议我每天静养两小时消食，同时加强体育锻炼。我至今仍觉奇怪，爸妈和学校老师居然一一照办：他们规范我的阅读习惯，上课在桌子底下看书，书不止一次被没收，功课难，就免做；每天必须多锻炼几小时。就这样，其他人上课时，我一个人傻乎乎地在篮球场上边投篮边背诗。同学们从一开始就意见不一：有的说我自始至终疯疯癫癫；有的说我贪图享乐，装疯卖傻；有的说疯子必有过人之处，继续跟我交往。后来传出谣言，说算术老师在黑板上写比例习题时，我冲他扔墨水瓶，因而被学校开除了。幸好爸爸没把这当回事，决定不等学期结束，就让我回家，也不必浪费时间和金钱在这种小病上了，也许只是肝病。

对于哥哥阿维拉多来说，一切人生难题都能在床上得到解决。妹妹们只知道同情，我去裁缝铺，哥哥给我开了个神奇的方子：

"你需要和女人有一腿。"

他说到做到，几乎每天都去街角的台球厅待半小时，把我留在裁缝铺的屏风后，会他的各种红粉知己，天天换人。那段日子，我创意无限，胡作非为。阿维拉多的诊断没错，第二年，我就神清气爽地回学校了。

圣若瑟中学的同学对爸爸的小糖丸顶礼膜拜，对我的归来热烈欢迎，让我永生难忘。我没回巴尔德布兰克斯表哥家——他们添了个儿子，家里住不下——改住在奶奶的兄弟堂埃列塞尔·加西亚家。他诚实、善良，在银行工作到退休，终生热爱英语，让我深受触动。他学了一辈子英语，从拂晓学到深夜，说得字正腔圆，直到年事已高，仍尽力说到最好。每逢过节，他都去码头跟游客练口语，英语程度赶得上母语。不过，他生性腼腆，跟熟人从不说英语，他的三个儿子——都比我大——和女儿巴伦蒂娜都没听他说过。

巴伦蒂娜是我的好友，读书很有灵气，是她让我发现了"沙子与天空"。一群年轻诗人决定以巴勃罗·聂鲁达为榜样，革新加勒比海岸的诗歌，说白了，就是"石头与天空"的本地版。那些年，"石头与天空"统治了波哥大诗人聚集的咖啡馆和爱德华多·卡兰萨[1]主编的文学增刊，在西班牙诗人胡安·拉蒙·希梅内斯[2]的影响下，

---

[1]爱德华多·卡兰萨（1913—1985），哥伦比亚诗人、记者、外交家，"石头与天空"先驱，曾任哥伦比亚国家图书馆馆长。

[2]胡安·拉蒙·希梅内斯（1881—1958），西班牙著名诗人，1956年获诺贝尔文学奖，代表作有《悲哀的咏叹调》《小银和我》等。

意气风发，希望一扫十九世纪暮气沉沉的诗风。他们是五六个刚走出青春期的年轻人，强势闯入沿海地区的文学增刊，被寄予了很大的艺术期望。

"沙子与天空"的舵手名叫塞萨尔·奥古斯托·德尔巴列，二十二岁，热情高涨，不仅要革新诗歌的主题与情感，还要革新拼写和语法规则。语言纯正主义者视他为异教徒，院士们骂他白痴，古典派说他偏激。其实，除了那极具感染力的斗争精神一如聂鲁达外，他是个不可救药的浪漫派。

周日，巴伦蒂娜表姨带我去塞萨尔家，他和父母住在最闹腾的圣罗克区。塞萨尔骨骼健壮，不胖，浅黑色头发，大兔牙，和同时代诗人一样，头发凌乱不堪。他家属于中产阶级下层，四面书墙，再多一本也放不下。他父亲不苟言笑，说愁眉苦脸更确切，一副退休公务员的派头，被儿子所谓的"高尚"追求折磨得死去活来。他母亲招呼我时有些扭腕，因为我跟他儿子一个毛病。为儿子，她流过太多眼泪。

对我来说，塞萨尔家是另一个世界，十四岁的我也许臆想过，但它还是超出了我的想象。那天是我第一次上门，之后便频繁拜访，占用了他太多时间，至今我也不明白他怎么受得了。我甚至认为他那些天花乱坠、让人眼花缭乱的文学理论，需要一个像我这样瞠目结舌但又随和的听众。他借诗作给我看，虽然从未听过那些诗人的名字，我居然无知者无畏地跟他讨论。尤其是聂鲁达，他的《二十首情诗和一首绝望的歌》我烂熟于胸，为的是回校惹耶稣会老师发飙，这些"冷门"知识他们从不涉足。那些日子，梅拉·德尔玛致卡塔赫纳的诗成为沿海地区各大媒体争相报道的对象，巴兰基亚文化圈为之沸腾。塞萨尔·德尔巴列读给我听，措辞精妙，声音悦耳，读完第二遍，那首诗就印在了我的脑子里。

很多时候，我们并不交谈。塞萨尔用他自己的方式进行创作。他仿佛置身于另一个世界，游走于房间和过道，酷似梦游症患者，每隔两三分钟就从我面前经过，突然坐下，在打字机上敲出一句诗、一个词，或一个分号，然后站起身再走。我看着他，终于发现了诗歌创作的不二法门，心头一阵窃喜。于是，我在圣若瑟中学打下修辞学基础后，也如此这般初试文笔，抒发胸臆。两年后，我在波哥大得知了这位令人难忘的诗人最后的消息。巴伦蒂娜发来电报，寥寥数语："塞萨尔已故。"无签名。

在巴兰基亚，无父母管束，我的第一感觉是自由。走出校门后，和老同学们依然关系亲密，其中有课后跟我唱副歌的阿尔瓦罗·德尔托罗和常跟我溜去书店和影院的阿特塔兄弟。埃列塞尔舅公行使监护权，我住在他家唯一要遵守的是：晚上八点前必须回家。

一天，我去塞萨尔·德尔巴列家时，他不在，我就在客厅边读书边等。一个超凡脱俗的女人也来找他。她叫玛蒂娜·丰塞卡，或许是他的情人，一个按黑白混血女人的模子雕刻出的白人姑娘，聪明，自立。我和她聊了两三个钟头，心情十分舒畅，直到塞萨尔回来，他们两人一同外出——没说去哪儿。直至那年的圣灰星期三，我才和她重逢，望完大弥撒，见她坐在公园长椅上等我。我以为那是个幽灵。她穿着亚麻绣花长袍，清丽脱俗，胸前戴着一根装饰性项链和一朵火红色的花。我记得她不假思索地邀请我去她家，根本不在意我们俩额头上还涂有神圣的圣灰十字。她丈夫是马格达莱纳河上的一名领航员，正当班，每班十二天。她不就是请我周六去她家喝巧克力，吃奶油鸡蛋饼吗，有什么要紧？只是这项仪式一直持续到那年年底，只要她丈夫上船，总是在四点到七点，雷克斯影院青少年场时间。我以此为由，向埃列塞尔舅公告假，和她厮混。

她的职业专长是辅导小学教师竞岗晋级，有空会邀请成绩优异的学生来家里喝巧克力，吃奶油鸡蛋饼。因此，周六多了个新学生，叽叽喳喳的街坊四邻并不在意。偷情顺利得让人吃惊，欲火疯狂地从三月燃烧到十一月。两个周六过去，我就忍不住渴望成天跟她如胶似漆。

我们的交往没有任何风险。她丈夫回城时会给信号，告诉她轮船正在进港。第三个周六，我和她正在床上，远处传来一声吼叫，她顿时紧张了起来。

"要镇定。"她对我说。又传来两声吼叫。我很怕，以为她会从床上跳起来。她没有，反倒不动声色地说："我们还有三个多小时。"

她把丈夫描绘成"身高两米一的巨形黑人，老二威猛如高射炮"。我难压妒火，差点儿违反游戏规则，可不是小打小闹：我想把他宰了。她比我成熟，问题由她化解。此后，她领我走过现实生活的沟沟坎坎，像领着一匹披着羊皮的小狼。

我在学校表现极差，根本没有心思念书，玛蒂娜救我于水火之中。她很诧异，我怎么会那么孩子气，居然为一时贪欢荒疏学业。"这很正常。"我对她说，"如果学校是这张床，你是老师，我不仅会是全班第一，还会是全校第一。"她深以为然。

"行，咱们就这么做。"她对我说。

她没费多大劲儿，就安排出固定时间帮我补习：解决作业难题，预习下一周的功课。她既跟我在床上亲热，又像妈妈似的数落我这儿不好那儿不对。要是作业没有保质保量地完成，那就每三个错罚一个周六不见面。而我顶多犯两个错。我的转变被老师和同学们看在眼里。

只可惜，她在补习中传授给我的那个屡试不爽的方法，我读到中学最后一年才想起来用：上课认真听讲，作业独立完成，不抄袭，我就能取得好成绩，空闲时间想读什么就读什么，自己安排，用不着辛辛苦苦熬通宵，也用不着白白担惊受怕。服了这一剂灵丹妙药，我在一九四二年勇夺年级第一，获得优秀奖章及各种荣誉。但我暗暗感激的是那些帮我治好疯病的"医生们"。庆祝会上，我意识到往年的荣誉因为受之有愧，别人夸奖，我会姿态丑陋地千恩万谢；最后一年实至名归，别人夸奖，我倒理直气壮地照单全收。不过，作为回应，在结业典礼上，我全文背诵了——不用提词——吉列尔莫·巴伦西亚①的《古罗马竞技场》，虽然比面对狮子的基督徒还要害怕，但绝对发自内心。

那年过得很顺，假期我想回阿拉卡塔卡看望外婆特兰基利娜。谁知，她却紧急来到巴兰基亚，做白内障手术。再见到外婆，我很开心，特别是她还捎来外公的词典，作为给我的礼物。外婆视力衰退，却不自知，或自知，却不承认，直到连门也出不了了。仁爱医院立即给她动手术，做完后，说很成功。拆去纱布那天，她坐在床上，睁开闪闪发亮的眼睛，像绽放了第二次青春，满脸喜悦，开心地说：

"我看见了。"

医生想知道她究竟看见了多少。外婆用全新的目光扫过房间，

---

① 吉列尔莫·巴伦西亚（1873—1943），哥伦比亚诗人、政治家，哥伦比亚现代主义先驱。

历数每件物品，精确得令人发指。医生傻了，只有我能听懂，外婆历数的物品不在病房，而在老宅卧室。有哪些东西，放在哪里，她都记得。外婆的视力此后再也没有恢复。

爸妈非让我放假回苏克雷，顺便把外婆带过去。外婆比她的实际年龄要苍老许多，脑袋稀里糊涂，但她更爱唱歌了，音色越发甜美，歌声也越发动人。妈妈当她是个大洋娃娃，把她收拾得干干净净，整整齐齐。很显然，她有意识，只是停留在过去。特别是收音机，唤起了她孩童般的兴趣。她认出主播们是她年轻时在里奥阿查的朋友，因为阿拉卡塔卡老宅没有收音机。她对他们的某些评论或不满或批评，就各种话题与他们展开讨论，骂他们有语病，仿佛对方就站在床边。主播们不说再见，她就不换衣服。他们说再见时，她也会非常礼貌地对他们说：

"先生，祝您晚安。"

她自言自语，解开了许多有关失踪的物品、保守的秘密或禁忌话题的不解之谜：阿拉卡塔卡老宅失踪的水泵，是谁偷偷拿走藏在了她的箱子里；玛蒂尔德·萨尔莫纳的父亲究竟是谁，那可怜人的兄弟们认错了人，把他一枪崩了。

见不到玛蒂娜·丰塞卡，我在苏克雷的假期也难挨，但她绝不可能跟我回家。我不敢相信要跟她分开两个月。她却不这么认为。相反，我刚提出这个问题，她就一如既往地成竹在胸。

"我正想跟你谈这事儿。"她打开天窗说亮话，"咱们俩太黏糊了，你去别的地方读书，对你我都好。你会发现，咱们俩的故事只是一段过往。"

我以为她在说笑。

"我明天就走，三个月后回来找你。"

她用探戈舞曲回答：

"哈，哈，哈，哈！"

我这才明白，说"是"，她多半会答应；说"不"，则没得商量。于是，我乖乖听话，泪流满面，决定如她所想，改头换面，重新做人：换城市、换学校、换朋友，甚至换一种方式生活。我有一大把奖章壮胆，几乎不假思索、一本正经地对爸爸说，我不想回圣若瑟中学，也不想回巴兰基亚。

"老天有眼！"他说，"我一直纳闷，你怎么会浪漫到愿意有一帮耶稣会老师。"

妈妈当没听见：

"不去巴兰基亚，那就去波哥大。"

"哪儿都别去，"爸爸立即反驳，"咱们家没钱养公子哥。"

奇怪！不念书曾是我的梦想，如今真要不念了，我反倒觉得不可思议，甚至据理力争，求助于一个难以企及的梦想。

"有奖学金。"我说。

"有很多，"爸爸说，"但只给有钱人。"

他说得也对。倒不是因为有徇私现象，而是奖学金申请手续复杂，具体条件又没有很好地广而告之。政府实行中央集权，申请人必须去波哥大。波哥大在千里之外，去一趟要八天，花销基本等于一所好学校三个月的住宿费。再说，去了也会竹篮打水一场空。妈妈火冒三丈：

"钱匣子一旦打开，就别想合上。"

花钱的地方多的是。路易斯·恩里克小我一岁，先后在本地两所学校报了名，都是没念几个月就辍学。玛尔戈特和阿依达在修女小学成绩挺好，打算去附近城市找个学费不贵的中学继续念。古斯塔沃、莉西亚、丽塔和海梅暂时还不着急，可一个追着一个疯长。这些弟弟妹妹（包括后来出生的三个）都把我看成家里来去匆匆的过客。

那年对我来说十分关键。每辆花车最大的看点是精挑细选的扮成王后代表两区赛诗的美女。我是半个外乡人，可以保持中立，我也向来如此。可那年，扮成王后登大花车的是姐姐卡门·罗萨，孔戈维奥区的船长们请我给她写几首诗。我欣然应允，但我根本不了解游戏规则，出言不逊，惹出了乱子；没辙，只好再写两首诗和解：替孔戈维奥区的美女圆场，让苏丽雅区的美女息怒。事件轰动一时，人尽皆知。市民几乎没听说过的无名诗人成为当日英雄。我借此进入公众视野，和南北两区缔结友谊。之后，我忙不迭地写儿童剧、参加慈善义卖和慈善抽奖，甚至帮竞选市政官员的人撰写演讲稿。

路易斯·恩里克弹吉他天赋异禀，后来果然成长为一名吉他手。他教我弹高音吉他，我们俩和菲拉戴尔佛·贝利利亚变成了小夜曲之王，最大的奖赏莫过于讨得姑娘欢心，她们快快地穿好衣服，打开家门，叫醒邻家女孩。而我们的狂欢继续，闹腾到吃早餐为止。那年，该组合又喜迎何塞·帕伦西亚的加盟，他爷爷家财万贯，一掷千金。何塞天生就是乐师，任何乐器，到手就弹。他有电影明星的派头，舞技超群，聪明绝顶，情场得意，让人又羡又妒，却恨不起来。

我却是个舞盲，在罗伊塞乌姐妹家都没学会。罗伊塞乌六姐妹先天残疾，坐着轮椅，教舞蹈却是一流的。爸爸向来在意名气，如今对我另眼相看，互不了解的我们有了促膝长谈的机会。其实，回望过去，我和爸妈从阿拉卡塔卡到巴兰基亚、卡塔赫纳、辛塞、苏克雷，一起生活的时间加起来不超过三年。这是一段非常愉快的经历，有助于我深入了解他们。妈妈对我说："你能和爸爸成为朋友，真好！"几天后，她在厨房煮咖啡，又对我说：

"爸爸很为你骄傲。"

第二天，妈妈蹑手蹑脚地把我叫醒，对我耳语道："爸爸要给你一个惊喜。"果不其然，我下楼吃早餐，爸爸当着所有人的面，郑重其事地对我说：

"收拾东西，去波哥大。"

我第一反应是失望透顶，情愿留下来夜夜笙歌，但还是乖乖听话的好。波哥大气候冷，衣服不是问题。爸爸有一件黑色苏格兰羊毛外套和一件灯芯绒外套，两件腰围都小了，我们去找神奇裁缝佩德罗·莱昂·罗萨莱斯按我的尺寸改。妈妈还给我买了一位已故参议员的驼皮大衣。她在家给我量大小时，天生有眼力的妹妹莉西亚悄悄告诉我，参议员的魂灵夜里会穿着大衣在家中游荡。我没理她，但她的话真的应验了。我在波哥大穿上那件大衣照镜子，看见了那位已故参议员的脸。我去慈悲当铺，当了十个比索，再没去赎。

家庭气氛好了许多，以至于临别时，我差点儿落泪。可计划在不折不扣地执行，不容伤感。一月第二周，我先在马甘格自由自在地住了一晚，随后登上哥伦比亚航运公司的旗舰"大卫·阿朗戈号"。同舱旅友重两百二十磅，浑身无毛，盗用了"开膛手杰克"的名号，是小亚细亚飞刀马戏家族唯一的后代。我第一眼看到他，觉得他会在梦中把我掐死，后来发现他外强中干，是个心肠特别好的大娃娃。

第一晚，官方安排了庆祝活动，乐队伴奏，晚餐丰盛。可我却逃到甲板上，最后一次欣赏——原以为会挥一挥衣袖，没有悲伤地遗忘——那个世界的灯火，痛哭了一场，直到天明。今天，我敢说，我想变回孩子的唯一理由是想重新享受那段旅程。之后，我念了四年中学加两年大学，那段路来回走了若干次，关于人生这门课，每次走这段路都比在学校学得多、学得好。雨季水量充足，从巴兰基亚到萨尔加港，逆水而上需要五天，再从萨尔加港坐一天火车到达波哥大。旱季，要是时间不赶，最有意思，旅程会长达三周。

船名都很好记，过目不忘："大西洋号""麦德林号""卡罗船长号""大卫·阿朗戈号"。船长们似乎来自康拉德笔下，说一不二，为人和善，胡吃海喝，独自在尊贵的船长室里无法入眠。轮船慢吞吞地行驶，旅途中惊喜不断。乘客们整日坐在甲板上，看着被人遗忘的村庄，看着张嘴静候昏头蝴蝶的短吻鳄，看着受船尾水波惊吓振翅飞翔的成群苍鹭，看着从内陆沼泽游来的鸭群和河口沙洲上边喂养幼崽边唱歌的海牛。在整个旅途中，人们清晨在长尾猴和小鹦鹉的喧哗中醒来，溺死的奶牛恶心的臭味常常熏得人睡不成午觉。奶牛在水里一动不动，肚子上站着一只孤零零的秃鹫。

如今，在飞机上很难结识朋友。当年在轮船上，学生们就像一家人，每年都会约好一块儿走。有时，轮船能在沙滩上搁浅十五天，可谁也不担心，继续闹腾。船长出证明，盖上戒指章，晚到学校的话，以此为凭。

从第一天起，我就注意到了一家人中最年轻的一个小伙子。他整天在头等舱的甲板上拉着手风琴散步，仿佛半梦半醒，让我艳羡不已。自从我在阿拉卡塔卡七月二十日国庆活动中听过"好汉弗朗西斯科"演奏的手风琴曲，就一直缠着外公给我买手风琴。外婆横插一脚，一如既往地荒谬，说手风琴是底层人的乐器。大约三十年后，我在巴黎国际神经学专家研讨会上认出了当年轮船上那个帅气的手风琴师。时光留痕：他长出了波西米亚式的胡子，穿的衣服大了差不多两码。但我不会认错，他昔日的风采给我留下了深刻印象。我没有自报家门，而是直接发问：

"手风琴师，您好吗？"

他十分惊讶地回应道：

"说什么呢？我听不懂。"

我恨不得找个地缝钻下去，赶紧道歉，说我认错人了，以为他是一九四四年一月上旬在"大卫·阿朗戈号"上拉手风琴的学生。他听了眼睛一亮，往事涌上心头。他是哥伦比亚人萨洛蒙·哈金姆，世界著名神经学专家。他弃艺从医，令人失望。

我注意到的另一位乘客拒人于千里之外。他年轻壮实，脸色红润，戴眼镜，早早脱发，但打理得精致，像是典型的公子哥。第一天，他就霸占了那把最舒服的沙发椅，往茶几上堆了好几摞新书，从早到晚，一刻不停地读，直到被晚上的狂欢闹饮搅扰得无法专心为止。他穿花衬衫去餐厅，每天都不同款，一个人坐在角落，吃早饭、吃午饭、吃晚饭，边吃边读，似乎没有跟任何人打过招呼，我称他为"不知疲倦的读者"。

我忍不住去偷窥他读的书。大多是艰深难懂的公法著作，他早上读这些，圈圈点点，在空白处留批注；下午凉快，他就读小说。其中一本让我愕然，是陀思妥耶夫斯基的《双重人格》，我曾在巴兰基亚的一家书店偷过，没偷成。我发疯似的想读，想跟他借，又不敢。有一天，他读的是《大莫纳》^①，之前我没听说过，但它很快就成为我最爱的经典之一。而我只带了几本我读过的但还没机会重读的书，比如，科洛玛神父^②的《赫罗明》（从来没读完过）、何塞·艾乌斯塔西奥·里维拉^③的《漩涡》、爱德蒙多·德亚米契斯^④的《寻母三千里》和外公送我的那本词典（我会连续看好几个小时）。"不知疲倦的读者"的书多得读不完。我想说但没说出口的是：我愿意付出任何代价跟他换。

我注意到的第三位乘客当然是同舱旅友"开膛手杰克"，他会在睡梦中说土语，叽里咕噜地能说好几个小时，很动听，我权当是清晨读书时的背景音乐。他不知道自己说梦话，也不知道那是哪种语言。小时候，他会用六种亚洲方言和马戏团走绳索的演员交流，母亲去世后他全忘光了，只剩下母语波兰语还记得。但我们能分辨出他说梦话时用的并不是波兰语。给杀气腾腾的飞刀上油、用粉红色舌头去舔刀刃的"开膛手杰克"是我最崇拜的人。

他唯一的麻烦，是第一天去餐厅，跟服务生说，不给他四份饭菜的话，他会饿死在船上。水手长说，要另外付费，但可以打折。他说他坐过世界各地的船，无论坐哪艘，都有权不被活活饿死。官

---

①法国天才作家阿兰－傅尼埃（1886—1914）于 1913 年发表的自传体小说，问世后深受读者喜爱。

②科洛玛神父，原名路易斯·科洛玛·罗丹（1851—1915），西班牙作家、记者、耶稣会神父，1902 年创作对话体小说《赫罗明》。

③何塞·艾乌斯塔西奥·里维拉（1888—1928），哥伦比亚著名作家，《漩涡》是拉美文学中的经典之作。

④爱德蒙多·德亚米契斯（1846—1908），意大利著名儿童文学家，代表作为日记体小说《爱的教育》。

司一直打到了船长那儿，船长用典型的哥伦比亚人的方式，决定给他提供两份饭菜，并让服务生工作疏忽，失手再多给他两份。他还自力更生，用勺子去取食欲不振的同桌或邻桌的饭菜，说些俏皮话逗人开心。除非身临其境，否则难以置信。

我无所事事，后来，在拉格洛里亚港上来了一群学生，他们晚上组织三重唱、四重唱，把博莱罗情歌唱成优美的小夜曲。我发现他们多出一把高音吉他，便自告奋勇地去弹，下午跟他们排练，一直唱到天亮，抒发胸臆，打发闲极无聊的时光，不唱歌的人无法想象唱歌多么让人愉快。

皓月当空的一个夜晚，岸边传来撕心裂肺的哭声。克利马科·孔德·阿韦略是位了不起的船长，他下令用探照灯寻找声源：原来是树倒了，母海牛困在树枝里，脱不了身。水手们跳下水，把它拴在起锚绞盘上，设法帮它脱困。海牛是种让人心疼的奇妙生物，它们既像女人又像奶牛，身长近四米，皮肤柔软，呈青色，长着大乳房的躯干让人想到《圣经》里的母亲。"要是继续屠杀河里的动物，世界很快就会灭亡"这种言论，我也是第一次从孔德·阿韦略船长那儿听来的。他禁止从船上开枪。

"想杀人的回家去杀，"他叫道，"不准在我船上撒野！"

十七年后的一九六一年一月十九日是个不幸的日子。朋友打电话到墨西哥，告诉我"大卫·阿朗戈号"在马甘格港起火，烧成了灰烬。我挂上电话，有种可怕的感觉：我的青春到此为止，思念之河的仅剩之物也随之逝去。今天，马格达莱纳河已死，河水腐臭，动物绝迹。历届政府反复提及的河流整治工作尚未开始：两岸亟须栽种六千万棵树，将占用沿海私有土地的九成面积，这意味着私人业主需要仅出于爱国，就放弃现有收入的九成。

　　每次旅行都是重要的人生课堂，我们和沿途城镇的接触短暂而又难忘，许多人的命运和这些城镇的命运永远地联系在了一起。一个有名的医学系学生作为一个婚礼舞会上的不速之客，未经允许，邀请最美的女人跳舞，被其夫开枪打死。另一个喝得酩酊大醉，在贝里奥港娶了他爱上的第一个姑娘为妻，生了九个孩子，婚姻美满，家庭幸福。我们在苏克雷的朋友何塞·帕伦西亚在特内里费鼓手大赛中赢了一头奶牛，就地出售，赚了五十比索。这在当年可不是小数目。在石油之都巴兰卡韦梅哈广阔的红灯区，我们意外发现安赫尔·卡西·帕伦西亚在一家妓院的乐队里唱歌。他是何塞·帕伦西亚的堂兄，一年前在苏克雷销声匿迹，音讯全无。乐队喧闹欢腾，直到天明。

　　记忆中最不愉快的事发生在贝里奥港一家昏暗的小酒馆里。警察棍棒交加，把我们四名乘客拉出去，不解释，也不听解释，以强奸女学生的罪名逮捕了我们。到警局后，他们发现真凶已经毫发无伤地落网：是当地的几个小混混，和轮船无半点儿干系。

　　轮船最后停靠在萨尔加港，乘客们凌晨五点下船。那儿海拔高，要穿暖和点儿。人们裹着黑呢外套加坎肩，戴着圆顶礼帽，胳膊上挂着大衣，和之前听着蛙鸣、闻着水臭——河里尽是动物尸体——的形象迥然不同。下船时，我吓了一跳。原来我的一个女性朋友在最后一刻说服我妈妈给我准备了特别土气的铺盖卷：一张龙舌兰纤维做的吊床、一床羊毛毯和一只应急便盆，所有这些都卷在一张茅席里，用吊床挂绳绑在一起，打了个十字结。乐手朋友们见身处文明社会的我还带着这么土气的铺盖卷，忍俊不禁。反应最强烈的一个为我所不敢为：直接把铺盖卷扔进了水里。那次旅行令我十分难忘，最后一幕便是铺盖卷顺着水流，从何处来，归何处去。

从萨尔加港开出的火车最初四个小时顺着山脊往上爬，到最陡处，会向下滑增加向上的冲力，然后再试着上升，像条龙一样呼哧呼哧着。有时需要乘客下车，以减轻火车重量，爬过山头再上车。沿途的小镇冰冷凄凉，车站冷冷清清，只有一辈子都在那儿卖东西的人守在那儿，从车窗塞进煮好的又肥又黄的整鸡和可口的白色土豆。我就是在那儿第一次感到寒冷，那种感觉很陌生，看不见摸不着。幸好黄昏时，视野突然开阔，绿色的草甸似大海般伸到天边，美极了。世界安静了，动得快起来了，车厢里的气氛也为之一变。

我已经把"不知疲倦的读者"抛到九霄云外了，他却突然冒出来，急不可耐地坐到了我对面。简直不可思议。他喜欢我们晚上在船上唱的一首博莱罗，请我帮他写下来。我不仅写了，还教他唱。我惊讶地发现，他听力好，嗓子也好，单独唱第一遍的时候就既准又好。

"那个女人听了一定会晕死过去！"他容光焕发，神采奕奕。

我这下明白他为何急不可耐了。自从在船上听我们唱了那曲博莱罗，他就觉得那是对女友最好的表白。三个月前，他的女友在波哥大送他离开；那天下午，她会到车站接他。那首博莱罗他听过两三遍，能唱几句，见我一个人坐火车，决定请我帮个忙。我也壮着胆子，专门提到——无关其他任何事——有本书很难找，居然在他的桌子上看到了。他着实很惊讶，问我：

"哪一本？"

"《双重人格》。"

他开心地笑了。

"我还没看完，"他说，"但这是我遇到的最奇怪的事情之一。"

他只说了这些，然后为那首博莱罗向我致谢，紧紧握手告别。

火车减速，经过堆满生锈物件的棚屋，停靠在一个阴暗的码头时，天渐渐黑了。我赶在人群把我撞倒之前，提着箱子往外走。正要出站，有人大叫：

"年轻人！年轻人！"

我回头看，好几个年轻或不那么年轻、跟我一起跑的人也回头看。"不知疲倦的读者"从我身边走过，没停下，递给我一本书。

"愿您喜欢！"他喊道，随后消失在人群中。

是那本《双重人格》。我懵了，都没反应过来刚才发生了什么。我把书放进大衣口袋，顶着傍晚的寒风走出车站。我精疲力竭，把箱子放在站台上，坐在上面喘气。街上一个人也没有。站在海拔两千四百米的地方，寒风凛冽，呼吸困难，细雨裹着烟垢，只看得到冰冷阴森的街角。

我冻得要命，等了至少半小时。应该有人来接我，爸爸给他的亲戚、我未来的监护人堂埃列塞尔·托雷斯·阿朗戈发了封加急电报。那时令我忧心的不是有没有人来接，而是身处异乡，举目无亲，坐在一只坟墓般的箱子上的恐惧。突然，一个男人下了出租车，他打着绸伞，穿着长及脚踝的驼皮大衣，很体面。尽管他对我视而不见，扬长而去，但我明白他就是我的监护人，可我不敢跟他打手势。他跑进车站，几分钟后，又绝望地跑出车站。他终于看见了我，指着我问：

"你是加比托，对吗？"

我真诚地回答：

"差不多吧！"

四

当年，波哥大是个偏远、阴郁的城市。细细的雨丝从十六世纪初就开始下，绵绵不绝。我注意到，街上有太多行色匆匆的男人，他们戴着硬礼帽、穿着黑呢大衣——抵达时，我也这副打扮。然而连一个妓女也看不到。和穿教士服的教士、戎装军人一样，她们也被商业中心昏暗的咖啡馆禁止入内。有轨电车和公共厕所里刷着凄惨的告示："若你不怕上帝，你要担心梅毒！"

高大的佩尔切隆良马拉着啤酒车，有轨电车转弯时火星四溅，雨中步行送葬的队伍阻断交通，这些都让我惊讶不已。最瘆人的是送葬队伍：高头大马插着黑色羽毛，披着天鹅绒，拉着豪华马车和那些大户人家的尸体，仿佛死亡乃其独创。我在出租车上瞥见一个女人静静地站在雪圣母教堂的门廊上。她是我在街上见到的第一个女人，身材苗条，气质优雅，如居丧王后，只可惜她戴着面纱，使得我的一半念想永无着落。

我的精神崩溃了！房子虽宽敞舒适，却阴森恐怖。阴沉沉的花园里种着深色的玫瑰，寒气直往骨头里钻。这里住着爸爸的亲戚托雷斯·甘博亚一家，我原本认识，只是见他们披着毯子吃晚饭，总觉得陌生。印象最深的是我钻进被窝后吓得大叫，床又湿又冷。他们说这儿天气怪，刚开始不习惯，以后会慢慢习惯的。我默默地哭了好久，才迷迷糊糊地睡了过去。

到波哥大四天后，我顶着寒风、冒着细雨匆匆赶往教育部，情绪依然低落。国家奖学金开始申报了，队伍从三楼报名处蜿蜒而下，顺着楼梯，一直排到大门口。场面壮观，令人气馁。上午十点，雨霁。不算在门厅躲雨的，报名队伍已经从希梅内斯－德盖萨达大街排到了两个街区外。竞争如此激烈，我肯定没戏。

中午刚过，有人在我肩膀上轻拍了两下，是轮船上那位"不知疲倦的读者"。他从队尾的人群中认出了我，我却很难认出他：他戴着圆顶礼帽，穿着剪裁讲究的黑衣，像是去参加葬礼。见到我，他也很困惑，问道：

"你在这儿干吗？"

我照实说。

"太逗了！"他笑弯了腰，"跟我来！"他拉着我的胳膊，往教育部走。我这才知道，他是阿道弗·戈麦斯·塔玛拉博士，教育部国家奖学金办公室主任。

这是我遇到的最匪夷所思的巧事，也是我这辈子最大的幸事之一。戈麦斯·塔玛拉一副开玩笑的学生口吻，以最具创造力的博莱罗情歌歌手身份向助手们介绍我。他们请我喝咖啡，走绿色通道，直接报名，还不忘提醒我，说这不算违反规定，只是机缘巧合，人顺天意。他们通知我下周一在圣巴托罗梅中学参加统考，估计有好几千人报名，来自全国各地，争夺三百五十个奖学金名额。这将是一场漫长的硬仗，或许会是当头一棒，让我的希望幻灭。要等一个星期才能知道结果，包括被分到哪所中学。对我来说，这是个意想不到的重要消息，就是说，也许要去麦德林，也许要去比查达。他们跟我解释，说随机分配可以加强地区间的文化交流。办完手续，戈麦斯·塔玛拉和上回谢我教他那首博莱罗时一样，跟我紧紧握手。

"机灵点儿！"他对我说，"就看你的了。"

走出教育部大门，有个教士模样的小个子男人凑过来，说无须统考，名额保证，学校任选，开价五十比索。太贵了，我付不起；要是付得起，我会付的，免得上考场担惊受怕。几天后，我在报纸上看到了他的照片。他是诈骗团伙头目，专门假扮成神职人员在官方机构从事不法交易。

既然是随机分配，我悲观到连行李都没拆，考试前一天约了轮船上的乐手朋友们去乱七八糟的克鲁塞斯区一家乱七八糟的小酒馆，唱一首歌，换一杯奇恰酒，就是那种用发酵玉米制成的劣酒，讲究点儿的酒鬼会再加点儿火药。结果，我第二天考试迟到，头痛得厉害，晚上去了哪儿，谁送我回来的，全都不记得。考官心肠好，放我进去。考场很大，坐得满满当当。扫了眼试卷，我就知道没救了。只是为了分散监考老师的注意力，我开始琢磨看上去没那么复杂的社科题，谁知突然灵感来袭，居然答得有模有样，还神奇地猜对了许多；数学没辙，我连送分的题都不会；美术做得既快又好，好歹松了口气。我的乐手朋友们后来说："恐怕是奇恰酒助了你一臂之力。"不管怎样，我拼死考完后，决定修书一封，告诉爸妈，我有权也有理由不回家。

一周后，我去取成绩单。上面恐怕有什么记号，女职员二话不说，带我去见主任。主任穿着衬衫，红色装饰性背带，心情愉快。

他用专业眼光看了看我的成绩，想了想，又想了想，叹了口气。

"除了数学，其他还行。"他自言自语，"好在美术五分，勉强过线。"

他坐的是弹簧椅，往后一靠，问我想去哪所学校。

我吃了一惊，毫不犹豫地回答：

"波哥大的圣巴托罗梅中学。"

他把手放在桌上的一大摞文件上。

"这些都是重量级人物的推荐信，想让子女、亲戚、朋友在波哥大中学就读。"他意识到说漏嘴了，又补充道："听我一句，锡帕基拉国立男子中学最适合你，从这儿坐火车，一小时就到。"

我只知道那是座古城，有盐矿。戈麦斯·塔玛拉告诉我，自由派新近在实行教改，学校征用教会土地，拥有一批思想先进、出类拔萃的年轻教师。我觉得有必要跟他说清楚，于是提醒他：

"我爸可是老顽固。"

他笑了。

"别太当真，"他说，"我说的自由派是广义的自由派。"

一眨眼的工夫，他又变得一本正经，决定把我打发到那座建于十七世纪、如今被一帮无神论者改为国立男子中学的修道院，它位于一个令人昏昏欲睡的城镇，在那里除了念书，别的什么也干不了。时移世易，古老的修道院岿然不动。石砌门廊上原本刻着一行字："敬畏上帝，开启智慧"。一九三六年，阿方索·洛佩斯·普马雷霍总统的自由派政府将教育国有化，把那行文字更换成哥伦比亚国徽。我提着死沉死沉的箱子，累得上气不接下气，在门厅稍事歇息，看到小小的庭院、殖民时期的石雕门拱、绿漆木质阳台、栏杆上的花盆里无精打采的花儿，心里凉了半截。宗教秩序无处不在，显然，三百多年来，女性的宽容之手从未抚摸过这片土地。在无法无天的加勒比地区野惯了，至关重要的四年青春居然要被关在这等"世外桃源"，这让我不寒而栗。

我至今不敢相信，两层小楼，围着阴暗的中庭，外加最里头一栋随便搭建的石屋就能容下校长宿舍、校长办公室、行政秘书室、厨房、餐厅、图书馆、六间教室、物化实验室、仓库、盥洗室和集体宿舍。五十名学生勉为其难地前来就读，睡在宿舍里一排排的铁床上。他们大多来自穷乡僻壤，很少有从首府城市来的。好在这种流放状态让我因祸得福，迅速地对上帝赋予我的国家有了清晰的了解。我一到学校，十二个加勒比老乡就当我是自己人。不用说，我们和其他同学——本地的和外地的——有天壤之别。

从第一晚自由活动时间起，在中庭各个角落扎堆的学生便是全国各地人群的缩影。各人待在自己的地盘上，就不会有冲突。第一时间和我交往的都来自加勒比海岸，我们有受之无愧的好名声：爱吵吵的人，群体团结的狂热信徒，舞会上的狂欢者。我是个例外。来自卡塔赫纳的伦巴高手安东尼奥·马丁内斯·谢拉利用晚间自由活动时间教我最时髦的舞步。偷情挚友里卡多·冈萨雷斯·里珀尔后来成为一位知名建筑师，直到生命最后一刻，他都在小声哼歌、独自跳舞。

闵乔·阿纳亚弹钢琴特别有天赋，后来在国家舞蹈乐团成为大师级人物。他在中学组建社团，想学乐器的人都能参加。他教我博莱罗和巴耶纳托小调第二声部的秘密。不过，他最了不起的成就是教会地道的波哥大人吉列尔莫·洛佩斯·格拉用加勒比方式敲打击木①，也就是三、二，三、二。

来自埃尔班科的温贝托·詹姆斯埋头苦读，无心跳舞，每个周末都留校学习。我相信他一定没见过足球，也没读过足球评论。结果，他在波哥大获得工程师学位后，进了《时代报》学当体育编辑，后来成了体育版主编，跻身全国顶尖足球记者之列。不管怎么说，最怪的无疑是来自乔科省、皮肤黝黑的西尔维奥·卢纳，他先攻法学，后转医学，两个专业都毕业了，还要去念第三个专业，后来音讯全无。

丹尼尔·罗索（"帕戈西奥"），总是表现出对人文科学和神学无所不知的样子，课上课下拼命炫耀。二战期间，我们都向他打听世界局势。关在学校只有小道消息，报纸杂志无法及时送到，收音机只能用来跳舞。帕戈西奥的消息来源谁也弄不清楚，在他口中的历史性战役里，盟军永远获胜。

来自盖塔梅的塞尔希奥·卡斯特罗，恐怕是国立男子中学历年来最好的学生，从入学起一直拿最高分。其秘诀和我在圣若瑟中学时玛蒂娜·丰塞卡给出的建议似乎不谋而合：无论老师讲课还是同学发言，字字听，字字记，整理在漂亮的笔记本上。也许正因如此，他无须花时间备考，周末别人一头扎进课本，他却一头扎进林林总总的冒险小说。

课后跟我玩得最多的是地道的波哥大人阿尔瓦罗·鲁伊斯·托雷斯。晚上，我们绕着中庭正步走，顺便聊聊女人。还有海梅·布拉沃、温贝托·纪廉、阿尔瓦罗·比达尔·巴隆，我在学校跟他们走得很近，迈入社会后依然交往多年。阿尔瓦罗·鲁伊斯周末回波

①源于非洲的古老打击乐器，在拉丁音乐和非洲音乐中广泛使用，给乐曲打拍子，以保持乐曲的稳定性。击木多以红木或檀木制造，长20到30厘米，需要成对演奏。

哥大和家人团聚，再带回足够的香烟和艳事。同窗多年，沾染上香烟和女人这两种恶习，我的源头在他。近两年，是他贡献出最美好的回忆，唤醒了我的许多往事。

我不知道被关在国立男子中学期间，所学究竟为何物。不过，和同学们相处的四年培养了我对国家的全局观：我们彼此迥异，各有所长，合起来，便是国家。如此感悟，让我永生难忘。也许，这就是教育部所言政府出资加强地区间流动的目的。人到中年，有次飞越大西洋，我应邀走进驾驶舱。机长开口，问我是哪里人。我一听就明白了：

"您是索加莫索人。我跟您一样，也来自加勒比海岸。"

机长的说话方式、表情、声音和我在国立男子中学四年级时的同桌马科·菲德尔·布里亚一模一样。正是这种突然闪现的直觉指引我在那个无法预知的社会的种种沼泽中前行，即使没有指南针，即使逆着风。也许，它也是我作家生涯中的万能钥匙。

我像是在做梦。申请奖学金不为念书，只是为了没有其他牵绊，和家人保持良好关系，维持独立。只要一日三餐有着落，住在那个"难民营"里就比住在家里强。学校实行自我管理，比家里管得松。食堂像个自由市场，想吃什么，自由交换。钱在这里不管用。早餐的两个鸡蛋最吃香，换三餐里的任何一道菜都绰绰有余。以物易物，合法交易，无人干涉。甚至，在我的记忆中，住校四年，没有人出于任何原因打过架。

老师们也在食堂用餐，另坐一桌，他们刚毕业不久，也都保留了互换饭菜的习惯。大部分老师要么单身，要么未带家眷。他们薪水微薄，只够吃饭，和我们一样对伙食怨声载道。有次形势危急，学生们差点儿拉拢了一位老师组织绝食。只有收到礼物或有外客来访时，厨房才会稍微换点儿花样，让老师和学生的伙食有所区别。四年级时，有次校医答应给我们找块牛心上解剖课用。第二天，他把血淋淋的新鲜牛心放进厨房的冰箱里。等我们为了上课去取时，牛心没了。后来才听说，因为实在找不到牛心，正好有个泥瓦匠不小心从四楼摔下来，死了，他无亲无故的，校医就取了他的心来充数①，并告诉厨师那是牛心。厨师们信而不疑，那天就打算用牛心给老师们加菜，发现不够吃，还特地拌上鲜美的佐料。我觉得，师生之间这种融洽的关系和新实行的教改有关。当年的教改几乎没有历史地位，但对我们而言，至少简化了繁文缛节，缩小了年龄差距。不用系领带，师生同饮几杯或周末同去参加舞会，谁也不会大惊小怪。

老师和学生打成一片，气氛才会这样融洽。数学老师学识渊博，但善于冷嘲热讽，学生进他的课堂等于赴刑场。他叫华金·希拉尔多·桑塔，是哥伦比亚第一个数学博士。只可惜虽然我非常努力，他也非常努力，但我永远听不懂他的课。那时人们总说，诗歌和数学如鱼和熊掌，不可兼得，听多了就信了，还会以此为借口。几何还好，也许因为它和文学有异曲同工之妙。可是对算术，我除了恨还是恨。直到今天，心算时，我还得拆分数字，使之变得容易一点儿。尤其是七和九的加法口诀，我怎么也记不住。要是计算七加四，我得先用七减二，等于五，加四，最后再加二，等于十一！乘法永远算错，因为我根本记不住数字。代数

---

①根据哥伦比亚相关规定，无名尸体直接用于医学研究。

源远流长，我倾尽全力，对老师又爱又怕，可就是徒劳无功。我每三个月挂科一次，然后重修两次，老师宽容善良，违规再让我多修一次，可我还是照挂不误。

三位最敬业的老师都教语言。第一位是英语老师阿维利亚，地道的加勒比人，标准的牛津腔，对《韦氏词典》顶礼膜拜，倒背如流。接替他的是埃克托·菲格罗亚，一位很棒的年轻教师，酷爱博莱罗，课后会跟我们一起唱。我尽量在昏昏欲睡的课堂上和期末考试中好好表现，但我知道，我的好成绩不是得益于莎士比亚，而是多亏了里奥·马里尼①和雨果·罗马尼②。他们既营造出爱的天堂，又让许多人为爱而亡。四年级的法语老师安东尼奥·耶拉·阿尔班发现我中了侦探小说的毒。他的课和其他课一样无趣，但他教的街头俚语十年后帮了我大忙，让我没有饿死在巴黎街头。

大部分老师毕业于高等师范学校，校长是来自圣胡安－德尔塞萨尔的精神病专家何塞·弗朗西斯科·索卡拉斯，他致力于用蕴含人文精神的理性主义替代一个世纪以来保守派政府推行的教会式教育。曼努埃尔·奎略·德尔里奥是激进的马克思主义者，或许正因如此才会仰慕林语堂，相信魂灵现身。在卡洛斯·胡里奥·卡尔德隆管理的图书馆里，《漩涡》的作者、他的同乡何塞·艾乌斯塔西奥·里维拉的作品独占鳌头，此外，还有古希腊文学、"石头与天空"拉美成员的作品和随处可见的浪漫主义作品。因此，我们这些为数不多的手不释卷的学生才既拜读了圣胡安·德拉克鲁斯③和何塞·马里亚·巴尔

---

①里奥·马里尼（1920—2000），阿根廷著名歌手、演员。
②雨果·罗马尼（1919—2016），阿根廷博莱罗歌手。
③圣胡安·德拉克鲁斯（1542—1591），西班牙文艺复兴时期著名诗人。

加斯·维拉①，又拜读了无产阶级革命著作。贡萨洛·奥坎波教社会科学，他房里有一大堆政治书籍，这些书在高年级教室里无伤大雅地传阅着。我永远也不明白为何弗里德里希·恩格斯的《家庭、私有制和国家的起源》会出现在下午枯燥无味的政治经济学课上，而非作为美妙的人类探索史诗出现在文学课上。吉列尔莫·洛佩斯·格拉课后阅读的《反杜林论》也是恩格斯的著作，是他从贡萨洛·奥坎波老师那儿借的。我也想去借，读完跟他讨论，没想到老师不借，他说《反杜林论》固然是推动人类进步的扛鼎之作，但它长篇大论，索然无味，未必是真正的传世之作。也许，在一定程度上，正是这种意识形态上的碰撞使国立男子中学赢得了政治荼毒实验场的恶名。过了半辈子我才发现，这是一种自发性实验，弱者闻风而逃，强者接种各种教条主义疫苗。

我和卡洛斯·胡里奥·卡尔德隆老师来往最为密切。他教低年级西班牙语、四年级世界文学、五年级西班牙文学和六年级哥伦比亚文学。考虑到他的兴趣爱好，他的专业显得有些奇怪，居然是会计学。出生在乌伊拉省首府城市内瓦的他，始终不厌其烦地表达他对何塞·艾乌斯塔西奥·里维拉的仰慕之情。同为哥伦比亚人，他倍感自豪。他学过医学外科，中途被迫辍学，倍感失意。然而，他对文学和艺术的热情不可阻挡。他是第一个把我的文稿批得体无完肤并提出针对性意见的老师。

不管怎么说，师生相处得特别自然，课上如此，晚餐后在中庭的自由活动时间更是如此。这种方式和我们过去习惯的完全不同，

①何塞·马里亚·巴尔加斯·维拉（1860—1933），哥伦比亚作家，思想自由激进，擅长创作现代主义风格的作品。

营造了互相尊重、互相关心的良好氛围。

图书馆进了一套弗洛伊德全集，畅游书海变得惊心动魄。我一点儿也看不懂那些带淫秽色彩的分析，但其临床案例，比如儒勒·凡尔纳的科幻小说，却让人欲罢不能。卡尔德隆老师在西班牙语课上让我们写故事，自由命题。我写的是一个七岁的精神病女孩的故事，标题有些卖弄，一点儿也不像故事，叫"一例强迫性精神病"。老师当堂宣读，同桌奥雷利奥·普列托毫不客气地批评我，说我既无科学根基，也无文学根基，居然自大到去写这么变态的故事。我气坏了，毫不谦虚地辩解，说我只是借用弗洛伊德的临床病例来完成作业。好几个同学对我冷嘲热讽，老师怕我记恨，课后特地找我谈话，鼓励我在文学道路上继续前行。他说，读完那个故事能看出我对现代文学技巧一窍不通，但有文学创作的本能和欲望。他说我写得不错，至少有创新意识。他第一次跟我谈修辞学，传授了一些构思主题、遣词造句以求浑然天成的实用性技巧。最后，他鼓励我，无论如何要继续写，哪怕只为动动脑，活跃活跃思维。那是我在国立男子中学第一次与他促膝长谈，之后又利用课后闲暇与他长谈多次。那些长谈对我的作家生涯大有裨益。

那是一块理想的土壤。从就读于圣若瑟中学起，我就恶习缠身，逢书必读，课后读，课上基本也在读。十六岁时，我能一口气背出在圣若瑟中学学过的所有诗，拼写对不对，就难说了。我一读再读，无人指导，没有顺序，上课时间基本都在偷偷读。国立男子中学图书馆里的书我全读过，那儿的书都是别的图书馆（不比学校图书馆好）不要的，很难描述：有官方出版的文集，老师们不感兴趣于是捐出来的书，以及一些不知从哪儿漂来、决定停泊在此的书。我忘不了米内尔瓦出版社的乡村文集，那是由堂丹尼尔·桑普·奥尔特加^①资助，由教育部分发至各个中小学的，共一百本，不论好坏，将迄今为止哥伦比亚人写的书一网打尽。我打算从第一本开始读，能读多少读多少。直到今天，依然让我感到战栗的是，中学最后两年，我几乎实现了这个目标。至于对今后的人生是否有益，我却不敢妄下定论。

集体宿舍的清晨总是弥漫着近乎幸福的味道，除了"午夜"六点突然敲响的丧钟（我们都这么说）。钟声一响，只有两三个胆小鬼跳下床，率先冲进盥洗室，站在六根水管下，接受冰水的洗礼。其余的人对梦乡依依不舍，直到值班老师走进宿舍，挨个掀掉被子。接下来的一个半小时无隐私可言，叠衣服、擦鞋，站在没有花洒的水管下冲冷水澡，同时宣泄不满、讥笑他人、肆意爆料：谁和谁恋爱、谁和谁交易、谁和谁吵架，顺便说好吃饭时谁和谁换菜。早上经常议论的还有前一天晚上读过的书。

吉列尔莫·格拉纳多斯的男高音在清晨响起，他会唱无数支探戈舞曲。里卡多·冈萨雷斯·里珀尔的床和我的床挨着，我们俩坐在床头，一边擦鞋，一边唱加勒比地区的瓜拉恰。萨瓦斯·卡拉瓦略老兄把浴巾挂在高高竖起的下体上，宛如初生般赤裸着身子在宿舍里走来走去。

如果可以，周末，住校生大多会在午夜时分溜出去约会。没有夜班警卫，没有宿管老师，只有一名几周轮换一次的值班老师。门卫永远是亲爱的里维拉，他上班的时候其实一直在打瞌睡。他住在门厅，尽职尽责，只是到了晚上，我们能打开修道院粗制滥造的大

---

① 丹尼尔·桑普·奥尔特加（1895—1943），哥伦比亚文人、文化推动者，1931年至1938年间任哥伦比亚国家图书馆馆长。

门，轻轻掩上，去别处玩个通宵，天亮前再从冰冷的街上溜回来。亲爱的里维拉是真睡死了，还是心肠好，以他特有的骑士风度做我们的同谋，无人知晓。溜出去的人其实不多，死党们严守秘密。有人每周都溜，有人鼓起勇气难得溜一回，还吓得半死。就我们所知，从来没有人被发现。

我在学校和他人相处，唯一的障碍和妈妈一样：做噩梦，像鬼一样吼叫，惊扰别人的好梦。睡在我周围的人早已见怪不怪，只怕在深夜的寂静中突然响起的第一声惨叫。睡在纸板墙隔出的小间里的值班老师，梦游般从宿舍这头走到那头，直到所有人安下神来。这些梦不仅无法控制，而且和我良心上的不安有着某种关联，因为有两回，我是在下流场所做了这样的梦。这些梦也无法破解，场景并不可怕，相反，是在正常地点，或和正常人享受快乐的片段时，突然，无辜的一瞥揭示出不祥的信息。所有噩梦中，最可怕的是一个和妈妈有关的梦：妈妈把自己的头抱在怀里，捉那些令她睡不安生的虱子和虱卵。我尖叫不是因为害怕，而是向人求助：哪位行行好，快把我叫醒。在学校宿舍，一切都转瞬即逝：我刚叫一声，从周围床上就砸来许多枕头。我气喘吁吁地醒来，心怦怦直跳，不过还活着，便很高兴。

国立男子中学里最美好的事情，是在卡洛斯·胡里奥·卡尔德隆老师的建议下，睡前大声朗读文学作品。有次，五年级学生第二天一早突击考试，事先要读马克·吐温的一个短篇。有些学生没读过，来不及了，老师便在纸板墙小间里将四页长的文章大声朗读一遍，让他们多少有点儿印象。大家兴致很高，从此渐渐养成了每晚睡前大声朗读文学作品的习惯。刚开始并不容易，因为有个特别正经的老师说，读什么需要经过审查，害得学生们差点儿造反。后来说好，读什么由高年级学生定。

刚开始，我们的读书时间是半小时。值班老师在小间里读。小间在宿舍进门处，光线好。我们会听着听着，打起呼噜来，有的是真的，有的是装的，因为读的书真是没劲儿。后来，如果书有趣，就读一小时，老师和学生每周轮换。最美好的时光莫过于读诺查丹玛斯①和《铁面人②》，所有人都爱听。我至今无法理解，为何托马斯·曼③的《魔山》也会大受欢迎，居然要校长出面，才能阻止我们等汉斯·卡斯托尔普与克拉芙吉亚·肖夏接吻，或所有人紧张地坐在床上，不想错过纳夫塔与好友塞塔姆布里尼有关哲学话题的唇枪舌剑。那晚读了一个多小时，宿舍里掌声雷动。

年轻时我遇上过一些谜一样的人，唯一一位跻身其中的老师是国立男子中学的校长。我刚进校门就遇见了他，他叫亚历杭德罗·拉莫斯，是一个严厉的独居男人，眼镜片厚得像酒瓶底，跟瞎子没什么两样，却能不怒而威，掷地有声。他早上七点从宿舍下来，守在食堂门口检查个人卫生，总是穿着色彩鲜艳、一尘不染的西装，领子浆洗过，领带活泼，皮鞋锃亮。我们在个人卫生上有任何瑕疵，他都会嘟囔一声，言下之意是命你回宿舍改正。其余时间他都在二楼办公室，再次出现，要等到第二天早上同一时间；要

---

① 诺查丹玛斯（1503—1566），法国籍犹太裔预言家，留下以四行诗写成的预言集《百诗集》，其中有不少对历史事件和重要发明的预言。

② 法国路易十四当政期间的一名神秘囚犯。由于此人一直戴着黑色面具，没有人见过他的真面目，其真实身份曾受到许多著名学者的关注和研究，他成为大仲马、亨利·维泽特里等许多作家笔下的人物。

③ 托马斯·曼（1875—1955），德国作家，1929 年获诺贝尔文学奖。《魔山》是其发表于 1924 年的长篇小说，汉斯·卡斯托尔普与克拉芙吉亚·肖夏、纳夫塔与塞塔姆布里尼均为其中的人物。

么，他会迈出办公室，走十二步，踏进六年级的教室。他每周只给六年级上三次数学课，学生们说他是数学天才，讲课风趣，广博的学识让人惊叹，要命的期末考试让人心悸。

进学校没多久，我要为官方活动写篇开幕词。大部分老师表示认可，但都说这种事要校长最后拍板。校长室在二楼顶头，但我感觉遥远得像要步行绕地球一周。头天晚上我没睡好，我打上周日的领带，早餐基本没碰，磨磨蹭蹭地去敲校长室的门，敲到第三遍门才开。校长没打招呼，直接让我进去。幸好没打，打了我也不敢回。他不苟言笑，办公室整洁美观，威严大气。名贵木材做成的家具上铺着天鹅绒，靠墙的书架上摆满了精装皮面书，令人惊叹。校长不紧不慢地等着我恍过神来。之后，他指着办公桌对面的椅子，让我坐下，他也在自己的椅子上坐下。

怎么跟校长解释，我准备过，几乎相当于又写了一篇开幕词。校长默默地听，听一句，点点头，但不看我，只看着我手中瑟瑟发抖的纸。说到有趣处，我想博他一笑，却没成功。最糟糕的是，我缘何而来，他心中有数，但他还是让我把话说完了。

等我说完，他从办公桌上伸手，要过那张纸，摘下眼镜，仔细读起来。他中间只停了两回，用钢笔改了两处错，又戴上眼镜，没抬头，语气生硬，吓得我的心怦怦直跳。

"这里有两个问题。"他说，"您写道：'和我们国家丰富的（exhuberante）自然资源——睿智的西班牙人何塞·塞莱斯蒂诺·穆蒂斯[1]十八世纪曾向全世界宣告——和睦相处，我们生活在国立男

---

[1]何塞·塞莱斯蒂诺·穆蒂斯（1732—1808），出生于西班牙的神父兼植物学家、地理学家、数学家、医生，曾在哥伦比亚圣塔菲的罗萨里奥大学任教，在哥伦比亚去世。

子中学天堂般的（paradisíaco）环境中。'需要指出的是，'丰富的'一词没有字母 h，'天堂般的'一词不带重音符号。"

我脸上有点儿挂不住。第一个问题我无话可说，但我对第二个持有异议。我气若游丝，斗胆反驳道：

"对不起，校长先生，根据词典，paradisíaco 的重音符号可加可不加，而我觉得倒数第三个音节加重音听起来更响亮。"

校长脸上和我一样，也有点儿挂不住。他还是没看我，二话不说，从书架上取下一本词典。我的心揪成一团，校长取的就是外公那版词典，不过他的品相簇新，闪闪发亮，也许还没用过。他一下子就翻到了那页，将那个词条一读再读，头也不抬地问我：

"你读几年级？"

"三年级。"我回答。

他"砰"的一声合上词典，第一次抬头看我。

"好样的！"他说，"再接再厉。"

从那天起，同学们差点儿叫我英雄，他们戏称我为"跟校长说过话的加勒比人"。不过，那次见面让我感触最深的，是我又一次面对了自己糟糕的拼写。我一辈子都没能把拼写彻底弄明白。一位老师给了我致命一击，说西蒙·玻利瓦尔的拼写太烂，所以他不配当伟人；其他老师则安慰我，说拼写不好的人多的是。如今，我已经出版了十七本书，清样校对们依然十分客气地将我的拼写错误视为笔误。

锡帕基拉的社交往往与个人的兴趣和性格相关联。西班牙人发现的正在形成的盐矿是周末出行的好去处，人们会带上烤牛腩和白色土豆，放进一大盆盐里。我们来自加勒比海岸的住校生们拥有受之无愧的嗓门大、没教养的名声，但我们会跟着流行音乐，挥洒自如地跳舞，也会坠入爱河，爱到死去活来。

久而久之，我不再拘谨。二战结束的消息传来的那天，我们举着标语旗帜，喊着胜利的口号，欢欣鼓舞地走上街头。没有人演讲，我想都没想，走到社交俱乐部正对中心广场的阳台上，扯着嗓子，张口就来，不少人以为我在背诵讲稿。

那是我生命的头七十年里唯一一次即兴演讲。最后，我将二战盟国四巨头挨个儿称颂了一遍，关于不久前刚刚去世的美国总统罗斯福的那句最能打动人心："富兰克林·德拉诺·罗斯福如英雄熙德[①]，死后也能打胜仗。"这句话在全城热传了好几天，被印在街头海报和商店橱窗里的罗斯福像上。就这样，我第一次在公众场合取得成功，不是作为诗人或小说家，而是作为演说家，而且是政治演说家。从此，国立男子中学举办任何公开活动，都会安排我上台（阳台），但我事先都会准备好经过仔细推敲、反复修改的演讲稿。

随着时间的流逝，当初的厚脸皮让我患上了舞台恐惧症。无论是出席盛大的婚礼，还是混迹于穿着套头斗篷和麻鞋的当地人出没的小酒馆（我们往往全都醉倒在地），我都一言不发。我会去贝雷妮丝家，她美丽动人，毫无成见，幸运地没有嫁给我，因为她疯狂地爱上了另外一个人。萨丽塔令人难忘，她在电报所工作。爸妈没寄来生活费，我愁肠百结，发电报去问。电报费她让我分期付，还不止一次慷慨解囊，为我雪中送炭。然而，最难忘的不是爱情女

①熙德（1043—1099），西班牙民族英雄，在与摩尔人的战斗中，屡战屡胜，战功赫赫，是中世纪史诗《熙德之歌》的主人公。传说，熙德在攻打瓦伦西亚时，身负重伤，不幸去世。手下借用他常胜将军的威望，将尸体捆在马上，带回到城下。瓦伦西亚护卫军认为天佑熙德，出于对上帝的敬意，出城投降。

神，而是诗歌女神塞西莉亚·冈萨雷斯·皮萨诺。她聪明、亲切，生在保守派家庭，拥有自由派灵魂，诗文满腹，记忆超群，和一位大户人家出身、从未出嫁的姨母住在学校大门对面一栋殖民时期的宅子里，那儿的花园里长满了天芥菜。起初，我们在诗歌比赛上有过短暂接触；后来，笑容可掬的她和我们结为挚友；再后来，她在我们的掩护下溜进了卡尔德隆老师的文学课堂。

当年住在阿拉卡塔卡，我梦寐以求的生活是拉着手风琴四处游唱，那是最古老、最幸福的叙事方式。可如果妈妈为了生孩子放弃了弹钢琴，爸爸为了养活我们不再拉小提琴，那么长子首开先河，为音乐饿死街头，实在也有失公道。最终，我成了学校乐队里的歌手和高音吉他手，这足以证明我乐感不错，可以学更复杂的乐器，也能唱歌。

学校里任何爱国活动或隆重场合都有我的身影，我都是冲着吉列尔莫·克维多·索诺萨老师去的。他是全城知名的作曲家、市乐队终身指挥、《虞美人》——路边像心一样红的花——的作者，这首歌是他年轻时的作品，曾是节日聚会上的保留曲目，是小夜曲之王。周日弥撒过后，我总是率先穿过公园，去听他的音乐会，《贼鹊序曲》①开场，选自《游吟诗人》②的《铁砧合唱》压轴。那些年，让我梦寐以求的就是过他那样的生活；我没敢说，他也从不知情。

学校招募去上音乐鉴赏课的志愿者，最先举手的是吉列尔莫·洛佩斯·格拉和我。每周六上午上课，由"波哥大之声"首档古典音乐节目主编安德烈斯·帕尔多·托瓦尔老师授课，餐厅改成

①意大利著名作曲家焦阿基诺·安东尼奥·罗西尼创作的第二十部歌剧。
②意大利著名作曲家朱塞佩·威尔第创作的著名四幕歌剧。

临时教室，学生坐了不到四分之一的座位。老师口才过人，顿时吸引了我们。他衣冠楚楚，西装坎肩，声音婉转悦耳，手势不紧不慢，操作摇柄留声机——今天会因其古旧而引人注意——技艺精湛，并像海豹驯兽员一般爱意绵绵。他猜测——一针见血——我们刚刚接触古典乐，于是从圣·桑[①]的《动物狂欢节》讲起，旁征博引，描述各种动物的天性和特征；接下来——理所应当——是普罗科菲耶夫[②]的《彼得和狼》。周六的音乐盛宴也有坏处，它反复灌输给我一种难以启齿的感觉：大师的作品中隐藏着秘密的邪恶，多年以后，我才不再用好坏二字简单地区分音乐。

第二年，校长教我们四年级几何，我才跟他又有了接触的机会。开学第一周，星期二上午十点，他走进教室，含含糊糊地说了声"早上好"，没看任何人，先将黑板擦得一尘不染，这才转过身来，面对学生，不点名，直接问阿尔瓦罗·鲁伊斯·托雷斯：

"什么是点？"

阿尔瓦罗还没来得及回答，社会科学老师直接推门，对校长说：教育部来电，有急事。校长赶紧去接电话，从此一去不回：教育部来电，说他终生致力于教育事业，在国立男子中学任职五年，兢兢业业，该去颐养天年了。

新校长是诗人卡洛斯·马丁。巴兰基亚的塞萨尔·德尔巴列带我发现了"石头与天空"，而卡洛斯·马丁正是那群杰出诗人中最年轻的一位。他三十岁，出版了三本书。我读过他写的诗，之前还在波哥大书店见过他一面，只是跟他说不上话，当时手上没书，也

[①]圣·桑（1835—1921），法国著名作曲家，音乐神童。
[②]谢尔盖·谢尔盖耶维奇·普罗科菲耶夫（1891—1953），苏联著名作曲家。

要不成签名。星期一，他没打招呼，突然在午间自由活动时出现。我们没想到他来得这么快。他穿着英式条纹西装，高高的额头，蓄着精心打理（他的诗歌亦然）的一字胡，不像诗人，更像律师。待人温和却总是有些疏远的他步幅均匀，走向离他最近的人群，向我们伸出手，说：

"你们好，我是卡洛斯·马丁。"

那段日子，我对爱德华多·卡兰萨刊登在《时代报》文学版和《星期六》杂志上的抒情散文十分着迷。我觉得这种文学体裁受到胡安·拉蒙·希梅内斯《小银和我》的启发，在希望粉碎吉列尔莫·巴伦西亚神话的年轻诗人中十分流行。诗人豪尔赫·罗哈斯[①]继承了一小笔遗产，他以个人名义捐出，印了几本新颖的小册子，激起了同时代诗人强烈的兴趣，将一批知名的优秀诗人团结在一起。

学校内部的各种关系发生了深刻变化。前校长神龙见首不见尾，新校长虽然与学生保持适当距离，但触手可及。他不再每天检查个人卫生，并废除了许多繁文缛节，有时还会在晚间自由活动时间跟学生聊天。

这种新风格很对我的路子。也许卡尔德隆老师跟新校长提过我，他刚来没多久，一天晚上，试探性地问我对诗歌的看法，我一下子把心里话全说了。他问我是否读过堂阿方索·雷耶斯[②]的《文学经验》，许多人评论过这本书。我说没有，他第二天带给我。我

---

① 豪尔赫·罗哈斯（1911—1995），哥伦比亚作家、律师，"石头与天空"创始人及出版资助人。

② 阿方索·雷耶斯（1889—1959），墨西哥著名诗人、散文作家、思想家、外交家。

把书放在课桌底下，迫不及待地连读三节课，读了一半；剩下的一半在足球场上利用自由活动时间读完了。我很高兴一位如此知名的杂文家竟会像研究加尔西拉索[①]的诗文那样研究阿古斯丁·拉腊的歌曲，理由很堂皇："阿古斯丁·拉腊脍炙人口的歌曲并非流行歌曲。"对我而言，这就好比找到了散落在日常生活中的诗句。

马丁舍弃豪华的校长室，将办公室设在中庭，门户大开，这样一来，晚饭后我们聊天，他就在一旁。为长久计，他和妻儿住在位于中心广场一角的一栋修缮完好的殖民时期的大宅里，书房以书为壁，那些年追逐新文学的读者梦寐以求的书他那儿都有。波哥大的朋友，尤其是"石头与天空"同仁周末会来看他。某周日，我和吉列尔莫·洛佩斯·格拉临时有事去他家，两位文学巨匠爱德华多·卡兰萨和豪尔赫·罗哈斯也在。校长不希望谈话被打断，赶紧招呼我们坐下。我们听了半小时，不明所以，因为他们在谈论保罗·瓦勒里[②]的一本书，我们听都没听说过。我在波哥大的书店和咖啡馆见过卡兰萨，还不止一次。就算没见过，他说话行云流水，穿着随意，一看就是诗人。相反，豪尔赫·罗哈斯西装革履，一本正经，要不是卡兰萨直呼其名，单凭外表，还真认不出。我渴盼听到三位重量级人物谈论诗歌，但没听成。最后，校长把手放在我的肩上，对客人们说：

"这是位了不起的诗人。"

显然，他说的是客气话，却羞得我无地自容。卡洛斯·马丁执意让我们跟两位大诗人合个影，半个世纪后，我才在马丁家看到照

---

①加尔西拉索·德拉维加（1498—1536），西班牙文艺复兴时期著名诗人，擅长创作田园诗与爱情诗。
②保罗·瓦勒里（1871—1945），法国作家、诗人。

片，他已经退休了，在加泰罗尼亚海岸颐养天年。

一股改革的春风吹进了国立男子中学。收音机过去只供学生之间跳舞用，卡洛斯·马丁把它变成社会宣传工具，自由活动时间，我们第一次聚在中庭收听并讨论晚间新闻。他还办诗社、办报纸，加强文化活动。我们列出有明确文学爱好的学生名单，共十三人。"十三诗社"应运而生，机缘巧合的是，这个名字也是对迷信的一种挑战。成立诗社是学生们自己的主意，原打算每周一次，畅谈文学；后来变成校内校外，有空就聚。各人带习作去念，互相批评指正。这么做，我有点儿怕，写了十四行诗带去念，署的却是笔名哈维尔·加尔塞斯，不为显摆，只想藏拙。那些习作只是技巧性练习，无灵感和追求可言，并非发自内心，没有文学价值。我先模仿克维多①、洛佩·德维加②，以及加西亚·洛尔迦③。洛尔迦的八音节诗浑然天成，一经起头，便如泉水般汩汩而出。我越模仿越带劲，甚至想把加尔西拉索·德拉维加的四十首十四行诗挨个戏仿一遍，此外还帮住校生给周日会面的女友写情诗。其中一位悄悄给我念过，说是追求者写的，她很感动。

卡洛斯·马丁把学校二楼的小储藏室分给我们用，安全起见，窗户是钉死的。我们当中大约有五个人会给自己布置下一次会面的作业。他们后来都没当作家，不过，当时的初衷也并非为此，而是

---

① 弗朗西斯科·克维多（1580—1645），西班牙黄金世纪著名诗人，流浪汉小说《骗子外传》也是其代表作。

② 洛佩·德维加（1562—1635），西班牙黄金世纪著名诗人、剧作家，被称为"天才的凤凰"，代表作有《羊泉村》等。

③ 费德里科·加西亚·洛尔迦（1898—1936），西班牙白银时代著名诗人、剧作家，代表作有《吉卜赛谣曲》《在纽约》等。

为了测试每个人的潜力。我们把习作带去互相讨论，争得面红耳赤，像在评论足球。一天，里卡多·冈萨雷斯·里珀尔争到一半，夺门而出，撞见校长正贴在门上偷听。他好奇很正常：我们会把空闲时间献给文学，这让他觉得不可思议。

三月底传来消息：老校长堂亚历杭德罗·拉莫斯在波哥大国家公园里对准脑袋，开枪自尽。没有人愿意把这归因于他那孤僻、或许还有些抑郁的性格，至于他为何选择在拉斐尔·乌里韦·乌里韦将军的雕像后自杀，谁也想不出一个合理的动机；乌里韦将军是自由派政治家，参加过四次内战，是在国会大厦门前被两名狂热分子用斧头砍死的。国立男子中学派出代表，由新校长带队，出席了老校长的葬礼。他会留在所有人的记忆中，跟他告别，也是跟一个时代告别。

住校生们对国内政治兴趣索然。我在外公外婆家听过无数次，"千日战争"后，保守党和自由党的唯一区别是：自由党不想让人看见，因此去望五点钟的弥撒；保守党为了让人看见，因此去望八点钟的弥撒。然而，两党的真正区别于三十年后，保守党下台，头几任自由党总统打开国门、拥抱世界时才得以呈现。保守党因专制集权、体制生锈而被击败，在意大利墨索里尼遥远的"光芒"和西班牙佛朗哥将军的黑暗阴影下整顿秩序，自我清理。阿方索·洛佩斯·普马雷霍总统的首届政府由年轻的知识分子组成，他们希望创造条件，打造新式自由主义，殊不知却走入了历史宿命，将我们一分为二，如同世界一分为二。这种状况躲也躲不掉。从老师借给我们的书上，我读到过一句话，是列宁讲的："你不找政治，政治也会找你。"

然而，经过长达四十六年的保守党霸权统治，和平开始变得可能。三位总统年轻有为，思想现代，打开自由主义视角，驱散历史迷雾。个中翘楚阿方索·洛佩斯·普马雷霍敢于冒险，锐意革新，一九四二年再次当选。权力轮转，有条不紊。因此，我在国立男子中学的第一年，对欧战新闻时刻关注，对国家大事却置若罔闻。我们没有看报的习惯，特殊情况下，学校才有报纸。那时候也没有便携式收音机，学校唯一一台老式收音机在教师办公室，晚上七点音量会开到最大，用来跳舞。我们完全没有想到：一场最血腥、最无常的战争正在酝酿之中。

政治突然闯进校园。我们分成保守派和自由派，也第一次弄清了每个人所属阵营。学校内部出现了党派之争，开始很温和，有点儿学院风范，后来和国家一起蜕化变质，校园里不知不觉也有些剑拔弩张。无疑，校长带了个好头，麾下教师在意识形态上从不遮遮掩掩。校长没有公然参与斗争，但他至少允许用教师办公室的收音机收听晚间新闻。此后，政治新闻压倒舞曲。据说（未经证实），校长室里挂着一张列宁像，不然就是马克思像。

学校里气氛怪异，那是唯一一次差点儿发生暴动。宿舍里，鞋与枕头齐飞，让人看不了书，睡不好觉。不知事出何因，只记得——好几位同学也记得——和当晚的朗读书目罗慕洛·加列戈斯的《直言不讳者》当中的某个章节有关，导火线可谓匪夷所思。

校长接到紧急通知，火速赶来。宿舍里鸦雀无声，他从这头踱到那头，来来回回好几遍，突然命令我们——有悖其个性——穿睡衣、趿拖鞋，在冰冷的中庭列队站好，听他发表喀提林①首尾呼应的演说，然后，我们秩序井然地回去睡觉。那是我在国立男子中学求

---

① 喀提林(约前108—前62)，古罗马演说家，曾在公元前63年计划刺杀执政官西塞罗。

学期间遇到的唯一一次意外事件。

那年，马里奥·康维斯上六年级，一直鼓动我们办一份与别校传统风格迥异的报纸。他先联系了几个同学，我是其中一个。我觉得想法可行，于是兴高采烈地答应做主编，却不知道主编该做些什么。一九四四年七月八日，报纸处于最后的筹备阶段。那天，洛佩斯·普马雷霍总统南巡，被武装部队高级军官扣押。前因后果由总统本人细细道来，无意中给调查人员提供了十分详尽的资料。他说直到释放那一刻，他才明白发生了什么事。太贴近真实生活的真相了，于是"帕斯托政变"①成了哥伦比亚历史上的诸多闹剧之一。

首席代总统阿尔贝托·耶拉斯·卡马戈通过国家电台发表了长达几小时的讲话，用完美的嗓音和措辞将昏昏欲睡的国家撑到了洛佩斯总统获释。国家秩序得以恢复，但绝对戒严和出版审查还在进行。世事难料。保守党自一八一九年哥伦比亚脱离西班牙获得独立起当政，直到此时仍无任何自由化迹象。而自由党拥有一批年轻有为、梦想当政的知识分子精英，其中的豪尔赫·埃列塞尔·盖坦最激进，最有望成功。他是我儿时的英雄之一，自记事起，我就似懂非懂地听说过他在香蕉种植园区开展反压迫运动，外婆十分崇拜他。但我觉得，他当时那些与共产主义者不谋而合的思想令外婆担心。一次，他在锡帕基拉广场阳台发表振聋发聩的演讲，我就站在他身后，对他蜜瓜似的脑袋、又硬又直的头发和纯种印第安人的肤色印象深刻。他声音洪亮，带波哥大流浪汉口音——也许出于政治考虑，有所夸大。他和其他人不一样，演讲中不提保守党和自由

---

① 1944 年，洛佩斯·普马雷霍总统在帕斯托遭遇军事政变，成为阶下囚，四十八小时后被释放，史称"帕斯托政变"。

党，剥削者和被剥削者，只提穷人和寡头，每句话里都有"寡头"一词，我第一次听到这个词，赶紧去查词典。

盖坦是卓越的律师，曾在罗马求学，是伟大的刑法学家意大利人恩里克·费力的高足。他在那儿学过墨索里尼演讲术，把讲台当舞台。党内对手加夫列尔·图尔瓦伊是一位学识渊博、风度翩翩的医生，戴着精巧的金丝眼镜，有电影明星的派头。在最近召开的一次共产党大会上，盖坦即兴演讲，语惊四座，让他的中产阶级党内同僚深感不安，但他并不认为他在言行上背叛了自己的自由派教育或贵族志向。从一九三六年起，他在罗马以哥伦比亚大使的身份与苏联取得联系，与其外交界来往密切。七年后，他又前往华盛顿，任哥伦比亚驻美大使。

盖坦和苏联驻波哥大使馆关系良好，一些哥伦比亚共产党领袖和他本来就是朋友。那些天，人们总说自由党和共产党可以在大选中结盟，可这一愿望始终未能实现。身为哥伦比亚驻华盛顿大使，国内一直谣传他和好莱坞巨星——也许是琼·克劳馥①或波莱特·戈达德②——秘密交往，但他也从未宣布放弃做一个绝不堕落的单身主义者的誓言。

盖坦和图尔瓦伊的选民相加，覆盖了自由派多数，足以在党内开辟出一条全新的道路。可惜选民彼此分裂，各凭一方，无法战胜团结、武装的保守派。

我们的《文学报》就诞生于这种时局不利的大环境下。第一期

---

① 琼·克劳馥（1905—1977），美国好莱坞巨星，代表作为《欲海情魔》，1945 年获奥斯卡最佳女主角奖。
② 波莱特·戈达德（1910—1990），美国好莱坞巨星，曾先后与查理·卓别林和埃里希·雷马克结婚，代表作为《摩登时代》。

共八版，版面比大报小一半，排版精美，印刷精良，其专业程度，连我们都吃惊。卡洛斯·马丁和卡洛斯·胡里奥·卡尔德隆最为激动，利用自由活动时间评论了几篇文章。最有分量的那篇是校长应我们要求撰写的，他在文章中号召我们必须勇敢地、有意识地与国家利益的出卖者、只想高升的政客以及利欲熏心、阻碍国家自由前进的人做斗争。文章登在头版，配大幅照片。还有康维斯的一篇有关西班牙语世界的文章和哈维尔·加尔塞斯的一篇抒情散文。康维斯说，他在波哥大的朋友们很感兴趣，正在考虑能否申请资金，提高报纸发行量，实现校际交流。

由于"帕斯托政变"，第一期报纸没能发行。政变发生当天，政府宣布公共秩序崩溃，锡帕基拉市市长带领一支荷枪实弹的军队闯进国立男子中学，将待发行的报纸全部没收。那是一次适于拍成电影的突袭，据说是有人以报纸内容反动为由检举揭发。同一天，共和国政府新闻办也下发通知，称报纸未经新闻审查，属私自印刷，当即撤销了卡洛斯·马丁的校长职务。

在我们眼里，这是个荒唐的决定，是对我们的侮辱，却也是对我们的重视。报纸在朋友间分发了不到两百份。当局称，戒严期间，新闻审查必不可少；我们的出版许可被取消，等候指示。而新指示永远也等不到。

五十多年过去，卡洛斯·马丁才向我披露了当年那起荒唐事件的内幕。没收报纸那天，先任命他后又罢免他的教育部长安东尼奥·罗查请他去自己在波哥大的办公室。部长手中的《文学报》一片红，全是被红色铅笔划出来的"反动言论"，他写的社论、马里奥·康维斯的文章都惨遭不幸，连名家诗作也被怀疑是用密码写成的。"就算是《圣经》，被这么不怀好意地划一遍，也会表达出与其真正含义背道而驰的意思。"卡洛斯·马丁拍案而起，勃然大怒，部长威胁他，说要报警。他被任命为《星期六》杂志的主编，对他那样的知识分子而言，相当于连升三级，但他一辈子都感觉自己被右派陷害了。他在波哥大一家咖啡馆遇袭，差点儿举枪反击。后来，新部长任命他为司法处首席律师，他干得十分出色，退休后在塔拉戈纳与书为伴，怀念过往，安稳度日。

在卡洛斯·马丁被撤职的同时——当然，和他没有丝毫关系——国立男子中学、家家户户、各个酒馆流传着一种来源不明的说法：一九三二年的"哥秘战争"不过是自由党政府在保守党的极力反攻下，为了继续掌权而编出的谎言。该说法甚至被油印成传单大肆宣扬，声称战争起因并无半点政治元素：当时，秘鲁少尉率小分队越过亚马孙河边界，在哥伦比亚沿岸劫持了莱蒂西亚市市长的地下情人，一个令人心神荡漾的黑白混血女人，名叫皮拉（皮拉尔的昵称）。市长发现后，也率领一群荷枪实弹的手下越过边界，在秘鲁沿岸救回情人。秘鲁独裁者路易斯·桑切斯·塞罗将军一手遮天，借此入侵哥伦比亚，挑起边界之争，企图蚕食更多领土。

奥拉亚·埃雷拉[1]在保守党——专制统治了半个世纪后败下阵来——的威逼下，宣布国家进入战时状态，进行全国总动员，清除军队异己，安插可靠人士，发兵夺回被秘鲁蚕食的领土。举国上下响起"哥伦比亚万岁！打倒秘鲁！"的口号，让儿时的我们热血沸腾。战争爆发期间，有谣言说哥伦比亚－德国空运公司的民用飞

---

①恩里克·阿尔弗雷多·奥拉亚·埃雷拉（1880—1937），哥伦比亚政治家，自由党领袖，1930年至1934年间任哥伦比亚总统。

机经过改装，配上弹药，被征为军用；其中一架飞机弹药用光了，在秘鲁盖皮村圣周游行时投下了一堆椰子。埃雷拉总统希望大作家胡安·洛萨诺-洛萨诺①能用生花妙笔，在尔虞我诈的战争中随时向他汇报真实的战事进程，然而，不靠谱的说法还是流传了很久。

路易斯·米格尔·桑切斯·塞罗将军将战争视为巩固铁腕政权的天赐良机，奥拉亚·埃雷拉任命身在巴黎的保守派将军阿尔弗雷多·巴斯克斯·科沃为总司令。将军乘炮舰横渡大西洋，驶入亚马孙河口，抵达莱蒂西亚时，双方外交官已经开始和谈。

尽管与帕斯托政变或《文学报》事件无关，卡洛斯·马丁的校长职位还是由科班出身的教育家、知名物理学家奥斯卡·埃斯皮蒂亚·布兰德接任。校长的撤换在学校引发了各种猜测。我只跟新校长打了一声招呼，就对他持保留态度。他吃惊地看着我诗人般的长发和乱糟糟的胡子。他看上去很凶，表情严肃，说话时盯着人的眼睛。听说他要教我们有机化学，我吓坏了。

那年的一个星期六下午，我们在电影院。电影看到一半时，大喇叭里突然传出惊慌失措的声音，说国立男子中学死了一名学生。我震惊不已，至今无法记起当时看的是什么电影，却永远记得克劳黛·考尔白②站在桥上，正要往湍急的河水里跳那令人揪心的一幕。死者十七岁，读二年级，刚从距厄瓜多尔很近的偏远城市帕斯托前来就学。体育老师教训懒学生，罚他们周末跑步，他一口气没喘上来，死了。这是我中学阶段唯一正常或非正常死亡的同学，让国立

---

① 胡安·洛萨诺-洛萨诺（1902—1980），哥伦比亚诗人、记者。
② 克劳黛·考尔白（1903—1996），美国好莱坞巨星，凭电影《一夜风流》获奥斯卡最佳女主角奖。

男子中学乃至全城大为震惊。同学们推选我在葬礼上致告别辞。当晚，我去见新校长，给他看发言稿。走进他的办公室时，我浑身打战，和已故校长的唯一一次会面仿佛又神奇地上演了。埃斯皮蒂亚老师哀伤地看完稿子，点点头，没做评论。我起身准备离开，他又让我坐下，说读过我写的在同学间传阅的诗文，有些完全可以发表在文学增刊上。我正打算克服我那不可救药的羞怯，壮着胆子回答，他不容置疑地进入正题。他建议我把诗人般的长发剪短，说正经人留长发不合适，还让我把胡子修齐，别再穿那些过于喜庆、又是花又是鸟的衬衫。我没想到他会说这些话，幸亏我因为紧张，没有反唇相讥。他也注意到这点，改为好言相劝，说担心我作为诗人名声在外，言行举止会带坏学弟们。没想到他对我的生活习性了如指掌，对我的诗人天赋评价甚高。走出办公室后，我决定乖乖就范，先改变形象，再出席隆重的葬礼。所以，当应死者家属的要求取消葬礼献辞时，我很失落。

结局十分诡异。玻璃棺材停放在学校图书馆里，有人发现玻璃上有水汽。阿尔瓦罗·鲁伊斯·托雷斯在死者家属的要求下开棺，发现里面的确湿了。密封匣怎么会进水汽？他试着找原因，用指尖轻按死者胸部，尸体发出令人心碎的叹息。家属慌了神，以为人还活着。医生解释说他死于呼吸障碍，肺里滞留了空气，一压就全出来了。诊断很简单，也许正因为简单，还是有人担心他被活埋。于是，我提心吊胆地回家过四年级假期，企盼爸妈心软，别再让我回学校上学。

绵绵细雨中，我在苏克雷下船。河堤和我记忆中的不太一样；广场比记忆中的小，空荡荡的，什么也没有；修剪过的巴旦杏树下，教堂和花圃孤独无依。街上装饰着彩色花环，圣诞节快到了，却不像过去那样让我激动。码头上只有寥寥几个人打伞等候，我谁也认不出来，直到经过其中一个时，他用独特的音调对我说：

"你这是怎么了？"

是爸爸。他消瘦、憔悴，穿的不是年轻时老远就能被认出的白色斜纹西装，而是家常裤子和热带风格的短袖衬衫，戴着顶奇怪的工头帽。弟弟古斯塔沃陪在他身旁，九岁的他蹿个子了，我都没认出来。

幸好，家里保持着穷人家的进取精神，我们早早吃完晚饭——用心的准备似乎是在特意提醒我那是我的家，我唯一的家。饭桌上的好消息是妹妹莉西亚的彩票中了奖。据她本人说，事情是这样的：妈妈做了个梦，梦见阿拉卡塔卡老宅里进了贼，被爸爸撞到，他朝天开枪，想吓跑贼。吃早饭时，妈妈说了这个梦——家里有这个习惯——提议去买尾数是七的彩票，因为该数字正是外公的左轮手枪的形状。妈妈借钱去买彩票，打算用奖金还，结果没中。十一岁的莉西亚跟爸爸借钱，先花三十生太伏还了没中的彩票钱，又花三十生太伏在接下来的一周继续买 0207 这组奇怪的数字。

弟弟路易斯·恩里克想吓唬她，把彩票藏了起来。之后的周一，当他听见莉西亚发疯似的跑回家，嚷嚷着说彩票中了的时候，自己倒吓了个半死。他淘气时太着急，忘了把彩票藏哪儿了，害得全家翻箱倒柜，从客厅到厕所翻了个底朝天。然而，最神秘的是中奖金额：七百七十比索。

坏消息是爸妈终于圆梦，把路易斯·恩里克送进了麦德林的封迪杜埃里奥教养院。他们以为那是一所面向不听话孩子的学校，殊不知，那是一座管教高危少年犯的监狱。

最后拍板的是爸爸。他让路易斯·恩里克去帮药店收账，结果捣蛋儿子没把收来的八比索上交，而是拿去买了一把上等的高音吉他，他已能弹得行云流水，出神入化。爸爸在家里发现吉他后，什么也没说，继续催他去收账，而他总说女店主没钱付账。过了差不多两个月，路易斯·恩里克听见爸爸在自弹自唱："瞧我，在弹用八比索买来的高音吉他。"

爸爸如何知情，为何对儿子的混账行为佯装不知，我们无从知晓。可路易斯·恩里克不敢回家，直到妈妈劝爸爸消了气。那时，我们才头一次听爸爸威胁他，说要送他去麦德林的教养院，但谁也没当真。他也说过要把我送进奥卡尼亚神学院，不是为了惩罚，只是觉得家里出个神父会很光荣；盘算许久的想法可能一眨眼就被他忘了。然而，高音吉他是压倒他的最后一根稻草。

进教养院要由少年法庭的法官做出判决，方能生效。爸爸找人跳过这些程序，还弄到一封麦德林大主教加西亚·贝尼特斯阁下的推荐信。路易斯·恩里克再次表现出他乐观向上的一面，高高兴兴地接受了，像是去参加派对。

没有了路易斯·恩里克的假期不同从前。他可以非常专业地和菲拉戴尔佛·贝利利亚——一流的裁缝、一流的吉他手——合奏，当然，和巴尔德斯大师也是一样，轻巧自如。当我们从富人家撩人的舞会出来，会碰上好几群躲在公园暗处偷偷拉客的"小鸟"。某次，有个不相干的女人经过那儿，我不知情，让她跟我走。她说不行，丈夫在家。可过了两晚，她又通知我，说她丈夫每周有三天不在家，街门不锁，我可以直接推门进去。

我记得她的名字和姓氏，但我更愿意像当年那样，叫她"女巫"。她到圣诞节年满二十，埃塞俄比亚人身材，可可色皮肤。她在床上劲头十足，高潮迭起，情欲如滔滔江水，远非常人所能及。从第一次开始，我们就欲火焚身，如痴如醉。她丈夫像胡安·布莱瓦①，身材伟岸，声音娇嫩，身为一名军士，曾在南方维持治安，因为滥杀自由派人士只为练枪而恶名在外。她家中用纸板墙隔开，前门对街，后门对墓地。左邻右舍抱怨她叫得像条幸福的母狗，搅得死者不得安宁。不过，她叫得越欢，死者听着应该越感幸福才是。

　　第一个礼拜，我不得不在凌晨四点夺门而逃，因为算错了日子，军士随时有可能推门进来。我在墓地的鬼火和犬吠声中溜出后门，过第二座桥时，迎面走来一个大块头，擦肩而过时我才认出，那人就是军士。要是再磨蹭五分钟，一定会被他堵在家里。

　　"早上好，白人。"他亲切地跟我打招呼。

　　我回答得很没底气：

　　"愿上帝保佑您，军士。"

　　他停下来，跟我借火。我凑得很近，给他点火，免得早晨的风把火吹灭。他点着烟，往后退去，愉快地对我说：

　　"你身上有股骚味儿，这味儿你受不起。"

　　我怕，但没怕多久。接下来那个周三，我睡过了，睁开眼时，发现被戴了绿帽子的对手正站在床边，默默地看着我。我吓得魂灵出窍，差点儿背过气去。"女巫"光着身子，正想开口，被她丈夫用枪筒拨到了一边。

---

①胡安·布莱瓦（1844—1918），西班牙弗拉门戈歌手。

"你别掺和，"他说，"抢女人的事得用枪子儿解决。"

他把左轮手枪放在桌上，开了瓶甘蔗酒，放在旁边。我们俩面对面坐下，只喝酒，不说话。他想怎么样，我不清楚。他要是真想杀我，用不着绕这么大的圈子。没过一会儿，"女巫"裹着床单，神气活现地进来。他用枪指着她说：

"这是爷们儿之间的事儿。"

她跳到隔墙后，躲了起来。

大雨如注时，我们喝完了第一瓶酒。他又开了一瓶，将枪口对准自己的太阳穴，冷冷地盯着我，把扳机扣到底，咔嗒一声。他的手不受控制，抖得像筛子。他把枪递给我，说：

"该你了。"

这是我第一次摸枪。枪居然这么重、这么烫，让我无所适从，冷汗直冒，肚子里翻江倒海，想说什么，又说不出。我不想扣扳机，把枪还给了他，压根没意识到，这是我唯一的机会。

"怎么，吓得屁滚尿流了？"他轻蔑而开心地问，"来之前就该想到这一出。"

我想回他：爷们儿也得撒尿放屁，可我发现，自己没胆量开这种会丢了小命的玩笑。这时，他打开枪膛，取出仅有的那颗子弹，往桌上一扔：是颗空弹！我没有长舒一口气，而是恨不得找个地洞钻下去。

不到四点，雨势变小。由于紧张的对峙，我们两个都精疲力竭。不记得是什么时候，他让我把衣服穿上。我庄重地遵从。他又坐下，这时我才发现，哭的人居然是他。他一点儿也不害臊，哭得稀里哗啦，像是在显摆他泪腺发达。后来，他用手背擦干眼泪，捏着鼻子甩掉鼻涕，站起身来。

"知道为什么你能活着走出这扇大门吗？"他先问我，又自问自答，"因为只有你父亲治好了我的淋病。三年了，别人都没办法。"

他在我背上狠狠地拍了一下，把我推出门去。雨还在下，街上溪流成河，我只好蹚着齐膝的水往前走，惊讶地发现我还活着。

妈妈不知从哪儿听说了这件事，之后一直唠叨，劝我晚上别出门。与此同时，她拿对付爸爸的办法来对付我，想方设法让我分心，但成效甚微。她寻找我在外脱过衣服的痕迹，闻出子虚乌有的香水味，在我出门前准备丰盛的饭菜，民间有种迷信说法：消化负担太重，老子儿子都不敢脱了衣服乱动。终于，有天晚上，她找不出借口留我，坐在我对面，对我说：

"听说你和一名警察的老婆好上了，他赌咒发誓，要给你枪子儿吃。"

我让她相信，没这回事儿，可谣言还是满天飞。"女巫"托人带话，说她孤身在家，男人出任务，好久了，连影子也见不着。我总是尽量躲着她男人，而她男人总是大老远急切地跟我打招呼，像和解，也像威胁。第二年放假，我最后一次见他。一个醉酒的夜晚，他让我喝一口纯甘蔗酒，我不敢不喝。

不知中了什么邪，老师、同学们原本说我腼腆孤僻，到了五年级，又说我是在卡洛斯·马丁的宽松环境下成长起来的可恶的诗人。莫非是因为我十五岁就在学校抽烟，更符合诗人的形象？第一次抽烟时很难受，闹了半宿，在厕所吐得死去活来，第二天早上精疲力竭。难受归难受，我对烟却不反感，忍不住抽了又抽，成了老烟枪，甚至到了嘴上无烟、笔下词穷的地步。学校不许在课堂上抽烟，我每节课都要申请两三回，去厕所过烟瘾。二十根一包的烟，一天抽三包，夜里要是兴奋，得抽四包。有段日子——当时已经不上学了——我嗓子干，骨头疼，人快疯了，于是下决心戒烟，但只坚持了两天，就熬不下去了。

不知是否因为这个，我才得以放开手脚，越来越放肆地去写卡尔德隆老师布置的作文，去读几乎是他硬塞给我的文学理论著作。如今回头再看，虽然当年最早接触的是《一千零一夜》，并惊为神作，熟读多遍，但对故事的理解十分粗浅，甚至认为山鲁佐德讲述的神奇故事确实在她生活的时代天天发生，因为后人不信，过分拘泥于现实，那样的事就不再发生了。同样，现代人也不再会相信，坐在一张毯子上可以飞越城市和群山，或卡塔赫纳的一名奴隶受罚在一只瓶子里活了两百年，除非写故事的人有本事让读者相信。

我讨厌上课，文学课例外。我对文学烂熟于胸，上课总爱唱独角戏。我讨厌学习，一切听天由命。凭直觉，我能猜出每门功课的重点和几乎每个老师的兴趣点，其余听之任之。我是真不明白，干吗要花时间和精力去学那些索然无味、对人生百无一用的知识，况且，那还不是属于我的人生。

我斗胆认为，大部分老师给我打分的依据是人，不是试卷。试卷都是临场发挥，瞎编乱造，胡说八道，老师们居然也能接受。当我跌跌爬爬、力不从心地读完五年级，对自身所短已全然看清。中学一路走来，都有奇迹相伴，但我的心却在提醒我：读完五年级，有道迈不过去的坎儿在等着我。现实赤裸裸地摆在那儿：我无意志、无志向、无章法、无金钱、无拼写，迈不过大学那道坎儿。这么说吧，光阴荏苒，将来要谋什么出路，我毫无头绪。又过了很久，我才意识到，这种挫败感也有用处，无论今生来世，对作家而言，凡事皆有用。

国家局势也好不到哪里去。保守派疯狂施压，一九四五年七月三十一日，阿方索·洛佩斯·普马雷霍辞去共和国总统职位，国会任命阿尔贝托·耶拉斯·卡马戈完成最后一年任期。耶拉斯用安神定心的嗓音发表了措辞优美的就职演说，开始履行安抚公众情绪这一痴人说梦的任务，以期迎接下一届大选。

校长通过新总统的堂弟洛佩斯·耶拉斯争取到一次总统特别会见，希冀申请政府资助，组织大西洋海岸游学。我也不明白校长为何选我陪他同行，条件是我必须修理我那乱蓬蓬的头发和魔鬼般的胡子。同行的还有吉列尔莫·洛佩斯·格拉和阿尔瓦罗·鲁伊斯·托雷斯，一个是总统的朋友，一个是诗人劳拉·维多利亚的侄子，这位鼎鼎大名的女诗人作品主题大胆，耶拉斯·卡马戈和她是同一代新派诗人。我别无选择：周六晚上，当吉列尔莫·格拉纳多斯在宿舍里高声朗读一本和我的情形扯不上半点关系的小说时，一名当过理发师学徒的三年级学生帮我剪头发、修胡子。那个礼拜，我的新造型遭到住校生和走读生们的耻笑。一想到要进总统府，我就浑身冰凉。我想错了，总统府体现神秘威权的唯一标志是天国般的宁静。我们在装饰着哥白林挂毯和缎子窗帘的前厅稍候片刻后，被一名一身戎装的军人带进了总统办公室。

耶拉斯·卡马戈本人和照片上不像，给我留下深刻印象。他穿着合体的高档英伦西装，背呈倒三角形，颧骨突出，脸色像羊皮纸一样白，一口淘气包的牙齿，很合漫画家的心意。他慢慢悠悠，盯着我的眼睛，伸出手。我不记得当年的我认为总统应该是什么样的，只觉得他和所有的总统都不一样。时光流逝，我对他了解得更多，发现他更像一位迷途的诗人，这一点，恐怕连他自己也不知道。

校长先说，总统似乎听得特别专注，之后适当评论了几句，但直到听完三个学生的谈论，才做决定。轮到我们三个学生说时，他一样专注，对我们如对校长，同样和蔼，同样尊重，这让我们很开心。他最后两分钟的表现让我们坚信，他对诗歌比对内河航运了解得多，无疑，对诗歌，他更有兴致。

我们的要求他全部答应，还承诺四个月后来国立男子中学参加学年结业典礼。后来，他真的来了，像来出席最重要的政府活动。我们为他编排了搞笑剧，他笑得比谁都欢。在最后的招待会上，他形象大变，跟学生一样开心，还忍不住在分发酒水的小道上伸出腿绊人，服务生差点儿避让不及。

学年典礼结束后，我高高兴兴地回家，和家人共度五年级的假期。首先听到的是特大喜讯：弟弟路易斯·恩里克在教养院里关了一年半，回家了。我再次为他的好脾气感到惊讶。被关了那么久，他却一点儿也不记仇，提起不幸的遭遇，还一如既往地嘻嘻哈哈。他在教养院里冥思苦想，得出的结论是父母约束他也是出于好心。虽然有大主教庇护，他在里头的日子也不好过。到头来，他非但没堕落，反而变得更幽默、更坚强。

他回家后的第一份工作是给苏克雷市市长当秘书。后来，市长突然胃不舒服，有人给他推荐了新上市的特效药："我可舒适"养胃泡腾片。他没泡水，当常规药吞了，差点儿噎死，药片在胃里一个劲儿地冒泡，把他吓得够呛，自己给自己放了几天的假。出于政治考虑，他将代市长的几个合法人选晾在一边，所有事务都由弟弟临时代理。路易斯·恩里克还不到法定年龄，莫名其妙地被赶鸭子上架，成为苏克雷史上最年轻的市长。

那年假期，唯一让我闹心的是，全家打心眼儿里把未来全部寄托在我身上，只有我百分之百明白，到头来，他们只是空欢喜一场。爸爸在饭桌上用只言片语提醒我：我和家人同呼吸，共命运；妈妈也赶紧帮腔。"再这么下去，"她说，"迟早要回卡塔卡。"爸爸瞄了她一眼，她又改口道：

"去哪儿都行。"

明摆着家里又在商量搬家，不是因为这里风气不好，而是想让儿女们有更广阔的未来。之前，我总认为自己的挫败感源于故土、乡亲，乃至家人，但爸爸的戏剧性反应再次证明：凡事都能找到替罪羊。

家里的气氛更加凝重了。妈妈似乎只关心小儿子海梅，他提前三个月出生，先天不良。酷热难耐，妈妈大部分时间都伤心地待在卧室，和海梅躺在吊床上。妈妈一犯懒，家里全乱了套。弟弟妹妹没人管，三餐不定时，饿了就吃。爸爸原本最顾家，却整天守着药店，盯着广场，下午去台球厅打球散心。有天，我神经绷得受不了，也爬上吊床，躺在妈妈身边——小时候没在她身边躺过——问她家里气氛怎么这么怪异。她深呼吸，免得声音发抖，跟我说了大实话：

"你爸爸在外头有个儿子。"

说完，她松了口气，我这才发现，妈妈一直在期待我问她。一个年轻的女仆兴冲冲地回来，说看见爸爸在电报所打电话，便让妈妈窥得真相：陷入忌妒的女人无须知道更多。全城只有一部电话，只能打长途，需要事先预约，有时还会延误，按分钟计，话费很贵，只有发生特别严重的事情才会用。只要打过电话，无论时间长短，就会惊动广场上的人。爸爸回家后，妈妈什么也没说，暗中观察。他从口袋里掏出一张纸撕掉，是张传票，告他滥用职权。妈妈等到机会，冷不丁地问他跟谁打电话。她这么问，爸爸一时找不到更好的借口，只能坦白：

"跟律师。"

"我已知情。"妈妈说，"我需要你以我应得的坦诚亲口告诉我。"

妈妈事后承认，担惊受怕的人是她，她怕自己在毫无防备的情况下揭开了爬满蠕虫的罐子；如果爸爸敢说实话，那是因为他认为妈妈早已知道了一切，或是因为他不得不告诉她一切。

就这样，爸爸全招了。他说收到传票，有人告他在诊所给女病人注射吗啡，麻醉后施行性侵犯。事情应该发生在某个被遗忘的偏远地区，他在那儿待的时间很短，给没钱的病人看病。爸爸自我辩解道：麻醉和强奸是敌人胡乱编造的罪名，不过孩子是他的，在正常情况下受孕。

暗中策划的人很难对付，妈妈好不容易才把事情压住，没闹大。已经有阿维拉多和卡门·罗萨这两个先例，他们分别在不同时期跟我们住过，和大家相处愉快，可他们是婚前私生子。然而，妈妈最终还是咽下了丈夫不忠、婚外生子这口苦水，公开支持爸爸，和他并肩作战，直到推翻了莫须有的性侵犯指控。

家里又太平了。然而，没多久，从同一地区再次传来可靠消息，说爸爸承认另一个女人的女儿也是他的，那孩子生活条件极差。妈妈不想花时间乱猜、争吵，直接把孩子接回了家。"爸爸遍地都是私生子，米娜也是这样对待他们的，"妈妈说，"而且从来不后悔。"

她自己想办法，波澜不惊地托人把孩子接来，在大家庭里住下。

当这些都已成为过往，弟弟海梅在另一个村子参加聚会时，看见一个小伙子酷似古斯塔沃。当年的官司就是因他而起，他的妈妈对他娇生惯养。但我们的妈妈拼命张罗，把他接到家里住——当时家里已经有十一个孩子——还让他学了门手艺，使他的生活步入正轨。忌妒心极强的妈妈能这么做，实在让我大跌眼镜。她的回答我一直铭记在心：

"跟我孩子有血缘关系的人绝不能散在外头。"

每年放假，我才能见到弟弟妹妹们，每次回家都很难认，临走时还得再记一个。我们除了洗礼时起的名字，还有家里叫着方便的名字，不是名字的非正式缩略形式，而是信手拈来的别名。从我出生那一刻起，他们就叫我加比托——瓜希拉沿海加夫列尔的不规则缩略形式——我总觉得这是本名，加夫列尔才是昵称。既然叫得如此随意，有人惊讶地问：为何父母不在洗礼时就一劳永逸地给我们起别名。

妈妈起名随意，对两个大女儿玛尔戈特和阿依达却管教严格，堪比外婆当年为了不让她和爸爸苦恋而施加的那份严厉。她想搬到其他城市；平时一听搬家，二话不说，立马收拾行李闯荡天下的爸爸这次却不乐意。过了几天我才知道，妈妈要搬家是因为两个女儿恋爱了。男朋友都叫拉斐尔，不过当然是两个人。是他们告诉我的，我想起爸妈当年遭过的罪，不禁莞尔，跟妈妈一提，她却说：

"不是一回事儿。"

"就是一回事儿。"我坚持。

"好吧，"她让步，"是一回事儿，但一下子冒出俩。"

就像妈妈当年那样，好说歹说都没用。玛尔戈特和阿依达都采取了保密措施，可爸妈还是知道了，真是想不通。而目击者往往出人意表，她们有时会安排更小的弟弟妹妹陪在身边，为她们的无辜作保。最令人吃惊的是爸爸也盯过梢，只是没有那么直接，和外公尼古拉斯当年一样，对女儿采取消极抵抗。

"我们去跳舞，爸爸要是发现两个拉斐尔在那儿，就会走进去，领我们回家。"阿依达·罗萨在接受采访时说。不许散步，不许看电影，不许独自出门，必须有人盯着，寸步不离。两人找借口出去约会，总有人暗地里告发。妹妹莉西亚背上了间谍加告密者的罪名，她为自己开脱，说手足之间的忌妒是另一种形式的爱。

那个假期，我想劝爸妈别再犯外公外婆当年对他们犯下的错，而他们总是能找到复杂的理由不去理解。最可怕的是那些贴在公共场所、揭开惊天秘密的匿名帖——有真的，有编的——连最清白的人家也会遭殃。那些帖子上写着谁是谁的私生子，谁和谁不要脸地通奸，全是道听途说来的——比看帖子稍微费劲些——床笫丑闻。揭发者从不暴露身份。丑事藏得再深，迟早也会被挖出来。一位受害者说："被贴帖子的都是自作自受。"

爸妈没有想到，女儿们会用他们当年的法子对付他们。玛尔戈特被送到蒙特里亚念书，阿依达自愿去圣玛尔塔念书，二人都住校，自由活动时间都有专人陪同，但她们总会想方设法，和远方的拉斐尔取得联系。不过，妈妈做到了外公外婆当年没做到的事。阿依达平平淡淡地在修道院过了半辈子，直到对男人没了感觉。玛尔戈特和我结成同盟，小时候她吃土，大人不让，也是我替她把风。后来，她像妈妈那样照顾大家，尤其是库奇，他最需要她，她一直陪在他身边，直到他咽下最后一口气。

如今我才发现，妈妈情绪糟糕，家里气氛紧张，和国家尚未浮出水面的致命矛盾息息相关。耶拉斯总统必须在第二年组织大选，前途未卜。把洛佩斯赶下台的保守派跟继任者耶拉斯玩着双面游戏：一边恭维他做事不偏不倚，一边激化"省"内矛盾，以期以理或以力服人，夺回政权。

苏克雷市民不尚暴力，记忆中几次暴力事件均与政治无关。一次是华金·维加遇害，他是当地乐队颇受欢迎的上低音号乐手，被害当晚七点，他在影院门前吹奏，脖子鼓出一块，被一位亲戚一刀割喉，倒地失血毙命。两人在城里都人缘极佳，唯一的解释——都这么说，未经证实——是为荣誉而战。当时，家里正在为妹妹丽塔庆祝生日，噩耗传来，筹备多时的活动就此泡汤。

另一次决斗发生在更久远的年代，但在市民心中无法磨灭。决斗双方是普利尼奥·巴尔马塞达和迪奥尼夏诺·巴里奥斯。普利尼奥来自令人尊敬的古老家族，魁梧伟岸，玉树临风，糟糕的是，他一沾酒，就化身堕落天使，惹是生非。他清醒时颇具绅士风度，喝多了却动辄拔枪，腰系马鞭，看谁不顺眼就甩鞭子过去，连警察都敬而远之。自家人——明明是好人家——疲于次次拖他回家，索性让他醉酒后自生自灭。

迪奥尼夏诺·巴里奥斯正相反：他胆小怯懦，容易被人欺负，不会吵架，天生滴酒不沾，跟谁都无冤无仇，直到普利尼奥·巴尔马塞达取笑他"脓包"。他能躲则躲，有天和巴尔马塞达狭路相逢，对方一时兴起，用马鞭抽他的脸。于是，他战胜胆怯，挺直腰板直面厄运，约对方开枪决斗。一眨眼的工夫，两败俱伤，都是重伤，但只有迪奥尼夏诺丢了性命。

不过，苏克雷历史上最著名的决斗发生在普利尼奥·巴尔马塞达——又是他——和塔西奥·阿纳尼亚斯之间，那次两人都丢了性命。塔西奥·阿纳尼亚斯是工作一丝不苟的模范警察，是毛利西奥·阿纳尼亚斯的孝顺儿子。毛利西奥和华金·维加同属一个乐队，华金吹上低音号，他打鼓。这是一次当街正式决斗，又是两败俱伤，都是重伤，回家后，二人各自挨了好长一段日子才闭眼。普利尼奥几乎马上清醒，开始担心对方的安危，为他祈祷，阿纳尼亚斯十分惊讶。于是，两人都为对方祈祷，家人也在他们断气前互通消息。全市人民提心吊胆，尽全力让他们多活几天。

他们挣扎了四十八小时之后，教堂响起丧钟，有个女人刚刚过世。两人躺在床上，听见钟声，都以为是对方咽了气。阿纳尼亚斯为普利尼奥痛哭，哀伤过度，撒手人寰。普利尼奥得知，泪如泉涌，两天后也随他而去。

在这样一座和平友爱的城市，那些年的暴力事件送命不多，危害却不小：出现了匿名帖！大户人家整天战战兢兢，担心第二天一早厄运来临。在最意想不到的地方出现一纸檄文，没提到自己，会松一口气，提到别人，会幸灾乐祸。爸爸恐怕是我所认识的最与世无争的人，连他也会擦亮那把令人胆寒的左轮手枪——他没扣过扳机——在台球厅里放话出去：

"谁想碰我女儿，"他嚷嚷道，"就等着吃枪子儿吧。"

好几户人家搬走了。他们先是担心匿名帖，后来又担心警方行凶。为了让反对派胆寒，警方在内地荡平了好几个镇子。

紧张的气氛日渐成为常态。大家偷偷组织巡逻队，想找出谁贴了匿名帖，更想在黎明撕帖前，看看帖子上写了什么。我们这群夜猫子见过一名市政官员凌晨三点坐在家门口喝饮料，想抓到谁贴了匿名帖。弟弟半开玩笑地跟他说有些帖子上写的是大实话。他拔出枪，扣着扳机，对准弟弟：

"有胆再说一遍！"

我们这才知道，头天晚上，有人贴了张匿名帖，矛头指向他尚未出阁的女儿，所言非虚。其实，帖子上那点儿事尽人皆知，她家里也知道，唯一蒙在鼓里的人是他。

刚开始，匿名帖显然出自同一个人之手。同样的纸和笔，在与广场上的集市一样狭小的商业街区，只有一家商铺出售这些东西，店主忙不迭地证明自身清白。从那以后，我就知道有朝一日，我会为此专门写本书。那些帖子的内容没什么意思，几乎总是无人不晓的流言蜚语，我要写的是关起门来，家家户户的惶惶不可终日。

二十年后，我创作了第三部小说《恶时辰》，于情于理，我都不想用真事或有迹可循的事，尽管现实比虚构更精彩。再说，也没那个必要，因为我关注的不是受害者的个人遭遇，而是这种社会现象。小说出版了我才知道，我们那些中心广场的住户招人记恨，对穷困的非中心广场住户来说，匿名帖就是一出好戏。

事实上，匿名帖只是故事发展的起点，我并未着墨深究，因为我在小说里试图表明的是：归根究底，这是政治问题，而非常人所想的道德问题。我始终认为"女巫"的丈夫是《恶时辰》里军人镇长的完美原型，但写着写着，我被他人性的一面吸引，没有了让他死去的理由。我发现，严肃作家绝不会没有充分理由就让人物死去，我也没有。

如今我意识到，这本小说可以换种方式写。当年，我在巴黎拉丁区库哈斯大街的一家学生旅馆进行创作，那儿离圣米盖尔大街一百米。日子一天天无情地溜走，我在等一张永远等不到的支票。写完后，我卷起稿纸，用领带扎上——日子好过时，我有三条领带，这是其中一条——藏在了壁橱后面。

两年后在墨西哥城，有人建议我以这本小说去参加哥伦比亚埃索石油公司举办的小说创作大赛时，我压根不记得稿子放在哪儿。当时在闹大饥荒，而奖金高达三千美元。哥伦比亚老友、摄影师吉列尔莫·安古洛知道我在巴黎完成的小说第一稿，也知道放在哪儿，专程给我送来。截稿在即，稿子还用领带扎着，我都没来得及把褶皱熨平，就抱着必输的心态，直接寄出。奖金高得都能买房，怎么会有我的份儿？没想到，一九六二年四月十六日，名士云集的评委会宣布获奖作品是我的那本小说。适逢二儿子贡萨洛出生，他带着饭票来到了这个世界。

还没来得及细想，我就接到了哥伦比亚语言学院院长、大赛评委会主席——大名鼎鼎的费利克斯·雷斯特雷波神父——的来信，问我小说叫什么名字。我这才发现，寄的时候太匆忙，忘了在扉页写上书名：狗屎不如的镇子。

雷斯特雷波神父大惊，托赫尔曼·巴尔加斯对我好言相劝，要我换个没那么粗俗、和小说氛围更搭调的书名。我和他多次交换意见，最后决定用没那么直白但在一堆古板书名中显得独树一帜的"恶时辰"。

一周后，哥伦比亚驻墨西哥大使、刚获总统候选人提名的卡洛斯·阿朗戈·贝莱斯博士请我去他办公室，说雷斯特雷波神父恳求我换掉两个词：避孕套和手淫，说放在获奖小说里不太合适。大使和我都难掩惊讶之情，但我们希望能解决问题，让神父满意，给这场没完没了的创作大赛画上一个圆满的句号。

"行，大使先生，"我说，"二选一，我删一个，您来选。"

大使松了口气，选了"手淫"。问题解决，小说由马德里的伊比利亚美洲出版社出版，印数大，销量不同凡响。皮质封面，纸张上乘，印刷精美。然而，我和出版社很快就闹翻了。我忍不住把书仔仔细细读了一遍，发现我用美洲西班牙语创作的文字被改为——好似当年的电影——纯正的马德里方言。

我写的是："Así como ustedes viven ahora, no sólo están en una situación insegura sino que constituyen un mal ejemplo para el pueblo." 西班牙编辑改得我直起鸡皮疙瘩："Así como vivís ahora, no sólo estáis en una situación insegura, sino que constituís un mal ejemplo para el pueblo."[①]更严重的是，这是神父说的话，哥伦比亚读者会认为作者在暗示神父是西班牙人，这样一来，神父的行为会复杂化，总体上小说的基本风貌也会有所改变。校对不满足于梳理对话中的语法，直接大刀阔斧地改动文字风格，马德里韵味的句子比比皆是，和原文大相径庭。没办法，我只好宣布该版本遭到篡改，不予承认，收回版权，将待售书册付之一炬。相关责任人保持缄默，不予回应。

从那一刻起，我就当这本小说从未出版过。原稿只有一份，被我先寄去参赛，然后送到西班牙出版，所以，我只好花工夫埋头把它改回加勒比方言，改完后又修改一遍，交给墨西哥纪元出版社出

---

①句子的中文意思是："照目前这样混下去，不光你们自己的地位得不到保障，还会给镇上开个不好的先例。"改动前后的句子只有人称及动词变位上的差别，同样指"你们"，拉美地区习惯用第三人称复数，西班牙习惯用第二人称复数。

版。印刷时特别注明：此为首版。

我永远琢磨不透，在我的所有作品中，为何只有《恶时辰》能将我送回那个满月当空、春风徐来的夜晚。那是个周六，云雾散去，繁星满天。钟刚刚敲完十一下，我听见妈妈在厨房里哼一首葡萄牙情歌，抱着孩子走来走去，哄他睡觉。我问她歌曲出自何处，她用她特有的方式答道：

"女匪屋。"

她见我穿衣服，准备出门去玩，没等我开口，就给了我五比索。临出门，她还颇有先见之明地告诉我院门不插，免得我半夜回来，吵醒爸爸。我没去女匪屋，而是进了巴尔德斯大师的木匠铺，参加乐队排练；路易斯·恩里克一回来，就加入了乐队。

那年，我加入乐队，弹高音吉他，和六位不知名的大师一起唱歌，直到天明。我一直觉得弟弟吉他弹得很棒，第一晚和他们排练，我才得知连他的劲敌们也说他技艺精湛。没有比这更棒的组合，所有人都自信满满。有人为和解或道歉，出钱请他们去唱小夜曲，巴尔德斯大师总会事先安慰道：

"别担心，我们会让她感动得痛哭流涕。"

巴尔德斯不在，假期截然不同。只要他出场，晚会一定热闹非凡；他和路易斯·恩里克、菲拉戴尔佛·贝利利亚合奏，绝对专业水准。那段日子，我以酒为友——酒是最可靠的朋友！——率性而为，白天睡觉，晚上唱歌，正如妈妈所言：肆意妄为。

人们对我议论纷纷，有谣言说我的信不寄到父母家，而是寄到女匪屋。我成了那里最可靠的顾客，喝虎胆汁、吃炖蜥蜴之类乱七八糟的玩意儿，吃完能熬三个通宵。我不看书，也不回家吃饭。

妈妈唠叨得没错：我行我素。到头来，总是可怜的路易斯·恩里克背黑锅。他没听过妈妈那样唠叨，那时候他说："现在他们就差说是我把你带坏了，好把我送回教养院。"

圣诞节到了，我决定不去看一年一度的花车大赛，而是和两名好友去附近的马哈瓜尔。跟家人说好去三天，结果待了十天。全怪玛利亚·亚历杭德里娜·塞万提斯这个尤物。头晚认识后，我就被她迷得神魂颠倒，无法自拔。直到星期天早上，当我睁开眼，发现她不在床上，就此消失了。多年以后，回顾往昔，我又想起了她，不为风韵，只为她悦耳的名字。我把她写进一本小说，让她当一家从未存在过的风月场所的老板娘，去保护另一名女子。

到家时凌晨五点，妈妈在厨房煮咖啡。她密谋似的悄悄告诉我留在那儿别走。爸爸刚醒，想给我一点儿教训：就算放假，我也没那么自由。妈妈给我倒了杯苦到极致的咖啡——尽管她知道我不爱喝，让我在炉边坐下。爸爸穿着睡衣睡眼惺忪地走进来，见我抱着一大杯热气腾腾的咖啡，吃了一惊，先问了句题外话：

"你不是说不喝咖啡吗？"

我无言以对，脑子里闪过一个念头，先拿来用：

"这个点儿，我总是口渴。"

"醉鬼都这样。"他回我。

他没再看我，也没再提这个话题。但妈妈说，从那天起，爸爸的心情跌到谷底，认为我已经是个废人，尽管从未让我知晓。

开销激增，我决定去偷妈妈的储钱罐。路易斯·恩里克帮我把无理说成有理，他的逻辑是：偷爸妈的钱去看电影而非嫖妓，此为正用。妈妈一心维护我，不想让爸爸发现我已误入歧途。她难，我也不好受。事实就摆在那儿，有时，我会无缘无故一觉睡到中午，公鸭嗓子，还魂不守舍。一天，爸爸问了我两个问题，我都没听见。他冷酷无情地诊断道：

"你的肝出毛病了。"

即便如此，大场面上，我还过得去。无论是盛大的舞会，还是中心广场的住户偶尔大宴宾客，我都衣冠楚楚，温文尔雅。那些人家一年到头关门闭户，只有圣诞节学生回家时才会门户洞开。

那年出尽风头的是卡耶塔诺·亨蒂雷，假期他组织了三场盛大的舞会。那几天是我的幸运日，三场舞会，舞伴居然是同一人。第一晚，我没问她叫什么、哪家的、跟谁来的，直接请她跳舞。她是那么神秘，跳第二支舞时，我忍不住一本正经地向她求婚。她回答得更神秘：

"爸爸说，娶我的白马王子还没出生。"

几天后，我见她穿着一件亮闪闪的纱裙，牵着两个六七岁的孩子，一个男孩，一个女孩，顶着正午十二点的日头走过中心广场的散步道。"孩子是我的。"我还没开口问，她就告诉我，笑得花枝乱颤。她说得这般狡猾，我怀疑求婚的事，她并非没往心里去。

从在阿拉卡塔卡的老宅出生起，我就学会了睡吊床，但真正习惯吊床是在苏克雷的家里。睡午觉、数星星、胡思乱想、肆意做爱，吊床堪称温床。我在外头鬼混了一个星期，回到家，学爸爸过去那样，在院子里找好两棵树，把吊床一挂，心安理得地睡下。妈妈总怕孩子睡死过去，傍晚会叫醒我，确保我还活着。之后，她躺在我身边，开门见山地和我谈起让她寝食不安的话题：

"你爸和我都想知道你怎么了。"

这话问到了点子上。我早就知道自己性情大变，爸妈忧心忡忡，妈妈还得编些站不住脚的理由去安慰爸爸。家里什么事都瞒不过她，而她出了名的脾气大。我花天酒地了一个礼拜，大白天才进门，她实在忍无可忍。我最好避而不答，或等待合适时机，但她心里雪亮：这是大事，一定要问个明白。

她说的话都在理：我天黑出门，打扮得像去参加婚礼，夜不归宿，第二天在吊床上一觉睡到下午；我不再读书，生平第一次不把家当家。"弟弟妹妹们，你连看都不看，名字和岁数全都对不上号。那天，你亲的是克莱门西亚·莫拉莱斯的孙子，居然以为那是你弟弟。"这时，她觉得有些言重了，索性把话说白：

"总之，你成了这个家里的陌生人。"

"说得都没错，"我对她说，"但理由很简单：我受够了。"

"受够我们了？"

我可以说是，但那样说不公平。

"受够了一切。"我说。

于是，我跟她说了我在学校的境况。学校只看分数，年复一年，爸妈也为我的成绩感到自豪。在他们眼里，作为学生，我无可挑剔；作为朋友，我最聪明，反应最快，为人最好。或者，如外婆所说："这孩子十全十美。"

可是——我长话短说——其实不然。我之所以那副样子，是因为没有弟弟路易斯·恩里克的胆量和独立意识，无法只做自己想做的事。照此下去，我的幸福将不属于我自己，只能用来回报父母无尽的溺爱、莫名的担忧和乐观的期望。

妈妈傻了，他们一厢情愿缔造的美好未来顿时化为泡影。

"我不知该如何是好。"死一般的沉寂过后，妈妈说，"要是把这些告诉你爸，他会马上死掉。你难道没发现你是全家的骄傲吗？"

对他们来说，事情显而易见：爸爸当年捉襟见肘，无法完成悬壶济世的心愿。他们梦想着，就算我无望成为一代名医，最起码能做到术业有专攻。

"我会一事无成。"我下了定论，"我不想做的事，逼也没用。我不想听你们的，更不想听政府的。"

那一周，我和妈妈有事没事接着吵。我相信，妈妈是想缓一缓再跟爸爸谈。这么一想，我又松了口气。一天，她貌似随口提了个建议，却让我大跌眼镜：

"听说若是肯花心思，你能成为优秀的作家。"

这话以前家里没人说过。凭兴趣，他们猜我会当画家、音乐家，会在教堂唱歌或在周末写诗。他们都知道，我的文章晦涩难懂，虚无缥缈。不过那次，我真是很吃惊。

"要当就得当最一流的作家，这年头，出不了什么大师。"我回答，"毕竟，要想饿死，还有其他更好的方式。"

那些天的一个下午，妈妈没找我聊，她哭了，却没有眼泪。换到今天，我会慌神，欲哭无泪是伟大女人为达目的所用的撒手锏。然而，当年十八岁的我不知该跟她说些什么，我的沉默辜负了她咽下的眼泪。

"好吧！"她说，"至少答应我，尽全力读完高中。爸爸那边，我跟他谈。"

我和她都没让步，同时松了口气。我答应，为她，也为爸爸。我怕再不说好，他们会愤懑而死。后来，我们又快刀斩乱麻，说好读法律或政治。一来，无论干什么，都能有个不错的文化底子；二来，文科上午上课，下午能勤工俭学。那些日子，我怕妈妈心理负担太重，让她为我营造机会，我去跟爸爸面谈。她不答应，说我们俩非吵起来不可。

"在这个世界上，没有哪两个男人能比你和你爸更相像。"妈妈对我说，"越是相像，越是没法儿谈。"

我向来不以为然。直到今天，当我已经活过爸爸的年纪——他也是高寿——对着镜子，我才发现：我看上去比像自己还像他。

那晚，妈妈拿出了金银餐具。爸爸把全家人召到桌边，似乎不经意地宣布了这个消息："咱家要出律师了！"妈妈也许担心爸爸当着全家人的面又要和我理论，便佯装不知，赶紧插话。

"家境摆在这儿，还有一大堆孩子。"她跟我解释，"我们觉得最好念你唯一念得起的专业。"

没她讲得那么简单，对我们而言，只是几害相权取其轻罢了。为了把这个游戏进行到底，我假模假样地问爸爸的意见。他回答得很爽快，而且全是真心话，让人心酸：

"我能有什么意见？我的心都碎了，可好歹还能助你一臂之力，让你如愿，这点儿骄傲还是有的。"

一九四六年一月，我过得很奢侈，最奢侈的事情莫过于托何塞·帕伦西亚的福，头一回坐了飞机。他带着个大麻烦再次出现：在卡塔赫纳中学连蹦带跳念了五年，第六年卡了壳。我答应帮他在国立男子中学插班，让他好歹能拿到高中文凭。于是，他请我和他一起坐飞机。

飞往波哥大的航班每周两班，是哥伦比亚国航 DC-3 型客机。

最危险的不是飞机，而是散养的奶牛：黏土跑道临时建在牧场，飞机有时要盘旋好几圈，才能把它们赶走，安全着陆。头一回坐飞机，我就患上了传说中的飞行恐惧症。当年，教会禁止飞机载运圣体，以免圣体毁于空难。飞行约四小时，无经停，时速三百二十公里。常走水路的我们从天空中俯瞰，下面是张以马格达莱纳河为中心的活地图。我们认出了小小的镇子、系着绳索的小小船、站在学校院子里幸福地向我们挥手的小小人。性感的空姐把她们的时间都用来安慰一路祷告的乘客、照顾晕机的乘客、让为数众多的乘客相信飞机不会撞上成群结队寻找河中腐尸的秃鹫。老乘客们一遍遍地讲述飞行经历，以炫耀自己做过多么了不起的事。没有保压装置，没有氧气面罩，飞越波哥大高原时，我的心扑通通地跳，机翼哗啦啦地响。飞机终于着陆时，无边的幸福洋溢在我的心头。最让我惊讶的是，人到了，昨天晚上发的电报还没到。

路过波哥大，何塞·帕伦西亚购置了组建乐队的全套乐器。不知是他早有预谋还是有先见之明，反正从埃斯皮蒂亚校长见他拎着吉他、鼓、沙球、口琴等气定神闲地进门那一刻起，我就知道他被录取了。而我刚踏进门厅，就感觉到好大压力，今非昔比，我已经是六年级学生。直到那时，我才意识到自己头顶着所有人梦寐以求的光环，从大家凑过来的样子、说话的语气甚至稍显敬畏的态度一望便知。这一年也过得非常开心。拿奖学金的学生才能住校，何塞·帕伦西亚住在广场附近最好的旅馆里，女店主会弹钢琴。于是，对我们来说，日日都是星期天。

我的生活又有了一次飞跃。少年时代，妈妈给我买好改的衣服，实在穿不上了，就留给弟弟们穿。头两年最成问题，冷天穿的呢子衣服又贵又难改。虽然我的个头蹿得不是很快，但一年内要把衣服改成两个大小，怎么也来不及。要命的是，住校生互换衣服的传统没有得到发扬，因为衣服太过时，同学们对新主人的耻笑让人无法忍受。后来，埃斯皮蒂亚校长推行校服：蓝上衣、灰裤子，外头统一，里头随便，问题才得到部分解决。

三四年级时，我只有一件外套，苏克雷的裁缝帮我改过；五年级时买了件半新的，我很爱惜，但穿到六年级就穿不上了。爸爸对我的表现赞赏有加，出资让我去买件合身的新外套；何塞·帕伦西亚送了我一件他前一年穿过的九成新的全驼毛外套。不久，我就发现"人靠衣装"的说法有多么不靠谱。新外套和新校服换着穿，参加由加勒比海岸年轻小伙主导的舞会，我只交到一个女朋友，没等到花开就分了手。

埃斯皮蒂亚对我过分关注，每周两节化学课，像专门为我讲的，一问一答，节奏很快，我只好聚精会神；答应过爸妈中学阶段善始善终，这算是个好的起点。余下的就全靠玛蒂娜·丰塞卡的独门秘诀：上课专心听讲，免得期末措手不及，点灯熬油。这办法的确管用，中学最后一年用上它，从此气定神闲，课堂提问小菜一碟，老师们也变得和蔼可亲。我发现，答应爸妈的话，很容易实现。

唯一困扰我的是继续做噩梦，继续惨叫。当时的纪律监督贡萨洛·奥坎波和学生关系特别好。第二学期的一个晚上，他摸黑蹑手蹑脚地走进宿舍；我忘了还他钥匙，他是专门来取的。他刚把手放在我肩上，我就凄厉地叫了一声，把全宿舍的人都吵醒了。第二天，我被安排到二楼的一个六人间临时宿舍。

他们这么做是想治愈我的夜间恐惧症，可也太吊人胃口了点儿：临时宿舍就在食品储藏室上方。四名同学溜到厨房搜刮食物，打算美美地吃顿夜宵。形象完美的塞尔希奥·卡斯特罗和胆子最小的我待在床上，有情况，好打掩护。一小时后，他们把半个储藏室都搬来了。那是漫长的住校生涯中吃得最欢的一次，可惜倒霉得很，不到二十四小时就被发现了。我以为一切都完了，全靠埃斯皮蒂亚巧言善辩，多方协调，我们才没被开除。

那是国立男子中学最好的时期，也是国家最无望的时期。耶拉斯不偏不倚的政治态度无形中加剧了国内的紧张气氛，中学里第一次剑拔弩张。而如今我发现，国家早已在我心中，只是那时候，我才开始对我生活其中的国家有了意识。有些前一年保持中立的老师上课时会忍不住对自己支持的党派发表一些并不成熟的言论，尤其在总统竞选活动如火如荼地展开后。

如果盖坦和图尔瓦伊坚持齐头并举，自由党将在执政十六年后于共和国总统大选中落败。随着时间的流逝，这一点日渐彰显。两名候选人针锋相对，仿佛隶属于两个政党。一方面，他们自己有错，另一方面，从第一天起就看清形势的保守党痛下决心，将候选人从劳雷亚诺·戈麦斯[①]换成德高望重、有百万身家的工程师奥斯皮纳·佩雷斯[②]。自由派四分五裂，保守派团结武装，奥斯皮纳·佩雷斯的当选毫无悬念。

从那以后，劳雷亚诺·戈麦斯就着手准备取代奥斯皮纳·佩雷斯。他动用官方军事力量，全面挑起暴乱，重现十九世纪哥伦比亚

---

①劳雷亚诺·戈麦斯（1889—1965），哥伦比亚政治家，1950年至1951年间任哥伦比亚共和国总统。
②路易斯·马里亚诺·奥斯皮纳·佩雷斯（1891—1976），哥伦比亚政治家，1946年至1950年间任哥伦比亚共和国总统。

史。十九世纪的哥伦比亚没有和平期，只有短暂的休战期。八次全国内战、十四次地方内战、三次兵变，最后还要打一场"千日战争"，区区四千万人口，双方阵亡八万。说起来很简单：他们联手让国家倒退了一百年。

学期末，希拉尔多老师明目张胆地为我破例——我倒没觉得不好意思——准备了一份很简单的补考试卷，挽救我四年级起一直挂科的代数。他把我一个人留在办公室，到处都是作弊工具，一小时后，他兴冲冲地回来一看，我还是考得一塌糊涂。他在每张试卷上从上到下画了个大大的叉，气愤地嘟囔着："脑袋瓜锈掉了。"然而，在期末成绩那栏，我的代数是及格，我也不用低声下气地感谢老师，是他违背原则，放弃责任，故意偏袒我。

那年期末考试前，吉列尔莫·洛佩斯·格拉和我喝醉了酒，与贡萨洛·奥坎波老师闹了一次不愉快。何塞·帕伦西亚请我们去旅馆复习。旅馆是殖民时期建筑，风景绝佳，脚下是花团锦簇的公园，远方是大教堂。我们只剩最后一门考试，所以待到晚上才回学校，沿途又进了那些常去的小酒馆。那天正好轮到奥坎波当纪律监督，他批评了几句，责怪我们回来晚了，还醉得不像样。我们俩合起来痛骂了他一顿，他气急败坏，吵得宿舍里炸开了锅。

老师们一致决定，洛佩斯·格拉和我不得参加最后一门考试。也就是说，至少那年，我们无法毕业。老师们是如何秘密商议的，我们不得而知，但他们团结一心，统一口径，决不让步。埃斯皮蒂亚校长自担风险，做主让我们去波哥大教育部考试，并亲自陪同我们去了。笔试时，他也在场，当场阅卷，成绩很好。

学校内部的形势恐怕有些复杂。奥坎波没有出席庄严的毕业典礼，也许是因为校长轻而易举地化解了难题，我们成绩优异。最终，鉴于各方面的表现，学校授予我特别奖，奖品是一本令人难忘的书：第欧根尼·拉尔修的《名哲言行录》。我不仅完成了爸妈的心愿，还是那届学生中的第一名，尽管同学们明白，我更明白，我并非最优秀的。

五

我怎么也没想到，高中毕业九个月后，我会在当年最有趣、门槛最高的波哥大《观察家报》文学增刊《周末》上发表第一个短篇；四十二天后，又发表了第二个短篇。然而，最让我惊讶的是，报纸副主编兼文学增刊主编爱德华多·萨拉梅亚·博尔达（笔名"尤利西斯"）专门撰文对我表示认可。他是当年哥伦比亚最具洞察力的文学批评家，对文学新锐的捕捉也最敏锐。

事出意外，一言难尽。那年年初，按照和爸妈的约定，我去波哥大的哥伦比亚国立大学法律系报到，住在市中心弗洛里安街的一栋膳宿公寓里，房客多是来自大西洋沿岸的大学生。下午没课，我没去勤工俭学，而是窝在房间里或合适的咖啡馆里读书。书是偶然或靠运气获得的，更多的是偶然。买得起书的朋友把书借给我，借期都特别短，我得连夜看，才能按时还。当年在锡帕基拉国立男子中学读的全是经典作家的经典作品，现在读的全是经过二战漫长的出版沉寂期后在布宜诺斯艾利斯新鲜出炉、翻译出版的新作。就这样，我幸运地发现了成名已久的豪尔赫·路易斯·博尔赫斯、D.H.劳伦斯、阿道司·赫胥黎、格雷厄姆·格林、切斯特顿、威廉·艾里什、凯瑟琳·曼斯菲尔德和许多其他作家。

新作陈列在书店橱窗，可望而不可即，但有几本在学生咖啡馆里争相传阅，这些咖啡馆是活跃的文化传播中心，从外省来的大学生在这里汇聚，有些人年复一年，始终如一，不仅有专座，还在这儿收邮件甚至汇票。店主或忠心耿耿的店员略施援手，帮不少人完成了学业。比起成天难得一见的导师，国内培养的许多专业人士亏欠他们的也许更多。

我最喜欢大诗人经常出入的风车咖啡馆，离我的住处只有区区两百米，位于希梅内斯－德盖萨达大街和第七大道的拐角处。那儿不让学生占座，但躲在附近桌边，偷听文学对话，显然要比从课本上学得多、学得好。这家咖啡馆面积大，西班牙风格，配有圣地亚哥·马丁内斯·德尔加多①手绘的壁画《堂吉诃德战风车》。虽说不能占座，我总是想方设法地让服务生把我安排到离文坛巨匠莱昂·德格雷夫②最近的位子上。德格雷夫蓄着络腮胡子，粗犷，迷人，傍晚起和一群当代著名作家神侃，半夜跟象棋班的学生灌一肚子劣质酒后才回家。没在那张桌边坐过的哥伦比亚文艺界名人屈指可数，我们躲在近处屏气凝神，纹丝不动，生怕漏听了哪怕一句话。尽管他们谈女人和政治的时候多，谈艺术和本行少，但总会谈到值得学习的新东西。坚持去听的人全都来自大西洋沿岸，全都嗜书如命，而对沿海人反对内地佬的活动则没那么上心。同为法律系学生的豪尔赫·阿尔瓦罗·埃斯皮诺萨带我畅游《圣经》，让我记住了约伯的

①圣地亚哥·马丁内斯·德尔加多（1906—1954），哥伦比亚著名画家。
②莱昂·德格雷夫（1895—1976），哥伦比亚二十世纪最伟大的诗人之一。

同伴们的全名①。一天，他把一本吓人的大部头放在桌上，如主教般不容置疑地断言道：

"这是另一本《圣经》。"

那本当然是詹姆斯·乔伊斯的《尤利西斯》。我读得断断续续，磕磕绊绊，直到耐心耗尽，难以为继。如此断言，为时过早。多年以后，当我不再心浮气躁，又把它重新拾起，仔细研读时，不仅发现了自己从未怀疑过的真诚的内心世界，还在语言运用、时态安排、结构处理等文学技巧上受益匪浅。

多明戈·曼努埃尔·维加是我的一名室友，学医，我们在苏克雷就是朋友，和我一样，他也废寝忘食地读书。另一名室友是胡安·德迪奥斯舅舅的长子——表哥尼古拉斯·里卡多，让我时刻不忘家族美德。有一晚，维加带回刚买的三本书，和往常一样，随手借给我一本当枕边书，好让我睡个好觉。没想到适得其反，我再也无法像过去那样安然入睡。那本书是弗朗茨·卡夫卡的《变形记》，假传为博尔赫斯所译，布宜诺斯艾利斯洛萨达出版社出版，它的开篇就为我指出了全新的人生道路，如今为世界文学瑰宝："一天早晨，格里高尔·萨姆沙从不安的睡梦中醒来，发现自己躺在床上变成了一只巨大的甲虫。"这些书很神秘，不但另辟蹊径，而且往往与传统背道而驰。事实无须证明，只要落笔，即为真实发生，靠的是无可比拟的才华和毋庸置疑的语气。山鲁佐德又回来了，不是生活在几千年前一切皆有可能的世界，而是生活在丧失所有、无法挽回的世界。

---

① 《圣经·约伯记》中提到，约伯和他的三个朋友厄里法次（又译以利法）、彼耳达得（又译彼勒达）、左法尔（又译琐法）对话和争辩。

读完《变形记》，我不禁渴望生活在那个与众不同的天堂。新的一天来临时，我坐在多明戈·曼努埃尔·维加借给我的便携式打字机前，试着写一些类似于卡夫卡笔下可怜的公务员变成大甲虫的故事。之后几天，我没去上学，依然沉浸其中。我正忌妒得发狂，突然看到了爱德华多·萨拉梅亚·博尔达在报纸上发表的令人痛心的言论，感慨哥伦比亚新一代作家乏善可陈，后继无人。不知为何，我将这言论视为战书，贸然代表新一代作家应战，捡起扔下的短篇，希望能力挽狂澜。短篇的情节围绕《变形记》中那具有意识的尸体展开，但没有故作神秘，也没有任何本体论的偏见。

说到底，我还是不自信，不敢把稿子拿去给任何一位同学看，包括法律系同学贡萨洛·马利亚里诺，只有他看过我在沉闷的课堂上写下的那些抒情散文。写完那个短篇，我读了又读，改了又改，改到不能再改，最后专门给爱德华多·萨拉梅亚——没见过他本人——写了张字条，具体内容我一个字都不记得了。我把那个短篇加字条放进信封，亲自送到《观察家报》的传达室。门卫让我上二楼，当面交给萨拉梅亚。我光是想想就吓得腿软，把信放在门卫桌上，逃之夭夭。

礼拜二送的稿子，结果如何，我一点儿也不着急知道，总觉得要登也没那么快。我在各家咖啡馆闲逛了两个礼拜，消解礼拜六下午的焦躁。九月十三日，我走进风车咖啡馆，进门就听说我的短篇《第三次忍受》被整版刊登在最新发布的《观察家报》上。

我的第一反应是：坏了，一份报纸五生太伏，我没钱买。这最能说明我的穷困潦倒。除了报纸，五生太伏能买到的生活必需品比比皆是：坐一次有轨电车、打一次公用电话、喝一杯咖啡、擦一次皮鞋。细雨还在静静地下着，我冒雨冲到街上，却在附近的咖啡馆里找不到能借给我几生太伏的熟人；礼拜六下午，膳宿公寓里除了老板娘，没别人，可老板娘在也没用，我还欠她两个月的房租，相当于五生太伏的七百二十倍。我无可奈何地回到街上，老天有眼，让我看见一个男人拿着一份《观察家报》走下出租车。我迎面走过去，央求他把报纸送给我。

就这样，我读到了我印成铅字的第一个短篇，报社画家埃尔南·梅里诺配的插图。我躲回房间，心跳不已，一口气读完。逐字逐句一读，我渐渐觉察出铅字巨大的破坏力。我投入了那么多的爱与痛，毕恭毕敬地戏仿旷世奇才卡夫卡，如今读来，全是晦涩难懂、支离破碎的自言自语，只有三四句差强人意。时隔近二十年，我才敢再读一遍，而我的评判——尽管心怀同情——却更加不宽容。

最烦的莫过于一大堆朋友拿着报纸，兴高采烈地冲进我的房间，对那个他们铁定没看懂的短篇啧啧称赞。大学同学里，有些很喜欢，有些看不太懂，还有些——完全可以理解——看了三行就没再看下去。贡萨洛·马利亚里诺倒是毫无保留地赞赏了那个短篇，对他的文学鉴赏力我很难提出质疑。

最令我感到不安的是豪尔赫·阿尔瓦罗·埃斯皮诺萨的意见，他那张刀子嘴，连圈外人都敬而远之。我很矛盾，心痒痒的，既想马上见他，又不敢见他。他消失得无影无踪，礼拜二才出现，对嗜书如命的人来说，这并不稀奇。他又在风车咖啡馆现身了，开口先不谈那个短篇，只说我吃了豹子胆。

"我想你应该意识到你捅了多大的娄子。"他用他那双大眼镜蛇的绿色眼睛盯着我，"如今你跻身知名作家之列，开弓没有回头箭，只能努力努力再努力。"

我彻底傻了，他和"尤利西斯"的意见在我心中分量最重。没等他说完，我就抢过话头，说出了一直压在心里的话：

"那个短篇狗屎不如。"

他的口气一如既往的强硬，说没时间，尚未通读大作，恕难发表任何意见。但他又跟我解释，即使那个短篇果真如我所说，难以卒读，也不致让我错失人生中如此良机。

"无论如何，那个短篇已经成为过去。"他总结道，"如今，重要的是下一篇。"

我茫然不知所措，居然愚蠢到想找理由反驳，直到我发现这是我听过的最聪明的劝告。他顺着思路往下说，让我先构思故事，再想风格，两者相辅相成，如古典作家手中的魔杖。他又老生常谈地劝我要读通读透古希腊作家的作品，不能仅限于荷马——中学阶段必读，所以我读过。我答应他一定读，并询问除了荷马，还有哪些作家可以推荐。可他转移话题，说起安德烈·纪德的《伪币制造者》，那个周末他刚读过。我没敢告诉他，或许那次谈话帮我解决了人生难题。当晚，我彻夜未眠，开始构思下一个短篇，第一个短篇里的漫谈将不再出现。

我怀疑跟我聊第一个短篇的人并非被故事打动——也许他们没读过，也肯定没读懂——而是因为它被大幅刊载在知名报纸上。首先，我发现自己的两大缺点确实严重：文字不畅，不谙人心。这些问题在第一个短篇中尤为明显，其中的抽象思考本就让人疑惑，还将虚情假意大书特书。

我在记忆中搜寻真实的场景，拿来创作第二个短篇。儿时认识的一位美女曾对我说，她想钻进她怀中那美艳动人的猫身里。我问她为什么，她说："因为它比我更美。"于是，我有了第二个短篇的故事起点，以及一个夺人眼球的名字：《埃娃在猫身体里面》。其余的跟第一个短篇没什么两样，纯属无中生有，因此——当年我们喜欢这么说——它们本身就埋有自我毁灭的种子。

这个短篇也被整版刊登在一九四七年十月二十五日星期六的《观察家报》上，插图画家是加勒比天空一颗冉冉升起的新星恩里克·格劳。我惶恐地发现朋友们将其视为知名作家定期推出的新作，而我却患得患失，疑虑重重，同时努力不让心中的希望破灭。更大的冲击几天后不期而至。爱德华多·萨拉梅亚以惯用笔名"尤利西斯"在《观察家报》的每日专栏上撰文，直入主题："本报文学增刊《周末》的读者恐怕已经注意到一位风格独特、个性鲜明的文学天才。"接下来又说："幻想世界无奇不有，但将其精华质朴自然地表现出来，绝无虚张声势，并不是每个初涉文学的二十岁青年都能做到的。"结语毫无保留地认为："加西亚·马尔克斯的出现，意味着一名新的、引人瞩目的作家诞生了。"

毋庸置疑，爱德华多·萨拉梅亚的评论给了我幸福的一击，但同时也让我感到不安：他没有给自己留后路。事已至此，我必须在他的鼓励下自觉进取，毕生前行。那篇文章还表明"尤利西斯"已经通过编辑部同事了解到我的身份；当晚，我得知是贡萨洛·冈萨雷斯透露的。他是我的一位表兄，和我家走得很近，在《观察家报》上用笔名Gog[1]激情澎湃地撰写了十五年的"问与答"专栏，办

---

[1] 贡萨洛·冈萨雷斯（Gonzalo González）的缩写形式，后文第八章中也有描述。

公桌离爱德华多·萨拉梅亚的只有五米。幸好，"尤利西斯"没来找我，我也没去找他。我在诗人德格雷夫的桌边见过他一次，听过他的声音和他刺耳的咳嗽声——他是个不可救药的老烟枪，还在若干次文化活动中和他近距离见过面。没人介绍我们认识：有些人不认识我们，有些人觉得我们不可能不认识。

很难想象当年人们如何生活在诗歌的影子里。那是一种狂热的激情，另一种生活方式，一只四处乱滚的火球。翻开报纸，看经济版或法制版也好，坐在咖啡馆，注视杯里的残渣也好，诗歌都在等着我们放飞梦想。对于我们这些外省"土著"而言，波哥大是首都，是政府所在地，更是诗人的住所。我们相信诗歌，甘愿为诗歌而死，坚信——如路易斯·卡多萨－阿拉贡[1] 所言——"诗歌是人类存在的唯一实证。"

世界是属于诗人的。对我们这代人来说，诗人的消息比愈来愈令人沮丧的政治新闻更重要。告别十九世纪时，照耀哥伦比亚诗坛的是一颗孤独的星：何塞·亚森松·席尔瓦[2]。浪漫到极致的他在三十一岁时请医生用碘酒圈出自己心脏的位置，对准圆圈开枪自杀。我生不逢时，无缘结识拉斐尔·庞博[3]或爱德华多·卡斯蒂略[4]。卡斯蒂略是伟大的抒情诗人，他的朋友们说他是傍晚溜出坟墓的幽灵，披着双层斗篷，皮肤因注射吗啡而泛绿，身材如秃鹫：邪恶文人的典型外表。一天下午，我乘有轨电车经过第七大道上的一座大宅院时，在门廊看到此生给我印象最深的人：穿着纤尘不染的西装，戴

---

①路易斯·卡多萨－阿拉贡（1901—1992），危地马拉诗人、作家、外交家。
②何塞·亚森松·席尔瓦（1865—1896），哥伦比亚诗人，现代主义诗歌先驱之一。
③拉斐尔·庞博（1833—1912），哥伦比亚诗人、作家。
④爱德华多·卡斯蒂略（1889—1938），哥伦比亚作家、诗人。

着英式帽子和黑色墨镜（遮住无光泽的眼睛），披着斗篷。他便是有些招摇的浪漫主义诗人阿尔贝托·安赫尔·蒙托亚①，他出版了好几本当代优秀诗集。对我们这代人来说，除了大师莱昂·德格雷夫——我在风车咖啡馆偷听了好几年他的谈话——他们这些诗人都是来自过去的幽灵。

他们当中无人能触到吉列尔莫·巴伦西亚获得的荣光。他是波帕扬②贵族，三十岁之前就成为"百年一代"——这么叫是因为这代人正好赶上了一九一〇年建国一百周年的盛大日子——的教皇级人物。和他同时代的爱德华多·卡斯蒂略、波菲里奥·巴尔巴·雅各虽是伟大的浪漫主义诗人，却没有获得公正的评价。举国上下被巴伦西亚高贵典雅的修辞所迷惑，他传奇般的身影挡住了整整三代人的路。最新一代诞生于一九二五年，就叫"新一代"，他们冲劲十足，杰出代表拉斐尔·玛雅和莱昂·德格雷夫——又是他——均未得到应有的承认。巴伦西亚稳坐文坛头把交椅，所享荣耀差点儿让他入主共和国总统府。

世纪中叶，唯一敢与他叫板的是"石头与天空"及其青春洋溢的作品。说到底，"石头与天空"诗人们仅有的共同点是非巴伦西亚派，他们是：爱德华多·卡兰萨、阿图罗·卡马乔·拉米雷斯、奥雷利奥·阿图罗和资助过他们出版诗集的豪尔赫·罗哈斯。各人的创作灵感和表达方式不尽相同，却联手撼动了高蹈派③的废墟，唤醒了发自内心、讴歌生命的新诗，与胡安·拉蒙·希梅内斯、鲁

①阿尔贝托·安赫尔·蒙托亚（1902—1970），哥伦比亚诗人，擅长创作十四行诗。
②哥伦比亚西南部城市。
③法国十九世纪下半叶出现的诗歌流派，强调韵律、技巧完美和描写准确。

文·达里奥、加西亚·洛尔迦、巴勃罗·聂鲁达、维森特·维多夫罗交相辉映。民众没有马上接受，而他们也没觉得自己奉天承运，肩负清扫诗界的使命。然而，当年最德高望重的散文作家兼文学批评家堂巴尔多梅罗·萨宁·卡诺却急不可耐地撰文一篇，断然扼杀任何反巴伦西亚的企图。他方寸大乱，斯文扫地，许多话说得太绝，如"巴伦西亚深谙古风，神交古人，古为今用，触人灵魂"，重申其为超越时代、超越国界的诗人，堪比"卢克莱修、但丁、歌德这些生来为了拯救灵魂的大师"。当时，肯定有不止一个人想到：巴伦西亚无须树敌，早晚会被这样的朋友害死。

爱德华多·卡兰萨也撰文一篇，反击萨宁·卡诺，标题便是观点："莎翁崇拜症一例"。文章第一次准确揭示了巴伦西亚的个人局限性，未对他做言过其实的评价。卡兰萨认为，巴伦西亚没有点燃哥伦比亚的精神火炬，只是美化了词汇，他的诗作文体绮丽、感情冷漠、技巧娴熟、精雕细琢。结论是个反问句，可与卡兰萨最优秀的诗篇媲美："如果无法让我热血沸腾，无法为我猛地推开神秘世界之窗，无法让我发现世界，无法在孤寂、爱恋、欢聚、失恋时陪伴我忧伤的心，诗歌于我，何用之有？"结语是："在我看来——说句大逆不道的话——巴伦西亚仅仅是个不错的诗人而已！"

《莎翁崇拜症一例》刊登在发行量很大的《时代报》的《周日读书》上，引发了巨大的社会反响，产生了意想不到的影响，促使评论界追根溯源、彻底研究哥伦比亚诗歌。估计从堂胡安·德加斯特利亚诺斯创作十五万行十一音节诗《西印度名人挽歌》起，从未严肃开展过这样的研究。

此后，诗歌成为一片广阔的天地，当年广受欢迎的"新一代"

诗人与争先恐后想占一席之地的后来者均可纵情驰骋。诗歌走进千家万户。如今，我们很难想象卡兰萨主编的《周日读书》以及国立男子中学老校长卡洛斯·马丁主编的《星期六》如何让人翘首以待。卡兰萨不仅写诗，还在傍晚六点的波哥大第七大道上完美展现属于他的诗人气质：十个街区的长度变成橱窗，他手握书本，贴在心口，沿街漫步。卡兰萨是他那代人的楷模，下一代人的榜样，以不同方式影响了两代人。

巴勃罗·聂鲁达那年年中来到波哥大，他坚信诗歌必须充当政治武器。在波哥大聚谈会上，他得知劳雷亚诺·戈麦斯的反动嘴脸，临别时几乎一挥而就，写下了三首十四行诗作为檄文，第一节四行诗便定下了基调：

> 别了，从未戴上桂冠的劳雷亚诺，
> 悲情的总督，不称职的国王。
> 别了，高高在上的君主，
> 提前道声别了，连声道别，直到真的别了。

尽管卡兰萨同情右派，和劳雷亚诺·戈麦斯本人私交甚笃，他还是把这三首十四行诗刊登在文学版面的显著位置，不当政治宣言，只当报社独家。然而，反对声四起。何况，这份报纸为前总统爱德华多·桑托斯①所有，他是顽固的自由派，既反对劳雷亚诺·戈麦斯的腐朽思想，又反对巴勃罗·聂鲁达的革命思想，刊登这样的

---

① 爱德华多·桑托斯（1888—1974），哥伦比亚出版商、政治家、自由党人，拥有波哥大报纸《时代报》，1938 年至 1942 年间任哥伦比亚总统。

十四行诗于情于理不合。呼声最高的理由是一个外国人岂能如此放肆。三首临时写就、精妙有之、诗意不足的十四行诗居然闹得如此沸沸扬扬，足见那些年诗歌振奋人心的力量。不管怎么说，身为共和国总统的劳雷亚诺·戈麦斯和继任者古斯塔沃·罗哈斯·皮尼利亚①将军先后禁止聂鲁达入境。不过，他走海路往返于智利和欧洲时，曾几次途经卡塔赫纳与布埃纳文图拉，来去都会放出消息。聂鲁达的造访对于哥伦比亚的朋友们来说，不啻一次盛大的节日。

　　一九四七年二月就读于法律系时，我和"石头与天空"依然命运相连。尽管早在锡帕基拉的卡洛斯·马丁家里，我就见过"石头与天空"的重量级人物，可是，就连最容易接触到的卡兰萨，我都没勇气搭讪。一次，我在大哥伦比亚书店遇到他，他离我很近，我只是崇拜地跟他打了声招呼，他没认出我，也十分和蔼地跟我打了声招呼。不过，另一次，大师莱昂·德格雷夫从风车咖啡馆的桌边专门过来，跟我交谈。有人告诉他，我在《观察家报》上发表过几个短篇，他向我保证，一定会看。可惜没过几周，就发生了四月九日民众暴动②，我不得不离开硝烟弥漫的城市。再回来时，已过四年。风车咖啡馆化为废墟，大师携家当和朋友转至自动化咖啡馆，我们在那里成了书友和酒友。他还教过我下国际象棋，但我的棋艺实在不怎么样。

---

① 古斯塔沃·罗哈斯·皮尼利亚（1900—1975），哥伦比亚军人、政治家，1953 年至 1957 年间任哥伦比亚总统，是二十世纪哥伦比亚唯一的军事独裁者。
② 1948 年 4 月 9 日，前波哥大市长、左派总统候选人埃列塞尔·盖坦被人暗杀。顿时全国震惊，舆论哗然，波哥大一片混乱，党派之争上升到了白热化的程度。骚乱持续了三天三夜，数千人死于非命，社会秩序遭到严重破坏。受此影响，哥伦比亚国立大学被迫停课。

早年的朋友们无法理解我为何坚持不懈地写短篇；生活在诗歌至上的国度，连我自己也无法解释。诗歌的魅力，我自小就见识过。当年，诗歌《人间苦难》风靡一时，印在粗包装纸上出售，听人在加勒比村镇的市场和墓园朗诵，要付两生太伏。相比之下，小说产量少，在豪尔赫·伊萨克斯的《玛利亚》之后，没有产生过大的社会反响。何塞·马里亚·巴尔加斯·维拉是个例外，他创作的五十二部小说直抵穷人的心灵。他不知疲倦地东奔西走，拖着沉重的行李箱，携大作在拉美和西班牙各大酒店门口展示，作品像面包那样热卖。他的代表作《微风或紫罗兰》比许多同时代的优秀作品都更让读者心碎。

岁月沉淀下来的小说只有：西班牙人胡安·罗德里格斯·弗雷伊莱写于一六〇〇年至一六三八年殖民时期的《绵羊》，他肆意篡改新格拉纳达①史，自由发挥，创作出一部虚构文学杰作；一八六七年豪尔赫·伊萨克斯的《玛利亚》；一九二四年何塞·艾乌斯塔西奥·里维拉的《漩涡》、一九二六年托马斯·卡拉斯基亚的《约隆博女侯爵》和一九三四年爱德华多·萨拉梅亚的《四年与我同行》。他们之中，没有一位获得过众多诗人应得或不应得的荣誉。而短篇小说虽然和安蒂奥基亚省大作家卡拉斯基亚一样身世显赫，却早已沦落到内容空洞、文字低劣的境地。

当年在国立男子中学，我陆续写了些诗，要么不署名，要么署笔名，从没想过要在诗歌这棵树上吊死，足见我的志向就只是讲故事。更有甚者：我在《观察家报》上发表短篇，很多没资格议论的

---

① 西班牙占领美洲殖民地时所设的四个总督辖区之一，管辖范围主要为如今的哥伦比亚共和国。

人也纷纷对我选用的体裁提出质疑。如今想来，之所以如此，是因为在当年的哥伦比亚，许多方面依然停留在十九世纪。尤其是四十年代，当我百无聊赖地前往哥伦比亚国立大学法律系报到时，哀伤忧郁的波哥大还在怀念美好的殖民时代。

只要去一趟坐落于第七大道和希梅内斯－德盖萨达大街、被波哥大市民夸张地誉为"世界最美街角"的中心区，就会明白我所言不虚。中午，圣方济塔楼的大钟敲十二下，行人驻足，咖啡馆噤声，集体对表。那个十字路口附近的街区人头攒动，商人、政客、记者，当然还有诗人，每天相遇两次。所有人从头到脚一身黑，如同昔日的国王堂费利佩四世。

我求学时，当地还有一种报纸，估计世界其他地方不太可能有。类似学校出的粉笔黑板报，中午十二点、下午五点挂在《观察家报》报社的阳台上，用来发布最新消息。每到这两个钟点，街头读者早已迫不及待地守在阳台下，人群阻碍了交通，车辆不得不缓行。他们若是喜欢，会集体鼓掌；若是不喜欢，会嘘声一片，甚至用石头砸黑板报泄恨。这是一种立竿见影的民主参与形式，是报社的晴雨表。因此，《观察家报》比其他任何报纸都更能有效地摸清舆论热点。

当年没有电视，只有定时播出、全面报道的电台新闻。因此，午饭前或晚饭前，人们会先去等黑板报，了解国际大事后再回家。黑板报如实报道了孔查·贝内加斯机长驾驶飞机，独自开辟利马和波哥大之间航线一事①，让人印象深刻。报道类似新闻时，读者会迫不及待，除了规定时间，黑板报还要多出几期特刊。这份报纸绝无

---

① 1940 年，恩里克·孔查·贝内加斯首开先河，在利马和波哥大之间实现直航。

仅有，街头读者不会想到，这个点子的发明者和忠实的执行者名叫何塞·萨尔加尔，二十岁任《观察家报》编辑，小学文化程度，后来成了一名了不起的记者。

市中心的咖啡馆最具波哥大特色，国家大事早晚汇聚于此，政治、文学、金融等方面专业人士各得其所。那些年哥伦比亚史的一大部分都和这些咖啡馆有关。人以群分，各有所好。

二十世纪上半叶的作家和政治家，包括共和国某位总统，都在十四街罗萨里奥大学对面的咖啡馆里学习过。温莎咖啡馆作为知名政治家的乐园，是营业时间最长的咖啡馆之一，也是大漫画家里卡多·伦东①的庇护所。他在温莎咖啡馆里创作出天才的作品，多年后，在大街咖啡馆后店用一把左轮手枪打穿了自己天才的脑袋。

午后漫漫，闲极无聊，我偶然发现国家图书馆音乐厅对公众开放。我喜欢躲在那儿看书，想听什么就写在纸上，交给热情的女职员，用大师们的曲目做背景音乐。我们这些常来的听众喜好各异，互寻知音。我日后钟爱的作曲家大多在此相识。多年来，我恨肖邦，也是因为当年有个超级音乐狂，几乎每日必点肖邦的曲子，不管别人愿不愿意听。

一天下午，音响坏了，音乐厅里空荡荡的，但女主管同意我坐在那儿静静地看书。开始，我感觉身处一片宁静的绿洲，可是不到两个小时，我便无法集中注意力了，烦躁得很，看不进去书，浑身不自在。过了几天我才发现，想不烦躁，周围不能安静，要有背景音乐。此后，音乐便成为我半秘密的毕生挚爱。

---

①里卡多·伦东（1894—1931），哥伦比亚二十世纪最伟大的漫画家。

周日下午音乐厅不开放，我就去坐有蓝色玻璃窗的有轨电车，车票五生太伏一张，从玻利瓦尔广场到智利大街，走环线。青少年时代在有轨电车上度过的那些下午，就像拖在许多个荒废的周日背后的一条没完没了的尾巴。坐电车收获颇丰，电车一个劲儿地转圈，我一个劲儿地读诗，车行一个街区，我读一段诗，直到淫雨霏霏，华灯初上。之后，我会去老城区忧郁的咖啡馆，找个人聊一聊刚读过的诗。有时能找到人，但全是男的。我和他窝在破破烂烂的地方聊到深夜，几支烟抽了又抽，连烟屁股也不放过。我们在聊诗，同一星球别处的人在做爱。

那时候，大家都很年轻，可总能找到比我们更年轻的人。后浪推前浪，尤其是诗人和罪犯。刚做了点儿什么，马上就发现有人做得更好。有时，我在故纸堆里翻出几张照片——街头摄影师替我们在圣方济教堂回廊前照的——不禁会同情地叫出声。照片上的人不像我们，倒像我们的孩子。在处处碰壁、举步维艰的城市里生活，周日无爱的下午最难挨。当我在这座城市偶然碰见何塞·马里亚·巴尔德布兰克斯舅舅时，还以为在周日望完弥撒、走出教堂的人群中看见了拿雨伞开道的外公。他的穿着打扮丝毫没能掩饰他的身份：黑呢套装，白衬衫，浆洗过的硬领，斜纹领带，坎肩上挂着怀表链，硬礼帽，金丝眼镜。我看傻了，不由自主地拦住他。他威胁性地举起伞，把我挡在了他眼皮底下：

"能让一下吗？"

"对不起，"我很不好意思，"认错人了，我以为您是我外公。"

他像天文学家那样观察我，打趣地问：

"敢问阁下，您那位著名的外公是何许人也？"

我这么做实在冒昧，便稀里糊涂地报出外公的全名。他笑了，愉快地放下伞。

"我和他当然像，"他说，"我是他长子。"

我在哥伦比亚国立大学的日子没那么难挨，但大学生活没有在记忆中留下任何痕迹，因为我一天也没当自己是法律系学生，尽管第一年的成绩——我在波哥大只学了这一年——不这么认为。下课了，同学们作鸟兽散，我没时间也没机会像在国立男子中学时那样与他们交往。最大的惊喜是法律系秘书长居然由作家佩德罗·戈麦斯·巴尔德拉马担任。我拜读过他早年在文学增刊上发表的文章；他英年早逝前，一直跟我是好友。

从大一起，就属贡萨洛·马利亚里诺·波特罗和我交往最多。他是唯一相信生命存在奇迹的人，尽管无法证明。是他向我表明法律系并没有我想象中那么贫乏。第一天上课，他就拉我翘了统计学和人口学的课，早上七点在大学城的咖啡馆里跟我比赛背诗。太早了，城市尚未苏醒。他背西班牙古诗，我背哥伦比亚新诗。哥伦比亚的年轻诗人们早已向上世纪的遗老遗少们开火。

周日，他邀请我去他家。他和母亲及兄弟姐妹们住在一起，和我家一样，儿女成群，吵闹不堪。长子维克多全心投身戏剧界，是知名的西语朗诵家。自从逃离爸妈的监管，我从未找到过家的感觉，直到认识了马利亚里诺的母亲佩帕·波特罗。她是波哥大封闭的贵族圈里保持本性的安蒂奥基亚人，天资聪颖，妙语连珠，能把不雅词汇用得恰到好处，再现塞万提斯风格，功力深厚，无人可及。夕阳西下，喝着香喷喷的巧克力，吃着热乎乎的奶酪饼，看着祖母绿的草地延伸到天边，那些下午令人流连。佩帕·波特罗在日常生活中毫不掩饰，满口的俚语作为现实生活中一种全新的说话方式，让我受益匪浅。

吉列尔莫·洛佩斯·格拉和阿尔瓦罗·比达尔·巴隆跟我走得也近，他们俩是我在锡帕基拉国立男子中学的死党。不过在大学里，我跟路易斯·比利亚尔·博尔达和卡米洛·托雷斯·雷斯特雷波走得更近。我们仨情同手足，大爱《理智报》文学增刊。这是一份由诗人兼记者胡安·洛萨诺－洛萨诺主编的半地下报纸。截稿日，我会跟他们去编辑部，最后帮把手，有时会遇见主编大人。我崇拜他写的十四行诗，更崇拜他在《星期六》周刊上发表的国内名人小传。他依稀记得"尤利西斯"在报上对我的评论，但没读过我写的那些短篇。我没接茬，那些短篇他不会喜欢。从第一天起，每次我跟他告别时，他都表示欢迎我为报纸撰稿，而我只当那是波哥大人的客气话。

在阿斯图里亚斯咖啡馆，法律系同学卡米洛·托雷斯·雷斯特雷波和路易斯·比利亚尔·博尔达向我介绍了十六岁就发表系列抒情散文的普利尼奥·阿普莱约·门多萨①。抒情散文最早流行于爱德华多·卡兰萨主编的《时代报》文学版，后来风靡全国。普利尼奥·阿普莱约·门多萨皮肤黝黑，深栗色直发，使他的印第安人外表更显俊美。他年纪尚轻，已经在《星期六》周刊上撰文多篇。周刊创始人是他父亲普利尼奥·门多萨·内拉，当过战争部长的他天生是做记者的料，也许一辈子没写过一行新闻稿，却教会了不少人写稿。他不做高官，不开糟糕透顶的大公司，却大张旗鼓地办报。

①即 P.A. 门多萨，哥伦比亚作家、记者，与马尔克斯合著了《番石榴飘香》。

那段日子，我只见过他儿子两三回，都是和同学一起，少年老成的他让我印象深刻。我怎么也没想到，几年后，我们会一起在报界大展拳脚，长期合作。当年，我没想过去学什么新闻学；从学科角度讲，新闻学比法学更让我提不起兴趣。

事实上，我从未想到自己会对新闻学感兴趣，直到有一天，普利尼奥的妹妹埃尔维拉·门多萨紧急采访阿根廷朗诵家贝尔塔·辛格曼，彻底颠覆了我对新闻学的偏见，挖掘出深埋在我内心的记者志向。这篇访谈不是传统的问答式——我看完了，还是一头雾水，现在依然如此——在国内比较新颖。很多年后，当埃尔维拉·门多萨已是国际知名记者和我的好友时，她告诉我，当年，她也是背水一战，不得已而为之。

贝尔塔·辛格曼的到访是当日要闻，埃尔维拉作为《星期六》周刊女性专栏的负责人，请求对她进行采访。她父亲怕她经验不足，但好歹点了头。那些年，周刊编辑部知识分子云集，精英荟萃，埃尔维拉拜托他们拟了一份提问稿。然而，贝尔塔·辛格曼十分自大，将采访地点定在格拉纳达酒店的总统套房里，埃尔维拉战战兢兢，硬着头皮去了。

从第一个问题开始，贝尔塔·辛格曼就拒绝回答，戏称全是白痴问题，压根没想到每个问题的背后都有一位知名作家。哥伦比亚她来过好几回，许多作家她不仅认识，还很崇拜。埃尔维拉一向机灵，此时却只能打落牙齿往肚里咽，一忍再忍。正当采访差点儿变成一起恶性事故时，贝尔塔·辛格曼的丈夫突然出现。他既有分寸，又不失幽默，控制了局势，挽救了报道。

埃尔维拉没有将访谈写成一问一答式，而是描述了自己和受访者的交流障碍。她抓住贝尔塔·辛格曼的丈夫意外出现这一点大做文章，把他变成真正的主角。贝尔塔·辛格曼看了，勃然大怒。然而，《星期六》周刊已经拥有最广大的读者群，在六十万人口的城市，周销量飙升到十万册。

埃尔维拉·门多萨聪明、冷静，利用贝尔塔·辛格曼的愚蠢揭示其本性。她让我第一次思索新闻报道能怎么写，不是作为重磅消息，而是作为一种文学体裁。多年以后，我有了许多亲身体验，才如今日这般恍然大悟：小说和报道实为手足，乃一母所生。

在此之前，我只敢写诗：圣若瑟中学校刊上的打油诗，国立男子中学唯一一份报纸上的抒情散文或以"石头与天空"的风格描绘虚幻爱情的十四行诗。之前不久，我在锡帕基拉的死党塞西莉亚·冈萨雷斯说服诗人兼杂文家丹尼尔·阿朗戈在《时代报》周日增刊最不起眼的角落用七号字、署笔名刊登了我写的一首歌谣。我没有大受鼓舞，也没有感觉自己更像诗人了。相反，埃尔维拉的报道却唤醒了我内心的记者志向。我抖擞精神，开始换一种方式读报。卡米洛·托雷斯和路易斯·比利亚尔·博尔达支持我，并提醒我堂胡安·洛萨诺说过，欢迎我为《理智报》文学增刊撰稿。我胆小，只投了两首纯粹卖弄技巧的诗歌，自己也没当回事儿。他们建议我去找《星期六》周刊的普利尼奥·阿普莱约·门多萨聊聊，我一向脸皮薄，没好意思去，总觉得这是一门全新的行业，在没有灵感的时候冒险去闯，未免操之过急。不过，这次自省的效果立竿见影。那些天，我总在纠结，之前写的散文也好，诗也罢，包括学校作业，无一例外都是在觍着脸模仿"石头与天空"。我打算从下一个短篇起痛改前非。实践证明，总用以 mente 结尾的副词①是恶习，只能说明词汇贫乏。于是，一出现这种情况，我就修改，久而久之，愈发确信这一执念是在逼自己去想更丰富、更形象的表达方式。多年以来，在我的书里，除引用外，以 mente 结尾的副词一个也找不到。当然，不知译者是否也能察觉这一点，并出于职业素养，将这种风格原汁原味地保留下来。

没过多久，我和卡米洛·托雷斯、比利亚尔·博尔达不仅同去教室和编辑部，在校外也同进同出。他们俩渐渐对国家政治和社会形势萌生出强烈的不满，而我则流连于文学的神秘花园，根本不想听他们周而复始的分析和悲观丧气的预言，但是，记忆中与他们的友谊仍然在那些年最愉快、最有益的经历之列。

我进大学课堂，好比进监狱牢房。授课的全是大师，可惜学生们没兴趣听，包括我。教过我的老师当中，有阿方索·洛佩斯·米切尔森②，他父亲是二十世纪唯一获选两次的哥伦比亚总统。由此，大家都说他天生有当总统的命，后来，他果真当上了总统。他穿着名贵的伦敦产羊绒外套来上法学导论，准时得让人顿足，讲课时从不看学生，自信聪明绝顶，目中无人，总像在另一个人的梦里神游。我觉得，他上课就是自言自语，还一个调——除了诗歌课，其他课全是这种风格。不过，他的声音催人入眠，如吹笛舞蛇的巫师。当年，他就已经具备深厚的文学功底，文笔优美，口才精湛；多年以后，远离了昏昏欲睡的教室，再相逢，我们成了朋友，我才后知后觉。他老牌政治家的名声也得益于他的个人魅力——几乎称

---

①根据西班牙语构词法，在形容词阴性单数形式后加 mente，可以构成相应的副词。
②阿方索·洛佩斯·米切尔森（1913—2007），自由派政治家、律师、大学教师，哥伦比亚前总统阿方索·洛佩斯·普马雷霍之子，1974 年至 1978 年间任哥伦比亚共和国总统。

得上个人魔力——和过人的洞察力。尤其是他不喜欢的人，他们肚子里有什么坏水儿，他一看便知。然而，作为公众人物，最可贵的是他能一语定乾坤，开创历史局面。

后来，我们成为亲密的朋友。当年在大学，我不用功，脸皮又薄，和别人总是保持距离，特别是和我崇拜的人。我翘课翘得没了影儿，当老师叫我参加第一学年期末考试时，真的吓了我一跳。还得用老办法：天花乱坠，离题万里。我发现，我要的心眼，老师全看在眼里，权当文学消遣。唯一的麻烦是考得半死不活的我用了"时效"这个词。他当即让我释义，以确认我明白言之何物。

"在一定时间内获得某种权利。"我回答道。

他穷追不舍：

"获得权利还是失去权利？"

一回事。可我天生不自信，没敢跟他争辩。打分时他没扣我的分，但我认为这会成为他茶余饭后的经典笑话之一。很多年后，我又提起，他却忘了。当年究竟有没有这回事，他和我自然都说不清了。

我们两个都视文学为后花园，沉浸其中可以忘记政治，将何为"时效"抛在脑后。我们在没完没了的交谈中发现被人遗忘的作家和令人惊讶的作品，聊到忘记出门，惹恼各自的夫人。妈妈硬说我们是亲戚，的确如此。我们都爱加勒比歌谣，这比失落的血缘关系更坚实。

还有一件巧事：爸爸的亲戚卡洛斯·H.帕雷哈既是政治经济学老师，也是大哥伦比亚书店的老板。书店向来把名家新作摆在桌上展示，无人看管，学生特别爱去，连他自己的学生都会在傍晚乘虚而入，顺手牵羊。按照校规，窃书违法，但不为罪。我并非高尚，只是胆小，在窃书行动中只能帮手脚灵活的人把把风，打打掩护，条件是我要的书，由他们一并偷出。一天下午，同伙刚偷来弗朗西斯科·路易斯·贝尔纳德斯的《没有劳拉的城市》，我的肩头就落下一只铁爪，耳边传来一声断喝：

"小子，总算逮着你了！"

我魂飞魄散地回过头，是卡洛斯·H.帕雷哈老师，那三个偷书贼早已抱头鼠窜。幸好，我还没来得及道歉，就发现他抓我不是因为人赃并获，而是因为我一个多月都没去上课了。他例行公事般批评了我一顿，接着又问：

"你真的是加夫列尔·埃利希奥的儿子？"

我是，但我说不是。我早就听说，我们两人的父亲因为一次私人事件——具体怎么回事，我也不清楚——相互很疏远。后来，老师还是知道了真相。此后，无论在书店还是在课上，他都称我为侄儿。尽管他用西蒙·拉提诺的笔名创作出版了几本水平不一的诗集，我和他依旧只是亲戚一场，并无文学往来。只不过既然是亲戚，我就没再给偷书贼们打掩护。

另一位很棒的老师名叫迭戈·蒙塔尼亚·奎利亚尔，和洛佩斯·米切尔森是对头，两人暗暗较劲。洛佩斯是不安分的自由派，蒙塔尼亚·奎利亚尔是左翼激进派。课余，我和蒙塔尼亚·奎利亚尔关系好，总觉得洛佩斯·米切尔森当我是乳臭未干的诗人，而蒙塔尼亚·奎利亚尔当我是他壮大革命队伍的活广告。

我和蒙塔尼亚·奎利亚尔关系好，源于他和三名年轻的军校生发生的一些不愉快。军校生着阅兵制服前来上课，像在军营，准时准点，三人同坐一旁，与其他学生分开，笔记一丝不苟。考试再难，他们也能取得不错的成绩。迭戈·蒙塔尼亚·奎利亚尔头几天就私下建议他们，上课别穿军装，他们彬彬有礼地回答：上级有令，必须遵守，还念念不忘，随时提醒。不管怎样，在老师和同学眼里，他们仨怪归怪，但总归是好学生。

他们穿着干净挺括的军服，总是准时准点地一同来到课堂，单独坐在一边，不苟言笑，有条不紊。我老觉得，他们生活在不一样的世界。跟他们说话，他们很和气，你问多少，他们答多少，客套得很。考试前，我们四人一组去咖啡馆学习；星期六，我们要么在舞厅碰面，要么在街头闹事，去安静的酒馆喝酒，去幽暗的妓院鬼混。可在那些地方，我们从没遇到过军人同学，一次也没有。

同学一年，我就没怎么跟他们打过照面。再说，也没机会。他们准时到教室，老师话音刚落，他们拔腿就走，课间只和二年级的军校生交往，不跟别人搭讪。我不知道他们的姓名，也没听说过关于他们的什么事。如今我才发觉，他们有顾虑，我也有。外公外婆所说的当年吃的败仗和香蕉种植园惨无人道的大屠杀，在我心中留下了永远的阴影。

鼎鼎大名的宪法学老师豪尔赫·索托·德尔科拉尔能背诵出人世间所有的宪法。课堂上，他的专业智慧和渊博学识让人倾倒，只可惜少了点儿幽默。他是尽量不在授课时表现出政治倾向的老师之一，结果却欲盖弥彰，连手势和所强调的观点都在"说话"。武装和平维持了四十多年，新的内战一触即发，而大学是国家脉搏跳动得最强劲的地方。

我长期旷课，专业课学得心不在焉，第一年居然靠临时突击通过了难度较小的考试，靠耍小聪明、答非所问通过了难度较大的考试。说实在的，我一点儿也不开心，陷在死胡同里，不知该如何摸索前行。法学比中学任何一门课程都更无聊，我的掌握程度也更低。我觉得我已经是大人了，能够自己做主。神奇地耗了十六个月，什么也没学到，只换来一帮毕生的挚友。

得到"尤利西斯"的公开认可后，我所剩无几的学习热情几乎丧失殆尽。有些同学开始称我为大师，把我当作家介绍给别人。当时，我立志寻找一种既逼真又奇妙的叙事结构，可惜时运不佳。有些作品精妙却不易模仿：如索福克勒斯的《俄狄浦斯王》，父亲遇刺，主人公展开调查，最终查出自己就是凶手；W. W.雅各布斯完美的短篇《猴爪》，凡事皆偶然；莫泊桑的羊脂球和其他那么多伟大的"罪人"，愿上帝将他们留在神圣的天国。我琢磨着这些作品，一个星期天晚上，总算遇到了值得讲述的事情。我在贡萨洛·马利亚里诺位于智利大街的家中几乎倒了一天的苦水，抱怨当作家不易，乘最后一班有轨电车回膳宿公寓的路上，查皮内罗车站上来一位活生生的法翁①。没错，我说的是法翁。我注意到，深更半夜，车上寥寥无几的乘客见到他，竟无人惊讶，让我怀疑他只是周日乔装打扮、出没在儿童乐园里的小贩。但事实打消了我的疑虑，他的羊角和胡须如山羊般粗野，他经过时，我还闻到了羊膻味。在二十六街——这条街上有墓地——他如一位慈父般下车，消失在公园的树丛间。

下半夜，我在床上翻来覆去，吵醒了多明戈·曼努埃尔·维加。他问我怎么了，我半梦半醒地对他说："法翁上了有轨电车。"他彻

———————————
① 罗马神话中掌管农、牧业的神，半人半羊。

底醒了，说若是噩梦，全怪周日消化不良，但若是我下个短篇的题材，简直绝妙。第二天早上，对于电车上的法翁究竟是幻是真，我也难辨。我先承认是星期天太累，在电车上睡着了，做了个梦，梦境清晰无比以至于我无法将其与现实分离。最终，对我而言，关键不在于那个法翁是否为真，而在于我体验的经历中，他是如此真实。因此，真也好，梦也罢，我不应将其视为由臆想而生的错乱，而应当作我人生中一次奇妙的经历。

于是，第二天，我一气呵成，写了个短篇。我把稿子放在枕头底下，睡前读，醒来读，一连读了好几天。故事如实再现了电车上的那一幕，原原本本，风格朴素，如社会版的洗礼公告。最后，我又生出新的疑虑，便决定送它去接受印刷的真火考验，不投《观察家报》，改投《时代报》文学增刊，这样就不牵涉爱德华多·萨拉梅亚——他没理由陪我冒险——或许能听见不同的声音。膳宿公寓里的一位同学陪我去寄稿，附上致《时代报》文学增刊新锐主编堂海梅·波萨达的一封信。可是，短篇没见报，信也没有回。

我写于那个时期的短篇按照创作和刊登在《周末》上的顺序归档，最终消失在了《观察家报》的档案室。一九五二年九月六日爆发了反政府暴乱，报社遇袭，档案被付之一炬。我没有留副本，我那些最热心的朋友也没有留，这让我舒了口气：就让它们在遗忘中化为灰烬吧！没想到某些省级报纸的文学增刊未经许可，擅自转载过这些短篇，还有些刊登在不同的杂志上，一九七二年蒙得维的亚阿尔菲出版社将它们收录成册，书名为其中一个短篇的名字：《纳沃，让天使们等候的黑人》。

一九四八年一月十七日刊登在《观察家报》上的《突巴耳加音

炼星记》成为漏网之鱼。也许是因为没有信得过的版本，它从未被收录在任何书中①；主人公和《圣经》里发明了音乐②的铁匠同名也非人尽皆知。同系列还有另外两篇，按创作和发表的顺序读，我觉得抽象、不连贯，有的荒唐离谱，全都缺乏真情实感。我永远也无从知道，像爱德华多·萨拉梅亚那样严格的批评家读完它们会有何评价。但是，这些短篇对我比对任何人都重要，因为每个短篇中都有东西对应了那个时期发生在我人生中的剧变。

对于当年读过、膜拜过的许多小说，我只是对其中的创作技巧感兴趣，换言之，吸引我的是文字背后的"木匠活"。从初始三篇形而上学的抽象短篇到那个时期的最后三篇，我找到了对作家起步切实有用的门道，甚至没想过去摸索其他形式。我觉得，短篇小说和长篇小说不仅是两种截然不同的体裁，还有截然不同的结构，混为一谈是件要命的事。今天，我依然这么认为，而且比任何时候都更加坚信：短篇小说的地位高于长篇小说。

在《观察家报》上发表文章，除了给我带来文学上的成就，也给我的生活制造了许多令人哭笑不得的麻烦。糊涂朋友会当街拦道，向我借救命钱，他们不相信一位文学才华尽情施展的作家没有靠发短篇赚上大钱。我告诉他们，报社发文，不付任何稿酬，我也没指望过，当年国内的报纸杂志一律都是这样，对此，没几个人相信。更严重的是，爸爸对我非常失望，他发现十一个兄弟姐妹中，有三个在念书，而我却还不能养活自己。家里每月供我三十比索，光寄

---

①该篇小说 1974 年被收入马尔克斯的短篇集《蓝狗的眼睛》。
②此处是作者笔误，突巴耳加音（又译土八该隐）是制造各种铜铁器具的匠人（或作铜铁匠的祖师），他同父异母的兄弟犹巴耳（又译犹巴）是所有弹琴吹箫者的始祖。

宿费就要十八比索，早餐还不能吃鸡蛋，而且我总是不得已动用这笔钱用于意外开支。不知从何时起，我养成了在报纸空白处、餐馆的餐巾纸上、咖啡馆的大理石桌面上信手涂鸦的习惯。我斗胆认为，那些画是我幼时在外公金银作坊的墙上涂鸦的衍生物，也许是排遣苦闷的好办法。一位在风车咖啡馆偶然结识的朋友不会画画，却靠关系在部委当画师，他提议，我帮他画画，他分我工资。这辈子，我再也没有离腐败那么近过，但也没近到让我后悔的程度。

那段日子，我对音乐的兴趣也日渐浓厚。加勒比海岸的流行歌曲——我从小听到大——在波哥大闯出了一片天地。《海岸时间》是收听率最高的节目，由大西洋海岸驻首都音乐大使堂帕斯夸尔·德尔维奇奥主持，周日上午播出，大受欢迎。我们这些来自加勒比的学生会去电台所在地，跳舞跳到深夜。那是沿海音乐红遍内地的开始，之后甚至传到了祖国最偏远的角落，也提升了在首都求学的加勒比学生的社会地位。

唯一摆脱不了的麻烦是逼婚。不知怎的，加勒比海岸流传着这样的说法：波哥大的姑娘会诱骗来自沿海的小伙子，骗上床，下套逼婚，不为爱情，只为找个面朝大海的住处。我可没这么想，谁知，此生最不愉快的经历全都发生在波哥大郊外那些凶险的妓院里。喝得晕晕乎乎的我们会跑到这些妓院耗掉酒劲儿。在最破的那家，我差点儿丢了小命。刚和一个女人完事儿，她就赤裸裸地跑到走廊上瞎嚷嚷，说我偷了她梳妆台抽屉里的十二比索。看家护院的两个小混混把勉强快活后的我打倒在地，不仅抢走了我口袋里仅剩的两比索，还把我扒个精光，连鞋都脱了，上上下下、仔仔细细地搜身，帮她找钱。不管怎样，他们决定不杀我，直接交警局法办。这时，那女人才想起来，前一天她把钱挪了个地方，钱原封不动地在那儿放着。

大学好友中，最难忘的是卡米洛·托雷斯，他上演了我们青年时代最具戏剧性的一幕。一天，他第一次旷课。原因如燎原之火迅速传开。他收拾东西，离家出走，打算投奔距波哥大一百多公里的奇金基拉神学院。他母亲在火车站将他拦下，关进了书房。我去看他，他的脸色更显苍白，披着白色的套头斗篷，十分平静，让我第一次想到圣洁无瑕的状态。他想去神学院，志向使然，此前一直将其藏得天衣无缝。最终，他决定听从内心的召唤，此生不渝。

"最困难的事情已经办好了。"他对我说。

他指的是跟女朋友分手。他决心已定，女朋友为他高兴。一个灿烂的下午过后，他莫名其妙地送给我达尔文的《物种起源》。我跟他告别时，奇怪地以为，这一别，就是永别。

他在神学院期间，我和他失去了联系，依稀听说他去鲁汶①念了三年神学。他的志向没有改变他的学生气质和世俗行为，追他的女孩当他是困在教士服里的电影明星。

十年后，重返波哥大，由内而外尽显神职人员特色的他依然保留了少年时代的优秀品质。而我已是非科班出身的记者兼作家，已婚，有一子，名叫罗德里戈，一九五九年八月二十四日出生在波哥大巴勒莫医院。家里决定请他给孩子施洗，教父是我们夫妇二人多年的好友普利尼奥·阿普莱约·门多萨，教母是赫尔曼·巴尔加斯——他教我如何成为一流的记者和益友——的妻子苏珊娜·利纳莱斯。卡米洛跟普利尼奥早就认识，关系更好，但他并不认可这个

---

① 比利时城市，其中鲁汶大学是欧洲最古老的大学之一。

教父，因为普利尼奥当时和共产党过从甚密。何况他太爱说笑，会破坏洗礼的庄严气氛。苏珊娜保证，孩子精神层面的教导由她负责。于是，卡米洛便找不到或不想找其他理由反对了。

洗礼仪式于下午六点在巴勒莫医院的小礼拜堂进行，天又黑又冷，在场的只有教父、教母、我和一位穿着套头斗篷和麻鞋的农夫；这位农夫好似无声无息地飘了进来，无人察觉。苏珊娜抱来新生儿，无可救药的教父张口就是俏皮话：

"咱们要把他培养成一名了不起的游击队员。"

正在准备洗礼用品的卡米洛反唇相讥："没错，上帝麾下的游击队员。"接下来，他斩钉截铁地宣布施洗仪式开始，其隆重程度实属当年罕见：

"我用西班牙语给孩子施洗，免得不信上帝的人听不明白。"

字正腔圆的卡斯蒂利亚语在小礼拜堂里回响。借着儿时在阿拉卡塔卡做侍童打下的底子，我用拉丁语跟着念。到了圣水洗礼阶段，卡米洛目不斜视，故意滋事：

"相信圣灵此时降临在孩子身上的人，请跪下。"

孩子被圣水浇得大哭，教父、教母和我依旧站着，被神父朋友的话弄得不太自在。唯一跪下的是那位穿麻鞋的农夫。这一幕使我深受震动，作为我生命中的严厉训诫之一，一直跟随着我。我始终觉得是卡米洛处心积虑地找来那位农夫，专门教训我们，告诉我们何为谦卑，或至少，何为教养。

后来我见他的次数屈指可数。他总是来去匆忙，无事不登门，见面理由基本都和他保护政治难民的慈善事业有关。一天上午，他和一名入室盗窃犯出现在我的婚房里。盗窃犯已经刑满释放，可警察就是不放过他，将他浑身上下洗劫一空。一次，我送他一双户外鞋，鞋底设计特别，安全耐磨。几天后，女佣在照片上认出了那双鞋，主人是一名街头罪犯，葬身于路边水沟，正是我们那位盗窃犯朋友。

我没有认为此事和卡米洛的终极命运有何干系，不过，几个月后，他去军方医院看望一位生病的朋友，从此音讯全无，直到政府宣布他参加了哥伦比亚解放军游击队。卡米洛死于一九六六年二月五日，享年三十七岁，在和军方巡逻队的交战中身亡。

卡米洛进神学院时，我也暗下决心，不在法律系虚掷光阴，但我没勇气面对爸妈。我从弟弟路易斯·恩里克口中得知——他于一九四八年二月来到波哥大，找了份好工作——爸妈对我中学和大一的成绩十分满意，想给我一个惊喜，于是寄来一台市面上最轻便、最先进的打字机。那是我此生第一台也是最不幸的一台打字机，当天就被我当了十二比索，和膳宿公寓里的同学开派对，给弟弟接风洗尘。第二天，头痛欲裂的我们去典当行探看打字机是否尚未拆封，以确保等老天爷掉钱到我们手上让我们去赎它时，它仍完好如初。那位"画师"朋友给我发工资时，是个赎回它的好机会。可到最后一刻，我们又往后拖。我和弟弟每次经过，总会一起或分头行动，当街观察，确认打字机还在原处，包着玻璃纸，系着蝉翼纱蝴蝶结，漂漂亮亮地和几排妥善保护的家电放在一起。过了一个月，我们醉酒后打的如意算盘依然落空，好在打字机安然无恙。只要我们每个季度按时付利息，它会一直在那儿。

当时，我们并没有意识到时局紧张，国家开始动荡。上台的是温和保守派奥斯皮纳·佩雷斯，尽管他本人德高望重，党内人士大多心知肚明，他的成功基于自由派的分裂。自由派大选失利，茫然不知所措，责怪阿尔贝托·耶拉斯立场中立，等于政治自杀。加夫列尔·图尔瓦伊医生大选失利后，意志消沉，莫名其妙地去了欧洲，非说那儿的心脏病学更胜一筹，一年半后，被失败的阴影吞噬，在巴黎雅典娜广场酒店与纸花和陈旧的哥白林挂毯相伴，寂寂而终。而豪尔赫·埃列塞尔·盖坦则着眼于下一次大选，不但竞选活动一天不中断，还大力推进，力求重塑国家道德体系，超越保守派与自由派的历史分歧，横向考虑，在剥削者与被剥削者之间做出更现实的区分：政治意义上的国家与民族意义上的国家。他以历史性的振臂一呼"冲啊！"和超人的精力竭尽煽动之能事，甚至将抵抗的种子撒到了最偏远的角落，不到一年，他逐渐收复地盘，盼来了真正的社会变革的前夜。

这时，我们才意识到国家又要坠入内战的深渊。内战从赶走西班牙殖民者获得独立起，从前辈打到曾孙。四连败的保守党利用自由党分裂夺回政权，无论如何不想再失手。于是，奥斯皮纳·佩雷斯政府提前实行扫荡政策，血染国土，殃及民众日常生活。

我没有政治头脑，云里雾里地畅游在文学世界里，对眼前的现实视而不见。直到有天晚上，在回膳宿公寓的路上，我才醒过神来。凛冽的寒风从山间吹来，城市荒凉寂寥，被豪尔赫·埃列塞尔·盖坦在市剧院发表周五演讲时金属般的嗓音和故意为之的郊区腔清扫一空。剧院里坐得满满当当，最多只能容纳一千名观众，然而，演讲通过无线电传送，先用附近街道的高音喇叭，再用广播，把音量调到最高，鞭策着这座受惊的城市，在三小时甚至四小时里，源源不断地流向全国听众。

那晚，除了《时代报》报社所在的那个至关重要的街角由一群荷枪实弹的警察把守——每周五都是如此，街上似乎只剩我一人。我顿时醒悟。过去，我狂妄自大，不信任盖坦。那晚，我突然懂了：盖坦超越了西班牙语国度，正在创造一种无障碍语言，其考究不在用词，而在情感充沛，语调丰富。他本人在史诗般的演讲中故意用慈父般的口吻劝听众别闹事，回家去，可听众却理解为他是对一切代表社会不公和野蛮政权的事物表示唾弃。连本应维持治安的警察都听出了相反的意思，情绪激愤。

那晚演讲的主题是控诉政府的扫荡政策所引发的灾难。政府的目的是消灭敌对的自由派，但警察在农村造成的死亡无法计数，涌入城市的难民居无定所，食不果腹。在历数骇人听闻的烧杀劫掠事件后，他提高声调，字斟句酌，字字珠玑，句句直击人心。盖坦慷慨激昂，民众群情激奋，最终引发了全城总爆发，并通过电波传播到全国每个角落。

激动的人群涌向街头，掀起一场不流血的激战，警察睁只眼闭只眼。那晚，我才终于明白了外公的失落和卡米洛·托雷斯·雷斯特雷波的精辟分析。我很惊讶，国立大学的学生依然分为自由派和保守派，还有一些是共产党，盖坦提出的两分法在校园里无迹可寻。我怀着激动的心情回到膳宿公寓，看见室友正安安稳稳地躺在床上读奥尔特加－加塞特^①。

"维加医生，我想通了，"我对他说，"现在我总算知道尼古拉斯·马尔克斯上校为何并如何发动了战争。"

没过几天，一九四八年二月七日，盖坦召开政治集会，那也是

---

① 何塞·奥尔特加－加塞特（1883—1955），西班牙著名哲学家、思想家，文学月刊《西方杂志》的创始人，其思想与政治理念影响了西班牙一代知识分子。

我平生第一次参加政治集会。六万多男男女女，黑衣重孝，挥舞着自由党的红旗和吊唁用的黑旗走上街头，悼念政府暴力下的无数遇难者。口号只有一个：保持静默。场面之壮观肃穆，不可思议。六万多人挤挤挨挨地沿着主干道走过十一个街区，连站在居民楼或办公楼阳台上观望的人也都保持静默。我身边的一位女士低声说了句祷告，近旁的一位男士吃惊地望着她说：

"夫人，拜托！"

她轻声道歉，陷入静默的人海。然而，让我的眼泪夺眶而出的是，在不寻常的寂静中，人群连走路和呼吸都小心翼翼。我来参加集会，并非出于政治信仰，纯属好奇，想见识见识静默的场面，却突然哽咽。在玻利瓦尔广场，盖坦站在市审计署的阳台上发表的演讲是一篇感人至深的悼词。连他自己的政党都没想到，人群没有发出半点儿掌声，集会口号在最苛刻的条件下得到了遵守。

这就是"静默游行"。哥伦比亚历史上有过好几次，这是感人至深的一次。那个历史性的下午给支持者和反对者都留下了盖坦当选势不可挡的印象。保守派对此心知肚明，暴力活动蔓延全国，除了扫荡，警察还疯狂地镇压手无寸铁的自由派。那个周末，在波哥大斗牛场，国民情绪获得疯狂宣泄：牛太温顺，斗牛士下不了手，愤怒的人群从看台冲入场内，气急败坏地将牛大卸八块。许多亲历或耳闻这起恐怖事件的记者和作家将其视为国民愤怒的终极表达。

在高压环境下，第九届泛美大会于三月三十日下午四点半在波哥大开幕。大会主席劳雷亚诺·戈麦斯好排场，斥巨资将城市装点一新。拉美各国首脑和大人物悉数到场，哥伦比亚最卓越的政治家均受邀出席，唯独漏掉了豪尔赫·埃列塞尔·盖坦。无疑，劳雷亚诺·戈麦斯故意将其拒之门外；一些自由派领袖见盖坦一并攻击两党寡头政治，也对他怀恨在心。会上最耀眼的明星是美国代表乔治·马歇尔。他是刚刚结束的二战中的大英雄，如电影导演般令人目眩地执导了欧洲重建计划。

然而，四月九日，星期五，豪尔赫·埃列塞尔·盖坦成为当天的新闻人物，他为被控谋杀记者欧多罗·加拉尔萨·奥萨的赫苏斯·马里亚·科尔特斯·波韦达上尉获得赦免。尽管官司一直打到了下半夜，上午八点不到，他就兴冲冲地来到他位于第七大道和希梅内斯－德盖萨达大街人来人往的十字路口的律师事务所上班。在接下来的几小时里，他有好几个预约。可是不到一点，当普利尼奥·门多萨·内拉和六位私交或政界朋友前来道贺——官司打赢的消息尚未见报——并邀他共进午餐时，他欣然应允，其中一位是他的私人医生兼政治幕僚佩德罗·埃利塞奥·克鲁斯。

在如此紧张的局势下，我坐在不到三个街区外的膳宿公寓食堂用餐。汤还没上，维尔弗里多·马修就惊慌失措地出现在我面前。

"这个国家完了！"他对我说，"盖坦刚刚在黑猫咖啡馆门前遇刺了。"

马修和这家膳宿公寓里的其他学生一样，也来自苏克雷。他是医学和外科学模范学生，老是怀有各种不祥的预感。不到一周前，他向我们宣布：眼下最可怕、后果最严重的事件将是豪尔赫·埃列塞尔·盖坦遇刺。但当时，谁也没有大惊小怪，因为他不说，大家也能猜到。

我鼓足勇气，沿着希梅内斯－德盖萨达大街发足狂奔，上气不接下气地跑到了几乎位于第七大道拐角处的黑猫咖啡馆。他们刚把重伤的盖坦送往四个街区外的中心诊所，他还没有咽气，但救活无望。一群人掏出手帕，蘸满热血，打算留作历史纪念。一个披黑披肩、穿麻鞋的摆摊女人握着沾满鲜血的手帕，愤怒地低语道：

"狗娘养的，他们杀了我的盖坦。"

擦鞋匠们挥舞着木箱，想砸开新格拉纳达药店的金属卷帘门。当班的警察没几个，他们把行凶者关进药店，以免他被愤怒的人群撕成碎片。一个高个子男人沉着镇定，穿着笔挺的灰西装，像是去参加婚礼；他高喊出处心积虑的口号煽动人群，效果立竿见影。店主拉起卷帘门，生怕药店被人一把火烧了。愤怒的人群排山倒海般扑向行凶者，他惊恐万状，死死地抓着一位警察。

"警官，"他苦苦哀求，几乎发不出声来，"别让他们杀了我。"

我永远也忘不了他的模样：头发乱糟糟的，胡子拉碴，面无人色，满眼恐惧，穿着破旧的栗色竖条纹呢子西装，口袋盖早就被人扯坏了。这短暂的一幕在我脑海中成为永恒。擦鞋匠们挥舞着木箱，把他从警察手里抢了过来，多少只脚猛踹过去。他刚被打翻在地，就掉了一只鞋。

"去总统府！"穿灰西装的男人——始终身份不明——高声下令，"去总统府！"

最狂热的分子对他言听计从。行凶者已是血人，他们拖着他的脚踝，高喊着反政府口号，从第七大道前往玻利瓦尔广场，两边停着被堵在路上的近几班有轨电车。人群在人行道上和阳台上鼓掌叫好。行凶者小命已丧，尸体被打得变形，在铺石路面上留下破布和碎肉。不少人加入到队伍中，不到六个街区，队伍壮大到足以引发战争。饱受折磨的尸体上只剩下内裤和一只鞋。

玻利瓦尔广场刚整修过，按照官方全新的审美标准，多了些不雅观的树木和做工粗糙的雕像，没有了昔日周五的宏伟与庄严。国会大厦——十天前，泛美大会在此开幕——空空荡荡，代表们都去吃午饭了。于是，人群继续前往总统府，那儿同样无人把守。他们扔下尸体，尸体上只有内裤的几缕破布、左脚上的鞋和脖子上不可思议地缠在一起的两条领带。几分钟后，共和国总统马里亚诺·奥斯皮纳·佩雷斯偕夫人从恩加蒂瓦畜产品展览会开幕式上回来用餐，总统专车上的收音机一直没打开，他们不知道盖坦遇刺的消息。

我在凶案现场又待了十多分钟，我很惊讶，目击者的说法变得太快，最后内容与形式均与事实不符。正是人流最拥挤的时候，我们站在希梅内斯大街和第七大道的十字路口，距《时代报》报社只有五十步之遥。我们知道陪盖坦离开律师事务所的有佩德罗·埃利塞奥·克鲁斯、亚历杭德罗·巴列霍、豪尔赫·帕蒂亚和普利尼奥·门多萨·内拉。内拉曾任阿方索·洛佩斯·普马雷霍政府的战争部长，是他邀请这些人去吃饭的。盖坦没有任何护卫，在朋友们的簇拥下走出大楼。刚到有轨电车站台，门多萨就拉着他的胳膊，上前一步，把其他人甩在身后，说：

"我想跟你说点事儿。"

话音未落，盖坦就用胳膊捂住了脸。门多萨听见第一声枪响，看见面前有个男人，端着枪，用职业杀手的冷静对准盖坦的脑袋连开三枪；过了一会儿，又听见目标不明的第四枪，或许还有第五枪。

跟随父亲前来的普利尼奥·阿普莱约·门多萨和两个妹妹埃尔维拉、罗萨·伊内斯看见盖坦仰面倒在站台上，一分钟后他被送往诊所。"他不像是死了，"多年以后，他对我说，"而像一尊仰面躺在站台上的宏伟雕像，旁边只有一小摊血。他睁着眼，直愣愣的眼神里透出无尽的悲伤。"在那一刻的混乱中，两个妹妹糊涂了，以为自己的父亲也遇害了。普利尼奥·阿普莱约把她们送上驶来的第一辆有轨电车，让她们离开凶案现场。可是，电车司机完全明白发生了什么事，帽子一扔，弃车而去，冲到街上，和抗议者们率先喊起了口号。几分钟后，他的车第一个遭殃，被疯狂的民众掀翻。

　　关于行凶者的人数和任务分配，众说纷纭，莫衷一是。一位目击者称，三名行凶者轮番开枪；另一位目击者称，真正的行凶者趁乱混入人群，不慌不忙地上了一辆行驶中的有轨电车。门多萨拉着盖坦的胳膊想跟他说的事，大家乱猜一气，谁也没猜对。他是想让盖坦同意建一所工会干部学校，或如几天前他岳父开玩笑时所说："一所教司机哲学的学校。"他还没来得及说出口，第一枪便迎面打来。

　　五十年后，我的记忆依然定格在那个煽动人群进攻药店的人身上。关于那天发生的事有无数版本，没有一个提到过他。当时，他离我很近，高档西装，皮肤白皙，指挥若定。我注意到他，一直盯着他。行凶者的尸体刚被拖走，他也被一辆簇新的轿车接走，从此被历史遗忘，也被我遗忘，直到很多年后，当了记者的我突然想到：那人是为了保护真凶，才煽动民众杀死了替罪羊。

　　当时，二十岁的古巴学生领袖菲德尔·卡斯特罗代表哈瓦那大学前来参加与泛美大会民主对抗的学生大会，也亲临了那场无法控制的骚乱。他是六天前到的，同行的还有古巴大学生阿尔弗雷多·格瓦拉、恩里克·奥瓦莱斯和拉斐尔·德尔皮诺。抵达后，他立即处理相关事务，包括与他十分仰慕的豪尔赫·埃列塞尔·盖坦会面。两天后，他见到了盖坦，盖坦约他下个周五见，并亲自在工作簿四月九日那页注上："菲德尔·卡斯特罗，下午两点。"

根据菲德尔在不同场合对不同媒体的讲述，加上与我这个多年好友长聊时的讲述，他听到刺杀消息时，正在律师事务所附近转悠，以保证两点准时到达。突然，他看见几帮人横冲直撞，奔走相告：

"盖坦遇刺了！"

他一时没反应过来，许久才意识到：就算等到四五点，也见不到盖坦了。门多萨·内拉临时起意，邀盖坦共进午餐，结果却出了大事。

凶案现场人头攒动，交通中断，电车被掀翻。我回头往膳宿公寓走，想把午饭吃完。卡洛斯·H.帕雷哈老师在他的办公室门口拦住我，问我去哪儿。

"去吃午饭。"我回答。

"别胡扯，"他用他不知悔改的加勒比方言说，"盖坦刚刚遇刺，你还想去吃午饭？"

他不留余地，命我立刻去学校，组织学生抗议。奇怪的是我居然违背本性，真的去了。我逆人流而行，沿着第七大道往北走，好奇、悲痛、愤怒的人群正在赶往凶案现场所在的拐角，开道的是国立大学校车，由激动的学生驾驶。距拐角一百米的桑坦德公园里，职员迅速关上了全市最豪华的酒店格拉纳达酒店的大门，那几天，参加泛美大会的部分首脑和重要嘉宾就下榻于此。

穷人从各个街角钻出，组成一支全新的队伍，摆明了要大干一场。不少人刚刚洗劫过商店，偷出砍刀，挥舞着，迫不及待地要派上用场。我缺乏远见，猜不出暗杀将有何后果，比起去抗议，我更想回去把午饭吃了。于是，我转过身，回到膳宿公寓，三步并两步冲上楼，坚信那些关心政治的朋友早已进入战时状态。我想错了：餐厅里空无一人，住在隔壁的弟弟与何塞·帕伦西亚以及其他几个朋友正在寝室里唱歌。

"盖坦遇刺了！"我叫道。

他们向我示意知道了，可所有人似乎都在度假，不像遇到丧事，只顾一个劲儿地唱歌。后来，我们去冷冷清清的餐厅吃午饭，以为事态不会进一步发展，直到有人调高收音机音量，好让我们这些事不关己高高挂起的人听到。一小时前鼓动我去抗议的卡洛斯·H.帕雷哈宣布由左翼自由派名士组成政府革命委员会，其中包括著名作家兼政治家豪尔赫·萨拉梅亚。革命委员会的第一项决议是成立执行委员会、国家警察总部和革命政府所需的各个部门。之后，其他成员又喊了些更加不着边际的革命口号。

在庄严的氛围中，我首先产生了这样的疑问：如果爸爸知道他的右派老顽固表兄成了极左革命的主要领袖，会怎么想？膳宿公寓老板娘听见那么多大学老师的名字，很奇怪老师表现得不像老师，倒像吵闹的学生。几步之遥，局势完全不同。支持政府的自由派人士在国家电台呼吁民众保持镇定，在其他电台呼吁打倒忠于莫斯科的共产党。自由党高层领导无视街头战乱，冒险前往总统府，和保守派政府共商大计。

国家处于癫狂状态，我们目瞪口呆地关注着局势发展。老板娘的儿子突然大叫，说房子着火了。确实，最里面的毛石墙有条裂缝，浓浓的黑烟开始令寝室里的空气变得稀薄。无疑，浓烟来自于膳宿公寓隔壁的省政府，示威群众在那儿放了把火，好在墙壁很厚，经得住。我们三步并两步地冲下楼，只见全城处于战时状态。无法无天的抢劫者冲进省政府办公室，看到什么都往窗外扔。黑烟蔽日，空气污浊。疯狂的人群手持砍刀和从铁匠铺偷来的各式工具，在叛乱警察的帮助下放火烧抢第七大道和附近街道的商铺。扫一眼，就知道局势已经失控。弟弟大声说出了我的心里话：

"该死，打字机！"

我们跑到典当行。那儿还好，铁门紧锁，只是打字机不在原处。我们倒不担心，想着等几天就把它赎回来，仍然没有意识到这是场大难，容不得我们等。

波哥大驻军只保护银行和官方机构，公共秩序无人问津。许多警署高官事发后很快就躲进第五师①，大量巡警沿街捡些枪支弹药，尾随他们而去。有几个人戴着起义袖章，挨着我们举枪扫射，震得我心怦怦直跳。此后，我便坚信，枪声也能杀人。

从典当行往回走，只见短短几分钟内，第八大道的商铺就被洗劫一空。这里是全市最富丽堂皇的街道，出售名贵珠宝、英国面料和自庞德街②舶来的帽子。这些原本摆在橱窗、沿海学生可望而不可即的物品如今谁都可以去抢，守护外国银行的士兵对此视而不见。高雅精致的圣马力诺咖啡厅店门大开，一片狼藉，身穿燕尾服、总是将加勒比学生拒之门外的服务生们早已逃得无影无踪。

①全称为"哥伦比亚国民军第五师"，驻扎在首都波哥大。
②英国伦敦中心一条著名的购物街，自十八世纪起成为伦敦的时尚购物中心。

有人扛着高档衣服和成匹的布料，往大街上扔。我捡了一匹，没想到那么重，只好放下，虽然很舍不得。家用电器满街都是；威士忌名酒和各种进口酒被砍刀敲得粉碎，路上全是玻璃碴，很难走。弟弟路易斯·恩里克与何塞·帕伦西亚在一家被洗劫过的高档服装店淘到些剩货，包括一件上等料子做的天蓝色西装，正好是爸爸的尺寸，后来好多年里他都穿着它出席正式场合。我的战利品只有一件，是在全市最贵的茶餐厅捡到的那个牛皮文件夹，接下来那些年，很多夜晚我没有地方睡觉，就用它装上文稿，夹在胳膊底下随身携带。

我和一帮人沿着第八大道往国会大厦走，前排刚进玻利瓦尔广场，就被一梭子弹撂倒。大街上突然倒下一批死者和伤员，前进的步伐戛然而止。一个满身是血、奄奄一息的人爬出死人堆，拉着我的裤脚，哀声求我：

"年轻人，看在上帝的分上，别让我死！"

我吓坏了，拔腿就逃。此后，我学会了忘记发生在自己和他人身上的不幸，唯独难忘火光中那双眼里的无助。然而，我始终诧异，当时居然没有一秒钟想过，弟弟和我也可能丧生于那个无边的地狱。

下午三点开始下雨，五点后转为瓢泼大雨，浇灭了不少稍小的火焰，也浇湿了叛乱者的热情。波哥大寥寥无几的驻军无法应对叛乱，只是设法打散了街上愤怒的市民。增援部队午夜过后才从邻省紧急调来，尤其是臭名昭著、以暴力著称的博亚卡省。直到那时，电台只煽动，不报道，无消息来源，无事实真相。增援部队于后半夜收复了遭暴民洗劫的商业中心，那里只有火光，没有电。然而，政治抵抗又持续了好几天，狙击手们埋伏在塔楼里和屋顶平台上。当时，街上早已尸横遍地。

回到膳宿公寓时，市中心大半已是一片火海，剩下掀翻在地的有轨电车和公共汽车残骸充当临时街垒。我们往箱子里塞了几件想带走的物品，后来才发现落下了两三个没能发表的短篇、外公送我的词典（再也找不回来了）和中学毕业第一名的奖品——第欧根尼·拉尔修的那本书。

我和弟弟能想到的唯一办法是去距膳宿公寓四个街区的胡安尼托①舅舅家避难。他们家住二楼：一间客厅、一间饭厅、两间卧室，住着舅舅、舅妈和他们的孩子爱德华多、玛格丽塔和尼古拉斯。长子尼古拉斯和我在膳宿公寓同住过一段时间。我们这么多人，勉强住下。可是，马尔克斯·卡瓦耶罗一家心地善良，临时又腾出好些地方，甚至空出饭厅，不但收留了我们，还有我们的朋友和膳宿公寓的同学们：何塞·帕伦西亚、多明戈·曼努埃尔·维加和卡梅洛·马丁内斯，他们全都来自苏克雷，此外还有几个我们不认识的人。

快到午夜时，雨停了。我们爬上屋顶平台，观看火光余烬中地狱般的城市景象。远处的蒙塞拉特山和瓜达卢佩山是浓烟弥漫的天空下两个巨大的黑影，愁云惨雾中我唯一能看见的还是那张巨大的垂死的脸。他爬过来，求我救他，而我却无能为力。街头围捕接近尾声，死一般的寂静中，无数埋伏在市中心的狙击手冷不丁放一枪，部队则在轰轰烈烈地清扫一切武装和非武装抵抗的痕迹，继而控制城市。死亡的景象让胡安尼托舅舅震惊不已，他一声叹息，道

---

① 胡安的昵称。

出了众人的心声：

"上帝啊，这就像一场梦！"

回到昏暗的客厅，我倒在沙发上。政府占有的电台播放的官方简报说局势正趋于稳定。没有更多的演说了，分不清哪些是官方电台，哪些是仍受叛乱分子控制的电台，更别提大量无法控制的恶意谣言，同样无法区分。听说所有使馆都挤满了难民，马歇尔将军在美国大使馆，由军校荣誉生负责保护。劳雷亚诺·戈麦斯从事发起就躲在那儿，他打电话给总统，认为掌握局势的是共产党，不希望总统和自由派谈判。前总统阿尔贝托·耶拉斯时任泛美联盟秘书长，乘车（非防弹车）离开国会大厦时被认出。叛乱分子想通过他，让保守派以合法方式交出政权，他才侥幸保住一条命。到午夜时分，泛美大会大部分代表都已脱险。

彼此矛盾的消息满天飞，据说诗人吉列尔莫·莱昂·巴伦西亚的同名儿子被人用石头砸死，尸体被挂在玻利瓦尔广场上。军队从叛乱分子手中夺回电台后，政府才真正开始控制局势。电台不再叫嚣着开战，改称政府已经控制局势，希望能稳定民心，安抚民众。同时，自由党高层正在和总统谈判，要求共掌政权。

说实在的，带着政治意识行动的只有作为少数狂热分子的共产党。街头混乱时，他们像交通警察，指引人群前往政权中心。而正如盖坦在竞选活动中所控诉的那样，自由派内部一分为二：一边是希望在总统府通过谈判瓜分政权的领导人，另一边是千方百计在塔楼和屋顶平台对抗政府的选民。

行凶者的身份是盖坦遇刺的首要疑问。时至今日，胡安·罗亚·谢拉单枪匹马，混在第七大道的人群中行刺的说法尚未获得一致认同。他不大可能独自行动，自主决定刺杀的日期、时间、地点和方式。罗亚五十二岁的寡母恩卡纳西翁·谢拉听广播得知政坛英雄盖坦遇刺后，特地拿出最好的衣裳，染黑戴孝，还没染完，就听说行凶者是她的第十三个孩子胡安·罗亚·谢拉。她一共生了十四个孩子，都只读过小学，其中四个（两男两女）已经死亡。

根据她的说法，八个月前，胡安就举止怪异，自言自语，无故傻笑。一次，他对家人说，自己是独立战争时期的英雄弗朗西斯科·德保拉·桑坦德①将军转世，大家以为这是他醉酒后开的糟糕玩笑。她没听说过儿子伤害任何人，一定分量的人还给他写过推荐信，帮他找工作。胡安行刺盖坦时，包里就装着一封推荐信。六个月前，他亲笔给奥斯皮纳·佩雷斯总统写信，请求接见，讨一份工作。

胡安的母亲对调查人员说，她儿子也向盖坦当面提过困难，但盖坦没有给他任何希望。她觉得儿子这辈子从没开过枪，可他行刺的手法无论如何都不像新手。他用的是支残破不堪的点三八口径长筒左轮手枪，枪枪命中，令人叹服。

大楼里的工作人员称，案发前夕，他们在盖坦的律师事务所所在的那层楼见过凶手。门卫十分肯定地表示，四月九日早上，罗亚和一个陌生人走楼梯上去，乘电梯下来，两人在楼口候了好几个小时。不过，盖坦上楼时，楼口只有罗亚。

盖坦竞选活动的宣传报《工作日报》记者加夫列尔·雷斯特雷波列出了罗亚·谢拉行凶时所携带的所有身份证件，凶手的身份和

①弗朗西斯科·德保拉·桑坦德（1792—1840），哥伦比亚独立运动领袖，1832年至1837年间任新格拉纳达共和国总统。

社会地位一览无余，但作案动机无迹可寻。裤兜里乱糟糟地揣着八十二生太伏，而许多生活必需品只要五生太伏就能买到。上衣内袋里有个黑色真皮皮夹，装着一张一比索的钞票。他还带着一张诚信证明、一张警方开具的无犯罪记录证明和一张居住证明，地址是贫民区第八街 30-73 号。内袋里还有一本二等预备役军人证，据上面的记录，他是拉斐尔·罗亚和恩卡纳西翁·谢拉之子，一九二七年十一月四日出生，二十一岁。

似乎一切正常，可是，一个出身贫寒、无犯罪前科的人为何要携带这么多份良民证？不过，唯一让我疑惑且永远无法释怀的是那个衣冠楚楚、一表人才的男子，他让愤怒的人群去处置凶手，自己却乘豪车人间蒸发。

思想传播者遇刺身亡，全国闹得沸沸扬扬。遗体在接受防腐处理时，自由党领导人聚集在中心诊所的餐厅里，讨论紧急预案。当务之急是在无预约的情况下前往总统府，和元首商议国家面临动荡，该如何应对。晚上九点不到，雨小了。第一批代表一脚高一脚低，好不容易走过民众暴乱后一片狼藉的街道。狙击手们躲在阳台和屋顶平台上乱开枪，尸体随处可见。

在总统办公室前厅，他们见到了一些保守党官员和政客，还有总统夫人堂娜贝尔塔·埃尔南德斯·德奥斯皮纳。她十分镇定自若，还穿着陪丈夫出席恩加蒂瓦展览会时的那身衣服，腰上别着佩枪。

傍晚，总统和战略要地失去了联系，在紧闭的门后，试图和军方代表及部长们评估国家局势。不到十点，自由党领导人突然到访，令他措手不及。他不想同时接见他们所有人，希望能两人一组，分别接见，但他们决定：要么不见，要么全见。总统最终让步，自由党人以为他是因为气馁。

总统身着一尘不染的西装，坐在大会议桌桌首，似乎一点儿也不着急，只能从抽烟方式上看出他有点儿紧张。他迫不及待地抽着，一根接一根，有的抽到一半就掐了，再点一根。多年后，曾经在场的一位自由党领导人对我说，他印象最深的是，总统不动声色，身后火光熊熊，将他的脑袋映成铂金色。透过总统办公室的大玻璃窗，可以看到天在燃烧，废墟里的残火一直蔓延到世界尽头。

关于那次会见，在场人士透露过一些，有的歪曲事实，有的凭空想象。诗人兼历史学家阿图罗·阿拉佩最大程度地拼合记忆碎片，重现了那凶兆重重的几日。

在场的有自由派晚报《观察家报》的主编堂路易斯·卡诺、促成会议的普利尼奥·门多萨·内拉和其他三位更加朝气蓬勃的自由党领导人：卡洛斯·耶拉斯·雷斯特雷波、达里奥·埃昌迪亚和阿方索·阿劳霍。讨论过程中，还有另一些杰出的自由派人士进进出出。

多年以后，普利尼奥·门多萨·内拉耐心耗尽，流亡到加拉加斯。他十分清晰地回忆说，当时，没有人有备而去。只有他目睹了盖坦遇刺。他天生口才好，又是新闻记者，自然绘声绘色，娓娓道来。总统听得十分专注，一脸凝重，听完请在座各位发表意见：面对重大突发事件，应如何公正处理，拯救国家。

门多萨一向干脆利落、直来直去，这一点敌友皆知。他回答说，政府应该授权武装部队处理，民众当时是信任武装部队的。门多萨曾在阿方索·洛佩斯·普马雷霍的自由党政府任战争部长，了解军队内情，他认为只有军队才能让国家重回正轨。他的想法过于现实，总统不同意，自由派人士也不支持。

接下来发言的是以谨慎著称的堂路易斯·卡诺，他对总统的感情近乎父爱。他表示，少数服从多数，奥斯皮纳任何迅速、公正的决定，他都会全力支持。总统向他保证，绝不违宪，采取必要措施，让国家恢复正常。他指着窗外地狱般的城市，提醒他们——不想讽刺，但没忍住——这一切可不是政府造成的。

奥斯皮纳总统涵养深厚，不紧不慢，不像劳雷亚诺·戈麦斯那么闹腾，也不像其他那些称得上是筹划竞选活动专家的党内人士那么傲气。可是，在那个历史性的夜晚，他表现出和别人一样的固执。就这样，他们一直讨论到深夜，没有得出任何结论。堂娜贝尔塔时不时进来一会儿，发布的消息越来越恐怖。

当时，街上的死亡人数已经无法统计，无数狙击手埋伏在暗处。人们痛不欲生，怒不可遏，从名店抢来名酒，喝完后发酒疯。市中心毁于一旦，依然是一片火海。教会商店、司法部、省政府和许多古建筑要么被毁，要么遭到焚烧。在总统府这座孤岛上，现实无情，步步紧逼，多人对抗一人，达成和平协议之路越来越狭窄。

达里奥·埃昌迪亚也许威望最高，但话最少，调侃了总统两句，就不知又想什么去了。他似乎是接替奥斯皮纳·佩雷斯任共和国总统的不二人选，可那天晚上，他既没有崭露头角，也没有弄巧成拙。总统原属于温和保守派，却越来越不温和。他是一个世纪以来两位总统的孙子和侄子、一家之主、退休工程师、百万富翁（从来都是），此外，还不声不响地干了些其他事，以至于有人捕风捉影，说真正当家并在总统府做主的是他有胆识、有魄力的夫人。他自嘲道，即便如此，接受夫人建议并无不妥，只不过顺应民意，主持大局似乎更为妥当。

他说得这么有底气，当然是因为掌握了自由派没能掌握的信息：关于国内秩序定时定点的完整汇报。他离开办公室好几次，去听详细汇报，随时掌握动态。波哥大驻军不到一千，各省传来的消息或多或少都挺严重，好在忠诚的武装部队纷纷控制了局势。邻省博亚卡自由主义历史悠久，保守主义也颇为强硬，省长何塞·马里亚·比利亚雷亚尔是铁板钉钉的保守党人士，不仅早早镇压了地方叛乱，还把装备最精良的部队派来增援首都。因此，总统只要跟自由派耗时间，少说话，慢条斯理地抽烟，想办法拖住他们就行。他没看钟，但时间一定估算得特别准。绝对可靠的增援部队何时赶来实施官方镇压，他成竹在胸。

各种试探耗了很久后，卡洛斯·耶拉斯·雷斯特雷波使出最后一招，提出自由派领导人在中心诊所达成的终极建议：请总统退位让贤，由达里奥·埃昌迪亚主持大局，以维护政治和睦与社会和平。两位享有极高政治声誉的前总统爱德华多·桑托斯和阿方索·洛佩斯·普马雷霍当天不在国内，否则一定会毫无保留地支持这种做法。

然而，总统的回复出人意料。他说话也像吸烟那般慢条斯理，不失时机地露出他鲜为人知的真面目。总统表示，对他和家人来说，退朝归隐，不问政事，携家产移居海外，其乐融融。然而，总统任职期间外逃，对国家意味着什么，让他惴惴不安，内战爆发将不可避免。耶拉斯·雷斯特雷波再次请他退位时，他说自己有责任维护宪法和法律，要对得起国家，更要对得上帝和自己的良心。据说就在此时，他说出了那句名垂青史的话——似乎他从未说过，但永远地记在了他头上——"对哥伦比亚的民主进程而言，死掉的总统比逃亡的总统更有价值"。

在场的人当中没有一位记得听他或听任何别的人亲口说过这句话。随着时间流逝，其出处众说纷纭，人们甚至讨论了它的政治意义和历史意义，却从未提过它散发出的文学光辉。此后，它成为奥斯皮纳·佩雷斯政府的标志性话语和主要成就。有人说，这是几位保守派记者杜撰的，更多人认为它极可能出自于知名作家、政治家、时任矿业及石油部长的华金·埃斯特拉达·蒙萨尔维之口。当时，他就在总统府，但不在会议室。总之，一定有人说过这句名垂青史的话。城市满目疮痍，灰烬渐冷；国家再也不复从前。

说到底，总统真正立下的大功不是说了什么历史性话语，而是用糖衣炮弹加迷魂汤把自由派领导人拖到了下半夜。增援部队赶到，镇压了平民暴乱，保守派强行恢复了社会和平。四月十日上午八点，十一声电话铃将达里奥·埃昌迪亚从噩梦中惊醒，他被任命为战争部长。两党联合政府成立，好歹是个安慰。劳雷亚诺·戈麦斯不满于此处理方式，又担心个人安危，于是举家迁往纽约，而当时的形势渐渐开始有利于实现他荣登总统之位的夙愿。

盖坦为之献身的根本性社会变革的梦想，在余烬未消的断壁残垣间灰飞烟灭。接下来几年，由于官方镇压和缺衣少食，波哥大街头的死亡人数超过百万，另有百万人走上了流亡之路。过了很久，政府高层的自由派领导人才后知后觉，他们恐怕会在历史上留下同流合污、助纣为虐的恶名。

当日波哥大的历史见证人当中，有两位和我原本素不相识，多年后都成了我的挚友。一位是危地马拉诗人、政治及文学评论家路易斯·卡多萨－阿拉贡，他以外交部部长和代表团团长的身份前来参加泛美大会；另一位是菲德尔·卡斯特罗。两人均被指控参与暴乱。

对卡多萨－阿拉贡的指控更为具体，说他用危地马拉哈科沃·阿文斯[1]进步主义政府特使的身份做掩护，煽动暴乱。卡多萨－阿拉贡是危地马拉一届历史性政府的代表、伟大的西班牙语诗人，绝不会参与那场荒唐的冒险。他在精美的回忆录里痛心疾首地提到，恩里克·桑托斯·蒙特霍[2]，绰号"卡利班"，在《时代报》上他的热门专栏"时间之舞"中指控他应本国政府之命，刺杀乔治·马歇尔将军。如此胡言乱语，泛美大会代表们纷纷要求报社更正，但没有结果。保守派政府的官方喉舌《世纪报》昭告四方，称卡多萨－阿拉贡煽动暴乱。

多年后，我在墨西哥城认识了他和妻子丽雅·科斯塔克夫斯基。他们在科约阿坎区的家中有当年知名画家的多幅真迹，记忆中那处住宅神圣而美丽。每到周日晚上，好友们齐聚一堂，在那儿度过一段亲密而朴实无华的时光。卡多萨－阿拉贡自认为捡了一条命。盖坦遇刺几小时后，他的座驾被狙击手命中；几天后，暴乱平息，他又路遇醉汉。醉汉举枪，对着他的脸开火，连续卡壳两次。四月九日常被我们提起。岁月逝去，有愤恨，也有怀念。

菲德尔·卡斯特罗因为一些和他学生积极分子的身份相关联的活动，更是背上了一大堆莫名其妙的指控。四月九日，在全城暴乱的人群中度过了一个可怕的白天后，在那个黑暗的夜晚，菲德

---

① 哈科沃·阿文斯（1913—1971），危地马拉左派政治家，1951 年至 1954 年间任危地马拉总统，曾公开对抗美国，没收美国联合果品公司在危地马拉的闲置地，导致 1954 年美国军队入侵，支持右派发动军事政变，建立独裁政府。
② 恩里克·桑托斯·蒙特霍（1886—1971），哥伦比亚知名记者及专栏作家，其绰号"卡利班"是莎士比亚名剧《暴风雨》中一个丑陋凶残的奴仆的名字。

尔·卡斯特罗来到国民军第五师，希望能找到办法，结束街头滥杀无辜的局面。然而驻地也发生起义，谁也不听谁的。卡斯特罗的绝望，可想而知。

他拜见了驻军长官和起义军官，试图说服他们，有兵不用，等于浪费，但没有成功。他请他们带兵上街，维持治安，匡正秩序，历数各种先例，百般鼓舞，可他们就是不听。与此同时，政府军和坦克把驻地打成了马蜂窝。最终，他决定和其他人共进退。

下半夜，普利尼奥·门多萨·内拉前往第五师，带去自由派领导人的指示，希望起义将领、武装警察以及许多正在茫茫然待命的自由派人士和平地缴械投降。在耗时长久的马拉松谈判中，门多萨·内拉牢牢记住了那个身材魁梧、能言善辩的古巴学生。自由派领导人和起义军官论战，他多次调停，思路清晰，完胜众人。很多年后，在加拉加斯，他才知道了那名古巴学生是何许人也。他在那个恐怖之夜的一张照片上偶然认出了他，当时，菲德尔·卡斯特罗已经上了马埃斯特腊山^①。

十一年后，我认识了菲德尔·卡斯特罗，作为记者，去报道他胜利解放哈瓦那。后来，我们成了朋友。我们的友谊历经磨难，历久弥新。在我们海阔天空的长谈中，四月九日常在嘴边，他认为那是他成长中的重要时刻之一。特别是在第五师驻地那晚，他发现起义军大多进进出出，忙着抢东西，而不是奋力坚持，寻求政治解决方案。

当两位朋友正在见证哥伦比亚历史的分水岭事件时，我和弟

---

①古巴革命期间，菲德尔·卡斯特罗率领起义军几上马埃斯特腊山，建立根据地，和政府军开展游击斗争。

弟，以及其他几名逃难者正躲在胡安尼托舅舅家，于黑暗中幸存下来。我没有一刻想到，自己已是一名见习作家，某天会凭借记忆重现这段惨痛的经历。当时，我唯一的担心很现实：给家人报个平安——至少当时平安——同时确认爸妈和弟弟妹妹们也平安，特别是远离家人、在外住校的两个妹妹玛尔戈特和阿依达。

在胡安尼托舅舅家的避难经历很神奇。头几天过得艰难，老听见枪响，又没有确切消息。可是渐渐地，我们敢去附近商店买吃的了。街道被奉命坚决射击的部队占领。何塞·帕伦西亚简直没治了，他从垃圾箱里淘到一顶侦察兵的帽子和一副绑腿，假扮军人上街转悠，被巡逻队发现后，竟奇迹般地逃脱。

商业电台被军方控制，午夜前停止播音；电报和屈指可数的老式电话只为治安部队保留；没有其他通讯方式。电报所里人满为患，队伍排得一眼望不到头。电台开启了一项新服务，即用电波传递消息，听见了幸运，听不见自认倒霉。这办法似乎最可靠易行，我们也用了，没抱太大指望。

我和弟弟三天闭门不出，再上街时景象恐怖：城市变成废墟，雨下个不停，雾蒙蒙的，看不真切。雨水减小了火势，也耽误了重建。市中心多条道路被封，狙击手埋伏在屋顶平台，行人要听从像是在打世界大战的武装巡逻队的指令，毫无必要地舍近求远。街上腐臭难闻，军用卡车还未收拾堆在人行道上的尸体，士兵们被迫面对成群前来认尸的绝望市民。

昔日的商业中心化为废墟，臭气熏天，让人不得不捏着鼻子，许多寻亲的市民被迫选择放弃。堆得最高的一座"小山"上，有具尸体引人注意：光着脚，没穿裤子，只穿着一件完美无瑕的长礼服。三天后，灰烬还散发着无名尸体的臭味，一具具尸体烂在了瓦砾中，或在人行道上堆成堆。

突然，有人在我们身后拉了一下枪栓——没听错——外加一声断喝：

"举起手来！"

我们俩猛地站住。我吓傻了，想都没想，乖乖地举起手，听见安赫尔·卡西哈哈大笑，这才缓过神来。安赫尔·卡西是我们的朋友，作为一等预备役军人，应召入伍。有了他，我们这些躲在胡安尼托舅舅家的难民才在国家电台门前等了一天后，用电波向亲人报了平安。电台不分昼夜，两周内连续发送了无数条消息，我们那条，爸爸在苏克雷听到了。家人总爱胡思乱想，我和弟弟饱受其害。我们担心，妈妈已经做了最坏的打算，她会以为是朋友发善心，报的假平安。我们猜得差不多：妈妈从第一天晚上就开始做噩梦，梦见两个大儿子遇上骚乱，倒在血泊中，场景十分逼真。后来，她从其他渠道证实我们都还活着，决定谁也不许再回波哥大，哪怕全部饿死在家里。妈妈的决定没得商量，爸妈的第一封电报上只写着：速回苏克雷商讨前程。

在紧张的等待中，好几个同学向我描绘了去卡塔赫纳完成学业的大好前景。波哥大会从废墟中站起来，但波哥大人永远也不会忘记大屠杀带来的恐惧。卡塔赫纳有所遍布古迹的百年名校，法律系规模不大，国立大学的差学生到那儿也是好学生。

未经深思熟虑，我不想断然放弃；没有耳闻目见，也不想先跟爸妈提，只说要坐飞机，经卡塔赫纳回苏克雷。战事如火如荼，从马格达莱纳河走水路无异于自杀。路易斯·恩里克的想法是，先跟波哥大老板结账，再去巴兰基亚找活儿。

不管怎样，我早就看清了，我去哪儿都当不成律师，只想争取时间稳住爸妈。卡塔赫纳作为缓兵之计，可以考虑。我从未想到的是，这个合情合理的盘算最终会让我死心塌地地决定：就在那儿生活下去。

那些天，想弄到同一个航班的五张机票飞往沿海任何地区，只能靠恩里克大显身手。他冒险排了许多一眼望不到头的队，在应急机场从这头到那头，奔波了一天，终于弄到三个航班的五张机票，起飞时间不确定，到处都是枪林弹雨和看不见的爆炸。我和弟弟的机票得到确认，同一航班飞往巴兰基亚。可到最后一刻，我们还是搭乘了不同的航班。从上一个周五起，波哥大一直暮霭沉沉，细雨绵绵，空气中弥漫着火药味和腐尸味。从舅舅家到机场的路上，我们连续在两个岗哨接受盘问，岗哨士兵也胆战心惊。在第二个岗哨，一声爆炸，紧接着是重型武器扫射。士兵们卧倒，也让我们卧倒。后来才知道，爆炸是工业瓦斯泄漏所致。一名士兵告诉我们，他守了三天，无人换岗，也无弹药，城里的弹药已经全部用尽。被拦住后，我们大气也不敢出一下，士兵的恐惧更让我们崩溃。验完身份和出行目的，我们总算松了口气，登机前，无须再办其他手续，只须等。有个好心肠的人，给了我三根烟。我一边等，一边抽了两根，留一根在路上，以缓解坐飞机的恐惧。

没有电话，勤务兵只好骑摩托，在岗哨间传递航班消息和变更通知。上午八点，他们安排一群人即刻登机，飞往巴兰基亚，不过不是我那个航班。后来，我听说三个朋友和弟弟也在另一个岗哨登机，弃我而去。我孤身一人，只能横下心，硬着头皮对付我与生俱来的飞行恐惧症。登机时，乌云密布，惊雷滚滚。舷梯被挪给另一架飞机用了，我扶着两名士兵，爬上泥瓦匠用的梯子，成功登机。同一机场，同一时刻，菲德尔·卡斯特罗登机前往哈瓦那。多年以后，他亲口告诉我，那架飞机运的是斗牛。

我坐的好歹是架 DC-3 型客机，刚上过油、刷过漆，还能闻着味儿。客舱里没有座位灯，也没有标准的通风装置，是专门用来运送部队官兵的。座位不是普通客舱那种排成三排、相互分开的座椅，而是两条用普通木板做成的长凳，牢牢地固定在机舱地面。我的全部行李是一只亚麻布旅行箱，装着两三套脏衣服、几本诗集和弟弟路易斯·恩里克设法挽救的文学增刊剪报。乘客们相对而坐，从驾驶舱一直坐到机尾。没有安全带，只拴着两根龙舌兰绳，相当于给每侧各配备了一条长长的集体安全带。对我来说，最残忍的是刚点上那根留在飞行途中抽的烟，穿连体工作服的飞行员就在驾驶舱里通知大家：客舱内禁止吸烟！油箱就在脚下，只隔一层木板。那是无比漫长的三小时飞行。

飞机抵达巴兰基亚时，刚开始下大雨，仿佛所有雨水都集中在了四月，房屋被连根拔起，而后被湍急的水流冲走，孤单躺在病床上的人溺水而亡。机场被浇得一团糟，我只好原地躲雨，好不容易打听到弟弟和两个同伴搭乘的飞机准点到达，可他们三人早已赶在雷声响起、大雨倾盆之前匆匆离开了机场。

三小时后，我才赶到车站。雷雨天气，发车时间提前，开往卡塔赫纳的最后一班车已经走了。我不担心，反正弟弟在巴兰基亚，可是我怕：身无分文，如何过夜？最后，多亏何塞·帕伦西亚，我才在美丽的伊尔塞·阿尔瓦拉辛和莉拉·阿尔瓦拉辛姐妹家临时住下，并在三天后，搭乘邮政公司的破车前往卡塔赫纳。弟弟路易斯·恩里克留下，在巴兰基亚等一份工作。我只剩八比索，不过何塞·帕伦西亚答应当晚坐公共汽车给我送点儿钱过去。车上挤满了人，连站的地方都没有了。不过，司机答应再带三个，坐在车顶的货包和行李间，收票价的四分之一。坐着如此奇怪的座位，晒着大太阳，我在想：一九四八年四月九日，哥伦比亚的二十世纪才真正到来了。

六

邮政公司的车在又窄又破的公路上不要命地颠簸了一天，叹了最后一口气后，在距卡塔赫纳半西班牙里的滩涂停下。一辆破车停在了死鱼遍地、臭气熏天的地方，还真是相配。记得外公说过："坐汽车出门，死都不知道在哪儿死的。"暴晒六小时，再被鱼腥熏，我们仨没等放下扶梯，就拉着装母鸡的草筐、绑香蕉的绳和"座位"边各式各样待出售或待屠宰的货物跳下了车。司机跳出驾驶室，带着讥讽的语气广而告之：

"英雄之地到了！"

这是纪念这座城市辉煌历史的别称，卡塔赫纳到了。可从四月九日起就一直穿着那件黑呢外套的我透不过气来，两眼一抹黑。其他两件外套当掉了，和打字机一个下场。跟爸妈说的是一个体面的版本：打字机和其他身外之物，连同衣服，全部葬身火海。傲慢的司机路上就笑话我，说我打扮得像强盗。这会儿，他见我原地打转，找不着北，乐坏了：

"卡塔赫纳就在你屁股后头！"他冲我嚷嚷，所有人都听得见，"小心，那儿的傻瓜可多了！"

其实，四百年来，卡塔赫纳一直矗立在我身后，但是，隔着半西班牙里滩涂，围着传奇般的城墙，我很难想象出它的面貌。城墙建于辉煌年代，将异教徒和海盗拒之门外，如今早已淹没在疯长的树枝和长串的黄色风铃草之下。我和乱哄哄的乘客一起拖着箱子，穿行在灌木丛中。地上到处都是活蟹，踩上去噼里啪啦响，像是在放鞭炮。这时，我很可能会想起第一回出行途中被同学扔进马格莱纳河的铺盖卷，或是在国立男子中学念书头几年被我气急败坏地哭着拖过半个国家的那口棺材大小的箱子，中学毕业后我把它踹下了安第斯山悬崖。我总觉得，在那么沉的行李中——真不该那么沉——装着另一个人命运的什么东西。过了这么多年，我的想法依然没变。

暮霭中，教堂和修道院的穹顶依稀可见。一大群蝙蝠呼啸而来，贴着头顶飞过，亏得它们闪躲及时，才没有把我们撞倒。它们的翅膀呼呼作响，似滚滚惊雷，给所到之处蒙上一片死亡的阴影。我吓傻了，扔了箱子，抱头蹲下。一位老奶奶从我身边走过，冲我叫道：

"念《圣母马利亚颂》！"

就是那段神秘的驱魔祷文，教会并不认同，大牌无神论者却很推崇，特别是诅咒不管用时。老太太发现我不会念，拉起另一根皮带，帮我拖着箱子往前走。

"跟我念！"她对我说，"要虔诚！"

于是，她开始念《圣母马利亚颂》，一句一句念；我从来没这么虔诚过，一句一句大声跟着念。还没念完，那群蝙蝠就飞走了，耳边只剩惊涛拍岸的巨大声响，尽管时至今日，我依然难以相信。

我们来到宏伟的钟楼门前。一百年来，这里有座吊桥，连接老城和客西马尼的边远地区以及滩涂地区人口密集的贫民窟。但是，晚上九点到次日清晨，吊桥拉起，城里人不仅与世隔绝，还与史隔绝。据说西班牙殖民者建这座桥，是怕郊区贫民半夜进城，趁他们睡着，砍下他们的头。然而，卡塔赫纳依然是神赐之地。我在城里兜了一圈，在傍晚六点的紫霞中领略到它的壮丽，心中不禁升腾起重获新生之感。

情理之中。在那个礼拜的开端，我离开了血光泥沼中的波哥大——瓦砾堆中余烬未消，无名尸骨堆积如山。接着，我到了景象截然不同的卡塔赫纳，这里没有一丝生灵涂炭的战争痕迹。我很难相信，仅仅时隔一周，我会孤身一人、毫无痛苦地面对波涛汹涌的大海，萌生强烈的归属感。

出生以来，卡塔赫纳被人反复提起，所以，我一眼就认出了停靠马车和驴车的小广场，以及连拱柱廊下面贸易渐渐云集、人声鼎沸的市场。尽管官方不予承认，那里确是建城以来保留至今的最后一处闹市。殖民时期叫"商贩门廊"，以此处为基点，无形的手操纵奴隶贸易，反对西班牙统治的精神高涨起来。后来叫"代笔人门廊"，穿呢坎肩、戴护袖、寡言少语的抄写员替大字不识一个的穷人代写情书和各类文书。不少人私下卖廉价书，尤其是宗教裁判所的禁书，它们被认为是土生白人阴谋反对西班牙殖民者的神谕。二十世纪初，爸爸也曾端坐门廊，代写情书，借此抒发诗意。和别人不同，他根本不赚钱，有些精明的顾客——或许真的无助——不仅求他无偿代写书信，还管他讨五个里亚尔①的邮资。

几年前，这里开始叫"甜品门廊"。有破破烂烂的帆布篷，有来

①旧时西班牙货币单位，后被比塞塔取代，1 比塞塔 = 4 里亚尔。

吃市场上的残羹剩饭的乞丐，还有印第安人算命时的喊叫，你非得出高价，才能不让他吆喝出你大限的日期和时辰。加勒比海的船会专程在港口停靠，购买女人们自制的甜品，名字是她们在起劲的叫卖中信口胡编的："梦幻奶油卷、励志巧克力糖、疯狂椰子糖、马努埃拉小甜饼！"门廊依旧是市民背着政府谈论国事的地方。世间独此一处，油炸食品女摊贩会先于共和国总统知晓下一届州长的人选。

这里的热闹喧嚷把我迷住了，我拖着箱子，碰碰撞撞地在傍晚六点的人群中开出一条道来。擦鞋匠的摊位那儿站着一位衣衫褴褛、瘦骨嶙峋的老人，眼神如鹰般冰冷，目不转睛地看着我。他见我也在看他，猛地把我拦住，说要帮我提箱子。我谢谢他，他用母语开了个价：

"三十生太伏。"

绝对不行。我只有四比索，爸妈的救济下个礼拜才到。提个箱子就要三十生太伏，等于割了我一大块肉。

"箱子加上里头的东西也就值这么多。"我说。

更何况，旅馆应该没多远，波哥大那帮朋友也该到了。老人把搬运费降到三生太伏，扛起箱子就走。那把老骨头，力气大得吓人，赤着脚如田径运动员一般一路狂奔。地面崎岖不平，全是殖民时期的房子，几百年没人管，墙壁斑驳。老家伙时日无多，却健步如飞，二十一岁的我都快要把心喘出来了，才勉强没跟丢他。他跑过五个街区，迈进旅馆大门，两级一跨，爬上楼梯，气也不喘，把箱子往地上一搁，摊开巴掌：

"三十生太伏。"

钱明明付过了。我在门廊那儿已经付了他三生太伏，他非说没算爬台阶的钱。老板娘出门迎客，给老家伙帮腔，说爬台阶的钱是要另付。她的话让我终生受用：

"瞧，在卡塔赫纳，什么都不一样。"

还有另一个坏消息在等着我：波哥大寄宿公寓的同伴一个也没到，可房间预订的是四人同住，包括我在内。我和他们说好了当天下午六点前旅馆见。把公共汽车换成危险重重的邮政车让我晚到了三小时，可到头来我反而比他们先到。口袋里本就只剩四比索，又付了三十三生太伏的搬运费，什么也做不了了。老板娘性格开朗，原则问题上却绝不让步，我在那儿住了两个月，对这点深有体会。不预付一个月房租——四人住六人间，包三餐，共计十八比索——她就是不让我住。

爸妈的救济一周后到，朋友们不来救我，箱子就进不了门。可怜的我在车顶上暴晒了一天，大堂里的一把饰有大花图案的主教安乐椅好比上天的恩赐，我一屁股坐下来等。那些天，什么也不能保证，说好哪天几点在旅馆碰头，没法儿算数。我们都不敢说，甚至不敢告诉自己，半个国家都卷入了血淋淋的战争中。暗战几年前就在各省发端，明刀明枪、你死我活的战争一周前在各个城市打响。

八小时后，被困在卡塔赫纳那家旅馆里的我不知何塞·帕伦西亚和其他朋友情况如何。又等了一小时，还是没消息。于是，我去荒凉的街道上漫无目的地游荡。四月，天黑得早，路灯已经亮了，灯光如豆，好似在树枝间眨眼的星星。我踩着铺石路面，在殖民区的大街小巷仅仅漫步了一刻钟后，便长舒了一口气：这座奇怪的城市和教科书上描绘的完全不同。

街上连个鬼魂都没有。清晨从郊外赶来干活儿的、卖东西的下午五点又成群结队地赶回了贫民窟；围城里的居民关上大门，吃过晚饭，打多米诺骨牌打到深更半夜。那时还没有用私家车的习惯，屈指可数的几辆租车全都停在城外。官做得再大，也得搭乘本地制造的公交车到达"汽车广场"，经过公交站台上的小摊，步行至办公室。那些年光景不好，连最摆谱的省长也要跟当年上学时一样，坐公共汽车从选区来到"汽车广场"。

不用车也是不得已，条件不允许。老城的街道弯曲狭窄，开不了车；到了晚上，只能听见马蹄声。瘦马，没打掌。三伏天，家家户户阳台大敞，好让公园的凉风吹进来，你也会突然听到别人家的悄悄话，在风里发出鬼魅般的回响。老人一边打盹儿，一边听铺石路面上偷偷摸摸的脚步声，不用睁眼，也能分辨，还会没好气地说："何塞·安东尼奥又去找查贝拉了。"只有全城万户的骨牌声，逼得睡不着觉的人发狂。

对我来说，那是个历史性的夜晚。教科书上的内容纯属官方杜撰，在现实面前不堪一击，我几乎对不上号。我心潮澎湃，热泪盈眶：古老的侯爵府就在眼前，有些破败，门厅里睡着乞丐；大教堂的钟被海盗弗兰西斯·德雷克①抢去铸造大炮，零星几口躲过一劫，又被主教请来的驱魔人扔进火里，说钟声不吉利，会招来魔鬼；树木凋零，名人雕像不像易碎的大理石像，而是栩栩如生。在卡塔赫纳这座城市，万物无须抵御时间的腐蚀，相反，时间为万物停留，岁月变老，万物依旧。第一夜，每走一步，这座城市都在向我展露，它不是历史学家们用纸糊成的模型，它有血有肉；支撑它的不

①弗朗西斯·德雷克（1540—1596），英国著名探险家、海军将领，曾发现德雷克海峡，并率领英国舰队于1588年打败西班牙无敌舰队。

再是战功赫赫的历史，而是断壁残垣的尊严。

钟楼上的钟敲了十下，我兴冲冲地回到旅馆。睡意沉沉的门房告诉我同伴一个都没来，箱子在旅馆的储藏室里。直到那时，我才意识到整整一天，我只在巴兰基亚胡乱吃了顿早餐，之后水米未进。我饿得腿软，要是老板娘既收容箱子，又收容我就好了，让我在旅馆里睡一晚，就一晚，哪怕是在大堂那把安乐椅上。门房笑我想得美。

"别犯傻了！"他一副加勒比口音，"老板娘手里有的是钱，她七点睡，第二天十一点才起！"

他说得有理，我只好去街对面的玻利瓦尔公园找了条长凳坐下，在这儿等人，不碍事。公园里的街灯只有周日和弥撒日才亮，连凋零的树木都看不清。大理石长凳上有文字的痕迹，厚脸皮的诗人常常写了擦，擦了又写。西班牙总督时期建造的宗教裁判所，墙面是用整石雕的，气势恢宏的大门后，有只病快快的鸟儿悲鸣不已，不像是这个世界的声音。烟瘾和书瘾同时袭来，气势汹汹，挥之不去，正因如此，年轻时我总是将这两种瘾混淆。阿道司·赫胥黎的小说《旋律的配合》——在飞机上害怕，没敢读——锁在箱子里了，于是，我带着一种轻松而又害怕的奇特感觉点上最后一根烟，吸了一半，掐了，留着吧，好挨过这漫漫长夜。

正打算在长凳上睡下，突然觉得树荫深处藏着什么。是西蒙·玻利瓦尔的骑像。就是他，西蒙·何塞·安东尼奥·德拉桑蒂西马·特立尼达·玻利瓦尔－帕拉西奥斯[1]，外公命我崇拜的英雄。他一身戎装，鸽子们在他酷似罗马皇帝的脑袋上拉了一堆屎。

---

①此为西蒙·玻利瓦尔全名。

尽管玻利瓦尔身上有很多无法补救的自相矛盾之处，又或许正因为如此，我对他念念不忘。毕竟，他和外公不能相提并论。外公升到上校，在战场上不止一次舍生忘死，率领自由派与玻利瓦尔创建并支持的保守党作战。我正想得云里雾里，背后突然传来一声断喝，让我瞬间跌回地面：

　　"举起手来！"

　　我放松地举起手，以为朋友们终于到了，却发现端着新枪指着我的是两个土里土气、破衣烂衫的警察。他们很纳闷，已经宵禁两小时了，我怎么还在街上。我压根不知道从上个周日起开始宵禁，还是听他们说的，我也没听见号角声、钟声或是其他信号，能让我明白为何街上空无一人。我出示证件，解释为什么在那儿。他们不是讲理，只是懒得看证件，直接还给了我，然后问我身上有多少钱，我说不到四比索。其中一个果断跟我讨烟抽，我把之前掐掉、打算睡前再抽的半根烟拿给他看。他一把抢去，抽得干干净净，差点儿把指甲烧了。过了一会儿，他们拖我上街，目的不在执法，而是为了看哪家商店开着，每人买一生太伏的散烟。皓月当空，夜晚凉爽清澈，寂静如空气般可以呼吸。突然，我明白了爸爸反复念叨、我们一直不信的那句话所表达的东西，他说，深夜在寂静的墓地里拉小提琴，感觉爱的华尔兹舞曲可以传遍整个加勒比。

　　找了一大圈，没买着烟，我们出了城墙，来到市场背后的沿海贸易港。这儿停泊着从库拉索、阿鲁巴和小安的列斯群岛的其他岛屿驶来的帆船，全城最有趣、最有用的人在这儿过夜生活。因为职业的关系，他们可以在宵禁时间自由活动，在价钱公道、气氛友好的露天摊位吃喝到天亮。上夜班的人会去那儿，在别处都打了烊的时候想吃东西的人也会去那儿。它没有正式的名字，大家都叫它"洞穴"——相当名不副实。

警察们来到这里就像回家一样。显然，已经就座的食客们早已相熟，聚在一起十分开心，根本听不到任何姓氏，因为他们全都不以真名实姓相称，只叫上学时的绰号；他们同时大叫大嚷，谁也不看谁，谁也听不懂谁的话。几乎所有人都穿着工作服，只有一位白发苍苍、风度翩翩的老者穿着旧时的燕尾服，身边跟着一个风韵犹存、满身首饰（全是真的）、穿着半旧亮片装的成熟女人。她的在场足以说明她在生活中的地位，毕竟被丈夫允许在这样的下等场合抛头露面的女人屈指可数。要不是见他们无拘无束、带土生白人口音、对谁都亲切，我会误以为他们是游客。后来我才知道，他们并不像看上去那样，而是卡塔赫纳当地一对迷了路的老夫妻。夫妇俩总是找各种借口盛装出门吃饭。那晚，因为宵禁，领班们早早睡觉了，各大餐馆都关门了。

就是这对夫妇请我们吃的消夜。其他食客在长桌旁给我们腾出位子，我们忐忑不安、挤挤挨挨地坐下。他们也像对待仆人一样亲切地对待那两个警察：一个严肃、自信，在餐桌上表现出几分良好的教养；另一个心不在焉，只管吃饭、抽烟。我点的菜比他们少，不是客气，只是不好意思，当我意识到那点儿东西不够我吃到半饱时，他们已经全吃完了。

"洞穴"的老板兼唯一的侍者名叫何塞·多洛雷斯，一个即将成年的黑人，貌美如花，让人心悸，裹着穆斯林一尘不染的白衣，耳边永远别着一朵鲜艳的康乃馨。最引人瞩目的是他超群的智慧，他无所顾忌地运用它为自己、为其他人谋求快乐。显然，他只差一丁点儿就能成为女人。他名声好，只跟丈夫们睡觉。从未有人嘲笑他的境况，他风度好，反应快，有恩必谢，有仇必报。他一个人里里外外全包，熟谙每位食客的喜好，一手炸青香蕉片，一手结账。唯一能帮他一点儿忙的是一个叫他"妈妈"的六岁男孩。告别时我为发现了这样一处地方而兴奋不已。不过，我没想到，这个供不正经的人消夜的地方会让我终生难忘。

吃完消夜，我陪两位警察完成耽搁已久的巡逻任务。一轮金色的圆盘挂在天上，轻风徐徐，从远处吹来恣意狂欢的阵阵乐声和叫喊声。警察明白，贫民窟里，没有人会因为宵禁早早上床，只会夜夜笙歌，不上街而已，今天在你家，明天在我家，天明方休。

半夜两点，我们去旅馆敲门，相信朋友们已经到了。这次，门房无故被吵醒，很不开心，直接撵我们滚蛋。警察这才发现，我没地方睡觉，决定把我带回警局。这玩笑开得太大，让我大为光火，说了句不中听的话。其中一个见我幼稚地乱发脾气，用枪顶着我肚子，让我乖乖听命。

"别傻了！"他乐坏了，"记住，你违反宵禁，已经被捕。"

于是，我在卡塔赫纳幸福的第一夜，住的是六人牢房，睡在一张散发着汗馊味的席子上。

适应这座城市比熬过第一天容易得多。我花了不到两周的时间跟爸妈谈妥，他们举双手赞成我留在一座太平的城市生活。旅馆是一栋漂亮的殖民时期建筑，老板娘后悔让我蹲了一晚上监狱，安排我和其他二十多名学生住在她不久前在屋顶建的一间棚屋里。没什么好抱怨的，那是国立男子中学寝室的加勒比版，膳宿全包，比波哥大的膳宿公寓便宜。

参加时长一小时的入学考试就完成了法律系的入学注册，两名考官是伊格纳西奥·贝莱斯·马丁内斯秘书和一位我不记得名字的政治经济学老师。二年级学生依惯例，全体出席。听完开场白，我就发现两位老师思路清晰，用词精准。怪不得内地人都说，卡塔赫纳人出了名的好口才。抽签抽到的第一题是美国南北战争，我基本一窍不通。美国作家的新作陆续被介绍到哥伦比亚，遗憾的是，我还没来得及看。幸好贝莱斯·马丁内斯博士偶然提到《汤姆叔叔的小屋》。这本书我中学就已熟读，赶紧接过话茬。两位老师突然怀起旧来，六十分钟的考试时间，被我们用来声情并茂地分析美国南方奴隶制的罪恶。说完，考完。就这样，本以为是俄罗斯轮盘赌的一场考试变成了一场有趣的对话，分数自然不错，还赢得了一些掌声。

就这样，我进了卡塔赫纳大学，读法律系二年级，条件是补考在波哥大一年级没过的一两门课，只是后来一直没补。有些同学对我转移话题的能力颇感兴趣，在一所标榜学术严谨的大学，他们想争取一点儿创造性和发散性思维。我从中学起就孤军奋战，做这样的白日梦，并非无故不守常规，而只是想不学习就通过考试。那些在课上宣扬观点独立的人最后也只能认命，将厚厚的殖民时期古籍烂熟于胸，奔赴刑场般的考场。幸好在现实生活中，他们都是周五舞会上的高手，尽管政府宣布戒严，方式越来越无耻，举办舞会的风险越来越大。左派和治安部门达成协议：宵禁时间，舞会继续。宵禁取消，大家热情更高。在阴郁恐怖的那几年里，特别是在托利塞斯、客西马尼和拉波帕山脚这些爱闹腾的地区，从窗口探个头，就能选出心仪的舞会，花五十生太伏，就能伴着加勒比地区最热情奔放、震耳欲聋的音乐跳到天明。受邀舞伴都是平时上学能在校门口看见的女生，只不过穿的是周日弥撒礼服，在开明的姨母或母亲的监视下，快乐地跳舞。客西马尼区在殖民时期是奴隶的聚居地，一天晚上，我正在那儿玩得尽兴，突然，有人重重地拍打我的背，加上一声熟悉的断喝：

"强盗来啦！"

是曼努埃尔·萨帕塔·奥利维利亚，他是玛拉-克里安撒街上的老住户，他家从祖辈起就住在那儿，曾祖来自非洲。那个混乱的四月九日，我们在波哥大见过，在卡塔赫纳重逢，彼此首先惊讶的是对方还活着。曼努埃尔除了免费为人看病，还是小说家、政治活动家、加勒比音乐推广人，他最大的抱负是帮所有人排忧解难。我们聊了聊那个可怕的周五各自的经历，以及未来的打算，他建议我去新闻界碰碰运气。一个月前，自由派领导人多明戈·洛佩斯·埃斯考里亚萨创办了《宇宙报》，主编是克莱门特·曼努埃尔·萨巴拉。这人我听说过，身份不是记者，是世界音乐专家和沉寂的共产党员。萨帕塔·奥利维利亚坚持与我一起登门拜访，说主编正在寻觅新人，为的是办出一份具有创造力的报纸，与全国各地，尤其是卡塔赫纳随处可见的那种循规蹈矩、低眉顺眼的报纸相抗。在报界，卡塔赫纳属于落后城市。

我很清楚，新闻业不是我想从事的行业。我想成为与众不同的作家，却正试图通过模仿与我风格迥异的其他作家来实现这一理想。那段日子，我暂时搁笔，专心思考。在波哥大发表了三个短篇，被爱德华多·萨拉梅亚和其他几位批评家，以及益友和损友大加褒奖后，我感觉自己进了死胡同。萨帕塔·奥利维利亚反驳我，说新闻与文学从短期来看，殊途同归，我和《宇宙报》建立联系，实乃一举三得：体面地解决生计问题；投身重量级专业媒体；和业界最佳导师克莱门特·曼努埃尔·萨巴拉共事。他说得简单，我听了胆怯。我还是不想去，免得碰壁。可萨帕塔·奥利维利亚永不言弃，嘱咐我第二天下午五点去圣胡安－德迪奥斯街381号《宇宙报》报社。

那晚，我睡得很不安稳。第二天吃早饭时，我问老板娘圣胡安－德迪奥斯街在哪儿，她指指窗外：

"在那儿，"她说，"过两个街区。"

《宇宙报》报社正对着圣佩德罗·克拉韦尔教堂金碧辉煌的巨大石墙。圣佩德罗·克拉韦尔是美洲大陆第一个圣徒，遗体经防腐处理，一百多年来安放在主祭坛下。报社在一座殖民时期建造、共和国时期修缮的老楼里，透过两扇大门和若干扇窗户，整个报社一览无余。然而，真正让我恐惧的是坐在距窗户大约三米、未经打磨的木栏杆后的一位中年男子，他独坐在故纸成堆的办公桌前，正用铅笔写着什么。他打着领带，穿着带坎肩的粗斜纹布西装，深褐色皮肤，长着印第安人似的又黑又硬的头发。我急切而又激动地走过去又走回来，又来回走了两趟，走到第四回，仍和第一回一样肯定，那人就是克莱门特·曼努埃尔·萨巴拉，和我想象中一模一样，但更让人望而生畏。我害怕极了，决定下午不去赴约。隔着窗户，就能看出这人对生活和各行各业知之甚多。我回到旅馆，爬上床，仰面一躺，捧起安德烈·纪德的《伪币制造者》，烟不离手，打算像平日那样无怨无悔地再过一天。五点钟，宿舍门被敲得砰砰响，像挨了一梭子弹。

"他妈的！"萨帕塔·奥利维利亚在门口冲我嚷嚷，"萨巴拉在等你，这个国家还没有人放过他鸽子。"

迈出第一步比噩梦中想象的还要艰难。萨巴拉接待了我，只是他不知该做些什么，天气热得闹心，他一个劲儿地抽烟。他带我们参观了整个报社：一边是社长办公室和经理办公室，另一边是编辑部和印刷室。时候还早，印刷室里的三张办公桌都还空着，最里头摆着劫后余生的一台轮转印刷机和两台铸排机。

最让我惊讶的是萨巴拉读过我那三个短篇，并认为萨拉梅亚所言不虚。

"我不觉得，"我说，"那三个短篇我并不喜欢，是我冲动之下无意识的创作。它们被印刷出来后，我读了，都不知道往后该怎么写了。"

萨巴拉深深地吸了一口烟，对萨帕塔·奥利维利亚说：

"好现象。"

曼努埃尔借此机会接过话茬，说我正在念大学，课余时间可以来报社帮忙。萨巴拉说，曼努埃尔约他和我见面时，他也正有此意。他把我引见给社长洛佩斯·埃斯考里亚萨博士，说我就是他前一天晚上提到的那个有可能给报社撰稿的人。

"太棒了！"社长如老牌绅士，永远面带微笑。

我们没有达成任何协议。不过，萨巴拉老师请我第二天再去，要把我引见给诗人、一流画家兼专栏作家明星埃克托尔·罗哈斯·埃拉索。我不明白当时为何那般羞怯，没说他是我在圣若瑟中学的美术老师。走出报社，曼努埃尔在海关广场——位于圣佩德罗·克拉韦尔教堂恢宏的大门前——一蹦三丈高，过早地欢呼道：

"瞧，老虎，事办成了！"

对前途疑虑重重的我不想扫他的兴，和他热情相拥。他问我对萨巴拉印象如何，我坦言他是位心灵捕手。也许，正因如此，一群又一群的年轻人才会从他的谨慎和理智中汲取营养。我又少年老成地胡乱评价说，也许，正因如此，他才无法成为重量级的国家公知。

晚上，曼努埃尔笑着给我打电话，说他跟萨巴拉聊了聊，后者对我很感兴趣，一再强调，我将是社论版的一员大将，社长也这么认为。不过，他打电话过来是想告诉我，过分腼腆是人生一大障碍，这也是萨巴拉老师唯一的担心。

我在最后一刻终于决定再去报社，是因为第二天一早，室友打开浴室门给我看《宇宙报》社论版，上面刊登了一则可怕的启事，说我已经抵达卡塔赫纳；头一回进报社，不到二十四小时，便被提前赋予作家和新晋记者的名号。曼努埃尔第一时间向我电话道贺，我怒火中烧，怪他先斩后奏，写东西毫不负责任。当我得知此稿出自萨巴拉老师之手时，想法有变，也许是彻底改变了。我穿好衣服，去编辑部当面道谢。他没说什么，把我引见给埃克托尔·罗哈斯·埃拉索。昔日的美术老师穿着卡其布裤子，亚马孙大花衬衫，扯着大嗓门，说话像机关枪，不达目的，誓不罢休。当然，他没认出我是巴兰基亚圣若瑟中学的学生。

萨巴拉老师——大家都这么叫——提到两三个我们都认识的人和几个我应该认识的人，之后扔下我们，回去拿起他的红色铅笔和紧急稿件，继续奋战，就好像从来没和我们有过任何联系一样。埃克托尔在铸排机发出的绵绵细雨声中跟我继续聊，仿佛他也从未和萨巴拉有过任何联系。他谈兴甚浓，妙语连珠，令人倾倒；他天马行空，虚构出一些神乎其神、连他自己都信了的事情。我们聊了好几个小时，聊活着和死去的朋友，聊不该写出来的书，聊忘记我们和我们无法忘记的女人，聊他的出生地托卢天堂般恬静怡人的加勒比海岸、阿拉卡塔卡言出必中的巫师和只能在《圣经》里找到的悲惨遭遇，总之，聊所有已经发生的和应该发生的事。我们不喝水，不喘气，只抽烟，人生苦短，只怕来不及畅所欲言。

晚上十点，报社关门。萨巴拉老师穿上外套，打上领带，迈着芭蕾步——他还能抓住一点儿青春的尾巴——邀我们去吃饭。当然是去"洞穴"。他们很惊讶，何塞·多洛雷斯和好几个晚来的食客都视我为常客。更让他们惊讶的是，我第一晚遇到的警察中的一个也在那儿，他拿我打趣，笑我倒霉，蹲了一晚警局，还抢走了我一包刚开封的香烟。埃克托尔与何塞·多洛雷斯开启了一场双关语比赛，笑翻了食客，萨巴拉老师则笑而不语。我也斗胆接了一句，虽然没那么有趣，好歹也让我成为何塞·多洛雷斯为数甚少的贵客之一，可以一个月赊四次账。

吃完饭，埃克托尔和我接着在港湾边的烈士路上边走边聊。公共市场的垃圾堆在那儿，味道很不好闻。那晚月色清亮，我们宛如身处世界中心，从库拉索驶来的第一批小船正悄然停泊。那晚，埃克托尔开始向我讲述卡塔赫纳不为人知的血泪史，或许要比御用文人投其所好的杜撰更真实。道路两旁矗立着十位烈士的大理石半身像，作为对他们的英雄事迹的缅怀，埃克托尔向我讲述他们的生平。民间说法——似乎是他的说法——是雕像完工时，雕刻家们把对应的姓名和日期刻在了基座而非雕像上。百年纪念那会儿，雕像被搬走，做清理养护，姓名和日期全乱了，无人分得清，只好随便摆。这个故事被当作笑话，流传多年。相反地，我觉得，那是一种彰显历史公正的行为，纪念没有名字的英雄们，纪念的不是他们活过的人生，而是他们共同的命运。

住在卡塔赫纳的那几年，彻夜长谈几乎成为家常便饭。聊了两三晚，我发现埃克托尔具有瞬间散发个人魅力的能力，而他对友谊的认知错综复杂，只有深爱他的人才能完全理解。他极度情绪化，既会大发雷霆——有时简直雷霆万钧——转眼又会温顺无比。然后你就明白了他是怎样一个人，也明白了萨巴拉老师为何想方设法让我们和他一样深爱他。第一晚，就像之后的许多个夜晚，我们在烈士路上聊到天明。身为记者，无须理会宵禁。当埃克托尔看见海平线上发出新一天的光亮，他的声音依然洪亮，记忆依然清晰：

"但愿今晚能有《卡萨布兰卡》式的结局。"

他没再说别的。他的话让我想起亨弗莱·鲍嘉①与克劳德·雷恩斯②在晨曦中并肩前行的辉煌画面。地平线上光芒四射，传奇般的台词勾勒出既悲情又幸福的结局："这是一场伟大友谊的开始。"

三小时后，萨巴拉老师的电话把我吵醒。他不太高兴：

"大作进展如何？"

愣了几分钟，我才明白，他指的是要登在第二天报纸上的我的文章。我不记得和他有过任何约定，也不记得他让我写稿时，我答没答应。不过，有了前一天晚上高屋建瓴的谈话，那天上午，我自认为无所不能。萨巴拉也有同感，提了几个热点话题，我也提了一个，就是眼下正在发生的宵禁。

①亨弗莱·鲍嘉（1899—1957），美国著名演员，去世后几十年依然在电影界拥有传奇地位，1942年在《卡萨布兰卡》中饰演里克，这部电影至今仍被认为是永恒的经典。
②克劳德·雷恩斯（1889—1967），美国著名演员，曾四次被提名为奥斯卡最佳男配角，在《卡萨布兰卡》中饰演警察局局长路易·雷诺。

没有具体要求，我想写在卡塔赫纳第一晚的经历。编辑部里的古董打字机我压根不会用，只能用纸笔写，花了近四小时才完成，由萨巴拉老师面批。他面无表情，看不出在想什么。终于，他委婉地说：

"还行，就是不能发。"

我并没有惊讶。相反地，我预见到了这种情况，而且有那么几分钟，我还从做记者不快的负担中解脱了。但真正的原因——当时我并不知情——没有商量余地：从四月九日起，政府向全国每家报社各派驻一名新闻审查官，下午六点进驻编辑部，严防死守，有碍公共秩序的文字一律不许见报。

对我而言，萨巴拉老师的理由比官方理由分量更重。我写的不是新闻评论，只是个人经历的主观描述，没有任何社论的味道。此外，我没有把宵禁视为政府的合法权力，而是视为几个粗野警察找点儿小钱买烟抽的借口。还好，他在判我死刑之前，把稿子退还给我，让我从头到尾重写，不为他，为审查官。他还好心好意地宽慰了我两句。

"当然，有文学价值！"他对我说，"这点改天再谈。"

这就是他。从第一天进报社起，我就注意到，他跟我和萨帕塔·奥利维利亚谈话时的方式很不寻常：跟这个人说话，却看着那个人的脸，指甲差点儿被烟烧着。开始，我很不自在，很没自信。腼腆的我想了个不太笨的主意：饶有兴趣地听他说话时，也不看他，而看曼努埃尔，听一个，看一个，综合得出结论。后来，我们一起跟罗哈斯·埃拉索说过话，跟洛佩斯·埃斯考里亚萨说过话，跟许多别的人说过话，我这才发现，这是萨巴拉和两个以上的人说话时特有的方法。有了这样的理解，我就可以通过毫无防备的同谋和单纯的中间人与他沟通思想，交流感情。有了多年的彼此信任后，我壮着胆子跟他提过，他一点儿也不吃惊，向我解释，说他之所以侧着脸，是因为不想把烟喷到别人脸上。我从没见过如此温和、安静、有教养的人，他始终懂得如何做他想做的人：一个站在阴影里的智者。

其实，除了家书——妈妈改完拼写后寄回，我当作家后依然如此——我只在锡帕基拉国立男子中学写过演讲稿和几首不成熟的诗，写过爱国宣言和抗议伙食差的请愿书，以及少量其他文章。最终刊登在社论版上的文章和初稿差之千里。萨巴拉老师和审查官改内容，校对改语法，最后只剩下几段无观点、无风格的抒情散文。最后，我们说好设每日专栏，也许希望文责自负，署我全名，专栏名为"句号，另起一段"。

每天绞尽脑汁写文章，萨巴拉和罗哈斯·埃拉索对此习以为常。我好不容易憋出的第一篇下场惨烈，他们都来安慰我。于是，我壮着胆，憋出第二篇、第三篇，写得却并不比第一篇好。我在编辑部待了近两年，每天少则一篇，多则两篇，署名也好，不署名也罢，都能通过审查，还差点儿娶了审查官的侄女。

扪心自问：如果没有萨巴拉老师的铅笔和挑战创造力的审查制度，我当年的生活会是什么样？有受迫害妄想症的审查官活得更是一惊一乍，引用名家名言，他都疑神疑鬼，觉得是坑，往往也的确是坑。他捕风捉影，跟塞万提斯比想象力。有一晚，他遇灾星，每隔十五分钟跑趟厕所，最后居然说是被我们吓的，说他快疯了。

"他妈的！"他嚷嚷道，"再这么跑下去，屁股都跑掉了！"

政府采取政治暴力，全国血流成河，警察被军事化就是另一明证。大西洋沿岸的局势稍好些。可五月初，在距卡塔赫纳二十多西班牙里的卡门－德玻利瓦尔的街头，警察无故开枪扫射圣周游行队伍。我对卡门－德玻利瓦尔怀着一份特殊的感情，嫲嫲在那儿长大，外公尼古拉斯在那儿发明了他远近闻名的小金鱼。萨巴拉老师出生在邻城圣哈辛托，他一反常态，痛下决心，让我无视审查制度，照实写，把前因后果都写上。这是我在社论版刊登的第一篇不署名的社论，敦促政府彻查，严惩凶手。结尾是个问句："卡门－德玻利瓦尔发生了什么事？"面对政府的不屑一顾，我们向审查制度公然开战，同一版面，每日一问，言辞越来越激烈，打算逼已然恼羞成怒的政府暴跳如雷。三天后，社长问萨巴拉，是否征求过编辑部全体同仁的意见，而他本人的意见是：同意继续深究。于是，我们继续追问。与此同时，通过内线打探来的唯一消息是：政府下令，随我们闹去，一帮疯子，疯够了完事儿。没那么容易！每日一问已经在街头流传，成了问候语："你好，兄弟，卡门－德玻利瓦尔发生了什么事？"

没想到有天晚上，一队荷枪实弹的士兵突然袭击，大张旗鼓地封锁了圣胡安－德迪奥斯街，武装警察海梅·波拉尼亚·普约上校迈着坚定的步伐，走进《宇宙报》报社的大门。他身着隆重场合才穿的蛋白色军装，漆皮鞋，军刀用一根丝绸绳系着，扣子和徽章金光闪闪，不枉他英俊潇洒的名声。不过，我们都知道，他是战场上的孤胆英雄，多年以后，他在朝鲜战场①上指挥哥伦比亚军队，将这点表现得淋漓尽致。上校和社长关起门来，聊了整整两个小时，所

---

①哥伦比亚曾经参加以美国为首的联合国军，在朝鲜战争中支持韩国。

有人紧张得一动不动。两人均无不良嗜好，不抽烟，不喝酒，而是喝了二十二杯黑咖啡。上校出门时很轻松，跟我们一一告别。他跟我多磨蹭了一会儿，目光锐利地盯着我说：

"您的前途不可限量。"

我的心略咯噔一下：他恐怕对我了如指掌，不可限量或许就是死路一条。社长把谈话内容原原本本地告诉了萨巴拉，说每篇文章由谁执笔，上校心知肚明。社长亮出颇具个性的姿态，对上校说，文章都是遵照他的命令写的，报社如军营，必须服从命令。不管怎样，上校建议社长别把事闹那么大，免得哪个地痞流氓打着政府的旗号来伸张什么正义。社长听懂了，我们也听懂了，包括未尽之言，弦外之音。社长最诧异的是，上校对报社内部的运作门儿清，仿佛他就住在这里。都说审查官是内鬼，可他赌咒发誓，死不承认。上校登门答疑解惑，只差没有答复每日一问。社长向来睿智英明，他让我们相信一切被告知的话，因为真相可能更糟。

自从公然对抗审查制度，我就没顾过学业，也没写过短篇。好在老师上课基本不点名，正好逃课。自由派老师见我跟审查制度玩猫腻，比我还急，想方设法帮我通过考试。如今，我想把那段时光记录下来，记忆中却无迹可寻，也好，走到今天，我更信任遗忘。

自从告诉爸妈我在报社赚钱，足以维持生计，他们就睡起了安稳觉。其实不然。在报社当学徒，一个月挣的还不够一星期花。不到三个月，我就搬出了旅馆，欠了老板娘一屁股债。后来，她孙女过十五岁生日，我在社会版写了篇文章，以文抵债。可惜这种交易，她只肯做一回。

尽管还在宵禁，全城最热闹、最凉快的住处依然是烈士路。深夜聚谈会结束后，我就坐着小憩一会儿。有时，我会睡在报社仓库的纸卷上，或自带吊床，在法律系同学那儿蹭一晚，只要他们能受得了我说梦话、做噩梦。就这样，我胡乱吃，胡乱睡，过一天，算一天，直到佛朗哥·穆聂拉人道主义协会让我象征性地交点儿钱，给我提供一日两餐。协会主席玻利瓦尔·佛朗哥·帕雷哈是位小学历史老师，全家热情开朗，崇拜作家和艺术家，总逼我多吃点儿，免得脑细胞枯竭。多少次，我付不起饭钱，他们说没事，吃完饭，表演个诗朗诵吧！这种买卖只赚不赔，我朗诵的往往是堂豪尔赫·曼里克写的悼念亡父的诗作中的八音节混四音节诗和加西亚·洛尔迦的《吉卜赛谣曲》。

特斯卡海滩的露天妓院远离城墙外可怕的寂静，比海滩边的旅馆更好客。我们五六个大学生从第一晚起，就在天鹅妓院舞池炫目的灯光下备战期末考。加勒比海岸的铜管乐震耳欲聋；姑娘们不穿内裤，翩翩起舞，裙子又宽又大，海风一吹，春光乍泄，撩人心神；清晨的海风和汽笛声有安神醒脑之妙用。有时，某个有恋父情结的小妞的爱尚未尽情释放，会来邀我们同枕共眠。其中一个喜欢听我说梦话，她的名字和身材我记得十分真切。多亏她，我没有作弊，老老实实地通过了罗马法考试，还在警察禁止在公园里睡觉的时候躲过了几次围捕。我们像小两口那样互相理解，互相帮助，不仅在床上，早晨我还帮她做点儿家务，好让她多睡几个小时。

当时，我逐渐适应了报社的工作，自觉身在文学界，而非新闻界。海拔两千多米、离卡塔赫纳两百西班牙里的波哥大，是昔日的一场噩梦，回忆中只有四月九日灰烬散发出的臭味。我依然酷爱文学和艺术，对深夜聚谈乐此不疲。可是，当作家的心慢慢淡了。在

《观察家报》上发表三个短篇后，我就再也没写过短篇，沉寂了六个月。七月初，爱德华多·萨拉梅亚通过萨巴拉老师跟我约稿。他开口，我无法拒绝，从过去的草稿中淘出些灵感，创作了《死神的另一根肋骨》，风格较之前没有多大变化。我记得很清楚，没打腹稿，现写现编，依然发表在一九四八年七月二十五日《观察家报》的周末文学增刊上。再写短篇，已是来年，我的生活有了重大改变，就差放弃很少的几门法律课了，我偶尔还去听听，为实现爸妈的愿望尽最后一份力。

置身于古斯塔沃·伊瓦拉·梅尔拉诺的书房，我毫不怀疑自己将会成为一名前所未有的好学生。他是萨巴拉和罗哈斯·埃拉索兴致勃勃介绍给我的新朋友，刚在波哥大读完高等师范，回来后第一时间加入了《宇宙报》聚谈会和深夜烈士路上的漫谈。埃克托尔滔滔不绝，萨巴拉总有极具创造性的质疑，古斯塔沃体系严谨，正好弥补我随意性强、东拉西扯、天马行空的思维方式。聊天时，气氛总是刚柔并济，张弛有度。

第二天，古斯塔沃·伊瓦拉·梅尔拉诺就邀请我去他父母位于马尔贝亚海滩、面朝大海的家做客。一面十二米长、整齐簇新的书墙，只收藏此生不读枉来一世的书。古希腊、古罗马、西班牙的名家名作，新得就像没人读过一样，空白处的点评虽然潦草，却很精辟，有些还是拉丁文。提到这些点评，古斯塔沃的脸会红到脖子根，自嘲后避而不谈。认识他之前，一位朋友对我说："那家伙是个神父。"我很快就明白了他为何容易给人这种印象；和他相熟之后，更是难以相信他竟然不是神父。

我第一次跟他聊通宵时，发现他读书既多又杂，对我闻所未闻的当代天主教知识分子知之甚多；他对诗歌领域无所不知，特别是希腊语和拉丁语名篇，读的都是原文；他对我们共同的朋友了解透彻，提供了许多弥足珍贵的趣闻轶事，让我更爱他们。罗哈斯·埃拉索和萨巴拉老师对我反复提起三位巴兰基亚记者：塞佩达、巴尔加斯和富恩马约尔，他强调一定要认识。我注意到，他不但具备卓越的公民和知识分子素养，而且得益于先天条件加后天训练，游泳水平堪比奥运冠军。他最发愁的是我对希腊和拉丁语经典不屑一顾，觉得它们既无趣，又无用，除了中学断断续续、反反复复读过的《奥德赛》。分手前，他在书房里找了本皮面精装书，郑重其事地递给我说："你可以成为一位好作家。但是，不熟读希腊经典，你永远也不会成为一位非常好的作家。"那是一本《索福克勒斯全集》。从那一刻起，古斯塔沃成为我人生中至关重要的人之一。《俄狄浦斯王》第一遍读下来，我就感觉它完美无缺。

　　那是一个历史性的夜晚，我同时发现了古斯塔沃·伊瓦拉和索福克勒斯，几小时后，又差点儿惨死在天鹅妓院秘密女友的房间里。一切宛如昨日：女友的一个旧相好——她以为他已经死了一年多了——踹门进来，大呼小叫，骂骂咧咧。我一眼认出他是我在阿拉卡塔卡的小学同学。他过去和我关系不错，如今气呼呼地回来收复失地。我们后来再没见过面，当他发现赤身裸体、在床上吓得瑟瑟发抖的我时，机敏地假装没有认出来。

　　那年，我还认识了拉米罗和奥斯卡·德拉埃斯普列亚兄弟。两人能说会道，滔滔不绝，尤其是置身于基督教道德禁地的时候。他们和父母住在离卡塔赫纳一小时车程的图尔巴克，几乎天天出现在美洲冷饮店里，参加作家和艺术家聚谈。拉米罗是波哥大法律系毕业生，和《宇宙报》那帮人混得特别熟，自然而然地在报纸上开设专栏。他父亲是位不讲情面的律师，也是位不受约束的自由派人士；他母亲妖媚迷人，心直口快。夫妇俩都喜欢和年轻人聊天。我们在图尔巴克枝繁叶茂的白蜡树下长谈，他们给我提供了有关"千日战争"的极其珍贵的资料。外公去世后，对我而言，"千日战争"的文学源泉一度枯竭。他们对拉斐尔·乌里韦·乌里韦将军的描述在我听来最为可信，从他令人敬仰的高雅风度到他手腕的尺寸。

对于那些日子里我和拉米罗的样子最好的见证，是画家塞西莉亚·波拉斯创作在布上的一幅油画。塞西莉亚无视社会舆论，扎在男人堆里嘻嘻哈哈，十分惬意。那是一幅肖像画，我们两个坐在咖啡馆桌旁，那个咖啡馆就是我们和她以及其他朋友一天两次会面的地方。拉米罗和我一拍两散、分道扬镳时，为这幅画争得不可开交。塞西莉亚学所罗门王，拿起修枝剪，将画一剪两半，一人一半。多年以后，我的那一半卷成卷留在了加拉加斯一栋公寓的壁橱里，再也没能找回来。

和国内其他地方不同，政府暴力到那年年初才给卡塔赫纳造成巨大危害。我们的朋友卡洛斯·阿莱曼代表著名的蒙波斯区当选为众议员，他是一名律师，初出茅庐，天性开朗，只可惜时运不济。众议院正式会议那天，敌对党之间发生枪战，流弹打中了他的垫肩。阿莱曼有充分的理由相信，像哥伦比亚这种没用的立法机构不值得他去送命，还不如提前和朋友们一起把议员津贴花完拉倒。

奥斯卡·德拉埃斯普列亚是个极爱大唱大闹的人，他赞同威廉·福克纳的说法：作家最完美的家是妓院，上午寂静无声，入夜欢声笑语，和警察关系和睦。众议员阿莱曼说到做到，全天候为我们买单。然而，有一晚，我后悔做了福克纳那样的美梦。妓院老板娘玛丽·雷耶斯的一个旧相好踢翻大门，要把和母亲一起生活的他们的五岁儿子带走。老板娘的新相好是个警察，他穿着内裤冲出卧室，举着佩枪，号称要保护妓院的财产和名誉。旧相好嗒嗒嗒一梭子弹过去，舞厅里轰隆隆像被炮击，警察吓得躲了回去。等我衣冠不整地走出房间时，当天的嫖客们都从房门口看见男孩在过道尽头撒尿，父亲左手为他梳头，右手枪管冒烟的场景。妓院里只能听见玛丽在破口大骂，骂新相好是孬种。

那些天里，有个高个子男人不请自来，在《宇宙报》编辑部充满表演感地脱去衬衫，走来走去，他背上、手臂上全是疤，硬得像石头，我们都看呆了。他很满意，扯大嗓门解释这些疤是怎么来的：

"狮子挠的！"

他叫埃米利奥·拉索莱，刚到卡塔赫纳，为他闻名世界的家族马戏团打前站。马戏团搭乘西班牙大西洋游轮"巴斯克号"，前一周离开哈瓦那，将于下个周六在卡塔赫纳登台演出。拉索莱自诩出生前就已随马戏团游走四方。不用表演，人们就能看出他是大型猛兽驯兽师。猛兽们各有名字，叫起来就像称呼家人，而它们的回应方式既亲热又粗鲁。他毫无防护地走进狮虎笼，亲手喂它们吃的。他心爱的熊给过他一个爱的拥抱，害得他一个春天都在住院。不过，马戏团的台柱不是他，也不是吞火人，而是那个拧断脖子后用胳膊夹着脑袋绕场一周的人。百折不挠是他最令人难忘的品质。我心驰神往地听他聊了很久，写了篇社论，发表在《宇宙报》上，斗胆称他为"我所认识的最有人味儿的人"。当年我二十一岁，认识的人不多，但我相信直到今天，这句话依然成立。我们和报社同仁在"洞穴"吃饭，那些被呵护、通人性的猛兽的故事大受欢迎。一天晚上，我想了很久，鼓足勇气请他带我进马戏团，哪怕是趁老虎不在，帮它刷刷笼子。他一言不发，默默地向我伸出手。我相信这是马戏团专用手势，就当他答应了。我只把这个决定告诉了萨尔瓦多·梅萨·尼科尔斯，他是一位来自安蒂奥基亚的诗人，疯狂迷恋马戏，以拉索莱家族马戏团本地合伙人的身份刚来到卡塔赫纳。他在我那个年纪也跟马戏团跑过，他提醒我，第一次看见小丑流泪的人都想跟小丑走，但不久就会后悔。可是，他不仅同意我去马戏团，还让驯兽师保守秘密，免得消息走漏，过早成为新闻。翘首以盼马戏团的日子本就让人心潮澎湃，此时几乎让我不能自已。

"巴斯克号"没有如期到达，船只失联。又过了一周，我们通过报社，请无线电爱好者帮忙追踪加勒比海的天气状况。报社、电台纷纷开始做最坏的打算。那几天，梅萨·尼科尔斯和我神经紧绷地陪埃米利奥·拉索莱待在旅馆房间里，不吃不喝，不眠不休。我们眼睁睁地看着他无休止地等待，见他消沉、消瘦，直到所有人心知肚明："巴斯克号"永远也靠不了岸了，且将音信全无。驯兽师又独自在房间里关了一天，第二天，他来报社找我，说百年基业不能毁于一旦，他要去迈阿密单打独斗，白手起家，聚沙成塔，重建马戏团。他遭此大难，却有如此决心，让我动容。我陪他去巴兰基亚，把他送上飞往佛罗里达的班机。登机前，他感谢我决定加入马戏团，答应有进展就来找我。他令人心碎地跟我相拥告别，我深深明白，那个拥抱里有狮子们对他的爱，此后，我再也没听说过他的消息。

那天是一九四八年九月十六日，飞往迈阿密的班机十点起飞，我撰写的有关拉索莱的社论也在那天见报。当天下午，我原打算回卡塔赫纳，突然灵光一闪，想去朋友的朋友赫尔曼·巴尔加斯和阿尔瓦罗·塞佩达共事的《民族报》晚报社走一趟。编辑部在老城一栋年久失修的大楼里，长长的大厅空空荡荡，中间隔着一道木栏杆。大厅最里面坐着一个穿着衬衫的金发小伙子，正坐在一台机器前打字，在空落落的编辑部里，键盘声像爆竹声。我怕地板发出瘆人的嘎吱声，便蹑手蹑脚地走过去，在栏杆边等。他终于回头看我，突然发问，嗓音像专业主持人一样悦耳动听：

"请问有何贵干？"

他短发，颧骨坚实，眼睛明亮，目光锐利，对我的打扰有些不快。我尽可能吐字清晰，告诉他：

"我是加西亚·马尔克斯。"

我就这么斩钉截铁地报上大名，说出口才意识到，赫尔曼·巴尔加斯很可能不知道我是谁，尽管在卡塔赫纳，朋友们说自从读了我的第一个短篇，就常跟巴兰基亚的朋友聊起我，《民族报》还登过赫尔曼·巴尔加斯为我的短篇写的一篇热情洋溢的短评。提到新文学，他可不好糊弄。不过，瞧他欢迎我的那股热乎劲儿，我就确信他对我知根知底，其情感真挚，胜于耳闻。几小时后，我在世界书店认识了阿方索·富恩马约尔和阿尔瓦罗·塞佩达。我们去哥伦比亚咖啡馆吃点心，我既想认识又怕认识的加泰罗尼亚智者堂拉蒙·宾耶斯当天下午没有参加六点钟聚谈会。五杯酒下肚，从哥伦比亚咖啡馆出来，我们已是莫逆之交。

那是个漫长而纯真的夜晚。阿尔瓦罗是个天才司机，酒喝得越多，开车越安全谨慎，大日子负责开车。"巴旦杏"是一家开在花团锦簇的巴旦杏树下的露天酒馆，只接待巴兰基亚青年队球迷。几名顾客发生口角，差点儿动手，我想劝他们消消气，阿方索让我别管，说球迷的地盘不欢迎和平主义者。总之，那晚的巴兰基亚截然不同，不是爸妈早年居住的城市，不是妈妈受穷的城市，也不是圣若瑟中学所在的城市。成年后我第一次来，这里有天堂般的妓院。

红灯区包括四个街区，金属乐震得大地战战兢兢，但也有接近福利机构、洋溢着家庭氛围的角落。家庭妓院的老板偕妻儿招待熟客时，恪守堂曼努埃尔·安东尼奥·卡雷尼奥①的天主教徒道德和礼仪规范。有些愿当保人，允许熟客分期付款，跟新人上床。马蒂娜·阿尔瓦拉多在这行做得最久，偷偷地将入错行的教士放进来，人性化地收取一点点费用。没有欺诈性消费，没有如意算盘，也不会染上脏病。一战最后一批法国夫人，身体羸弱、神情忧伤地从傍晚起就坐在家门口的红灯下，等着仍然相信她们那些撩人的避孕套的孙辈前来。有的妓院房间里装了冷气，密谋者可在此碰头，从妻子身边逃走的市长也可在此暂避。

黑猫妓院的舞池在院子里的葡萄架下，这家妓院被一位善于接受新事物的瓜希拉女郎买下，成为商船水手的天堂。老板娘会唱英文歌，私下里也贩毒。在黑猫妓院大事记中，有这样一个历史性的夜晚：十二个挪威水手全拥在唯一一个黑人妓女的房前排长队，十六个白人妓女全坐在院子里打瞌睡。赤裸裸的种族歧视，阿尔瓦罗·塞佩达和基克·思科佩尔实在看不下去，用拳头教训了那帮水手。两个人赤手空拳，居然把十二个人打得落花流水。白人姑娘们幸福地醒来，抄起椅子，上前助阵。最后，他们语无伦次地赔礼道

---

① 曼努埃尔·安东尼奥·卡雷尼奥（1812—1874），委内瑞拉音乐家、教育家、外交家，1853 年出版《教养礼仪指南》，一版再版，影响了好几代人。

歉，封那个赤条条的黑人妓女为"挪威王后"。

红灯区外也有合法妓院或地下妓院，全部都有警察撑腰。其中一家位于贫民区，院子里有大株繁花盛开的巴旦杏树和一爿破破烂烂的小店，店里只有一间卧室和两张帆布床，安排邻家的贫血女孩陪不可救药的醉汉睡觉，好歹能挣一个比索。阿尔瓦罗·塞佩达偶然发现了这里。十月的一天下午，他闯进店里躲雨。老板娘请他喝啤酒，一下子给他两个女孩，让他轮流玩到雨停。阿尔瓦罗继续请朋友们来这儿喝冰啤酒，不是来找乐子，而是来教女孩们读书识字。他帮用功读书的女孩争取奖学金，送她们进公立学校，其中一个女孩在仁爱医院做了好多年护士。他还把房子买下来，送给了老板娘。这家十分简陋的"幼儿园"在自然消失前，一直有个诱人的名字："为糊口上床的女孩之家"。

为了陪我在巴兰基亚度过第一个历史性的夜晚，他们选择了黑人艾乌菲米亚妓院。那里庭院宽敞，水泥地面，可以在郁郁葱葱的罗望子树间尽情跳舞。茅屋多间，每小时五比索。桌椅颜色鲜亮，石鸻鸟悠闲地漫步其中。艾乌菲米亚丰腴动人，快一百岁了，在门口亲自坐镇，挑客迎客。桌上只有一件物品——简直不可思议——一枚教堂里的大装饰钉。姑娘们都是她亲手挑来的，天生丽质，知书达理，自己给自己起名字。喜欢墨西哥电影的阿尔瓦罗·塞佩达叫她们"坏女人伊尔玛""邪恶的女人苏珊娜""午夜圣女"什么的，很中某些姑娘的心意。

为了抹去伤痛的记忆，加勒比乐队无比陶醉地超高分贝演奏佩雷斯·普拉多的曼波新曲和博莱罗。在这里似乎根本没办法聊天，但我们都习惯扯着嗓子吼。当晚的话题由赫尔曼和阿尔瓦罗提议，有关小说和新闻报道的共性。他们津津乐道于约翰·黑塞有关广岛原子弹爆炸的新作，而我则推崇新闻纪实作品《瘟疫年纪事》。后来我才知道，丹尼尔·笛福写的是他五六岁时伦敦发生的一场瘟疫。

顺着这个思路，我们聊到了《基督山伯爵》。他们三个早就讨论过：大仲马如何让一个天真、无知、贫穷、蹲冤狱的水手逃出铜墙铁壁的城堡，成为当世最富有、最有教养的人？对小说家们来说这是个谜。谜底是：当埃德蒙·唐戴斯被关进伊夫堡时，里面早已关着法里亚神父。神父在狱中向他传授智慧，告诉他新生活的起点：藏宝图和越狱方式。换言之，大仲马塑造了两个不同的人物，让他们彼此交换了命运。唐戴斯越狱时，早已脱胎换骨，唯一不变的是他游泳健将的身体。

赫尔曼认为，很显然，大仲马将人物设定为水手，他才能被扔下海，从裹尸袋里钻出，游泳逃生。阿方索博学，却无牙尖嘴利。他反驳道：这提供不了任何保证，克里斯托弗·哥伦布麾下百分之六十的水手都是旱鸭子。见别人卖弄，他去撒点儿胡椒面，比什么都开心。我津津有味地听他们讨论文学之谜，柠檬朗姆酒，别人小口品，我大口喝起来。三人得出结论：大仲马在《基督山伯爵》甚或在他的全部作品里表现出的才华和驾驭信息的能力，使他不像小说家，更像记者。

最后，我总算明白，新友们无论读克维多、詹姆斯·乔伊斯还是柯南·道尔，都有收获。他们有取之不尽、用之不竭的幽默感，能整夜整夜地唱博莱罗和巴耶纳托，或将黄金世纪的名篇倒背如流。我们通过不同的路径达成共识，认为世界诗歌的巅峰是豪尔赫·曼里克的《悼亡父》。那晚我过得十分愉快，消除了对博学狂人的最后偏见，和他们成为朋友。喝着带劲儿的甘蔗酒，有他们陪伴左右，我不再腼腆拘束，感觉舒坦极了。那年三月在狂欢节舞蹈比赛中夺冠的"邪恶的女人苏珊娜"拉我去跳舞。他们赶走了舞池中的母鸡和石鸻鸟，围着我们喝彩。

舞曲是达马索·佩雷斯·普拉多的《曼波五号》系列。跳完舞，我用仅剩的力气，抓起热带组合表演台上的沙球，打着拍子，又唱了一个多小时丹尼尔·桑托斯、阿古斯丁·拉腊和别恩维尼多·格兰达的博莱罗。纵情歌唱时，我感觉轻风拂来，身心舒畅。我永远也不知道他们三个是为我自豪还是为我害臊，不过，当我回到桌边时，他们像自己人那样欢迎我。

当时，阿尔瓦罗又发起一个其他人从未与他讨论过的话题：电影，这是我的意外收获。我一向以为电影是一门子艺术，脱胎于戏剧而非小说。阿尔瓦罗不以为然，电影于他相当于音乐于我，是可以攻玉的他山之石。

黎明时分，阿尔瓦罗又醉又困，摆出大师级出租车司机风范，把车开得稳稳当当，车上装的全是新书和《纽约时报》文学增刊。他把赫尔曼和阿方索送回家后，执意要带我回家，去见识他的书房。他的书房有三面书柜，从地到顶。他指着书，转了一圈，对我说：

"世上会写书的人就这么多。"

我很兴奋，忘了昨天又饿又困。酒精还在体内发酵，让我醺醺然。阿尔瓦罗给我看他的最爱，西语和英语的都有。他声音嘶哑、头发蓬乱、眼神无比癫狂地逐一道来，有阿索林[1]和萨罗扬[2]——他

---

①何塞·奥古斯托·特立尼达·马丁内斯·鲁伊斯（1873—1967），笔名阿索林（Azorín），西班牙小说家、杂文家、剧作家、文艺批评家，曾当选为西班牙皇家语言学院院士。
②威廉·萨罗扬（1908—1981），美国小说家、剧作家，代表作为《你这一辈子》。

的两个软肋——以及别的一些作家，他对他们的生平如数家珍。我第一次听到弗吉尼亚·伍尔夫这个名字，他称她为老女士伍尔夫，还有老先生福克纳。我的惊讶更让他不能自已，他抓起那一摞向我展示的最爱，一股脑地放在我手里。

"别傻了，"他对我说，"这些全拿走，看完我去取。"

对我而言，这是一摞难以想象的宝贝，可我连个狗窝都没有，书没处放，不敢冒这个险。最后，他把弗吉尼亚·伍尔夫的西班牙语版《达洛维夫人》送给我，不由分说地断言：你会将它倒背如流。

天渐渐亮了。我想坐头班车回卡塔赫纳，阿尔瓦罗非让我在房里的另一张床上睡下。

"去他妈的！"他用最后一点儿力气说，"就在这儿住下。明天，我们给你找一份好工作。"

我和衣躺下，这才感觉到身子无比沉重，人还活着。阿尔瓦罗也和衣躺下，我们俩一直睡到了上午十一点。他母亲是既可敬又可怕的萨拉·萨穆迪奥，她以为独生子死了，用拳头擂门。

"甭理她，大师。"阿尔瓦罗从睡梦深处对我说，"她天天早上这么说，糟糕的是总有一天会言中。"

我像发现了新大陆似的回到卡塔赫纳，佛朗哥·穆聂拉家中的饭后朗诵不再是黄金世纪诗歌和聂鲁达的《二十首情诗和一首绝望的歌》，而是《达洛维夫人》选段，精神病患者塞普蒂默斯·沃伦·史密斯的胡言乱语。我性情大变，变得急不可耐、令人费解，埃克托尔和萨巴拉老师说我在刻意模仿阿尔瓦罗·塞佩达。古斯塔沃·伊瓦拉对我报以加勒比式的同情，觉得我讲述的巴兰基亚之夜很有趣。他推荐的古希腊作家越来越多，还故意漏掉了欧里庇得斯[①]，却从未向我解释理由。他带我发现了梅尔维尔[②]：莫比·迪克的壮举，那段在鲸鱼肋骨组成的庞然穹顶下，对世界各海域资深捕鲸人有关约纳[③]的振聋发聩的训诫。他借给我纳撒尼尔·霍桑[④]的《带七个尖角阁的房子》，对我的人生产生了重大影响。我们曾一起试图在尤利西斯·奥德修斯的流浪中寻找一种有关乡愁之致命性的理论，结果晕头转向，不得其所。半个世纪后，我在米兰·昆德拉的一篇大作中找到了答案。

同一时期，我只见过大诗人路易斯·卡洛斯·洛佩斯[⑤]，他更为人熟知的名字是"独眼人"。他创造了一种安逸的生活方式：似死未死，似埋未埋，最重要的是无声无息。他住在古城中心古塔布隆街一栋古色古香的房子里，生于斯，长于斯，不扰人，鲜会客——几位老友除外，而他大诗人的名气在他的一生中持续增长，唯有身后名才能如此只涨不退。

人们都叫他"独眼人"，其实他仅仅是斜视而已，只不过方式特别，难以描述。《宇宙报》社长多明戈·洛佩斯·埃斯考里亚萨是他的兄弟，别人问起"独眼人"，他总是回答：

"他就在那儿。"

听起来像敷衍，却是真话：他就在那儿。比谁活得都好，更妙的是，还是鲜为人知地活着。他洞察一切，决意走向自己的葬礼。

①欧里庇得斯(前480—前406)，与埃斯库罗斯和索福克勒斯并称古希腊三大悲剧大师。
②赫尔曼·梅尔维尔（1819—1891），美国文学史上最杰出的浪漫主义小说家之一，代表作为《白鲸》。莫比·迪克是大白鲸的名字。
③《圣经》人物，又译约拿。据《圣经》记载，约纳被"大鱼"吞噬，在鱼腹中生存了一段时间，后蒙上帝关照重返陆地。
④纳撒尼尔·霍桑（1804—1864），美国浪漫主义作家的杰出代表，代表作为《红字》。
⑤路易斯·卡洛斯·洛佩斯（1879—1950），哥伦比亚著名诗人。

人们说起他像说起一件文物，尤其是那些没读过他作品的人。事实上，自从来到卡塔赫纳，出于对他隐士生活的尊重，我并没有想着去见他。那年他六十八岁，是古往今来了不起的西班牙语诗人之一，对此无人质疑，尽管大多数人只知其然，不知其所以然。他的作品风格怪异，获此声名，殊难理解。

他的诗装在萨巴拉、罗哈斯·埃拉索、古斯塔沃·伊瓦拉和我的脑子里。我们总是不假思索、自然而然、准确无误地背出，为聊天助兴。他不孤僻，只是腼腆。我至今没见过他任何一幅画像（如果有的话），只见过出版物上替代画像的简笔漫画。老见不到，我们就忘了他还活着。一天晚上，我正在给当天的稿子收尾，听见萨巴拉老师压着嗓门惊呼一声：

"妈的，是'独眼人'！"

我从打字机上抬起头，见到了这辈子见过的最怪的男人。他比我想象中矮很多，头发白得发蓝，极不服帖，像借来的。他的左眼没瞎，但正如他的绰号所说的那样：有点儿歪斜①。他穿着随意，深色粗斜纹布裤子加条纹衬衫，右手举到肩膀那么高，银质烟嘴里夹着一根点燃的香烟，没在吸，烟灰兀自往下掉着。

他径直走进他兄弟的办公室，两小时后才出来。当时，编辑部里只剩下萨巴拉和我，等着跟他打声招呼。两年后，他去世了，在忠实读者心里激起巨大震荡，但那似乎不是因为他死了，而是因为他复活了。他躺在棺材里，看上去不如生前那样像个死者。

---

① Tuerto 一词在西班牙语中，除了意为"单眼的、独眼的"，还有"歪斜的、弯曲的"的意思。

同一时期，西班牙作家达马索·阿隆索[1]和小说家妻子欧拉利亚·加尔瓦里亚托[2]在大学礼堂举办了两场讲座。向来不愿打扰他人生活的萨巴拉老师破例请求与两位见面，古斯塔沃·伊瓦拉、埃克托尔·罗哈斯·埃拉索与我陪他同行，一见面便情投意合，交谈甚欢。我们在加勒比酒店的一间私人会客室里聊了四个小时，他们聊拉美初行之印象，我们聊作家梦。埃克托尔带去一本诗集，我带去发表在《观察家报》上的一个短篇的复印件。他们坦诚地表达了保留意见，我们两个对此都很看重，因为那是一种间接的肯定和夸赞。

　　十月，我在《宇宙报》报社看见贡萨洛·马利亚里诺给我的留言，说和诗人阿尔瓦罗·穆蒂斯[3]在郁金香客栈等我。那是位于博卡格兰德海滨的一家令人难忘的膳宿公寓，距约二十年前查尔斯·林德伯格[4]的着陆点只有几米。在大学里跟我一起吟诵诗歌的贡萨洛已是一名开业律师。穆蒂斯在一家由飞行员创建的国有航空公司任公关部经理，邀请他去看海。

　　穆蒂斯的诗和我的短篇至少有一次登在同一期增刊《周末》上，这已足够开启在之后的半个多世纪里，在全世界无数的地方，我们每次见面都开始聊的那仍旧没结束的话题。起初是子女，然后是孙辈，他们常问：你们在聊什么，聊得这么起劲？我们老老实实

---

①达马索·阿隆索（1898—1990），西班牙著名诗人、语言学家，曾获塞万提斯文学奖，西班牙皇家语言学院和历史学院双院士。

②欧拉利亚·加尔瓦里亚托（1904—1997），西班牙小说家，作品《五个影子》曾入围纳达尔奖。

③阿尔瓦罗·穆蒂斯（1923—2013），哥伦比亚诗人、小说家，曾获塞万提斯文学奖，代表作为"麦克洛尔系列"。

④查尔斯·林德伯格（1902—1974），美国飞行员、作家、发明家、探险家、社会活动家，曾经首次单人不着陆飞越大西洋，1929年驾驶飞机在哥伦比亚卡塔赫纳的博卡格兰德着陆。

地回答：我们一直在聊同样的事儿。

我和文艺界人士的神奇友情给了我勇气，使我熬过了如今想来依然是人生中最没把握的那几年。七月十日，我在《宇宙报》上发表了最后一篇"句号，另起一段"——熬了三个月，没能熬过初学者那道坎儿，不如把专栏停了，及时抽身。我转去写不用担责的社论，不署名，除非必要。就这样，我天天按部就班地熬着，直到一九五〇年九月，装腔作势地写了篇文章评埃德加·爱伦·坡[1]，唯一值得一提的是，这篇文章是我这时期写得最差的。

那年一整年，我一直缠着萨巴拉老师，请他教我写专题文章。他脾气古怪，迟迟不做决定。不过，他给我丢下一个谜团，让我辗转反侧。圣克拉拉修道院里埋着个十二岁的姑娘，死后两百年间，头发长到了二十二米多长。没想到四十多年后，我会把这个谜团写进一本有着许多不祥暗示的浪漫小说。那段日子，我状态不佳，无心思考，乱发脾气，无故旷工，直到萨巴拉老师派人前来规劝。我运气好，通过了法律系二年级期末考，只挂了两科，可以升三年级。不过，有传闻说是报社向学校施加了政治压力，我才如此顺利。有人持假军官证在电影院门口拦住我，招募我去执行旨在破坏公共秩序的报复性任务，也是靠社长出面摆平的。

那些天，我对政治局势一头雾水，连公共秩序不断恶化导致又戒严了都不知道。新闻审查严格了好几倍，社会环境糟糕透顶，普通罪犯加政治警察害得农村人人自危。暴力迫使自由派人士抛妻弃子，背井离乡。达里奥·埃昌迪亚是民法专家中的专家，天生的怀

---

①埃德加·爱伦·坡（1809—1849），美国著名作家、诗人、文学评论家，被誉为"侦探小说鼻祖"，代表作有《黑猫》《摩格街谋杀案》等。

疑论者，希腊语和拉丁语作家的忠实读者，适合做自由派候选人的他支持自由派在选举中弃权，为劳雷亚诺·戈麦斯的当选扫清了道路。戈麦斯人在纽约，遥控执政。

当时，我还没有清醒地认识到，这些不幸不仅揭露了保守派的恶劣行径，更表明我们的日常生活发生了恶劣的变化。我们常去"洞穴"，一天晚上，我一时兴起，炫耀起自己的为所欲为。萨巴拉老师正想喝汤，勺子停在了半空，目光从镜框上方射下来，冷冷地打断我：

"告诉我，加夫列尔，你做这些混账事的同时，有没有意识到国将不国？"

他一针见血。烂醉如泥的我大清早在烈士路的一把长椅上躺倒就睡，被瓢泼大雨浇成了落汤鸡，患肺炎，住院两周。第一代抗生素压根不管用，还恶名在外，传言有可怕的副作用，容易导致性功能早失。我瘦成了一把骨头，面色苍白。爸妈来信，说我工作太累，让我回苏克雷休养。《宇宙报》更夸张，登告别社论，誉我为"大师级记者兼作家"；另一篇文章说我创作了子虚乌有的小说《切干草》，连书名都不是我起的。何况，当时的我根本没想再去搞文学创作。那个莫名其妙的书名是埃克托尔·罗哈斯·埃拉索信手胡编的。为了激发论战，丰富观点，他还杜撰过一个地道的拉丁美洲作家，名叫塞萨尔·格拉·巴尔德斯，在《宇宙报》上发布他抵达卡塔赫纳的消息，我也在专栏"句号，另起一段"中向他致以问候，希望能一扫尘埃，唤醒真正意义上的拉丁美洲叙事文学。多年以后，那部埃克托尔起了个漂亮名字的子虚乌有的小说不知为何出现在一篇书评中，说它是新文学的一部重要作品。

就我那些日子的心境而言，苏克雷的环境令人满意。我给赫尔曼·巴尔加斯写信，让他给我多寄些名家名作来，休养的半年，我想一头扎进书堆里。苏克雷遭遇洪水，爸爸不再为药店所累，在镇子入口盖了栋房子，所有孩子都能住下。十六个月前，埃利希奥出生，算上我总共十一个兄弟姐妹。房子面积大，采光好，会客用的露台对着一条浑水河，窗户敞开，一月的轻风徐徐吹入。共六间卧室，通风良好，一人一张床，不像过去，两人一张。挂吊床的铁环高高低低，连过道里都有。院子没有铁丝栅栏，与山相连，山上栽着属于公共财产的果树，自家和别家的动物在卧室里散步。妈妈怀念童年在巴兰卡斯和阿拉卡塔卡的院子，于是把新家当养殖场，鸡鸭散养，为所欲为的猪拱进厨房吃午饭。我们仍旧能趁夏天开着窗睡觉，听母鸡在鸡架上喘气，闻到熟透的刺果番荔枝的香味，清晨，它们从树上簌簌掉落，发出一阵密集的声响。妈妈总说："听上去像孩子们弄出的声音。"爸爸只有早上工作，为几个顺势疗法的忠实信徒看病，然后在两棵树间挂张吊床，躺着读一切印成铅字的东西。他爱上了打台球，说是能抚平暮日的忧伤。他形象大变，上街不再打领带、穿白色粗斜纹布西装，只穿青春洋溢的短袖衬衫。

两个月前，外婆特兰基利娜·伊瓜兰去世了。她眼睛瞎了，脑子锈了，弥留之际回光返照，一个劲儿地唠叨，家人的秘密一说一个准。咽气前，她成天挂在嘴边的是外公的退伍金。爸爸在棺材里铺了石灰，往她身上抹了防腐的芦荟汁，以减缓尸体的腐烂速度。外婆一生钟爱红玫瑰，妈妈也深受感染，她在院子深处辟出一方花园，专门种红玫瑰送到外婆坟前。红玫瑰开得异常绚烂，连外地人也会慕名而来，想知道如此瑰丽的玫瑰究竟是上帝造化还是魔鬼弄人。

家中时过境迁，我的生活和脾性也随之改变。每次回家，我都感到异样：爸妈从内到外都变了，弟弟妹妹出生了，长大了，彼此很像，容易搞混。十岁的海梅是六个月的早产儿，最晚离开妈妈的怀抱；埃尔南多（南奇）出生时，他还没断奶。三年后，阿尔弗雷多·里卡多（库奇）出生。又过了一年半，最后一个孩子埃利希奥（伊约）出生。那年假期，伊约开始满地乱爬。

算上爸爸婚前婚后的私生子——圣马可斯的卡门·罗萨和阿维拉多，来苏克雷跟我们住过；赫尔迈内·哈纳伊（艾米），妈妈对她视同己出，兄弟姐妹也都欢迎她；安东尼奥·马里亚·克拉雷特（托尼奥），在辛塞由他母亲抚养成人，经常来看我们——总共有十五个孩子，只要有吃的，随便一坐，吃起来就像有三十个孩子。

我那几个年纪稍大的妹妹的描述可以让人对那些年家里的状况有个确切的印象：一个还没长大，另一个又出生了。妈妈也意识到她自己的疏忽大意，求女儿们帮着带更小的孩子。玛尔戈特见妈妈又怀孕了，吓得要死，她知道妈妈一个人带不过来，去蒙特里亚住校前，一本正经地求妈妈生完这个，别再生了。妈妈为了让她开心，又一口答应。妈妈坚信，智慧无边的上帝定会有办法解决这个问题。

吃饭时总是一团糟，人永远都叫不齐。妈妈和大一点儿的妹妹们不停地给陆续到的人上菜，等到该吃饭后甜点了，又冒出一个嗷嗷待哺的娃，这一点儿也不奇怪。到了晚上，小宝贝们一个个往爸爸妈妈的床上爬，说睡不着，因为太冷、太热、牙疼、怕死人、爱爸妈、忌妒兄弟姐妹。天亮时，所有人挤在一张床上。埃利希奥之后，家里再没有孩子出生，这要感谢玛尔戈特。她从寄宿学校回来，说不让生就不让生。妈妈说到做到，再也没生。

不幸的是，命运对玛尔戈特和阿依达另有安排，她们终生未嫁。阿依达像爱情小说里描绘的那样，进修道院规规矩矩地待了二十二年，再也不可能找到拉斐尔或其他男人后，她才离开了修道院。玛尔戈特脾气不饶人，跟她的拉斐尔分了，双方都有责任。姐姐们命不好，妹妹们则不然。丽塔嫁给了初恋，有五个孩子、九个孙子，生活美满幸福。其余两个，莉西亚和艾米，也嫁给了意中人。当时，爸妈已经懒得再跟现实叫板。

家庭烦恼似乎与国家危机息息相关。政局不稳，经济起伏。危机像倒霉天气一般蔓延到苏克雷，蹑手蹑脚但步伐坚定地潜入了我们家。当时，我们靠所剩无几的存粮勉强度日，跟搬来苏克雷前，在巴兰基亚过的日子一样穷。可是，妈妈一点儿也不慌，多年的经验使她坚信，每个孩子胳膊底下都夹着他自己的那块面包。我得了肺病，从卡塔赫纳回来养病时，家里就是这种境况，还瞒着我，不让我知道。

苏克雷居民疯传我们的朋友卡耶塔诺·亨蒂雷和附近查帕拉尔村的小学教师关系暧昧。那位小学教师年轻漂亮，不轻浮，出身于一个受人尊敬的家庭，和卡耶塔诺属不同社会阶层。这并不奇怪，卡耶塔诺是个风流浪子，总是在追女孩子，不仅在苏克雷，在卡塔赫纳也是如此，在那里读完中学的他开始主攻医科。不过，我们此前没听说他在苏克雷交了新女朋友，甚或舞场上的心仪舞伴。

一天晚上，我们见他骑着高头大马从庄园来。女教师坐在马鞍上，握着缰绳；他坐在后面，搂着纤纤细腰。镇上的人那么爱嚼舌根，他们竟胆大包天，在人流高峰期如此亲密地进入中心广场，让人大跌眼镜。无论是谁打问，他都解释，说天晚了，她站在校门口，想搭车来镇上，正好被他撞见。我跟他打趣，说小心一觉睡醒，匿名帖找上门。他酷酷地耸耸肩，还是那句俏皮话：

"对有钱人，他们不敢。"

确实，匿名帖来得快，去得也快，或许那只是国民宣泄政治不满的一种方式，惧怕匿名帖的人终于又能睡上安稳觉了。另一方面，回来没几天，我感觉爸爸的党内伙伴对我的态度有所改变，原因是我在《宇宙报》上发表反保守派政府的文章。其实不然。自从报社决定不再追问"卡门－德玻利瓦尔发生了什么事？"，即使迫不得已写政治文章，我也无须署名，责任由报社负；而我署名的专栏则无疑立场明确，对国家悲惨的现状表示不满，反对暴力与不公正，绝无党派色彩。其实，当年乃至以后，我从未加入任何党派。他们的指控让爸妈惴惴不安，妈妈开始给圣徒们点蜡烛，求他们保佑，尤其当我迟迟不归时。我第一次感觉到周围气氛压抑，决定少出门为妙。

在那段糟糕的日子里，一个模样怪异的男人来到爸爸的诊所。他就像自己的鬼魂，皮肤透明，骨头清晰可见，肚子肿大紧绷，像一面鼓，只需一句话，便令人难忘：

"医生，他们害我肚子里长了只猴子，麻烦您帮我取出来。"

爸爸检查完，发现这个病他治不了，介绍那人去看外科医生。外科医生没找到病人口中的猴子，而是找到一个无定形、有生命的庞然怪物。我在意的不是他肚子里的野兽，而是病人口中神奇的"蛇村"。那是个充满传奇色彩的地方，在苏克雷境内，要到达那里只能穿过烟雾弥漫的沼泽地区。受到冒犯时用伤害报复，比如让魔鬼幼子长在人肚子里，这类事在"蛇村"司空见惯。

"蛇村"村民笃信天主教，但他们按自己的方式信，凡事都有咒语；他们信上帝、圣女和三位一体，此外，任何展现神之能力的事物都是他们敬奉的对象。肚子里长邪恶的野兽，居然请外科医生行旁门左道，他们会觉得匪夷所思。

很快，我惊讶地发现，在苏克雷，人人都知道有个"蛇村"，只是去一趟，就要冲破所有地理障碍和心理障碍。最后，我偶然发现"蛇村"专家就是我朋友安赫尔·卡西。我们上一次见面是四月九日，我们在他的护送下穿过臭气熏天的瓦砾堆，用无线电给家人报了平安。我找到他，他说起几进"蛇村"的离奇遭遇，头脑比那天更清晰。于是，我知道了那片广袤王国的主人和首领马尔科西塔的所有事。她懂得行善或施恶的咒语，只需描绘患者的体型体貌和具体方位，就能让奄奄一息的患者下床，也能派一条蛇穿过沼泽，六天后直取敌人性命。

她做不到的只有起死回生，那是上帝的特权。她想活多久就活多久，据说她活到了两百三十三岁，不过六十六岁后便停止衰老。临死前，她召集她数量惊人的羊群，让它们围着房子转了两天两夜，直到形成了"蛇村"沼泽。那是一片无边的水潭，覆盖着磷光闪闪的银莲花。据说，沼泽中央有棵金葫芦树。每年十一月二日亡人节，树干上系着一只独木舟，无人掌舵，在白色鳄鱼和金色响尾蛇的守护下，驶向彼岸，马尔科西塔在那儿埋下了无尽的宝藏。

自从安赫尔·卡西跟我说了这个神奇的故事，拜访人间天堂"蛇村"就成为萦绕在我心头的一个愿望。我们准备了灵符护身的马、隐身独木舟和神奇的向导，总之，万事俱备，只待出发，即可撰写一篇超自然现实主义报道。

骡子连鞍鞯都套好了。可是，我的肺病恢复缓慢，一同在广场上跳舞的朋友取笑我，年长的朋友大惊失色地教训我，迫使我将行期延后，终未成行。如今想来，福祸相依，没有了神奇的马尔科西塔，我沉下心来，从第二天起，埋首创作我的第一部长篇小说，不过最后只剩下书名：《家》。

我想写一部发生在哥伦比亚加勒比地区的有关"千日战争"的故事。去卡塔赫纳前，我跟曼努埃尔·萨帕塔·奥利维利亚聊过这场战争，不过，那次会面和我的写作计划毫无关系。他送了我一本他父亲撰写的有关"千日战争"老兵的小册子，封面上印着他父亲的照片，身着加勒比西装，胡子上沾着火药，多少让我回忆起我的外公。我忘了他父亲的名字，永远伴随我的是他的姓：布恩迪亚。因此，我认为我会写一本小说，取名《家》，讲述一段家族传奇，类似于我所在的家族，背景是尼古拉斯·马尔克斯上校几乎白打的那些仗。

起这个书名，是因为我不想让情节离开那个家。我写了若干个开头，设计了部分人物，起的全是家人的名字，后来还用到了其他书里。我对同一句话中邻近两个单词押韵这个弱点十分敏感，哪怕是元音韵。不解决这个问题，我宁愿不发表。我多次想过废掉布恩迪亚这个姓，它不可避免地会跟过去未完成时[1]押韵，但我已经为这个姓设定好了具有说服力的身份，使它最终得以保留。

我正沉浸其中，一天早晨，苏克雷家中出现了一只无标识、无

---

[1]过去未完成时是西班牙语动词的一种时态，第一、第二、第三人称动词变位都以a结尾，而且第二、第三人称动词变位都以ía结尾，和布恩迪亚（Buendía）押韵。

说明的木箱，由妹妹玛尔戈特签收，寄件人不详。她以为是卖了药店遗留下的物品。我也这么想，安心地在家吃早餐。爸爸也没打开，以为是我留在别处的行李，他忘了，我在这世上早已别无他物。十三岁就又是钉又是撬的弟弟古斯塔沃，不管三七二十一，撬开来再说。几分钟后，他大叫一声：

"是书！"

我的心先飞了过去。的确是书，没写寄件人，专业打包，满满一箱书。内附天书一封，是赫尔曼·巴尔加斯执笔的"象形文字"，行文倒是滴水不漏："大师，寄书一箱，敬请学习。"签名的还有阿方索·富恩马约尔，外加一个鬼画符，经仔细辨认，出自我尚未相识的堂拉蒙·宾耶斯。他们只叮嘱了一件事：千万别剽窃得太明显。阿尔瓦罗·塞佩达的字条夹在福克纳的一本书里，笔画错综复杂，落笔匆忙，说他接下来那周要去纽约哥伦比亚大学新闻学院进修一年。

在妈妈把餐具收走的同时，我先把书摆上餐桌。我挥舞着扫帚，才把举着修枝剪来剪插图的弟弟妹妹和呼哧呼哧嗅着书香、以为那是一顿美餐的野狗赶走。我也把鼻子凑上去闻，新书在手，我总要闻闻书香。我随便拿，翻翻这本，看看那本，趁机读上两段。晚上看书，地方挪了三四次，要么不清静，要么就是灯熄了——通向院子的过道里的那盏灯，本来就像鬼火——黎明时分腰酸背痛。天上掉下这么一大块馅饼，能从中汲取哪些营养，尚不清楚。

共二十三本书，全是西班牙语版当代名家名作，而选书的目的只有一个：让我先读，再学着写。有刚刚面世的译本：威廉·福克纳的《喧哗与骚动》。五十年后，我已回忆不出完整的书单，而知情的那三位毕生挚友人已不在。其中只有两本是我读过的：伍尔夫女士的《达洛维夫人》和阿道司·赫胥黎的《旋律的配合》。印象最深的是福克纳的《村子》《喧哗与骚动》《我弥留之际》和《野棕榈》。还有约翰·多斯·帕索斯的《曼哈顿中转站》，好像还有他的另外一本；弗吉尼亚·伍尔夫的《奥兰多》；约翰·斯坦贝克的《人鼠之间》和《愤怒的葡萄》；罗伯特·纳森的《珍妮的肖像》和欧斯金·考德威尔的《烟草路》。隔了半个世纪，有些书名我忘了，至少一本海明威的，好像是短篇小说集，在他的作品中，巴兰基亚那三位最爱的就是那本；一本豪尔赫·路易斯·博尔赫斯的，无疑也是短篇小说集。好像还有一本是不同凡响的乌拉圭短篇小说家菲利斯伯特·埃尔南德斯的，他刚被朋友们兴高采烈地发掘出来。接下来几个月，我把这些书通读了一遍，有些读得很仔细，有些则不然。就这样，我终于走出了文学创作的瓶颈。

得了肺炎，医生不让我抽烟，我就自己骗自己，躲在厕所抽。医生发现后，很严肃地找我谈，可我就是不听。在苏克雷，我试图不停歇地读收到的那些书的时候，就已经是拿前一根烟点后一根烟，抽到抽不动为止了。越想戒，抽得越凶，到后来一天四包，连吃饭时都要停下来抽烟；抽着烟睡着了，烟头点着了床单；对死亡的恐惧会在夜里随时把我惊醒，而只有靠抽烟才能承受那种恐惧。后来我决定：宁死不戒烟。

二十多年后，我成了家，有了孩子，还在抽烟。医生看过我的肺部 X 光片，吓坏了，告诉我，再过两三年，我将不能呼吸。我也吓坏了，枯坐好几个小时，啥也干不了。不抽烟，我看不了书，听不了音乐，说不了话——无论对方是敌是友。一天晚上，在巴塞罗那吃一顿闲散的晚餐期间，一位精神科医生对其他人说，烟瘾也许在所有瘾中最难戒。我斗胆问他是何原因，他的回答很简单，却让人不寒而栗：

"因为对你而言，戒烟就像谋杀至亲。"

真是一语点醒梦中人。不知为何——我也不想知道——我把刚点燃的香烟掐灭在烟灰缸里，不急不躁，无怨无悔，余生再未沾染。

另一种瘾也不好戒。一天下午，邻家女佣过来串门，和大家聊完，来到露台上，十分礼貌地告诉我有话跟我说。我只顾埋头看书，不予理睬，直到她问我：

"还记得玛蒂尔德吗？"

我不记得，但她不信。

"别装傻，加比托先生。"她特意拼给我听，"妮——格——洛——曼——塔。"

难怪，原来是她。"女巫"已是自由身，她的警察丈夫死了，留了个儿子。她还跟母亲和其他家人同住在原来那栋房子里，但卧室是隔开的，有独立的门通向墓地后方。我去看她，久别重逢，我们厮混了一个多月，回卡塔赫纳的日子一拖再拖，我想一辈子留在苏克雷算了。直到一天早晨，我从她家出来，天气跟玩俄罗斯轮盘赌那晚一样，狂风暴雨，电闪雷鸣。我顺着屋檐，一路躲雨，实在躲不了，就一头冲到街上，水没过了膝盖。我运气不错，妈妈一个人在厨房，她带我从花园小径绕回房间，免得让爸爸看见。一进屋，她就帮我把湿淋淋的衬衫脱下，用拇指和食指捏着，伸直胳膊，很嫌弃的样子，气呼呼地往屋角一扔。

"你又去找那个女人了。"她说。

我顿时傻了，问她：

"您怎么知道？"

"跟上次的味儿一样。"她不动声色，"幸好她男人死了。"

我很惊讶，妈妈第一次这么冷血。她也感觉到了，不假思索地表明立场：

"这是我第一回为某人的死幸灾乐祸。"

我大惑不解地问：

"您怎么知道她是谁？"

"唉，儿子！"她叹了口气，"你们的事，上帝自然会告诉我。"

最后，她帮我把湿淋淋的裤子也脱了，和其他衣服一块儿扔在了屋角。"你们呀，全都跟你爸爸一个德行。"突然，她深深地叹了口气，用短麻屑毛巾帮我把背擦干，由衷地加上一句：

"上帝保佑，但愿你们跟他一样，做个好丈夫。"

妈妈严阵以待，细心呵护，效果很明显，我的肺炎没有复发。后来我发现，她故意细心再细心，是怕我再回到"女巫"电闪雷鸣的床上。此后，我再也没见过她。

我完全康复后，兴高采烈地回到卡塔赫纳，号称在写《家》，明明刚开了个头，却说得煞有其事，仿佛已经大功告成。萨巴拉和埃克托尔当我是回头浪子，好心肠的大学老师们对我则已无可奈何。与此同时，我继续偶尔地给《宇宙报》写稿，报酬按工作量付。我作为短篇小说家的生涯几近中断，几乎是为了让萨巴拉老师高兴才写下寥寥几篇：《镜子的对话》和《三个梦游者的苦痛》刊登在《观察家报》上。这两篇虽然不像头四篇那样注重辞藻华丽，终究没有多大长进。

哥伦比亚其他地区的紧张局势已经蔓延到卡塔赫纳，预示着重大事件即将发生。年底，自由派遭到野蛮的政治迫害，宣布从整个选举中弃权，但没有放弃旨在推翻政府的地下斗争。农村暴力横行，农民逃往城市，可是，审查制度逼迫新闻媒体颠倒黑白。众所周知，被追捕的自由派在全国各地组织游击队，东部平原地区——占国土面积超过四分之一，堪称汪洋草场——的游击队已经成为传奇。总司令瓜达卢佩·萨尔塞多[①] 被传为神话人物——甚至是被军队——人们成百上千地秘密印制并分发其照片，将其奉上神坛，焚香膜拜。

德拉埃斯普列亚兄弟的消息似乎更灵通，城里人都特别自然地说起迫在眉睫的反保守派军事政变，但细节不明。萨巴拉老师嘱咐我：街上一有骚乱，立即回报社。下午三点，当我走进美洲冷饮店赴约时，那种紧张伸手可触。于是，我找了张偏僻的桌子坐下，边看书，边等人。一位老同学经过时——我没跟他聊过政治——目不斜视地撂下一句话：

"回报社，要出事了。"

我偏偏反其道而行：与其关在编辑部，不如待在市中心看个究竟。几分钟后，一位跟我相熟的省政府新闻官在我桌边坐下。我不觉得他是奉命来稳住我的，毫无防备地跟他聊了半小时。他起身要走时，我才发现不知不觉间，偌大的冷饮店已变得空空荡荡。他顺着我的目光看过去，又看了看时间：一点十分。

"别担心，"他故作镇定，"没事。"

事实上，自由派最高层对政府暴力感到绝望，和支持民主执

---

①瓜达卢佩·萨尔塞多（1924—1957），委内瑞拉人，1949年至1953年间在哥伦比亚和委内瑞拉交界的平原地区指挥游击战争，1957年6月6日在波哥大遇刺。

政的军队最高层达成协议，决定结束保守派为保政权不惜代价在全国各地开展的大屠杀。在四月九日与奥斯皮纳·佩雷斯总统达成和平协议的多数自由派领袖，过了二十个月才幡然醒悟，大呼上当。那天受挫的行动由自由党主席卡洛斯·耶拉斯·雷斯特雷波首肯，普利尼奥·门多萨·内拉执行。前自由派政府战争部长门多萨·内拉与武装部队的关系非同一般。在全国各地自由派杰出领袖的秘密支持下，他指挥的行动本应于当天黎明时分以空军轰炸总统府拉开序幕。支持该次行动的有卡塔赫纳和阿皮亚伊海军基地、全国大部分驻军和贸易协会，他们决定夺取政权，建立国民政府，达成全民和解。

行动失败后，人们才得知，距预定执行日期剩两天的时候，前总统爱德华多·桑托斯将自由派领袖和政变领袖召集到波哥大家中，进行了最后一次讨论。有人按惯例问：

"会不会流血？"

谁也不会天真或无耻地回答"不会"，只说做了最周密的部署，希望不流血，但谋事在人，成事在天。自由派领导层被自己的惊天阴谋吓坏了，不由分说，一致决定收回成命。许多相关人员没有及时收到通知，要么被捕，要么被杀。有人劝门多萨单干夺权，他出于道德而非政治考虑没有接受，何况，也没时间、没办法通知所有人。门多萨最后躲进委内瑞拉大使馆，后来在加拉加斯流亡了四年，躲避牢狱之灾：战争法庭缺席宣判他因犯暴乱罪入狱二十五年。五十二年后，尽管未经他允准，但我敢断言，流亡加拉加斯，让他抱恨终生。保守派政府疯狂反扑，至少有三十万人死于非命。

从某种意义上讲，那也是我的一个关键时刻。不到两个月后，我没有通过法律系三年级的考试，且不再给《宇宙报》撰稿。无论在法律系还是《宇宙报》，我都看不到未来。我的借口是腾出时间，完成刚开头的小说，尽管我深深明白，这既非实话也非谎言。这个写作计划对我来说只是一种空泛的托词，福克纳让我望尘莫及，我的写作经验也远远不够。不久，我掌握了一个构思和写作故事的好方法：笔下写的是一个故事，讲给别人听的则是另一个故事，两者平行，不剧透实质内涵。但开始时，我只是不得已而为之，因为压根就没写，只好口头现编一个，自欺欺人，以飨听众。

这种想法迫使我将写作计划推翻重来，写来写去，从来没超过四十页。可是，报纸杂志上都提到这本书——我也提到过，想象力丰富的读者甚至提前出炉了极具真知灼见的书评。说到底，养成"写一个、讲一个"这种习惯是有苦衷的，不应被指责，而应受到同情：动笔和不动笔一样让人恐惧，让人难以忍受。何况，我坚信提前揭晓故事不吉利。不过，让我感到安慰的是，有时候，口述的故事比写出来的故事更精彩，而且不知不觉间，或许创造出了一种文学所需的新体裁：虚构的虚构。

真实的真实是我不知该如何生活下去。在苏克雷养病期间，我得以感知到自己混沌的人生状态。可是，我没有方向，也找不到新的理由去劝服爸妈：我有能力为自己的人生做主。于是，我揣着回卡塔赫纳前妈妈从家用里挪出的两百比索，动身前往巴兰基亚。

一九四九年十二月十五日下午五点，我走进世界书店，去等五月一别——那晚，送走令人难忘的拉索莱先生，我也离开了——便未曾谋面的朋友。我只带了个海滩包，装了一套换洗衣服、几本书和装草稿的皮文件夹。几分钟后，他们陆续前来，大呼小叫地对我表示欢迎。除了阿尔瓦罗·塞佩达，他还在纽约。人齐了，我们去吃点心，没去书店旁的哥伦比亚咖啡馆，去了街对面新开张的哈皮咖啡馆，他们和那儿的朋友走得更近。

无论当晚还是其他时候，我的人生永远都缺少方向。奇怪的是，我从未想过，巴兰基亚可能就是我的目的地。我去那儿，只是去聊文学，也是为了当面感谢他们寄书到苏克雷。聊文学聊得很过瘾，谢却没谢成，尽管我好几次想开口，原因是大家都对彼此之间谢来谢去深感恐惧。

当晚，赫尔曼·巴尔加斯临时凑起了十二个人共进晚餐，各行各业的人士都有：记者、画家、公证员，甚至包括巴兰基亚典型的保守派人士，即思维和执政方式都很独特的市长。午夜过后，大部分人都走了，其余的也慢慢散去，最后只剩下阿方索、赫尔曼和我，还有市长。年轻时熬个通宵，神志多少还算清醒。

彻夜长谈，市长给我们上了一课，关于动荡年代如何管理城市，让我们大开眼界。他估计，野蛮政策之下，最遭殃的是数目惊人的难民，逃往城市的他们无家可归、饥肠辘辘。

"照此下去，"他断言，"我党有枪杆子撑腰，下次大选必无敌手，绝对专制。"

唯一例外的是巴兰基亚，当地保守派愿意在政治上和平共处，使这座城市成为飓风眼里的一处避难所。我想跟他谈道德，他手一挥，完全不给我说话的机会。

"对不起。"他说，"这并不意味着我们游离于大局之外。相反，正因为我们奉行和平主义政策，社会动荡才会从后门悄悄渗入，如今早已登堂入室。"

我这才知道，城里有五千多从内地逃来的穷苦难民，政府不知该如何安置他们，或把他们藏在哪儿才能不让问题暴露于众。巴兰基亚有史以来第一次进行军事巡逻，在要害处设岗。市民们看在眼里，政府偏要否认，审查制度也严禁新闻媒体披露真相。

天亮了，我们几乎是把市长先生拖上车的，然后去了专门给起大早的人提供早餐的李鸿章杂碎馆①。阿方索在街角报亭买了三份《先驱报》，社论版有篇署名"冰球"的文章——冰球是他不定期专栏的笔名——向我的到来表示欢迎。赫尔曼看完恼了，因为文章说我是来非正式度假的。

"应该写他来这儿定居，省得先写欢迎稿，再写送别稿，"赫尔曼冷嘲热讽，"对《先驱报》这么抠门的报纸来说，能省点儿钱。"

阿方索确实想过在他的社论版增加一个专栏，可赫尔曼大清早犟得像头牛：

"已经有四个专栏作家了，他将是第五个。"

谁也没征求过我的意见，好歹应该问我一下，让我说声"行"。没人再聊这个话题，也没那个必要，因为当晚，阿方索就告诉我，他跟报社领导谈过了，他们同意再添一名专栏作家，只要文章好，别太自以为是就行。无论如何，任何事情都要等到新年后才能有下文。于是，我以工作为由留下了，即使二月份报社有可能拒绝我。

---

①传说 1896 年李鸿章游历美国，喜欢到当地的中餐馆进膳。中餐馆给他做的是炒什锦，美国人称为"杂碎"，主要包括牛肉丝、猪肉丝、鸡丝、虾、豆芽、芹菜丝、笋丝、青椒丝、洋葱丝、大白菜丝、雪豌豆等。

七

就这样，一九五〇年一月五日，我开始在巴兰基亚《先驱报》社论版发表文章。我不想署真名，这样放心一些，因为我怕一旦进展不顺利，会像在《宇宙报》那样下不了台。不假思索就有了笔名，叫"塞普蒂默斯"，取自弗吉尼亚·伍尔夫《达洛维夫人》中的精神病患者塞普蒂默斯·沃伦·史密斯。专栏名叫"长颈鹿"，是我在苏克雷的固定舞伴私底下只有我知道的绰号。

那年一月，风刮得特别紧，天亮前，基本无法在街头逆风而行。起床后的话题便是一夜狂风引发的灾难。风刮走了睡梦，刮走了鸡窝，将屋顶上的锌皮刮成会飞的铡刀。

如今想来，狂风一扫昔日的晦气，帮我推开了新生活的大门。我和"巴兰基亚文学小组"不再只是志趣相投的朋友，而变成了工作上的伙伴。开始，我们讨论报道的主题，交换不高深却令人难忘的意见。对我而言，有个早上至关重要。那天，我走进哈皮咖啡馆时，赫尔曼·巴尔加斯正在安安静静地读当天报纸上的"长颈鹿"专栏。其他人充满敬畏地围在桌边，等他发表意见，咖啡馆里的烟雾看起来更浓了。读完后，他没看我，一言不发地将剪报撕成碎片，当垃圾扔进盛放烟蒂和火柴梗的烟灰缸。无人言语，气氛如常，此事无人再提。可是，每当我犯懒或赶时间，想随便敷衍一段完事时，总会想起这个教训。

我在一家便宜的小旅馆住了将近一年，店主最后都当我是自家人。当年，我的全部家当莫过于一双沧桑的凉鞋、两套换洗衣服（洗澡时顺便搓搓）、四月九日骚乱中从波哥大最贵的茶餐厅偷来的皮文件夹，里面夹的是正在创作的文稿。什么都能丢，只有它不能丢，走到哪儿带到哪儿，连七把锁的银行保险柜我都信不过。我只把它押给过一个人。刚住下那几天，晚上我把它押给守口如瓶的旅馆门卫拉希德斯，赊房钱。他匆匆翻了翻被涂改得面目全非的打字稿，收进柜台抽屉。第二天，我在说好的时间去赎，从不食言。到后来，押一次，能赊三晚房钱。我和他达成默契，一句"晚上好"，皮文件夹往柜台上一放，就可以在格子柜里自取钥匙，上楼回房间。

赫尔曼总是及时向我施以援手，连我有没有地方睡觉都一清二楚，会偷偷塞给我一个半比索付房钱。我实在不知道他是如何知道的。我品行好，在小旅馆里积攒了个人信用，连妓女都会把自己用的香皂借给我洗澡。旅馆所有者和女主人是卡塔利娜嬷嬷，她有着巨大的乳房和南瓜似的脑袋，新相好是黑白混血的霍纳斯·圣比森特。他原本是个挺阔气的小号手，在一次意欲夺走他的一切的抢劫中，金牙被打落。他身心受伤，也无法再吹小号，只好换工作。凭借那根六英寸长的"大香蕉"，他找不到比卡塔利娜嬷嬷的金床更好的归宿了，再说，她脱了衣服也有货，短短两年，她便是凭此私密武器才从大清早在河港无家可归的窘境爬到了了不起的嬷嬷的宝座上。我有幸见识到这两人为讨朋友欢心而使出的智慧与手腕。可是，他们永远也想不通，我怎么老是没有一个半比索的房钱，明明总有大人物坐着政府加长轿车来接我。

那些天还有一件幸事：我成了"猴子"格拉独一无二的副驾驶。格拉是名出租车司机，金发，皮肤白得像白化病患者，聪明和善，无须宣传就当选为名誉市政官。他大清早在红灯区的经历跟电影一样精彩，总是充满奇思妙想的转折，趣味盎然，甚至疯狂。哪天夜里要是无聊，他会叫上我，我们会一起在一片狼藉的红灯区过一晚。在这里，我们的父辈、父辈的父辈学会了如何孕育生命。

生活如此简单，突然，不知为何，我莫名其妙地打不起精神来了。小说《家》写了六个月，成了一出乏味的闹剧，关于它，我说得多，写得少。实在找不到当日话题时，我还会从中抽出一些写得连贯的片段——本就寥寥无几——发表在"长颈鹿"专栏和《纪事》周刊上。周末我会落单，别人都回家去了，我在空荡荡的城市里形单影只，穷困潦倒，我脸皮又薄，索性用孤傲不逊、直来直去作掩饰。我在哪儿都显得多余，跟熟人在一起时也是如此，在《先驱报》编辑部尤甚。我躲在僻静角落，十小时不间断地写作，不间断地抽劣质香烟，把自己笼罩在烟雾中，不跟任何人交流，内心孤独得无法自拔。我写得飞快，常常写到天明，写在条状的新闻纸上，装进皮文件夹，走到哪儿带到哪儿。

那些天我时常心不在焉，有一次居然把皮文件夹落在了出租车上。我自己倒不伤心，反正一直倒霉，就当再倒霉一次，根本没去找。阿方索·富恩马约尔见我这么般疏忽大意，急坏了，写了一则启事，附在"长颈鹿"专栏后面："上周六，一个文件夹被遗失在一辆出租汽车上。文件夹主人恰是本专栏作者，捡到者，请与我们联系，不胜感激。文件夹中无值钱物品，只有'长颈鹿'专栏尚未刊登的稿件。"两天后，有人把稿件留在报社门房，没留下皮文件夹，稿件上用绿笔修改了三处拼写错误，字迹漂亮。

日常工资刚好够我付房租。不过，那些日子，我最不在意的就是穷得叮当响。付不起房租是家常便饭，每逢这样的晚上，我就去罗马咖啡馆读书，仿佛我就是现实：夜晚徘徊在玻利瓦尔大道上的孤独男人。遇到熟人，要是愿意看他一眼，我就远远地打个招呼，然后接着走，去老地方看书，多少次看到旭日东升。那时候，我仍然是个没受过什么系统教育但手不释卷的读者，读得最多的是诗，包括烂诗。甚至情绪跌至低谷时，我都坚信烂诗早晚会带我邂逅好诗。

"长颈鹿"专栏反映出我对大众文化的关注，短篇小说则不然，写得像卡夫卡式的谜，作者不知自己身在何处。说实话，哥伦比亚的悲剧对我而言，有如遥远的回声；真到了血流成河的地步，我才会为之动容。一根烟还没抽完，我就迫不及待地点下一根，迫不及待地吞云吐雾，如哮喘病人迫不及待地呼吸空气。一天三包，指甲都熏黄了。年轻有什么用，人像条老狗似的咳个不停。我是个典型的加勒比人，伤感、腼腆、重隐私，所有关乎隐私的问题我都会毫不客气地挡回去。我坚信自己的厄运与生俱来、无可补救，特别是财运和桃花运，命里没有便是无。但我不在乎，因为写好文章不需要好运气。我对荣誉、金钱、衰老一概不感兴趣，我笃信自己会年纪轻轻地死在街头。

陪妈妈去阿拉卡塔卡的卖房之旅把我从深渊中拯救了出来，让我决定写一部全新的小说，迈向全新的未来。此生有过无数次旅行，这是决定性的一次，让我亲身体会到想写的《家》只是胡编乱造，堆砌辞藻，无诗意根基和现实基础。那次旅行让我恍然大悟，《家》遭遇现实，只能粉身碎骨。

梦想中鸿篇史诗的摹本就是我的家族，但它不是主角，也非任何单一事件的受害者，而是束手无策的旁观者和一切的受害者。旅行归来，我旋即动笔。无中生有、虚构杜撰已无用处，原封不动地保留在老宅里、不知不觉间牵动的情感才弥足珍贵。自从我在镇子滚烫的沙土地上迈出第一步，就发现我耗时耗力，寻求所谓的正道去讲述那片令我魂牵梦萦、已是一片荒芜的人间天堂，走上的却是迷途。《纪事》周刊即将面世，筹备工作并不妨碍写作，相反，还可以缓解我的迫切之情。

除了阿方索·富恩马约尔——动笔几小时后，我旺盛的创作热情正好被他撞见——其他朋友许久都还蒙在鼓里，以为我写的是《家》。我决定将错就错，一是因为孩子气地担心别人发现我老是挂在嘴边的"杰作"早已胎死腹中，同时出于迷信，想"写一个、讲一个"，故意让人真假难辨。何况，对于不想多说半个字的腼腆作家而言，媒体访谈危机重重。赫尔曼·巴尔加斯目光敏锐，应该有所察觉。几个月后，堂拉蒙回到了巴塞罗那，赫尔曼在给他的信中写道："我认为，加比托放弃了《家》，正在埋头创作一本全新的小说。"当然，堂拉蒙早在离开之前就已先知先觉。

从第一行起，我就确信新书应该基于一个七岁男孩的回忆，这个男孩是一九二八年香蕉种植园平民大屠杀的一名幸存者。可是，我很快就放弃了这个想法：故事由缺乏足够的诗意资源的孩子讲述，视角未免局限。于是，我意识到二十岁读《尤利西斯》和《喧哗与骚动》纯属年少轻狂，体会不深，决定以不抵触的视角再读一遍。确实，当年觉得乔伊斯和福克纳深奥、卖弄，如今却觉得他们的书有摄人心魄的简单和美。我想让独白多样化，包揽全镇人的声音，好比古希腊戏剧中的叙述性合唱，类似于《我弥留之际》中，全家人围绕一个垂死之人的思考。但我又感觉无法如他那样，简单地模仿剧本，在个人独白前加上名字。我的想法是，只用外公、妈妈、孩子三个人的声音，其语调和命运差异显著，靠叙述本身就能被识别。外公是独眼，小说里的外公却是瘸子；和妈妈一样，小说里的妈妈聪明，专注；和我当年一样，小说里的孩子不爱动，胆小，成天想事。这绝不是什么创造性的发现，而只是技巧性的设计。

这本新书在写作过程中没有大的改动，没有和原稿不同的版本，只是我有不死就不会停止修改的坏毛病，所以不断地删改、修订了约两年后，第一版才问世。那次陪妈妈回阿拉卡塔卡，我亲眼看到了镇子，和胎死腹中的那本小说里呈现的完全不同。不过，正如无比睿智的堂拉蒙提醒的那样，用阿拉卡塔卡和巴兰基亚充当文学作品中的地名缺乏神秘感和说服力。于是，我决定用马孔多，这个名字我儿时便知，但直到那时才感受到它释放出的魔幻气息。

书名"家"也得改，朋友们对它很熟悉，但它和我的新书八竿子打不着。可是，失误的是，我一边写小说，一边把想到的书名全都记在了一个作业本上，前后共记了八十多个。最后，初稿即将杀青时，我没忍住，又以作者身份写了篇序。这时，书名不请自来，当年外婆曾以遗老遗少的姿态，用这个既显轻蔑又富于同情的说法描述联合果品公司造成的破坏："枯枝败叶"。

最能激励我创作的是美国小说家，尤其是巴兰基亚的朋友们寄去苏克雷的那些书的作者。美国深南部①的文化和加勒比文化在各个方面的相似性让我感同身受，这种身份认同对于我——无论是作为单个人还是作为作家——的培养起到了绝对的、无法替代的根本性作用。有了这种意识，我开始像真正的小说家那样读书，不仅出于乐趣，还出于对聪明人如何进行文学创作的永不餍足的好奇。我先把作品从前往后看，再从后往前看，然后开膛破肚，挖出结构中最深的奥秘。于是，书房变成检索工具库，我能迅速检索到陀思妥耶夫斯基的某章、尤里乌斯·恺撒是否患癫痫或汽车汽化器的工作原理，我甚至有一本完美罪行指南——没准笔下哪个无依无靠的人物会用得着。其余全靠朋友帮忙，他们指导我读书，在合适的时间推荐给我合适的书，在作品发表前阅读原稿，给出无情的评价。

诸如此类的事情让我重新认识自己，《纪事》周刊让我长出飞翔的翅膀。尽管困难重重，难以克服，我们却斗志昂扬，在圣布拉斯街一栋没有电梯的楼房的三层拥有了属于我们自己的办公室。楼下从天亮到晚七点是闹市，卖食品的女人们高声吆喝，公共汽车横冲直撞。办公室里几乎没有我们的容身之地。电话还没装，空调就更甭想了，比出版周刊的成本还高。可是，富恩马约尔把他那套破破烂烂的百科全书、各种语言的剪报和奇怪行业的著名指南全拿来了，塞得满满当当。他的社长办公桌上摆着一台年代久远的安德伍德打字机，是他冒死从一座失火的使馆救出来的，如今珍藏在巴兰基亚浪漫主义博物馆。另外一张是主编办公桌，我是新任主编，打字机是从《先驱报》借来的。另有一张绘图桌，供亚历杭德罗·奥

---

① 美国南部的文化与地理区域名，俗称棉花州，一般情况下指亚拉巴马州、佐治亚州、路易斯安那州、密西西比州和南卡罗来纳州。

夫雷贡、奥兰多·格拉和阿方索·梅洛三位著名画家使用。他们在神志清醒的状态下答应免费给周刊画插图，无一食言，刚开始是因为三人生来慷慨，到最后，则是因为我们无分文节余。免费摄影师通常由基克·思科佩尔担任。

除了管编辑工作——职责所在——我还得盯着排版，参与校对，尽管我的拼写一塌糊涂。《先驱报》上的"长颈鹿"专栏还要继续写，我没多少时间定期给《纪事》周刊撰稿，不过，倒是可以利用大早上的那段空闲时间继续写我的短篇。

阿方索博览群书，各种体裁的都看，尤其酷爱侦探类短篇，可谓如饥似渴。他负责翻译、挑选，我负责精简文字。这项工作对我的作家生涯大有裨益。为了节省版面，无用的词要删，多余的情节也要删，删到只剩精华，却又不影响可信度。即，删去所有不必要的，剩下的字词缺一不可，否则结构受损，大厦将倾。在我对叙事技巧的间接摸索中，这是最有用的训练之一。

何塞·费利克斯·富恩马约尔的几篇妙文拯救了我们的好几个周六，但周刊销售毫无起色。阿方索·富恩马约尔的冷静沉着才是我们永远的救生筏。他没有什么商业才能，却以那股超越于他的气力之上的执着坚持办这本周刊，而他自己又恨不得在每一步上都用他那糟透了的幽默感使其遇难。他什么都干，从最睿智的社论到最无聊的文章他都写，拉广告，跑大额贷款，说服名人提供独家稿件，可惜都没有给销售带来多大转机。报贩子领多少，就会原封不动地退回多少，于是，我们就去常去的小酒馆上门兜售，从"第三个人"到河港边那些忧郁的小酒馆，而微薄的收益全都换酒喝了。

瓦特·奥西奥是交稿及时、最受欢迎的撰稿人之一。从《纪

341

事》第一期起，他就最为可靠，那篇署名多利·梅洛的《女打字员的日记》俘获了众多读者的心。谁也不敢相信，那么多繁杂细琐的工作都由他一个人漂漂亮亮地完成。

鲍勃·普列托可借助中世纪任何医学或艺术发现阻止《纪事》周刊覆没。但说到干活儿，原则摆上桌面：不给钱，不出活儿。让我们痛心疾首的是，没多久，真的就不出活儿了。

我们设法刊登了胡里奥·马里奥·圣多明戈四个谜一般的短篇，因为是用英文写的，阿方索怀着在树林里捉蜻蜓似的急切心情，借助手上一些奇奇怪怪的词典，译成西语，亚历杭德罗·奥夫雷贡配上大师级精美插图。可惜胡里奥·马里奥云游四方，行踪不定，身为撰稿人，连个影子都见不着。只有阿方索·富恩马约尔知道去哪里找他，他的话让我们忐忑：

"每次看见一架飞机飞过，我都觉得胡里奥·马里奥·圣多明戈就在那架飞机里。"

其余都是临时撰稿人，截稿前或付稿酬前，我们的心总是提到嗓子眼。

波哥大的情况和我们类似，但那些用得着的朋友眼看着周刊这艘小船在风雨中飘摇，没有一个人帮忙划桨。豪尔赫·萨拉梅亚除外，他明白他的杂志和我们的周刊有许多相似之处，建议资源共享，效果不错。但我觉得谁也没有把《纪事》奇迹般的存在当回事。编委会由十六人组成，据各自所长挑选而出，全是血肉之躯，却精力充沛，忙碌到让人怀疑他们是否都练就了金刚不坏之身。

《纪事》还顺带锻炼了我在付印前一刻即兴创作短篇补"天窗"的应急能力。铸排工和排版工各司其职，我坐在打字机前，凭空编出一篇"天窗"大小的故事。就这样，我写出了天亮时为我解了燃眉之急的《关于纳塔纳埃尔如何做客的故事》，五周后又写出了《蓝狗的眼睛》。

第一个短篇开启了纳塔纳埃尔系列，主人公的名字是未经允许，从安德烈·纪德那儿借来的①。后来，我又写了《纳塔纳埃尔的结局》，也是急就章。纳塔纳埃尔系列共六篇，这是其中两篇。整个系列不像出自我之手，被我毫不心疼地束之高阁。我多多少少记得几篇，其中一篇名叫"纳塔纳埃尔如何穿得像新娘一样"，但情节早已被我忘得一干二净。人物不像我认识的任何人，没有借鉴自身或他人经历，主题含糊不清，居然是我写的故事，简直不可思议。说到底，纳塔纳埃尔系列完全是没有人情味的文学冒险。记得这些失败的文章是好事，可以时时提醒我：文学人物不可如纳塔纳埃尔般凭空捏造。好在想象力没有让我飞得离自己太远，但我坚信爬格子跟砌砖头一样，必须获得丰厚酬劳。如果我们能按时给排字工发不错的薪水，就更有理由酬报作家。

《纪事》周刊收获的最大反响来自堂拉蒙写给赫尔曼·巴尔加斯的信。他关注最出人意表的新闻，关注哥伦比亚的朋友和事件。赫尔曼给他寄剪报，写很长的信，向他详述审查官删去的新闻。换言之，对堂拉蒙而言，有两本《纪事》：我们做的那本和赫尔曼周末写给他的那本。他对文章大加褒奖或大肆批评，我们都望穿秋水，翘首以待。

对于《纪事》周刊进展不顺，甚至对于文学小组的反复无常，

---

① 纳塔纳埃尔出自安德烈·纪德的伟大诗篇《人间食粮》。

人们提出好几条原因解释。有人说是我命不好，连累了周刊，被我偶然听到。他们举出的最要命的证据是我对巴西球星贝拉斯科切亚①的报道：我想锐意创新，把足球和文学糅在一起，结果一败涂地。等传到我耳朵里时，我的坏名声早已在哈皮咖啡馆里的赞助人中间广为流传。我心灰意冷，找赫尔曼·巴尔加斯谈心，他和文学小组的其他成员早已知情。

"冷静，大师。"他说得斩钉截铁，"您的文笔只能用好运来解释，这种好运坚不可摧。"

也并非每晚都过得很糟糕。一九五〇年七月二十七日晚，黑女人艾乌菲米亚妓院的聚会对我的作家生涯有着一定的历史性意义。不知为何，老板娘点了一锅四种肉熬煮的传奇乱炖。石鸻鸟闻见喷涌的香气兴奋异常，在火炉边尖声乱叫。一位疯狂的客人抓起一只石鸻鸟的脖子，直接往沸水里扔。石鸻鸟只来得及最后一次振翅，发出一声哀嚎，便坠入地狱深处。野蛮的刽子手想再抓起一只时，黑女人艾乌菲米亚无比威严地从宝座上站起。

"妈的，住手！"她叫道，"小心眼睛被石鸻鸟啄掉！"

只有我在意这句话，只有我不敢去尝亵渎神灵的乱炖。我没有回去睡觉，赶去周刊办公室，一气呵成，写了个短篇：妓院里来了三位客人，他们的眼睛被石鸻鸟啄掉了，对此无人相信。我用的是普通稿纸，双倍行距，只写了四页，叙述者是"我们"，没有名字。这个短篇具有明显的现实主义色彩，却是我写过的故事中最令人费解的，将我重新引上一条我因无力前行而正想放弃的路。我有如神助，豁

---

① 贝拉斯科切亚是乌拉圭球星，原文有误。

然开朗，周五早上四点动笔八点写完。波菲里奥·门多萨是《先驱报》载入史册的排版师，永远与我心意相通，《纪事》周刊次日发行，他临时修改了版面。在付印前最后一分钟，绝望的我把绞尽脑汁想出来的最终题目报给他，他直接用铅字排到版上："石鸻鸟之夜"。

对我来说，这是一个新时代的开始，在此之前，我写了九个游走于形而上边缘的短篇，却没能掌握这种体裁的创作要领，正不知该如何继续。次月，《石鸻鸟之夜》被豪尔赫·萨拉梅亚全文转载于著名的严肃文学杂志《批评》上。时隔五十年，在写下这段文字前重读旧作，我认为一个标点符号都不用改。在我过得晕头转向、找不着北时，这个短篇预示着冬去春来。

国家形势反倒急转直下。劳雷亚诺·戈麦斯从纽约归来，作为保守派候选人参加总统大选。暴力横行，自由派弃权。一九五〇年八月七日，戈麦斯不战而胜，作为唯一候选人顺利当选。议会休会，他未在最高法院宣誓就上任了。

他基本上没有亲自执政，上任十五个月就因健康问题辞去总统职务，由保守派法学家、议员罗伯托·乌达内塔·阿韦拉埃斯以共和国首席代表的身份接任。知情人都说这是劳雷亚诺·戈麦斯的惯用伎俩：交出政权，手握实权；足不出户，操纵傀儡；危急时刻，直接致电。

石鸻鸟献祭前一个月，阿尔瓦罗·塞佩达从哥伦比亚大学学成归来，这对我熬过那段苦日子至关重要。归来的他头发更乱，没了毛刷式的小胡子，比离开前更粗鲁。赫尔曼·巴尔加斯和我盼了他好几个月，怕他在纽约变温顺了，看见西装革履的他走下飞机，我们笑得差点儿背过气去。他举着海明威的新作《渡河入林》向我们问好，我一把将书抢了过来，摸摸封面，又摸摸封底，刚想发问，他抢先说道：

"这本书狗屎不如！"

赫尔曼·巴尔加斯笑得直不起腰，对我耳语道："这家伙一点儿没变。"不过，阿尔瓦罗后来声明，他那是在开玩笑，书是从迈阿密飞回的航班上才刚开始看的。不管怎样，他兴冲冲地带来了新闻、电影、文学的"最新病毒"，调动了我们的情绪。之后几个月里，水土不服的他渐渐适应了国内环境，却让我们这帮"发烧友"四十度高烧不退。

"病毒"随即蔓延。几个月来，"长颈鹿"专栏一直像盲人敲着拐杖在原地打转。我从《家》的草稿里摘出两个片段，总算让它缓过气来。一篇是《上校的儿子》，他从未出生；另一篇是《妮伊》，一个逃亡的小姑娘，我经常去敲她的门，打问不同的路，她从不应答。成年的我又对连环漫画产生了兴趣，不当周日消遣，而是当作一种全新的文学体裁。漫画只能孩子看，这毫无道理。在众多的漫画人物中，我最爱狄克·特雷西。此外，我还迷上了当年在阿拉卡塔卡时外公领我入门、堂安东尼奥·达孔特让我眼界大开的电影，而在阿尔瓦罗·塞佩达的影响下，在一个好片只能从异乡客口中听来的国家里，电影就像福音一般成为我的一种信仰。他运气好，刚回国，国内就上映了两部大片：根据威廉·福克纳小说改编，由克拉伦斯·布朗执导的《坟墓的闯入者》和根据罗伯特·纳森小说改编，由威廉·迪亚特尔执导的《珍妮的画像》。我和阿尔瓦罗·塞佩达充分讨论后，在"长颈鹿"专栏上发表了两篇影评，并开始饶有兴趣地从不同的角度去看电影。认识他之前，我压根不知道最重要的人是出现在演职人员名单最后的导演。我所理解的电影很简单：写个剧本，找些演员，其余的活儿都由团队里的众多成员去做。阿尔瓦罗回来后，在那些最邋遢的小酒馆里，喝着白甘蔗酒，通宵达旦地跟我吼完了一整门课，把他在美国学到的电影知识悉数传授给我，我们整宿不眠，醒着做在哥伦比亚拍电影的美梦。

除了类似的头脑风暴，跟随他游弋的朋友们对他的印象是，他绝不会安安静静地坐下来写东西。身边的人无法想象他会在桌边坐一个小时以上。可是，在他回国两三个月后，他多年的女友、后来的发妻蒂塔·马诺塔斯惊恐万状地给我们打来电话，说他卖掉了那辆陪伴他多年的旅行车，手套箱里有他尚未发表的短篇小说原稿，没有副本，全丢了。他说是"六七个狗屎不如的短篇"，犯不着去找，只好由我们这帮朋友兼记者帮蒂塔去找。那辆旅行车从加勒比海岸到内地转手多次，远至麦德林，最后，我们在两百多公里外的辛塞莱霍的一家修理厂里找到了它。我们把写在惨遭蹂躏、残缺不全的条状新闻纸上的原稿交给了蒂塔，免得阿尔瓦罗又不小心或故意不小心把它们弄丢。

其中两个短篇发表在《纪事》周刊上，其余由赫尔曼·巴尔加斯保管了约两年，终于找到办法出版。画家塞西莉亚·波拉斯向来对"巴兰基亚文学小组"忠心耿耿，画的插图是阿尔瓦罗的 X 光像，扮成各色人等：卡车司机、游艺会小丑、疯狂的诗人、哥伦比亚大学的学生，或其他任何职业，唯独没有正常人。那本短篇小说集由世界书店编辑出版，书名为"所有人都在等待"，这成了出版界的一件大事，只有学术批评界未曾留意。在我看来——当年我曾这样写道——那是哥伦比亚出版过的最棒的短篇小说集。

阿方索·富恩马约尔文笔一流，为报纸杂志撰写评论，就是不好意思结集出版。他孜孜不倦地读书，堪比阿尔瓦罗·穆蒂斯或爱德华多·萨拉梅亚。赫尔曼·巴尔加斯和他是不留情面的批评家，对自己比对别人更苛刻，但挖掘新人的眼光从未有失。我们在生机勃发的春天，屡屡听说赫尔曼通宵达旦，埋首创作了不起的短篇，但就是没见着一篇。多年后，在和我儿子的教母苏珊娜·利纳莱斯结婚前几小时，他把自己关在父母家，将稿子付之一炬，以确保包括她在内，谁也读不到它们。估计是些短篇小说和杂文，或许还有一部长篇，但赫尔曼之前之后只字不提，只在结婚前夜采用了终极手段，为的是不让任何人发现，包括第二天过门的妻子。苏珊娜知道他在做什么，但没进房间阻止，因为婆婆不会准许。"那时候，"很多年后，苏茜①带着她犀利的幽默感对我说，"新娘结婚前不许进新郎的卧室。"

不到一年，堂拉蒙的来信开始变得表述不清，篇幅越来越短，语调越来越悲观。一九五二年五月七日中午十二点，我走进世界书店，用不着赫尔曼开口，就知道堂拉蒙已经驾鹤西去。两天前，在巴塞罗那，他在睡梦中故去。步行去咖啡馆时，我们不约而同地感叹：

"没法儿相信！"

当时，我没意识到那是我人生中与众不同的一年。如今，我没有任何疑问：那是决定性的一年。之前，我不修边幅，邋里邋遢，在一座人们按照自己的意愿和方式生活的城市，被许多人爱护、尊重，被一些人崇拜，社交生活十分忙碌，穿着朝圣者的草

---

① 苏珊娜的昵称。

鞋——好像是照着阿尔瓦罗·塞佩达那双买的——去参加各种艺术和社会问题讨论会，只有一条亚麻布裤子和两件斜纹衬衫，洗澡时顺便搓搓。

突然，出于各种各样的原因——有些实在太微不足道——我开始讲究穿着，把头发剪得像军人一样短，修理胡子，学穿拉斐尔·马利亚加博士送给我的参议员们穿的那种鞋。拉斐尔·马利亚加是巴兰基亚历史学家，会不定期参加我们的活动。那双鞋他嫌大，还没穿过。我下意识地希望提升社会地位，开始觉得"摩天大楼"里的房间热得让人透不过气来——就好像阿拉卡塔卡地处西伯利亚——开始厌恶嫖客们起床后的高声叫嚷，开始没完没了地抱怨，因为晚上出门觅食的"鸟儿"还在成批领回江轮上的水手。

如今我才发现，过得像乞丐不是因为我囊中羞涩，或是因为我是个诗人，而是因为我殚精竭虑地学习写作。刚找到一条明路，我就从"摩天大楼"搬到了安静的普拉多区。普拉多区位于城市另一端，是上层社区，离梅拉·德尔玛家两个街区，离周日弥撒后富家公子带处女情人跳舞的那家古色古香的酒店五个街区。正如赫尔曼所说，我开始改善生活，走向堕落。

我在阿维拉姐妹家住下。三姐妹埃斯特尔、马依托、托尼亚跟我相识于苏克雷，她们认为我自暴自弃，早就想救我于万劫不复之境。我告别了让我成长、蜕变的纸板隔间，住进了带私人卫生间、有窗户、正对花园的卧室，一日三餐的花费比我微薄的薪水略高。我买了一条裤子和半打印着花鸟图案的热带衬衫，有段日子，这身装扮为我赢得了"轮船上的同性恋"这一秘密称号。多日不见的老友突然随处可见，我受宠若惊地发现，"长颈鹿"专栏上的胡言乱语，他们张口就来；他们追捧《纪事》周刊，称它为"体育类杂志的门面"；他们连我的短篇都读过，尽管没有真正理解。我遇到了上国立男子中学时的室友里卡多·冈萨雷斯·里珀尔，他读完建筑系，定居巴兰基亚，不到一年就买了辆鸭尾式雪佛兰，车龄不详，大清早能塞进八个人。他黄昏时来家里接我，一周三次，带我去跟新朋友畅饮狂欢。那些人一心想整治国家，要么用巧妙的政治手段，要么以粗暴的武力对抗。

妈妈得知我的这些变化后，给我捎了个独具风格的口信："钱生钱，利生利。"搬家的事，我对文学小组的人只字未提，直到一天晚上，我在哈皮咖啡馆遇到他们，援引洛佩·德维加的名言作为交代："我收拾好了，不过是瞎收拾的。"他们嘘声一片——就算在足球场也难得一见。赫尔曼打赌，说我离开"摩天大楼"，灵感会完全枯竭。阿尔瓦罗说我一日三餐，定时定点，会得胃绞痛，生不如死。阿方索说这是私事，嫌他们管得宽，认为当务之急是讨论《纪事》周刊何去何从，做出决断，就此盖过了之前的话题。我觉得我过得杂乱无章时，他们心有愧疚，如今见我有所改善，不好意思表达，其实大家都松了一口气。

意外的是，我的身心状况皆有好转。读书时间少了，但我提高了"长颈鹿"专栏的品质，并且在新家用阿方索·富恩马约尔借给我的古董打字机抓紧时间继续写《枯枝败叶》，后半夜不再跟"猴子"格拉虚度时光。在报社编辑部待一下午，正常情况下，我能写一篇"长颈鹿"专栏、一篇社论、几条无须署名的报道，缩写一个侦探故事，并在《纪事》周刊付印前赶出最后几篇稿。幸运的是，手头的小说与其说是越写越顺，倒不如说是反客为主，拉着我前行。我很识相地跟着，就当搭顺风车。

原本应该在最后一刻交稿的政治评论员突发重度脑梗，预留的三页开了"天窗"。我打起精神，痛下决心，赶出了我的第十个短篇《有人弄乱了这些玫瑰》，修改校样时，才发现不知不觉间，又写成了过去那种一成不变的故事。这一厄运使我愈感自责：临近半夜，我吵醒一位朋友，请他在不到三小时内供稿一篇。我抱着赎罪的心理，在同样的时间里重写了这个短篇。周一，我在编委会上再次提出周刊止步不前，得赶紧上街，找重磅报道。大家纷纷认同，但这个想法再次被否。理由听着倒很悦耳：我们对重磅报道抱着过于理想化的观念，要是全体上街，周刊即使能出，也没法按时出。我可以把这当恭维话听，却忍不住往坏里想：真正的理由恐怕还是那篇有关贝拉斯科切亚的报道让他们心有余悸。

那段时间，最大的安慰来自拉斐尔·埃斯卡洛纳[①]打来的电话。他的歌在哥伦比亚脍炙人口，至今仍在传唱。巴兰基亚是一座活力四射的文化中心，我们在阿拉卡塔卡的节日聚会上认识的手风琴游吟诗人经常在此出没，加勒比海岸各个电台也紧锣密鼓地进行宣传。当年最知名的歌手是吉列尔莫·布伊特拉戈，自诩"省"内最新潮的歌曲无所不知。另一位红极一时的流行歌手是赤脚印第安人克雷森西奥·萨尔塞多，他站在美洲小吃店所在的街角，清唱自己或别人创作的歌，声音有点儿像马口铁，技巧独特，征服了圣布拉斯街上每天来来往往的行人。年少时的我曾长时间站在附近，不打

[①]拉斐尔·埃斯卡洛纳(1926—2009)，哥伦比亚著名创作歌手。马尔克斯将他写进了《百年孤独》最后一章："花街柳巷最后一家营业的舞厅里，手风琴乐队弹唱起主教的侄子，好汉弗朗西斯科的绝艺传人拉斐尔·埃斯卡洛纳的歌曲。"

招呼，不露面，直到学会了他所有的歌。

最激动人心的那个下午，我原本昏昏欲睡，正在写"长颈鹿"专栏，突然，电话响了。耳边传来童年伙伴熟悉的声音，没有打头的客套话，直接打招呼：

"最近怎么样，老兄？我是拉斐尔·埃斯卡洛纳。"

五分钟后，我们在罗马咖啡馆的小单间里见面，自那以后便结下了终身的友谊。刚打完招呼，我就开始催他唱新歌。零散的诗句，拿捏完美的低音，手指在桌上打拍子。各个地区的民间诗歌装扮一新，畅游在每一段旋律中。他唱道："送你一束勿忘我，希望你能勿忘我。"我也向他展示，他家乡的好歌我都会唱，口口相传，自小就会。不过，最让他惊讶的是，我对该"省"了如指掌，仿佛亲身去过。

几天前，埃斯卡洛纳乘公共汽车从比亚努埃瓦去巴耶杜帕尔。星期天就是狂欢节，他正在脑子里酝酿一首新歌的词曲。他不会记谱，也不会弹奏任何乐器，主要靠这种方法创作。途经某个镇子时，上来一位穿草鞋、拉手风琴的流浪艺人。该地区的流浪艺人不计其数，到处赶场子唱歌。埃斯卡洛纳邀他同坐，在他耳边唱出新歌唯一成形的两段。

流浪艺人高高兴兴地在中途下了车，埃斯卡洛纳则继续坐车前往巴耶杜帕尔。他下车就感冒了，高烧四十度，只能躺在床上发汗。三天后就是星期天狂欢节，而他悄悄在公共汽车上唱给萍水相逢的朋友听的那首没写完的歌，已经横扫老歌新歌，从巴耶杜帕尔风靡至维拉角。狂欢节到了，他还在发烧发汗，只有他知道是谁给那首歌起名叫"老萨拉"，并使它流传开去。

这是个真实的故事，但在最自然而然的事往往令人惊叹的地区和行业，却不足为奇。手风琴不是哥伦比亚本土乐器，并不普及，在巴耶杜帕尔流行的手风琴也许是取道阿鲁巴和库拉索的舶来品。二战期间，德国产品进口中断，"省"内已有的手风琴备受呵护。一位名叫莱安德罗·迪亚斯的木匠，不仅是天才作曲家和手风琴演奏家，还是二战期间当地唯一的手风琴修理师，尽管生来双目失明。流浪艺人的生活方式是从这个镇子唱到那个镇子，在宗教或非宗教节日里，尤其在纵情享乐的狂欢节上唱出日常生活的琐事与趣事。拉斐尔·埃斯卡洛纳情况特殊。他是克莱门特·埃斯卡洛纳上校的儿子，知名主教塞莱东的侄子，毕业于圣玛尔塔国立男子中学（该中学已以他的名字命名），非常年轻时就开始作曲，家人愕然，他们认为拉手风琴唱歌只是一门手艺。他不仅是唯一一个读完中学的流浪艺人，是当年屈指可数的会读会写的流浪艺人之一，更是古往今来最傲慢的多情种子。但他不是也不会是最后一个：如今，类似的民间歌手成百上千，且越来越年轻化。比尔·克林顿于总统任期末，在白宫听一群哥伦比亚外省小学生唱歌时，曾经发出这样的感慨。

那段日子我运气不错，偶遇苏克雷药剂师的女儿梅塞德斯·巴尔恰。从她十三岁起，我就不断向她求婚。过去请她跳舞，她总是拒绝。这次请她周日去普拉多酒店跳舞，她终于答应。直到那时，我才得知由于政治压迫愈演愈烈，她们举家搬来巴兰基亚。她父亲德梅特里奥是死心塌地的自由派人士，匿名帖的无端侮辱和社会迫害不断升级时，有人威胁到他头上。他本人并不畏惧，但迫于亲人的压力，廉价卖掉苏克雷家中所剩不多的物品，在巴兰基亚普拉多酒店旁开了家药店。他和我爸爸年纪相仿，却跟我是忘年交。我们常去街对面的小酒馆暖暖身子，不止一次在"第三个人"跟文学小组全体成员喝得不醉不归。梅塞德斯当年在麦德林读书，圣诞节才回来与家人团聚。她对我很好，跟我在一起时也很开心，可她善于耍花招，避实就虚，对任何事都不给出明确回应。我只能理解为她心肠好，不想直截了当地对我说"不"或"没感觉"。能跟她父亲和其他朋友在街对面的小酒馆里喝喝酒，我也算知足。如果说那年假期她父亲没有觉察到我对她的渴慕之情，那是因为那是基督教世界两千年来藏得最深的秘密。梅塞德斯和我在苏克雷第一次跳舞时告诉我："爸爸说，娶我的白马王子还没出生。"这话被她父亲在"第三个人"炫耀多回。她信不信，我不知道，但看她的表现，似乎是真信，直到那年圣诞节前夕，她答应我周日去普拉多酒店跳早场舞。我很迷信，以为她松口是因为理发师给我剪了个艺术家的发型，修了艺术家的胡子，还有粗亚麻布西装和真丝领带——土耳其人大甩卖，我买下来当重要场合的行头。原以为她父亲会一同前往：她去哪儿他都会跟着。于是，我邀请了阿依达·罗萨妹妹，她放假回家，跟我待在一起。没想到梅塞德斯独自现身，大大方方地跳舞，开开心心地说笑，弄得我没法开口说正经事。那天是帕乔·加兰①老兄令人难以忘怀的流行季的开始。他光荣地创造出的梅伦昆比舞不仅风靡多年，还催生出新的加勒比乐曲，盛行至今。梅塞德斯伴着流行音乐翩翩起舞，她舞技高超，左躲右闪，我再三向她求婚，都被她轻松化解。我感觉她是想告诉我，她没把我的话当真，只不过手段巧妙，让我总想勇往直前。

一不小心玩到了十二点整，她警惕起来，把我晾在舞池中央，

---

① 帕乔·加兰（1906—1988），哥伦比亚音乐家，创造了集梅伦格舞（merengue）和昆比安巴舞（cumbiamba）为一体的梅伦昆比舞（merecumbé）。

不让我送，就连送到酒店门口也不行。妹妹觉得奇怪，甚至有些自责。我至今自问：她突然决定进麦德林撒肋爵会修道院，和那个悲伤的例子有无关系？从那天起，梅塞德斯和我发明了一种私人密码，不交谈，不见面，也能心意相通。

再听到她的消息，已经是一个月后，次年的一月二十二日。她在《先驱报》报社给我留了封短笺："卡耶塔诺被杀。"对我们而言，只有一个卡耶塔诺：我们在苏克雷的朋友卡耶塔诺·亨蒂雷，马上就要学成的医生，善于活跃舞场气氛的情场高手。我很快得到消息，说他是被查帕拉尔村那位年轻的小学教师——就是跟他同骑一匹马的那个——的两个兄弟用刀捅死的。那天来回几封电报，我总算弄清了事情的来龙去脉。

那时候，打电话还不方便，打私人长途要先发电报申请。我的第一反应是身为记者，可以写篇报道，于是决定去苏克雷一趟，但报社同事认为我纯属感情用事。如今我能理解，因为即便那时，哥伦比亚人还是动辄自相残杀，无事生非。不过，情杀向来是城市富人的专利。我觉得这是永恒的主题，着手搜集资料。妈妈发现我在偷偷摸摸干这事儿，求我千万别写，最起码卡耶塔诺的母亲堂娜胡列塔·齐蒙托在世时别写。何况，她是妈妈的好姐妹，是家里排行第八的埃尔南多的洗礼教母。好报道需要好的陈述，妈妈的陈述很有分量。小学教师的两个兄弟追杀卡耶塔诺，他想躲回家，可堂娜胡列塔以为儿子就在房间，急忙关上大门，害儿子有家难回，倚着门被刀捅死。

我的第一反应是坐下来，好好报道这个案子，可又觉得困难重重。我感兴趣的不是罪行本身，而是"集体责任"这个文学主题。

好说歹说妈妈都不答应，不经她同意就写，似乎又不合适。然而，从那天起，我每天都如鲠在喉，不吐不快。多年后，我已经认命。有一天，我在阿尔及尔机场候机，头等舱候机室的门突然打开，进去一位家世显赫的阿拉伯王子，白袍一尘不染，拳头上立着一只名贵的雌游隼，没有按照传统猎鹰训练术那样用皮带拴着，用的是镶钻的金链。这一幕让我自然而然地想起了卡耶塔诺·亨蒂雷。他跟父亲学过猛禽狩猎术，先是美洲土生雀鹰，再是从阿拉伯半岛西南部引进的名贵品种。他遇害时，庄园里设有专业猎鹰场，两只雌鹰和一只雄鹰受训专门捕石鸡，一只苏格兰鸢用来防身。我知道乔治·普林顿在《巴黎评论》上那篇对欧内斯特·海明威的著名访谈中，曾问他如何将现实生活中的人物变成小说中的人物。海明威回答："我要是说了，将是一本供专业律师参考的诽谤指南。"然而，从阿尔及尔那个上天注定的早晨起，我的情况却截然相反：再不把卡耶塔诺遇害的故事写下来，我就没办法继续安安稳稳地过日子。

妈妈的立场依旧坚定。我怎么劝，她都不松口。卡耶塔诺遇害三十年后，她亲自打电话到巴塞罗那，告诉我被害人的母亲胡列塔·齐蒙托去世了，说她一辈子都没有走出丧子之痛。妈妈已经仁至义尽，再也没有理由阻止我写这篇报道了。

"妈妈只求你一件事。"她说，"好好写，当他是我儿子。"

小说名叫"一桩事先张扬的凶杀案"，两年后出版。妈妈没看，理由是："生活中的糟糕事，写进书里也不会好。"这句话被我当成另一条至理名言，珍藏在个人博物馆中。

卡耶塔诺遇害一周后，下午五点，我正动笔写《先驱报》的

"每日作业"，桌上的电话响了，是爸爸打来的。他未预先通知，刚到巴兰基亚，在罗马咖啡馆等我，声音急迫，吓我一跳。见到他时，我更加惊恐不安：他衣冠不整，胡子拉碴，穿着那件四月九日淘来的天蓝色西装，路上闷热，西装风尘仆仆，他一副难得一见的战败者的平静神情。

我茫然无措。情绪低落的爸爸坦承家中情况不好，我却无法做出反应。苏克雷本是人间天堂，美女如云，日子好过，如今也被政治暴力搅得天翻地覆。卡耶塔诺的死只是个危险的征兆。

"你身处沙漠中的绿洲，日子太平，自然觉察不到那里已是人间地狱。"他说，"全靠上帝，我们才保住小命。"

爸爸是四月九日事件后面对群情激奋的自由派，为数不多的无须藏匿的保守派成员之一。如今，那些他掩护过的党内人士反咬一口，说他立场不明。他描绘的恐怖场景——那么真实——足以证明他有理由痛下决心，不顾一切，携全家逃往卡塔赫纳。我没理由也不忍心阻止他，但想让他缓一缓，看看能不能不大张旗鼓、说搬就搬。

总要好好琢磨琢磨。我们俩各想各的，静静地喝着两杯饮料。还没喝完，他脑子一热，又开始想入非非，让我无言以对。"日子过得这么苦闷，"他颤巍巍地叹了口气，"唯一让我感到安慰的是你总算快完成学业了。"这样一个微不足道的理由居然给他带去那么大的快乐，我有多感动，从没跟他说起。突然，我脑子一转，冒出邪恶的念头：他想逼我当律师，搬家只是迂回之计。我盯着他的眼睛，那是两汪充满惊讶的池塘。我发觉他太无助太心焦，不会逼我去做任何事，也不会不允许我做任何事，但他相信天意，认为打疲劳仗，就能使我屈服。更有甚者，他还是那副走投无路的表情，说帮我在卡塔赫纳找了份工作，全都安排好了，下周一就能入职。他解释说，那是一份很好的工作，每两周露一次面，就能领到薪水。

这大大超出了我的承受能力。我咬紧牙关，先提出几条疑虑，以便给最后的拒绝做好铺垫。我对他讲了陪妈妈回阿拉卡塔卡时和她的长谈。对此他自始至终没发表任何意见。我觉得，他的无动于衷就是最好的回答。最悲惨的是我对他骗上加骗，明知二年级挂两科没补考，三年级又挂三科无法补救，学校不会再要我了。我故意隐瞒，是不想让家人白白生气。那天下午要是跟他说了实话，我都不敢想他会是什么反应。刚开始谈，我就打定主意，决不心软。这么好的男人身处如此失败的境地，还得让自己的孩子看在眼里，的确让人不忍。可是，我不想让他对生活太有信心，最后采取了简便易行的办法，请他容我考虑一晚。

"行！"他说，"别忘了，全家人的命运掌握在你手中。"

无须提醒。我太清楚自己的弱点，看着爸爸坐晚上七点的末班车离开时，我硬着心肠才没有坐到他身边的位子上。很显然，在我眼里，这意味着周而复始。家里再次一贫如洗，只有群策群力，才能生存下去。

那天晚上，我什么也决定不了。内地农村暴力横行，好几户露宿在圣尼古拉斯公园的难民被警察强行驱逐。不过，罗马咖啡馆里依然太平。西班牙难民总是向我打听堂拉蒙·宾耶斯那边有什么新闻，我总是开玩笑地回答：老师来信，不是通报西班牙新闻，而是迫不及待地打听巴兰基亚新闻。他去世后，大家嘴上不提，桌边的位子还给他留着。他的聚谈会的一个成员向我祝贺，说前一天的"长颈鹿"专栏让他想起了马里亚诺·何塞·德拉腊[①]撕心裂肺的浪漫主义。我听了不明就里，佩雷斯·多梅内奇老师帮我解围，一语中的："希望您别学他，也给自己一枪。"他要是知道那天晚上我有多想死，绝不会说这种话。

半小时后，我拉着赫尔曼·巴尔加斯的胳膊去哈皮咖啡馆，在最里头找位子坐下。咖啡刚上，我就说有急事，想听听他的意见。他脸色大变，端着杯子停在半路——跟堂拉蒙一模一样——警惕地问道：

"打算去哪儿？"

他洞若观火，让我自叹不如。

"见鬼，您怎么知道！"我回答。

他不知道，但他猜到了。他认为我的辞职将是《纪事》周刊的末日，是严重不负责任的表现，会让我自责一辈子。他明白表示，这无异于背叛——没人比他更有权这么说。周刊现状如此，大家束手无策，但谁都知道关键时刻，为了维持，阿方索投入的资金已经超出了他个人的能力范围。因此，我没法阻止赫尔曼往坏处想，认为我的不得不搬家等于给周刊判死刑。我敢说，他心如明镜，知道我是被逼无奈，但从道义上，他必须实话实说。

第二天，开车接我去周刊办公室的路上，阿尔瓦罗·塞佩达令人感动地袒露，朋友们的内心狂风暴雨，他心里也不好受。无疑，

[①] 马里亚诺·何塞·德拉腊（1809—1837），西班牙著名新闻记者、讽刺作家，撰写了大量文学和政治评论，代表作《请您明天再来》讽刺了西班牙的官僚作风。28 岁时为情所困，开枪自杀。

他已经从赫尔曼那里听说我要走。幸好他腼腆，场面话都免了。

"妈的！"他对我说，"去卡塔赫纳没什么大不了的，最操蛋的是去纽约。我去过，可也好端端地回来了。"

最好扯些别的话题，免得泪湿衣衫。因此，我并不诧异他选择在这时第一次向我谈起在哥伦比亚拍电影的计划——尽管没有结果，我们在余生中不断地聊起这个话题。他轻描淡写地说了几句，留给我一个想头，走到圣布拉斯街摩肩接踵的人群和商铺中间时，他又突然打住。

"我跟阿方索说了，"他隔着车窗冲我喊道，"把周刊停掉，再办本《时代》那样的杂志！"

和阿方索谈，对我对他都不易。我们之间有个疙瘩，拖了六个月也没解开，再者，遇到难事，我们俩都会头脑短路。一次，我在排版室耍小孩子脾气，从周刊人员名单上去掉我的名字和职务，暗示正式辞职。等气消了，我忘了补回去，谁也没发现。两周后，赫尔曼·巴尔加斯看见了，告诉阿方索，他也吃了一惊。排版室主任波菲里奥告诉他们当时我是牛脾气发作。他们商量着先按兵不动，等我解释。糟糕的是，我把这事给忘了，直到阿方索同意我离开《纪事》周刊。谈完，他大笑着跟我道别，狠狠地开了个令人招架不住的玩笑。

"幸运的是，"他说，"都不用把您的名字从人员名单上去掉。"

我总算想起了那件事，像是被人捅了一刀，恨不得找个地缝钻下去，不是因为阿方索话说得太巧妙，是恨我忘了跟他解释。不出所料，他把话说开了。如果说这是我和他之间唯一的疙瘩，那么就不该把它留在那儿不去解开。阿方索会和阿尔瓦罗、赫尔曼一起接着干。要是需要所有人都出力，以便力挽狂澜，拯救期刊，我可以在两个小时内赶回。实在山穷水尽，还有编委会。不过，指望编委会，等于指望上帝。编委会从未能坐在那张胡桃木长桌旁商讨重大决策。

赫尔曼和阿尔瓦罗的话给了我离开的勇气。阿方索理解我的苦衷，也算松了一口气。但他丝毫没有暗示《纪事》周刊会因为我的辞职走向完结。相反，他建议我遇事冷静，安慰我说会和编委会一起打下坚实的基础，真正大有可为的时候，会通知我。

这是我收到的第一个讯号：阿方索可能开始考虑《纪事》停刊，尽管这种可能性令人无法想象。果不其然，六月二十八日，十四个月出版了五十八期后，周刊悄无声息地走向完结。然而，时隔半个世纪，我仍认为《纪事》周刊是国内新闻界的一桩重要事件。我们没有留下完整的五十八期，只有前六期和一些剪报放在加泰罗尼亚人堂拉蒙·宾耶斯的书房里。

凑巧的是，我当时住的房子正好要更换客厅家具，旧家具可以便宜卖给我。动身前，我去《先驱报》报社结账，他们预支给我六个月的"长颈鹿"专栏稿费。我用一部分稿费从马依托手里买下家具，带到卡塔赫纳的新家。我知道家人不会把苏克雷的家具带走，也无力再买一套。不得不提的是，这套家具用了五十多年，还好好的，且依然在用。妈妈感激我，一直不让卖。

爸爸找上门来一周后，我带着一套家具和很少几件衣服搬到了卡塔赫纳。和第一次不同，这次我知道在卡塔赫纳生活需要什么，该做什么以及如何去做。我真心实意地希望家人而非我能过得好。谁叫我没个性呢？活该！

新家位置不错，在波帕区，挨着那座摇摇欲坠的老修道院。楼下有四间卧室、两个卫生间，爸妈带十一个孩子住。我最大，将近二十六岁；埃利希奥最小，才五岁。所有孩子都在加勒比文化中苗壮成长，吊床、地席、床，多少人都能睡下。

楼上住着爸爸的弟弟埃默赫内斯·索尔和他儿子卡洛斯·马丁内斯·西玛汗。整栋房子根本不够这么多人住，但叔叔和女房东有生意往来，租金公道。我们只知道女房东叫佩帕，很有钱。家人时刻不忘说笑，很快用流行歌调唱出住址，韵律十足："波帕区南佩帕家。"

弟弟妹妹们来了，记忆中一片模糊。半城停电，我们摸黑收拾，先让小的睡下。大的可以靠声音分辨，但小的跟我上次回家相比，变化太大，烛光中，他们满是忧伤的大眼睛使我很受惊吓。箱子、包裹满地都是，吊床摸黑挂上，场面混乱不堪，我仿佛遭受了一场四月九日家庭暴乱。不过，印象最深的是搬一只形状不规则的口袋，它不停地从我手中滑出去。那是外婆特兰基利娜的骸骨。妈妈把它们挖出带来，打算安葬在圣佩德罗·克拉韦尔墓地；后来爸爸和埃尔维拉·卡里略姨母都葬在那块墓地的同一个墓穴里。

埃默赫内斯·索尔叔叔是我们紧急搬家时的大救星。他被任命为卡塔赫纳省警察厅秘书长，上任后大刀阔斧干的第一件事就是打开官僚体制的一个缺口，拯救家人，包括我这个有共产党名声的政治脱轨分子，我之所以赢得这样的名声，不是因为我的意识形态，而是因为我的穿着。他帮所有人安排工作：爸爸做行政管理，无须承担政治责任；弟弟路易斯·恩里克是探员；我在国家人口普查办公室讨了份闲差——保守派政府坚持设立该机构，恐怕是想摸清究竟还有多少对手存活于世。对我来说，这份工作的道德成本高于政治成本。除了每两周领一次薪水，其余时间绝不能出现在办公室里，免得接受盘问。官方解释是我和其他一百多名职员都在外地出差。

人口普查办公室对面的摩卡咖啡馆里坐满了从附近地区赶来领薪水的徒有虚名的职员。我签完字，领到丰厚的薪水，一分不留，悉数上交，补贴家用。与此同时，爸爸想帮我去法律系注册，发现了我隐瞒不报的真相。爸爸的知情如同给我颁发了毕业证书，让我心花怒放。更让我心花怒放的是，经过这么多坎坷和争执，我总算有了时间和空间去完成我的小说。

当我迈进《宇宙报》报社，他们让我有种回到家的感觉。下午六点，正是最忙的时候，我一进门，铸排机和打字机突然销声，让我喉咙一哽，说不出话来。萨巴拉老师坐在印第安地毯上，愣了不到一分钟，就让我帮忙把耽误的社论写了，仿佛我从未离开过。我的打字机前坐着一个刚入行的毛头小伙子，他忙不迭起身让座，结果摔到了地上。最先让我惊讶的是，写了两年自由发挥的"长颈鹿"专栏，再回头写一本正经、不署名的社论，竟有些吃力。刚写了一页，社长大人洛佩斯·埃斯考里亚萨也过来打招呼。英国式的冷静是他在朋友聚谈和政治漫画中的一贯形象，再次让我惊讶的是，他向我挥手，高兴得脸都红了。我写完那篇社论，萨巴拉拿着一张小纸条等着我，社长请我写社论，开出了一百二十比索的月薪，第三次让我惊讶。在当年的卡塔赫纳，这可不是笔小数目。我没顾得上说声谢谢就急忙坐回去，又写了两篇，兴奋异常，感到地球确确实实是绕着太阳转的。

一切周而复始。同样的话题被萨巴拉老师手握红笔以自由派的眼光修改，然后被审查官大加删减，审查官又被编辑们无情耍弄。

还是半夜三更在"洞穴"吃牛排加蛋①和炸香蕉片，还是在烈士路上大聊特聊如何改变世界，直到东方既白。罗哈斯·埃拉索卖了一年画，四海为家，后来跟罗萨·伊莎贝尔结婚，搬去波哥大。天快亮时，我坐下来写"长颈鹿"专栏，用当年仅有的现代化方式，也就是普通邮件，寄到《先驱报》，我竭尽全力，尽量按时交稿，直到把预支的稿费还清。

在困境中和全家人一起生活，这样的画面不在记忆中，而在想象里。楼下的卧室里，爸妈带几个小的睡一间；四个妹妹睡一间，但她们觉得应该一人一间；埃尔南多和阿尔弗雷多·里卡多要照顾海梅，三人一间，海梅成天谈论哲学和数学，害得他们俩整日神经紧张。快十四岁的丽塔为了给家里省电，在楼门口的路灯下学习到半夜。她喜欢高声吟唱着背诵课文，发音标准，声情并茂。当年听她读过的许多怪话被我写进书里，什么去磨坊的骡子、男孩小杯里的巧克力、酗酒的算命先生等等。午夜过后，家里更热闹、更有人气：去厨房喝水，去厕所大小便，在走道里挂高高低低、纵横交错的吊床。要是叔叔带儿子回自己家住，我就带古斯塔沃、路易斯·恩里克，后来还有海梅——晚上九点以后，不许他谈论任何事情——去楼上睡。一天夜里，一只孤苦伶仃的小羊咩咩叫个不停，吵得我们几小时没合眼。古斯塔沃气急败坏地说：

"听着就像一座灯塔。"

这句话让我铭记终生，它是我在现实生活中捕捉到的一种对我即将诞生的小说的明喻。

---

①直译为"马上牛排"，但用的不是马肉，是牛肉。牛排煎好后，上面覆盖两只煎蛋，好像趴在马背上一样，为哥伦比亚传统菜肴。

在卡塔赫纳有过好几个家，这回家里最热闹。钱越用越少，日子越过越见不得人。我们去找更便宜的房子，后来搬到了托里区，晚上屋里会有女鬼现身。我运气好，没在场。可爸妈和弟弟妹妹们七嘴八舌，说得我寒毛直竖，如亲眼所见。第一晚，爸妈睡在客厅的沙发上，只见女鬼穿着红色碎花长裙，短发束在耳后，扎着红色蝴蝶结，目不斜视地从一间房走到另一间房，妈妈甚至能说出裙子上的花纹和鞋子的式样。爸爸不想加剧妻子的不安、吓着孩子，非说没看见。可是天一黑，女鬼便在房子里自如穿行，谁都没法忽视她。妹妹玛尔戈特有一次在天亮前醒来，见女鬼趴在床栏杆上，正盯着她看。被阴间的人盯着看，让她不寒而栗。

星期天望完弥撒，一位女邻居向妈妈证实，说有一回，之前在这里住的那家人正在吃午饭，女鬼居然大白天在餐厅里现身，所以此后，那房子空了许多年。第二天，妈妈就带着两个最小的孩子出门去找房子以便搬家，四小时内就找到了。可是，弟弟妹妹们大多都怕女鬼阴魂不散，依然心有余悸。

住在波帕区南佩帕家时，我可以自由支配所有时间，但酣畅淋漓地写作使我觉得时光如梭，不够用。我又遇到了拉米罗·德拉埃斯普列亚，读完法学博士的他前所未有地关心政治，兴致勃勃地读刚出版的小说，特别是那年对我这代人至关重要的库尔齐奥·马拉巴特[①]的《皮》，文字精练，构思精妙而恐怖的现代史吸引我们看了整个通宵。但是，时间证明，马拉巴特注定是一个有益的道德模范，而非我所渴慕的偶像，对我们而言，几乎同时代的阿尔贝·加缪则

---

①库尔齐奥·马拉巴特（1898—1957），意大利记者、小说家、剧作家，代表作为《完蛋》和《皮》。在《皮》一书中，他生动地描写了惨绝人寰的 1943 年汉堡大轰炸。

正好相反。

那时德拉埃斯普列亚兄弟住在附近，家里有个酒窖，他们经常把酒装进清白的瓶子，带到我家。我没有听从堂拉蒙·宾耶斯的劝告，把草稿大段大段、原原本本地读给他们和弟弟妹妹们听。这些稿子题材宽泛，是我晚上失眠时在《宇宙报》报社写在条状新闻纸上的，未曾好好修改。

那段时间，阿尔瓦罗·穆蒂斯和贡萨洛·马利亚里诺也回来了。幸好我没定稿，也没定书名，不敢拿去给他们看。我想闭关不出，先在普通稿纸上誊一遍，再改一遍。誊出来一看，比预期多出四十页，开始没在意，但很快就觉出问题大了：我在精确性上是个完美主义者，预估过篇幅，具体到每章多少页，全书共多少页。哪个数字不符，我都会不由自主地重新通盘考虑，甚至一处打字错误都会扰乱我的创作。我原本以为，这种绝对化的方法是源于一种强烈的责任感；现在知道了，这分明就是病。

我又一次没有听从堂拉蒙·宾耶斯的劝告，将完整的稿子——还没定书名——拿去给古斯塔沃·伊瓦拉看。两天后，他邀我去他家。他穿着舒适的沙滩服，皮肤晒成古铜色，坐在露台的一把藤摇椅上，面朝大海。他一边跟我说话，一边摩挲着我的稿子，让我感动。他是一位真正的老师，不说教，不臧否，先让我感受到他的道德品质。之后，他满意地看着我，如往常一样简明地总结道：

"你写的是安提戈涅神话。"

我的表情告诉他我不明就里，他从书架上抽出索福克勒斯的书，念出他想表达的意思。小说中的戏剧冲突确实与安提戈涅的舅父克瑞翁王下令不让她安葬哥哥波吕涅克斯的尸体的情节如出一辙。刚认识他那会儿，他送给我一本《索福克勒斯全集》，我读过《俄狄浦斯王》，却对安提戈涅的故事几乎没有印象，不可能把它搬到香蕉种植园里，情感上的异曲同工我之前毫无察觉。我心里翻江倒海，既幸福又幻灭。当晚，我又把稿子读了一遍，心里五味杂陈，骄傲的是与一位如此伟大的作家所见略同；痛苦的是公众会认为我剽窃。纠结了一周后，我决定本着最美好的愿望大改特改，仍旧没意识到把稿子改得跟索福克勒斯的不一样，其实是天大的虚荣心作祟。最终，我认命了，感到于情于理，应该援引大师的一段话向他致敬。我也的确这样做了。[①]

我们及时逃离了破坏严重、危机重重的苏克雷，搬到了卡塔赫纳。可是，人太多，收入太少，精打细算也无济于事。妈妈总说：穷孩子比富孩子吃得多、长得快，咱们家就是例子。所有人的薪水加在一起，日子还是过得一惊一乍的。

岁月留痕。众多儿女中，海梅是个异数，只有他把毕业证书看得跟贵族头衔一样重，后来成了土木工程师。路易斯·恩里克成了会计师，古斯塔沃成了测绘员，两人照样弹吉他、给别人唱小夜曲。伊约自小就有明确的文学志向，个性强悍，让我们刮目相看。这孩子五岁时为了看消防员上门灭火，差点儿放火烧了衣柜。后来，大些的同学请他和哥哥库奇抽大麻，他胆子小，没敢接。库奇向来胆大又好奇，深吸了一口。多年以后，陷在毒品的泥沼中无

---

① 在《枯枝败叶》正文前，马尔克斯援引了《安提戈涅》中的一段台词："至于惨死的波吕涅克斯的尸体，据说已经出了告示，不准任何公民收殓，不准为他掉泪，就让他暴尸野外，不得安享哀荣，任凭俯冲而下的秃鹫吞噬他，饱餐一顿。听说，针对你我，或者说针对我，仁君克瑞翁已命人四处张贴这份告示。他也将来到此地，向那些尚不知情的人宣示此令。此事可是非同小可，谁敢抗命不遵，就将死于民众的乱石之下。"

法自拔的他告诉我，那是他第一次吸毒，吸完他就对自己说："妈的！这辈子除了这个，别的我都不想干。"在之后的四十年里，他前途渺茫，热情不减，自始至终履行了吸毒至死的诺言。五十二岁时他因服用过量心肌梗死，在毒品天堂里一命呜呼。

南奇是世上最安分的人。他服完兵役，继续留在军队里，熟稔各种现代武器，参加过无数军事演习，但哥伦比亚旷日持久、林林总总的战争他却一场也没打过；退役后，他做了消防员，但五年多的时间里，他也是一场火也没扑过。但他从不气馁，他的幽默感使他成为家里张口就来的笑话大王；只要活着，他就感到幸福。

伊约一生烟酒不沾，在度日艰难的那些年里，全凭自身努力，成长为作家和记者。他有着所向披靡的文学志向和藏而不露的文学创造力，可惜时运不济，只活了五十四岁，这时间几乎不够他出版一本六百多页、详细讲述《百年孤独》的幕后故事的杰作。他瞒着我研究多年，没向我索取过任何资料。

丽塔十几岁就懂得吸取前车之鉴。一次我离家很久，再回去，发现她和姐姐们一样，正为情所困。她的恋人是一个皮肤黝黑的男人，英俊、严肃、正派，唯一不般配的是比她矮了两拃半。当晚，我去爸爸房间，他正躺在吊床上听新闻。我把收音机的音量调低，坐在对面床上，以长子的身份问他：丽塔谈恋爱有什么问题？他早有准备，答得飞快：

"就一个：那家伙小模小样的。"

我等的就是这句话。

"此话怎讲？"我问。

"就是小模小样的。"他不看我。

"他小偷小摸①了？"我毫不留情。

他还是不看我。

"好吧，"终于，他叹了口气，"他倒没有，他有个兄弟因为小偷小摸被逮捕了。"

"那就没有问题了。"我顺水推舟，"丽塔又不是跟这个人结婚，她是跟不在牢里的那个结婚。"

他不说话了。从回答第一个问题起，他就越过了诚实这条底线。他也知道，有个在牢里的兄弟是不实的传言。他理屈词穷，死死攥住最后一点儿尊严。

"好吧！要结赶紧结，我可见不得家里的孩子谈恋爱谈得没完没了。"

我接得飞快，丝毫不留情面，后来我一直过意不去：

"那好，就明天，一大早就办。"

"喂！有这么夸张吗？"爸爸吓了一跳，但面露笑容，"让小姑娘穿什么？"

帕姨快九十岁了，我最后一次见她，是在一个热浪滚滚的下午。她事先没打招呼就一身重孝，缠着黑色裹头布，提着小箱子，乘出租车从里奥阿查赶到了卡塔赫纳。她幸福地走进家门，张开双臂叫道：

"我要死了，来跟大家告别。"

我们让她住下，毕竟她是帕姨，还和死神交情不浅。她住在仆人房——她只愿意睡在那个小房间里——等待大限来临，最后带着

---

① 此处为文字游戏，ratero 在西班牙语里有"身材矮小"的意思，也有"小偷、扒手"之意。

处女的芬芳合眼，终年约一百〇一岁。

那是我在《宇宙报》最充实的一段日子。萨巴拉将政治智慧传授与我，教会我如何在畅所欲言的同时，通过审查。他第一次对我由来已久的撰写专题报道的想法产生兴趣。不久，一条特大新闻浮出水面：马尔贝亚海滩，鲨鱼袭击游客。最离奇的是，政府悬赏，每杀死一条鲨鱼，赏金五十比索。次日，巴旦杏树上都挂不下夜里捕到的鲨鱼了。埃克托尔·罗哈斯·埃拉索笑得死去活来，在波哥大《时代报》新开的专栏上撰文一篇，讽刺滥捕鲨鱼的荒谬行径。于是，我灵光一闪，想写一篇有关夜捕鲨鱼的报道，萨巴拉全力支持。可是，我一上船，计划就泡了汤。他们问我晕不晕船，我说不晕；问我怕不怕海，其实我怕，但我说不怕；最后问我会不会游泳——应该最先问——我说不会，没敢说假话。不管怎样，我在陆地上跟水手们聊过，他们是去距卡塔赫纳八十九海里的灰烬之口，向无辜的鲨鱼下手，满载而归后，去领五十比索一条的昧心钱。特大新闻当天就没了声息，我的专题报道也打了水漂。于是，我只好刊登了我的第八个短篇《纳沃，让天使们等候的黑人》。至少有两位严肃批评家，以及我在巴兰基亚的那几个苛刻的朋友说它是个良好的转折。

我不认为我的政治成熟度足以使我受到影响，问题是我再次消沉，陷入困境无法自拔，唯一的娱乐就是在城墙边的"拱顶大厦"里跟醉汉们唱到天亮。殖民时期，这里住过军妓，后来关押过政治犯。弗朗西斯科·德保拉·桑坦德将军被志同道合的战友流放到欧洲前，也曾在此服刑八个月。

那是一座古迹，看守是名退休铸排工。每天报社关门后，在职铸排工会去找他，喝以盗马贼的技艺酿制、地下酒坊出售的细颈大肚瓶白甘蔗酒。他们生于排字世家，有学识，精于语法，喜欢在周末痛饮。我和他们打成一片。

他们中年纪最小的名叫吉列尔莫·达维拉。尽管有些地区领袖不让内地佬入行，他还是光荣地在加勒比海岸找到了一份工作，也许是因为技艺精湛。他除了技术好、颇具个人魅力，还是个神奇的魔术师，能让办公桌抽屉里飞出鸟儿，提前为付印前刚交的社论留好空白位置。工作认真的萨巴拉老师也会暂时忘记帕德雷夫斯基①和无产阶级革命，让大家为他鼓掌，同时总是警告说——说了也白说——下不为例。至于我，每天与魔术师共事的经历可以说是总算让我发现了生活的真相。

在"拱顶大厦"共度的那些日子中的一个清晨，达维拉说，他想办一份二十四乘二十四大小——四开纸的一半——的报纸，在下班高峰期免费发放。那将是世界上最小的报纸，十分钟就能读完。《袖珍报》就这样诞生了。早上十一点，我写一小时，达维拉在两个小时内排版、印刷，出去分发的胆大的报贩子只需吆喝一声，众人便会一拥而上。

一九五一年九月十八日，星期二，《袖珍报》问世，出人意料地空前成功，更加出人意料地昙花一现：一共就三天，出了三期。达维拉向我坦言，即使用黑魔法，也很难想出成本如此之低、开张如此之小、操作时间如此之短、消失如此之快的好主意。最离奇的

①伊格纳齐·扬·帕德雷夫斯基（1860—1941），波兰钢琴家、作曲家、政治家、外交家，19世纪末20世纪初杰出的世界级钢琴大师之一，1919年曾出任波兰总理，并兼任外交部长。

是，第二天，有那么一刻，我被街头的哄抢和读者的热情所迷惑，居然以为这或许就是我的求生捷径。美梦只做到星期四。经理说，再出一期，就会破产，即使刊登商业广告——必须又小又贵——也不实际。《袖珍报》的特色就在"袖珍"二字，开张大小恰恰埋下了自我毁灭的种子：卖得越多，越难以为继。

我有点儿进退两难。离开《纪事》周刊后搬到卡塔赫纳是恰逢时机的好事，这里的环境非常有利于继续创作《枯枝败叶》。特别是住在家里，家人奇思妙想，什么意想不到的事儿都有可能发生。记得有次吃午饭，我们和爸爸聊天，说许多作家在什么都不记得的时候写回忆录困难重重。这道难题被六岁的库奇轻松化解：

"既然这样，"他说，"作家应该趁什么都记得，先写回忆录。"

我羞于承认，在写《枯枝败叶》时，我也遭遇了写《家》时重技巧、轻主题的困境。在兴冲冲地写了一年后，我被困在了既无入口也无出口的环形迷宫中。如今我知道原因何在了。为锐意创新提供了出色范例的风俗主义，最终使正在试图打开紧急出口的国家重大题材变得僵化。事实是我再也无法承受那种举棋不定，一分钟也不行。核对信息，再做一些文体方面的决定，小说就能杀青，但我还是感受不到它的生命。我在迷雾中摸索多时，早已迷失其中，以致眼看着那本书要沉没，却不知道哪些地方有裂口。最糟的是，写作到了这个阶段，谁也帮不了我，因为裂缝不在文本里，而在我心里，只有我能看见，只有我能感觉到。也许，正因如此，还完《先驱报》的预支稿费——拿去买家具了——我没多想，就把"长颈鹿"专栏给停了。

不幸的是，机智、坚持、关爱都无法战胜贫穷。屋漏偏逢连夜雨，一年后，人口普查办公室关门大吉，留下的窟窿，《宇宙报》的薪水填补不了。我没有回法律系，尽管一些老师千方百计地帮我，劝我就算不喜欢，好歹把大学念完。家里每个人都缺钱，不过这个窟窿太大，我从来也没有填满过，而没希望比没钱更令我沮丧。

"要是我们全得淹死，"一天，我痛下决心，午饭时宣布，"我先自救，然后帮你们找救援，哪怕只是一艘需要自己划桨的救生艇。"

他们只好随我，坚信救生艇一定会来。就这样，十二月的第一周，我又搬回巴兰基亚。阿方索·富恩马约尔坐在打字机前，见我不请自来，走进《先驱报》的老办公室——《纪事》周刊由于资金短缺，已经无法维持——顿时心知肚明，像见了鬼似的叫道：

"您怎么招呼都不打一声就来了！"

这辈子，我很少说这么靠谱的实话：

"大师，我烦得不行。"

阿方索定下神来。

"好吧！"他还是那副姿态，引用哥伦比亚国歌的歌词回答道，"幸好，全人类都在锁链下呻吟。"

他丝毫不好奇我为何回来。似乎他和我心意相通，几个月来，只要有人问起我，他一律回答："他会回来的。"他一边穿外套，一边幸福地从桌边站起：我是天降救兵。他约了人，已经晚了半小时，第二天的社论还没写完，让我帮他接着写。我只来得及问他主题是什么，他一溜烟地跑到走廊上，漫不经心地——谁叫我们是朋友呢？——答道：

"看了不就知道了！"

第二天，《先驱报》办公室里又面对面放着两台打字机，我在同一版面继续发表我的"长颈鹿"专栏。当然，稿酬不变。阿方索和我依然如故，许多社论我写两段，他写两段，混在一起，难以分辨。新闻或文学专业的学生查阅档案时试着区分过，没分出来，除非题材特殊。我们的区别不在文风上，而在文化信息方面。

在"第三个人"，小偷朋友遇害的消息让我悲痛不已。一天晚上，他和平常一样出门干活儿，入室行窃时心脏中弹。就这些，具体情况不详。遗体被他姐姐认领了，她是他唯一的亲人。葬礼由慈善机构资助，送别的只有我们和酒馆老板。

我又在阿维拉姐妹家住下，再次跟梅拉·德尔玛成为近邻，在黑猫妓院过得不好，就去她那儿寻求平静和净化。她和妹妹艾丽西亚性情相似，有如双胞胎，和她们在一起的时光周而复始。姐妹俩以一种很特别的方式与文学小组成员交往，每年至少请我们吃一回愉悦身心的阿拉伯大餐。她们家时有名人意外造访，从各类大牌艺术家到迷惘诗人，不一而足。阿维拉姐妹和佩德罗·比亚瓦老师将我对音乐的爱好引上正道，把我带进艺术界的快乐群体中。

如今想来，巴兰基亚的环境更利于《枯枝败叶》的创作。有了打字机和办公桌，我立即开始精力充沛地修改。这时候，我大着胆子，把誊清的一稿——明知不是定稿——拿给文学小组的朋友们看。先前已经就它聊过多次，不用再费口舌提醒什么。阿方索在我对面写了两天稿，对我的新作只字未提。第三天下午工作结束，他把稿子摊在桌上，读出用百事贴标出的那几页。他没做评价，而是梳理出前后不一致的地方，帮我提炼风格。意见条条在理，我一一接受。只有一处，在我告诉他那是儿时的真人真事后，他还是觉得有些牵强。

"写得差，真亦假。"他笑得前仰后合。

赫尔曼·巴尔加斯的方法是：要是文句还行，别急着评价，先给一颗定心丸。他感叹道：

"棒极了！"

可之后几天，他对那部小说发表了一系列的看法，晚上在酒桌上，他会更加兴奋地给出中肯的意见。平时，他对稿子不满意，会和作者单独见面，既坦率又诚恳地跟对方谈，对方即使想哭，也不得不由衷地向他表示感谢。他不这样对我。直到一天，赫尔曼突然半开玩笑半当真地评论我的稿子，我这才把悬着的一颗心放下。

阿尔瓦罗从哈皮咖啡馆销声匿迹，大约一周后，突然在玻利瓦尔大道上用车拦住我的去路。他心情大好，冲我叫道：

"我操，大师，上车！"

这话是用来麻醉人的。大伏天，我们在商业中心漫无目的地兜圈子，阿尔瓦罗激情澎湃地吼出他鞭辟入里的看法。每当在人行道上看见熟人，他便先打住话头，亲热地招呼一声或开个玩笑，然后继续激情澎湃地扯着嗓子吼。他头发乱蓬蓬的，眼球突出，像是透过圆形监狱的铁栅栏看着我。后来，我们去"巴旦杏"的露天座上喝冰啤酒，被街对面青年队和竞技队的球迷吵得头昏脑涨，随后，体育场里涌出一大群因踢成二比二平而垂头丧气的人，他们狂呼乱叫着占领了酒馆。最后一刻，阿尔瓦罗从车窗探出头来，吼出对稿子的总体评价：

"大师，不管怎样，还是有不少风俗主义的痕迹。"

我感激地也对他吼道：

"但有福克纳的精华！"

他放声大笑，未言明的、未思虑的，全都浓缩成这一句：

"你小子，别浑了！"

五十年后，每当想起那个下午，我就会听见阿尔瓦罗在滚烫的街道上如石子落地般爽朗的笑声。

我明白，他们三个都喜欢那部小说，虽然各自持有或许言之有理的保留意见，只是没有过多地说明，这也许是因为他们觉得那是一种简单易行的策略。谁也没提出版的事情，这点也很符合他们的个性。对他们来说，重要的是写得好，其他都是出版社的事儿。

换言之，我又回到了属于我们的巴兰基亚。糟糕的是，这一回，我没有心思把"长颈鹿"专栏写下去。其实，专栏早已完成了逼我每天像匠人那样去工作的使命，使我得以从零开始，持之以恒地去学习如何写作，胸怀炼成一位与众不同的作家的狂热抱负。多少次，我无从下手，当我意识到题目太大，就会换掉它。总之，这是在我成为作家的道路上的基本功训练。我很坦然，它只是我汲取营养的一个源泉，无须承担什么历史责任。

头几个月，每天光是找素材就让我痛苦不堪。没时间干别的：花几个小时研读其他报纸，记录私密谈话，迷失在干扰睡梦的胡思乱想中，直到遇见现实生活。从这个意义上来说，最幸福的经历莫过于一天下午，我从公共汽车上看见某户人家的大门上贴着一则简单的广告："出售葬礼掌声。"

我的第一反应是去敲门，好问问情况，可惜没好意思。就这样，生活本身教导我，最实用的写作秘诀之一是在不敲门、不发问的情况下，学会读懂现实的象形文字。近几年，重读四百多篇"长颈鹿"专栏，与衍生出的一些文学作品进行比较，这一点愈发清晰。

圣诞节，《观察家报》高层——社长堂加夫列尔·卡诺带着他所有的儿子：经理路易斯·加夫列尔、副社长吉列尔莫、副经理阿方索和正在当学徒的小儿子菲德尔——来巴兰基亚度假，同行的还有绰号为"尤利西斯"的爱德华多·萨拉梅亚。他刊登过我的短篇，撰文介绍我入行，对我有知遇之恩。新年第一周，他们有组队去普拉多马尔浴场——距巴兰基亚十西班牙里——泡吧的习惯。在那场纷乱中，我只记得"尤利西斯"让我刮目相看。我在波哥大常遇见他，开始在风车咖啡馆，几年后在自动化咖啡馆，有时在大师德格雷夫的聚谈会上。记忆中的他有着金属般的嗓音和拒人于千里之外的表情，我以为他不好惹，大学城里的忠实读者们无疑也都这么想。好几次，我避免跟他接触，为的是不破坏他在我心目中的形象。我错了。我发现只要他愿意——脑子愿意或心里愿意——他可以十分热情，十分周到。他和堂拉蒙·宾耶斯、阿尔瓦罗·穆蒂斯或莱昂·德格雷夫个性不同，但和他们一样具有随时随地授学的天赋，而且拥有非凡的运气：该读的书他都读过。

我在《观察家报》当记者时，和卡诺家的儿子——路易斯·加夫列尔、吉列尔莫、阿方索和菲德尔——情同手足。在普拉多马尔度过的那些夜晚，大家吵来吵去，说了什么，全忘了，但他们对新闻和文学的"走火入魔"，却是怎么也忘不了的。他们当我是自己人，是由他们挖掘、为他们自己而培养的短篇小说作家。但我不记得——他们说了那么多——有人提议我去他们那儿工作。我不遗憾，处于人生低谷的我完全不知道自己该何去何从，即使让我选，我也会一片迷惘。

阿尔瓦罗·穆蒂斯被卡诺一家的热情所感染，也兴致勃勃地回到巴兰基亚。他刚被任命为哥伦比亚埃索石油公司公关部主管，想劝我跟他回波哥大。然而，他此行的真正使命更富戏剧性：当地经销商犯下大错，使汽车燃料被当成飞机燃料，加到了飞机上；加错了燃料，飞机能飞走才怪。穆蒂斯必须连夜纠正这个错误，此事为绝密，不得惊动机场工作人员，更不得惊动媒体。他办成了。我们在巴兰基亚机场一边喝威士忌，一边聊了四个小时，等燃料更换完毕。时间宽裕，我们无所不聊，但我怎么也没想到的是，布宜诺斯艾利斯洛萨达出版社可能会出版我即将完成的小说。阿尔瓦罗·穆蒂斯直接从该出版社驻波哥大分社新任社长胡里奥·塞萨尔·比列加斯那儿听说了这个消息，比列加斯曾是秘鲁政府的一位部长，不久前来哥伦比亚避难。

我从未这么激动过。洛萨达出版社是布宜诺斯艾利斯最优秀的出版社之一，填补了西班牙内战造成的出版空白。编辑们每日提供的新书既有趣又非同寻常，我们看都看不过来。订购的图书，书商会充当幸福使者，准时送货上门。这样的出版社有可能出《枯枝败叶》，光是想想我都激动得发狂。我刚把穆蒂斯送上加对燃料的飞机，就火速赶回报社，将稿子又彻底修订了一遍。

接下来的日子里，我全心投入，疯狂检查，如痴如醉。区区一百二十页，双倍行距，被我左改右改，反复调整，到最后我都不知是改好了还是改糟了。赫尔曼和阿方索把重要章节又读了一遍，他们心肠好，没有提出无法补救的修改意见。我又心急火燎、提心吊胆地检查定稿，最后心平气和地决定：不出了。后来，这成了一种癖好。一旦对已完成的作品感到满意，我就会绝望地担心自己再也无法写出更好的。

幸好阿尔瓦罗·穆蒂斯猜到了我为何磨蹭，坐飞机来巴兰基亚，不等我读最后一遍，就把唯一一份誊清的原稿带走，寄往布宜诺斯艾利斯。那时候还没有商用复印机，我手里只剩初稿，空白处、行与行间用各种颜色的笔改得惨不忍睹，被我扔进了垃圾堆。我心绪不宁地等待出版社的答复，枯等了两个月。

一天，我在《先驱报》报社接到一封信，信被错放在主编桌上。是布宜诺斯艾利斯洛萨达出版社的信封，我心里一惊，没好意思当场拆，回到自己的小隔间里。幸亏回来，我才独自面对了这封言简意赅的《枯枝败叶》退稿信。还没读完，我只觉晴天霹雳，差点儿死掉。

退稿信是编委会主席堂吉列尔莫·德托雷的权威意见，理由简单，行文语气怎么看都是一副卡斯蒂利亚白人腔，只有结尾出人意料，令人宽慰："必须承认，作者有非凡的洞察力和诗人潜质。"然而，时至今日仍使我感到惊讶的是，撇开我自己的羞愧与懊恼不提，信中最尖酸刻薄的异议似乎都言之有理。

退稿信在巴兰基亚的朋友们中间传了好几个月，他们找各种理由安慰我。信没留底，我也不知其下落。五十年后，当我想找一份复印件，为回忆录提供资料证明时，在布宜诺斯艾利斯洛萨达出版社一丝痕迹也没找到。我不记得退稿的事情是否以一则新闻的形式见报，也从来没有这样的打算，但我知道在大发怒火又气急败坏地写了封回信之后过了好久，我的情绪才慢慢平复。回信未经我同意，直接见报，更让我心烦意乱。我最终决定采纳有用的退稿意见，依照自己的判断，能改则改，向前迈进。

赫尔曼·巴尔加斯、阿方索·富恩马约尔和阿尔瓦罗·塞佩达给了我莫大的支持。我在公共市场的一家小饭馆里找到了阿方索，那儿是他闹中取静的读书场所。我向他请教，小说是维持原样，还是换个结构重写，因为我感觉后半部分没有前半部分紧凑。他听得有些不耐烦，说了自己的看法。

"听着，大师，"他像个真正的师长那样总算开口，"吉列尔莫·德托雷自以为受人尊敬，其实对当代小说知之甚少。"

那些天另一次闲聊时，他安慰我说吉列尔莫·德托雷早在一九二七年就退过巴勃罗·聂鲁达的诗稿，就是那本《大地上的居所》。富恩马约尔说，要是我的稿子落到豪尔赫·路易斯·博尔赫斯手上，境遇一定不同。不过，要是博尔赫斯也退稿，对我的伤害会更大。

"算了，您就别再多想了。"阿方索下了定论，"您的小说，我们都觉得挺好。您现在要做的只是继续写。"

赫尔曼一向谨慎，他没有言过其实。在他看来，我的小说既没有差到不能在美洲大陆出版——何况，这里的小说创作正陷入危机——也没有好到能在全球范围内产生反响，因此，唯一遭受损失的只是初出茅庐、默默无闻的作者。阿尔瓦罗·塞佩达则再次以夸大的言辞点评了吉列尔莫·德托雷的做法：

"西班牙人就是这么愚蠢。"

当我发现小说没有留下改清的底稿时，洛萨达出版社通过第三者抑或第四者告诉我：根据规定，来稿一律不退。幸运的是，胡里奥·塞萨尔·比列加斯把稿子寄往布宜诺斯艾利斯前留了副本，他把副本寄给了我。于是，我以朋友们的意见为基础进行新一轮的修改，删去了女主人公在秋海棠长廊观看下了三日的暴雨那一大段——后来被我改写成短篇《伊莎贝尔在马孔多观雨时的独白》；我还删去了香蕉种植园大屠杀前外公和奥雷里亚诺·布恩迪亚上校之间一段多余的对话——差不多有三十页，从内容到形式皆破坏了小说的整体结构。近二十年后，在创作《百年孤独》的过程中，那些我原以为淡忘了的片段帮助我维系着乡愁记忆。

我正要将打击抛在脑后，突然听到消息，说给我寄来退稿信的洛萨达出版社决定出版的哥伦比亚小说是爱德华多·卡瓦列罗·卡尔德隆的《转过背的耶稣》。这要么是搞错了，要么就是恶意伪造的事实。这不是一场征文比赛，而是洛萨达出版社通过哥伦比亚作家进军哥伦比亚的市场发展计划。我的小说不是被别的小说比下去的，是堂吉列尔莫·德托雷认为它不能出版。

当时，我心里比自己承认的还要堵得慌，不先说服自己的话，根本没勇气面对。于是，我没打招呼，直接去塞维利亚香蕉种植园——距卡塔赫纳只有几西班牙里——找儿时的伙伴路易斯·卡梅洛·科雷亚。那几年，他在那儿当业余监工兼账房。我们聊了两天，跟往常一样，又把童年回忆了一遍。他的记性、直觉和坦率让我有些害怕。他一边聊，一边拎着工具箱在家里修修补补；我躺在吊床上，吹着风摇来摇去；他的妻子拉内纳·桑切斯在厨房里乐得合不拢嘴。我们瞎说时，她会纠正；我们记不起来时，她会提醒。最后，我们在阿拉卡塔卡空无一人的街道上平心静气地散了散步，我的情绪终于平复。无疑，退不退稿，《枯枝败叶》都是陪妈妈回乡卖房子后我想写的那本书。

聊完，我兴致勃勃地前往人间天堂巴耶杜帕尔去找拉斐尔·埃斯卡洛纳，想去寻根。没什么好惊讶的，所有遇到的景、发生的事、认识的人都似曾相识，仿佛今生而非前世经历过一样。后来，在一次旅行中，我认识了拉斐尔的父亲克莱门特·埃斯卡洛纳上校。从第一天起，他的老派举止、长者风范就给我留下了深刻的印象。他身材瘦削，腰板笔直，皮肤黝黑，骨头硬朗，形貌威严。外公外婆翘首以盼老兵退伍金，等了多年，到死都没等到，他们在等待中显现的焦灼和体面很早便困扰着我。然而，四年后，当我在巴黎一家老旧的旅馆里终于开始创作《没有人给他写信的上校》时，脑海中重现的不是外公的形象，而是堂克莱门特·埃斯卡洛纳。

拉斐尔·埃斯卡洛纳说，曼努埃尔·萨帕塔·奥利维利亚在拉巴斯做见习医生，专门给穷人看病。拉巴斯距巴耶杜帕尔只有几公里，我们决定去看他。我们傍晚到达，那里气氛沉重，让人透不过气来。萨帕塔和埃斯卡洛纳提醒我，仅仅二十天前，警察突袭了村子，奉命推行政府意志，散播恐怖。那是个黑色之夜，警察滥杀无辜，放火烧毁了十五栋房子。

因为有严格的新闻审查制度，我们全都蒙在鼓里。但当时，我甚至没有机会去想象那样的画面。当地最棒的乐师胡安·洛佩斯自黑色之夜起便一去不返。我们去他家，请他的弟弟巴勃罗弹奏一曲。他不动声色，简单回答道：

"这辈子我再也不唱歌了。"

我们这才得知，不光他，村里所有乐师都把手风琴、鼓和其他瓜恰拉卡民间乐器收起来了，为死者哀悼，不再弹唱。这么做情有可原，连身为老师的埃斯卡洛纳和开始当村医的萨帕塔·奥利维利亚出面，也劝不动任何人。

面对我们的坚持，村民们据理力争。其实，他们打心眼里明白，悲伤不会持续很久。耳边别着红玫瑰的女人说："这就好比和逝者一块儿死了。"人们点头称是。于是，巴勃罗·洛佩斯自认为应该带头拧断悲伤的脖子。他二话不说，回去拿来手风琴，唱得出神入化。唱着唱着，其他乐师陆续前来。有人打开对面商店的门，给大家提供喝的。别的商店也在哀悼了一个月后开门营业，灯火通明，欢歌笑语。半小时后，全村人放声歌唱。空荡荡的广场上，出现了一个月来第一个醉汉。他扯着脖子，唱的是埃斯卡洛纳的歌，献给埃斯卡洛纳本人，感谢他神奇地唤醒了整个村庄。

幸好，生活在别处继续。收到退稿信两个月后，我认识了胡里奥·塞萨尔·比列加斯。他和洛萨达出版社掰了，成为冈萨雷斯·波尔图出版社驻哥伦比亚代表，该出版社专门出售百科全书和科技类书籍，允许分期付款。比列加斯是个头最高、身体最壮的男人，面对现实生活中最棘手的问题也最有办法。他喝最贵的威士忌千杯不醉，十分健谈，擅长写寓言故事。我们第一次见面，是在普拉多酒店的总统套房。当晚，我拎着推销员的手提箱出门，箱子里塞满了冈萨雷斯·波尔图出版社的宣传册、彩绘版百科全书样书，以及医学、法学和工程类图书。两杯威士忌下肚，他就同意让我在帕迪亚省，从巴耶杜帕尔到瓜希拉推销分期付款的图书，所得百分之二十的预付款归我。除去日常开销和酒店费用，这些钱足以让我过得衣食无忧。

这次旅行被我自己披上传奇色彩，因为我有个难以纠正的缺点：不能及时斟酌形容词。传奇之处在于：依打算，这是一次神秘的寻根之旅，去先辈的土地上，沿着妈妈当年走过的那条浪漫之路——外婆带妈妈离开，以躲避阿拉卡塔卡电报员的纠缠。而事实是，我的寻根之旅走了两次，每次都短暂而令人迷乱。

第二次，我只去了巴耶杜帕尔附近的村庄。一旦到了那儿，我当然打算沿着当年恋爱中的母亲走过的路，一直走到维拉角。可是，我只走到距巴耶杜帕尔几西班牙里的马纳乌莱－德拉谢拉、拉巴斯和比亚努埃瓦，没去圣胡安－德尔塞萨尔，没去巴兰卡斯——外公外婆在那儿结婚，妈妈在那儿出生，尼古拉斯·马尔克斯在那儿杀死了梅达多·帕切科——也没去家族的发源地里奥阿查，直到一九八四年，贝利萨里奥·贝坦库尔①总统从波哥大邀请了一帮朋友，派去里奥阿查给塞雷洪煤矿剪彩。那是我第一次去想象中的瓜希拉。这片我之前从未涉足的土地正如我时常描写的那般神奇，尽管我认为那些描述并非凭空杜撰，而是源于印第安仆人——外公搬到阿拉卡塔卡后，以一人一百比索的价钱买来的——的记忆。当然，最大的惊喜莫过于初见里奥阿查。这座有沙有盐的城市孕育了四代人：高祖父母在这儿出生；外婆在这儿看见蕾梅黛丝圣女轻轻吹熄炉火，以防面包烤焦；外公在这儿打仗，为爱锒铛入狱；爸妈在这儿度蜜月，怀上了我。

在巴耶杜帕尔，我用于推销图书的时间并不多。我住在位于主广场边上的欢迎酒店。那是幢令人惊叹的殖民时期建筑，保存良好，院子里有条棕榈长廊，摆放着古朴的酒吧桌，挂着吊床。

酒店所有者维克多·科恩警觉如刻耳柏洛斯②，兢兢业业地维护酒店的秩序和名声，避免受放荡不羁的外国人的威胁。他崇尚语言纯正，会带着口齿不清的卡斯蒂利亚口音慷慨激昂地背诵塞万

---

① 贝利萨里奥·贝坦库尔（1923—2018），哥伦比亚政治家，1982 年至 1986 年间任哥伦比亚总统。
② 希腊神话和罗马神话中守卫冥府入口的有三个头的猛犬。

提斯的语句，会质疑加西亚·洛尔迦 的个人操守。我欣赏他对堂安德烈斯·贝略[1] 了如指掌，将哥伦比亚浪漫派诗歌倒背如流，不欣赏他在酒店里守什么纲常礼义，让人雷池难越。我和他交往再容易不过，他是胡安·德迪奥斯舅舅的老朋友，愿意跟我聊聊往事。

对我来说，院子里的绿色长廊仿佛人间天堂。我时间充裕，中午天气闷热，我就躺在吊床上读书。饥肠辘辘时，我甚至会从外科学著作读到会计学手册，根本不考虑这些书对我的作家生涯是否有益。推销图书几乎不费吹灰之力，大部分客户多少都和伊瓜兰或科特斯家族沾亲带故，我只需登门拜访，叙叙旧，吃顿饭，事就成了。有些人不看合同就匆匆签字——手风琴都拉上了，其他人正等着我们吃午饭。不到一个礼拜，我在巴耶杜帕尔和拉巴斯争取到大批客户，我感到世上只有这片土地是我真正懂得的，怀着这样的心情，我回到了巴兰基亚。

六月十三日一早，我在公共汽车上得知，政府失控，全国陷入混乱，武装部队已趁机夺权。前一年的九月六日，一群保守派恶棍和身穿制服的警察在波哥大放火焚烧全国最重要的两家报纸《时代报》和《观察家报》报社大楼，武装袭击前总统阿方索·洛佩斯·普马雷霍和自由党主席卡洛斯·耶拉斯·雷斯特雷波的住所。后者个性强硬，名声在外，决定与武装分子交火，最后却不得不取道邻家，翻墙逃走。自四月九日起官方暴力横扫全国，局势已经岌岌可危。

六月十三日黎明时分，古斯塔沃·罗哈斯·皮尼利亚将军将代总统罗伯托·乌达内塔·阿韦拉埃斯逐出总统府。当时，总统劳雷亚

①安德烈斯·贝略（1781—1865），委内瑞拉哲学家、诗人、翻译家、语文学家、杂文家、教育家、政治家，是美洲大陆最重要的知识分子之一。

诺·戈麦斯谨遵医嘱，正在休养。他试图坐在轮椅上重掌政权，打算再发动一场政变，回到总统府，按宪法将剩下十五个月的总统任期完成。可是，罗哈斯·皮尼利亚及手下既然来了，就没想过离开。

宪法大会宣布此次军事政变合法，国民立即一致表示支持。罗哈斯·皮尼利亚就任总统，直至次年八月，总统任期结束。劳雷亚诺·戈麦斯举家迁往西班牙东海岸贝尼多姆，留下其残暴统治业已结束的假象。自由派领袖呼吁全国武装同仁支持国民和解。之后几天，报纸上最有意义的照片是自由派先锋队在总统卧室的阳台下唱着柔情蜜意的小夜曲。《时代报》社长堂罗伯托·加西亚·培尼亚带头庆祝，他是倒台政府最激烈的反对者之一。

说到底，那些天最激动人心的照片当属自由派游击队在东部平原地区排队缴械，队伍长得一眼望不到头。游击队队长是瓜达卢佩·萨尔塞多，政府暴力让哥伦比亚人苦不堪言，萨尔塞多的侠盗形象早已深入人心。他们是新一代游击战士，某种程度上被视为"千日战争"残部，反对保守党政府，与自由党合法领袖光明正大地往来相处。

游击队队长瓜达卢佩·萨尔塞多成为新的传奇人物，对国家各个层面造成了或好或坏的影响。也许正因如此，投降四年后，他还是遭到警方射杀，地点在波哥大，具体地址不详，情形不详。

官方记载的死亡时间为一九五七年六月六日。他的遗体被安葬在波哥大中央墓园的一孔编号墓穴里，葬礼庄严肃穆，知名政治家到场祭奠。瓜达卢佩·萨尔塞多坐镇军营、指挥作战时，就和遭遇不幸的自由派领袖保持密切的政治和社会往来。然而，关于他是如何死的，至少有八个不同版本。无论当年还是现在，一直有人持怀疑态度，认为那具遗体不是他的，墓穴中安葬的人不是他。

带着这样的思绪，我先跟比列加斯确认帕迪亚省平安无事，然后踏上了我的第二趟公务之旅。跟上回一样，客户是事先确认好的，图书在巴耶杜帕尔很快销售一空。我和拉斐尔·埃斯卡洛纳、彭丘·科特斯去比亚努埃瓦、拉巴斯、帕提亚尔和马纳乌莱－德拉谢拉拜访兽医和农学家。有些人跟上回的买家聊过，已备好订单，等我上门。随时都可以跟这些客户和他们友善的朋友聚会狂欢。我们和出色的手风琴师一起唱到天明，而这并没有耽误签合同、支付紧急账单。玩归玩，闹归闹，生活还在继续。我们在比亚努埃瓦遇到一个手风琴师和两个鼓手，他们似乎是我们儿时在阿拉卡塔卡聆听过的某位乐师的孙辈。那次出差让我顿悟：儿时的喜好会陪伴终生。

那次，我去了马纳乌莱。它坐落在大山中央，是个美丽、宁静的村庄，在我的家族史上具有重要意义：妈妈儿时患间日热，吃药无用，曾来此疗养。关于马纳乌莱，关于那儿五月的午后和药膳早餐，我听说过很多次，以至于第一次身临其境，便感觉似曾相识，像前世早已来过一般。

村里只有一家酒馆，我们正喝着冰啤酒，一个树一般结实、绑着骑行护腿、腰间别着左轮手枪的男人走了过来。拉斐尔·埃斯卡洛纳为我们互相介绍，他握着我的手，盯着我问：

"您跟尼古拉斯·马尔克斯上校有什么关系吗？"

"我是他外孙。"我回答。

"既然这样，"他说，"您外公杀死了我外公。"

这么说，他是被外公在公开决斗中杀死的梅达多·帕切科的外孙。他没有给我时间害怕，他说得眉飞色舞，似乎这样也算沾亲带故。我们在他的双层卡车里疯玩了三天三夜，喝滚烫的白兰地，吃半生不熟的山羊肉，缅怀各自已作古的外公。几天后，他才向我坦白，原来是他和埃斯卡洛纳串通，成心吓唬我的。关于先人的玩笑再开下去，他于心不忍。其实，他叫何塞·普鲁邓希奥·阿基拉尔，是个为人正直、心肠好的走私犯。为此，我特地将《百年孤独》中何塞·阿尔卡蒂奥·布恩迪亚在斗鸡场用长矛杀死的对手取名为普鲁邓希奥·阿基拉尔。

糟糕的是怀旧之旅结束，我推销的图书依然迟迟未到。书没到，我就收不了预付款，就会身无分文。酒店催得紧，苦日子比好日子难熬，维克多·科恩仅剩的一点儿耐心也快耗尽，他听信谣言，认为我欠债不还，却在蹩脚乐师和廉价妓女身上挥霍。让我回归平静的只有堂费利克斯·B.凯涅特①的广播剧《出生权》中令人扼腕的爱情，该剧大获成功，重新点燃了我在伤感文学方面的创作欲望。《西班牙语生活》杂志刊登了海明威的《老人与海》，我碰巧读到，惊喜万分，终于从颓废中走了出来。

预订图书同时寄到，可以交给买主，收取预付款。所有人都按时付款给我，可我在酒店欠下的房钱是预付款的两倍多。比列加斯警告我，再过三周，我将身无立锥之地。于是，我去找维克多·科恩好好谈了谈，他让我找个担保，给我赊账。埃斯卡洛纳那帮人不在身边，老天有眼，突然冒出一个朋友，只是因为喜欢我在《纪事》周刊上发表的一个短篇，就愿意无偿替我担保。但是说真的，谁的钱我也还不了。

---

① 费利克斯·B.凯涅特（1892—1976），古巴广播剧剧作家、诗人、小说家、喜剧批评家、歌手、作曲家，古巴广播界先驱。

多年以后，那张借据成为文物，维克多·科恩会拿出来给朋友和客人看，不是当作把柄，而是战利品。我最后一次见他时，他年近百岁，又高又瘦，头脑清醒，幽默如故。当时，我去给孔苏埃洛·阿劳霍诺盖拉的儿子当教父，在洗礼仪式上，又见到那张阔别近半个世纪、至今未还款的借据。维克多·科恩还是那么殷勤友好，谁想看他都给。让我惊讶的是，借据由他执笔，表述清晰，从我厚颜无耻的签名上，看得出我有债必还的决心。当晚，维克多跳了曲巴耶纳托，舞姿优美，有殖民时期的风范，"好汉弗朗西斯科"之后还没有人能将那舞跳得那般优雅。最后，朋友们对我表示感谢，说幸亏我欠债不还，才有了千金不换的那晚。

比列加斯博士继续蛊惑人心，不过这次不卖书了。他忽悠债主的本领堪称一绝，令人难忘；他不按时付款的理由，债主总是欣然接受。当时，巴兰基亚作家奥尔加·萨尔塞多·德梅迪纳的小说《封路》轰动文学界，社会反响巨大，在本地实属罕见，让他十分动心。我追了整整一个月的广播剧《出生权》，越追越有兴致，很受启发。身为作家，不可能不关注万人追捧的现象。我从巴耶杜帕尔出差回来，不提债务，先跟比列加斯讨论这个话题。他建议我趁热打铁，借费利克斯·B.凯涅特的东风，将《封路》改写成广播剧，继续壮大已有的听众群。

我闭关两个礼拜，似乎比预想的效率还要高，改写出了一部对话精彩、扣人心弦、时空变幻的广播剧，和以往的创作风格完全不同。写对话，我没经验——至今仍是弱项——这是难得的练笔机会。相比挣到的，学到的东西更让我心生感激。再说，收入也没什么好抱怨的。比列加斯向我预支了一半现金，并向我保证，广播剧的第一笔收入就能帮我还清债务。

录制工作在大西洋电台完成，找了当地最棒的配音，由比列加斯执导，尽管他无经验、无章法。至于叙述者，赫尔曼·巴尔加斯是受荐人选，他稳重，不像当地电台播音员那么聒噪。出人意料的是，他居然答应了，但从第一次排练开始，就说自己并不合适。于是，比列加斯亲自上阵，他的安第斯口音使那场勇敢的冒险听上去很不自然。

对于想用各种方式讲述故事的我而言，制作过程苦多乐少，为我在这个方面不知满足的雄心上了精彩的一课。录制时我在场：犁一样的针直接在又黑又亮的空白胶片上刻录，一簇簇头发丝模样、几乎看不见的细丝落在一旁。我每晚带出一把"头发丝"，作为难得一见的战利品散发给朋友。磕磕绊绊、粗制滥造一番后，广播剧终于按时播出，发起者自然欢欣庆祝。

没有人告诉我他喜欢，我连一句客气话都没听到，好在收听率和广告收入足以让我挽回颜面。这种文学形式似乎正飞速发展，前途不可限量，给我注入了新的能量。我对堂费利克斯·B.凯涅特钦佩不已，心怀感激。约莫十年后，我以拉美新闻社驻古巴记者的身份在哈瓦那住过几个月，希望能对他进行一次个人采访。可是，找了各种理由和借口，都没见着他，但他在一篇访谈中说过的一句话让我获益良多："人总有哭的欲望，我只是替他们找到了借口。"比列加斯的魔力到此为止，别无其他，他先跟洛萨达出版社闹翻，后又跟冈萨雷斯·波尔图出版社闹翻，宏图大志没能实现，索性回国去了，使得我都没法儿跟他算清最后几笔账。

阿尔瓦罗·塞佩达·萨穆迪奥将我从炼狱中拯救出来。他一直想学以致用，将美国式现代办报理念用在《民族报》上。当时，除了偶尔为《纪事》周刊撰稿——清一色的文学作品——他在哥伦比亚大学学到的知识只在寄给密苏里州圣路易斯《体育新闻》的精简短文中用过。一九五三年，我们的朋友胡利安·戴维斯·埃昌迪亚——阿尔瓦罗的第一位雇主——终于给他打来电话，请他全面接管晚报《民族报》的各项事务。阿尔瓦罗曾亲自向他介绍过自己从纽约归来后的宏伟计划，彻底俘获了他的心。接下这个大项目后，他叫上了我，没有给我明确的职务和头衔，但预支了第一份薪水。用不了那么多，我就能活下去。

这是一次灾难性的冒险。阿尔瓦罗完全遵循美国模式制定计划；戴维斯·埃昌迪亚高高在上，大无畏地推动本地报业，追求轰动效应，是我所认识的最让人猜不透的人。他出身良好，与其说他富有同情心，不如说他爱感情用事。记者们个个大牌，英勇无畏，全是共事多年的好友。理论上，各人职责分明，但实际上，谁都无所适从，不知该如何启动这个大项目。报纸只出过几期，谁是幕后英雄无人知晓。开印时，不是铅字乱了套，就是急需的材料人间蒸发，气得人直跳脚。在我的印象中，那份报纸从未按时印出，且总是再三修订，印刷室里会出各种各样的状况，谁也不明就里。主导原因还不算太坏：报纸换了新面孔，思想僵化的老工人看不惯，故意使坏，直到把事儿彻底搅黄。

阿尔瓦罗一摔门，走了。我签的合同在正常情况下是保障，在非正常情况下就是枷锁。我急切地想从逝去的时光中汲取某种好处，坐在打字机前，试图尽可能快地写出站得住脚的东西：《家》的片段，对《八月之光》所展现的可怕的福克纳、对纳撒尼尔·霍桑的死鸟雨、对早已令我厌倦的侦探故事的拙劣模仿，以及陪妈妈去阿拉卡塔卡之旅留下的点滴创伤。凄凉的办公室里只有一张斑驳的写字桌和一台苟延残喘的打字机，在这里，我任由思绪流动，一气呵成，写下了《周六后的一天》。初稿让我满意的短篇屈指可数，这是其中之一。

在《民族报》报社，我遇到过一位推销手表的流动商贩。那以前，我从没戴过手表，原因显而易见。他推荐了一款高档表，价格不菲。他自称是共产党员，卖表是假，筹款是真。

"好比分期付款，投资革命。"他说。

我好言好语地回答道：

"区别是手表马上就有，革命则不然。"

商贩没听出我在开玩笑。后来，纯属为了让他高兴，我买了一款最便宜的，分期付款，他每月上门来取。那是我这辈子第一块手表，十分精准、耐用，我至今还留着，作为那段日子的一个纪念。

那些天里，阿尔瓦罗·穆蒂斯回来了，说他所在的公司有一大笔文化预算，即将推出文学杂志《灯》，向我约稿。我提出紧急预案："蛇村"传说。我认为要是有天我想讲述这段传说，无须修辞渲染，将它原原本本地从集体想象中复苏即可：一段有关地理和历史的真实故事。换言之，我总算可以写一篇伟大的专题报道了。

"您想怎么写就怎么写。"穆蒂斯说，"但您得写出来，这正是杂志寻觅的氛围与格调。"

我向他保证，两周后交稿。去机场前，他给位于波哥大的办公室打电话，让他们寄预付款。一周后，支票寄到，看得我目瞪口呆。后来，我去银行兑现，柜员见我穿得寒碜，请我去领导办公室。经理很客气，问我在哪儿工作。我一时没改过口，说在《先驱报》，尽管已经不在那儿了。他没再问别的，拿起桌上的支票，带着一份职业性的怀疑左看右看，总算拍板：

"支票没问题。"

当天下午，我刚动笔写《"蛇村"》，就接到银行打来的电话。我以为支票出问题了，在哥伦比亚，支票不能兑现的理由实在是数不胜数。银行职员用典型的安第斯口音向我道歉，他没想到，去兑现支票的叫花子正是"长颈鹿"专栏的作者。听完，我那颗悬着的心终于放下了。

穆蒂斯那年年底又回来一次。他顾不上吃午饭，费尽心思帮我想怎样才能找到一份长期稳定、不必精疲力尽就能获得高薪的工作。最终，他觉得最好的办法莫过于让卡诺一家请我就职于《观察家报》，尽管一想起回波哥大，我就头疼。但是，阿尔瓦罗帮朋友，一向不遗余力。

"这样吧！"他说，"我给您寄路费，想什么时候走、怎么走都随您，到了波哥大再说。"

他想得太周到了，让我无法拒绝。但我坚信，四月九日之后带我离开波哥大的那架飞机是我生命中最后一架飞机。此外，凭借广播剧获得的不多权利和发表在杂志《灯》显著位置的《"蛇村"》第一章让我有了些广告收入，除去自己的用度，我还能给卡塔赫纳的家人送去"救生艇"。因此，我又一次抵制住了搬往波哥大的诱惑。

《"蛇村"》第一章在杂志《灯》上发表后，阿尔瓦罗·塞佩达、赫尔曼、阿方索，以及来自哈皮咖啡馆和罗马咖啡馆的大部分朋友都给予好评。他们一致认为，这个主题处于可信与不可信之间的危险边界，直接写成报道无疑最合适。阿方索半开玩笑半认真地说了句让我终生难忘的话："亲爱的大师，可信与否很大程度上取决于讲故事时的神态。"我差点儿告诉他们，阿尔瓦罗·穆蒂斯建议我去波哥大，但我没敢开口。今天我才意识到，不敢说，是怕他们也建议我去。阿尔瓦罗·穆蒂斯又劝了我好几次，甚至帮我订好机票，事到临头被我取消。他向我保证，他不是为了帮《观察家报》或其他任何报纸或电台招募员工，只是希望——他始终没改口——我能定期为杂志撰稿，顺便就《"蛇村"》系列谈些技巧上的细节，它的第二章将刊登在下期杂志上。他确信新闻报道会在文学领域给贫瘠的风俗主义猛烈一击。他说了那么多条理由，就这条打动了我。

一个阴雨绵绵的周二，我发现想走也难，因为我没有别的衣服，只有花花绿绿的衬衫。下午六点，我在世界书店里找不到一个人，站在门口等。夜幕即将降临，黄昏一片忧伤，我泪光点点。街对面的橱窗里挂着正装，那家店一直在那儿，我却从未看见。我想都没想，冒着烟灰色的小雨冲到圣布拉斯街对面，毅然决然地迈进全城最贵的服装店，买了一套符合当年波哥大城市气质的灰蓝色羊毛立领西装、两件硬领白衬衫、一条斜纹领带和一双演员何塞·摩西卡①入教前引领时尚的皮鞋。去波哥大的消息，我只告诉了赫尔曼、阿尔瓦罗和阿方索，他们都说这是个明智的决定，支持我去，条件是千万别变成内地佬。

"巴兰基亚文学小组"全体成员在"第三个人"为我提前庆祝生日，直到天明。赫尔曼·巴尔加斯作为圣徒历法的守护者，宣布三月六日，我就满二十七岁了。在好友的祝福声中，我感觉已经准备好去生吞剩下的七十三年，迎接我人生中第一个百年的到来。

---

①何塞·摩西卡（1896—1974），墨西哥著名演员、男高音歌手，后加入天主教会，成为一名教士。

八

《观察家报》社长吉列尔莫·卡诺听说我在阿尔瓦罗·穆蒂斯的办公室，也就是他办公室楼上四层——报社刚搬来，离原址五个街区——便打电话给我。我前一天到的，打算跟穆蒂斯的朋友们共进午餐，但吉列尔莫非要我先下楼打个招呼。我去了。先是首都式的热情拥抱，再聊两句当日新闻，之后我就被他一把从编辑部同事身边拉开。"听着，加夫列尔，"他说得天真无邪，让人不得不信，"还缺一篇社论，帮个忙，写一篇？"他用大拇指和食指比画出半杯水的高度：

"这么长。"

我比他更顽皮，问他坐哪儿。他指了指一张空桌子，那儿摆着一台老式打字机。我二话不说，先坐下，想好素材。就这样，我用同一套桌椅、同一台打字机工作了十八个月。

几分钟后，从隔壁办公室走出副社长爱德华多·萨拉梅亚·博尔达。他聚精会神地盯着一沓纸，看见我时，吓了一跳。

"老兄！堂加博！"他几乎叫了起来，用的是他在巴兰基亚给我起的名字，加比托的简称。原本只有他这么叫，这回在编辑部传开了，连铅字文章的署名也变成了"加博"。

吉列尔莫·卡诺让我写的社论是何主题我不记得了，但《观察家报》的主导风格我在上国立大学时就了然于胸，特别是社论版面享有盛誉的版块"日复一日"。我决定拿出路易莎·圣地亚加面对困境的恶魔时的那种冷静，尽量模仿其风格。我半小时写完，用笔修改了几处，然后交稿。吉列尔莫·卡诺从近视眼镜的上框投下目光，站着读完。那份专注似乎不仅属于他，也属于他那些白发苍苍的祖辈：堂菲德尔·卡诺一八八七年创建报社；儿子堂路易斯接手；堂路易斯的弟弟堂加夫列尔稳扎稳打；不久前，二十三岁的孙子吉列尔莫执掌大局，引领发展成熟的报社继续打拼。正如先辈们会做的那样，他对文章稍作改动，然后活学活用地叫出我的新名字。

"很好，加博。"

回来当晚，我发觉波哥大已不再是我记忆中的模样。像这个国家许多重大灾难一样，四月九日事件造成的遗忘淹没了它所创造的历史。百年公园内的格拉纳达酒店被推倒，簇新的哥伦比亚银行在其原址上拔地而起。当年的那些老街似乎不属于任何人，而属于一辆辆闪亮的有轨电车；当年的凶案拐角在火烧出的若干片空地中间不再醒目。"如今看上去真的像一座大城市了。"同行的人惊叹道，那句老话刺痛了我的心：

"我们不得不感谢四月九日事件。"

阿尔瓦罗·穆蒂斯将我安置在一家无名膳宿公寓，我在那儿度过了最美好的时光。客栈位于国家公园旁，不幸地被粉饰一新。入住当晚，我就忍不住羡慕尽享鱼水之欢、整晚甜蜜战斗的邻屋。次日，他们出门时，我不禁愕然：干瘦的女孩穿着公立孤儿院的衣服，两米高的老先生满头银发，能当她爷爷。我以为我弄错了，可他们夜夜如此，拼命叫唤，天亮方休。

我的那篇社论被刊登在《观察家报》社论版的显著位置。我逛了一上午服装店，穆蒂斯用胡编乱造的英国腔大声逗店员开心，强迫我买了几件衣服之后，我们和贡萨洛·马利亚里诺以及其他受邀的年轻作家一块儿吃午饭，穆蒂斯想介绍我进波哥大文学社交圈。三天后，我才又跟吉列尔莫·卡诺说上话，他打电话到穆蒂斯的办公室。

"加博，您怎么回事儿？"他虚张声势，摆出社长的派头，"为了等您的文章，昨天我们连付印时间都推迟了。"

我下楼到编辑部找他谈。我至今没想明白，接下来的一个多星期，在没人跟我谈工作和薪酬的情况下，我是如何继续在每个下午写不署名的社论的。记者们休息聊天时，当我是自己人，而我的确是他们当中的一员，只是没想到会是那样亲密无间。

"日复一日"版块的文章从不署名，通常由吉列尔莫·卡诺的政论打头阵。按高层订立的规矩，之后是贡萨洛·冈萨雷斯的自命题文章。他还负责报纸最具智慧、最受欢迎的"问与答"专栏，解答读者疑问，署名Gog，不是借鉴自乔瓦尼·帕皮尼①，而是他自己姓名的缩写。接下来是我的社论，在极罕见的情形下，爱德华多·萨拉梅亚也会提笔撰写这一版块。而他的每日专栏"城市与世界"位于社论版的最佳位置，署名"尤利西斯"。他总是强调，这个笔名不是来自荷马，而是来自詹姆斯·乔伊斯。

---

①乔瓦尼·帕皮尼（1881—1956），意大利记者、评论家、诗人、小说家，后皈依天主教，著有《基督传》。*Gog* 是他 1931 年发表的小说。

新年伊始，阿尔瓦罗·穆蒂斯要去太子港出差，邀我同行。读完阿莱霍·卡彭铁尔①的《人间王国》，海地便成为我的梦想之地。二月十八日，我还没给他答复，写了一篇关于英国王太后迷失在硕大无比的白金汉宫的孤独中的文章，令我意外的是，文章被刊登在"日复一日"首要位置，并在编辑部广受好评。当晚，我们在主编何塞·萨尔加尔家里办了场小型聚会，爱德华多·萨拉梅亚又兴高采烈地点评一番。后来，好心人向我透露：萨拉梅亚的点评打消了高层最后的顾虑，报社正式提出给我一个长期固定的工作岗位。

第二天一大早，阿尔瓦罗·穆蒂斯叫我去他办公室，告诉我一个坏消息：海地之行取消了。他没跟我说原因，其实是他对吉列尔莫·卡诺偶然提起，卡诺真诚地恳求他别带我去。阿尔瓦罗也没去过海地，愿闻其详。"去了你就会明白，"吉列尔莫说，"海地可能是加博在这个世上最爱的地方。"那天下午他的最后一句话堪称点睛之笔：

"他会一去不归。"

阿尔瓦罗心领神会，将海地之行取消，只说是公司的决定。就这样，我没去成太子港。几年前，年迈的阿尔瓦罗没完没了地回忆往事时，我才得知了真正的原因。而吉列尔莫用报社合同拴住我之后，反复向我提起深入报道海地的计划，可我始终没能去成，也从未告诉他原因。

我没想到自己有朝一日会成为《观察家报》的正式编辑。我明白，我能发表短篇小说，是因为在哥伦比亚这个体裁不景气，可每

---

① 阿莱霍·卡彭铁尔（1904—1980），古巴著名小说家、散文家、音乐理论家、文学评论家、新闻记者，代表作《人间王国》故事背景在海地。

天为晚报撰稿是完全不同的挑战，新闻界刀光剑影，我又缺乏经验。《观察家报》只走过了区区半个世纪，在一栋租来的房子里成长壮大，机器是《时代报》剩下的。《时代报》有钱、有实力、有优势，相比之下，《观察家报》不过是一份朴素的晚报，由十六版密密麻麻的文字构成，但发行的五千份——数字并不准确——几乎在印刷厂门口就被读者从报贩手中哄抢一空，继而在老城区安静的咖啡馆里用半小时读完。爱德华多·萨拉梅亚·博尔达本人曾在伦敦 BBC 广播电台发表声明，说《观察家报》是世界上最好的报纸，这不仅代表了他个人的观点，也是几乎所有办报人和许多读报人的共识。

我得承认，海地之行取消后的第二天，总经理路易斯·加夫列尔·卡诺请我去他的办公室时，我的心咯噔一下。面谈持续了不到五分钟，完全是例行公事。路易斯·加夫列尔性格乖戾，待朋友和善，待下属抠门，名声在外。我倒觉得他办实事，待人亲切。他郑重其事地建议我留在报社当专职记者，撰写一般性话题文章和观点评论，必要时，在最后时刻帮忙赶工，月薪九百比索。我惊愕万分，回过神后追问"月薪多少？"，他又一字一顿地说了一遍：九百比索。太意外了！几个月后，亲爱的路易斯·加夫列尔在聚会时聊起这一幕，坦言他见我愣住，以为我会拒绝。他表达了最后的疑虑："您太瘦了，气色不好，我怕您会死在办公室里。"这样的担心有理有据。就这样，我成为《观察家报》的一名专职记者，在不到两年的时间里，用掉了这辈子最多的纸。

进《观察家报》是偶然，更是幸运。报社里最恐怖的是族长堂加夫列尔·卡诺，他在编辑部自愿充当铁面判官，天天用高倍放大镜读报，连最不起眼的逗号也不放过，用红笔圈出各种纰漏，评语犀利，张榜示众。从第一天起，公告栏就变成了"耻辱墙"，没有一个记者逃出过他那支残忍的红笔。

吉列尔莫·卡诺扶摇直上，二十三岁就成为《观察家报》社长，并非因为他功绩卓著，年轻有为，而是从出生起，他就肩负着传承家族事业的使命。许多人以为他只是个孝子，而我惊讶地发现，他确实是当社长的料，其快速识别新闻的能力让人叹服。

有时，他不得不以一敌众，哪怕论据不充分，也要想方设法让大家看清事实。那时候，大学课堂上不教授这个行业，全靠闻着报纸的墨香，边工作边学习，而《观察家报》有刀子嘴、豆腐心的特级教师。吉列尔莫·卡诺从那儿起步，先报道斗牛，文章严谨而博学，仿佛他的伟大志向不是记者，而是斗牛士。他毕生最艰难的经历必定是一夜之间连升三级，从初学者变成资深教师。不跟他亲密接触，就无法想象掩藏在他柔和的举止、躲闪的言辞背后的是极具决断力的个性。他热情地投入广大而危险的战斗之中，从不停歇，尽管他知道：最崇高的事业背后也潜伏着死神。

我从没见过像他那样不喜社交、不追求个人荣誉、不爱听阿谀奉承的人。他朋友不多，但都是至交。从第一天起，我就觉得我算是其中的一个。也许是因为编辑部里全是老江湖，只有我跟他小一辈，我们永远惺惺相惜。可贵的是，友谊常在，和而不同。我和他有很深的政治分歧，随着我们周围的世界四分五裂，这种分歧越来越深。然而，我们总能找到互相认可的领域，并肩作战，为我们心目中的正义事业而奋斗。

编辑部很大，办公桌摆在两侧，气氛诙谐，大家互相嘲讽，不留情面。达里奥·包蒂斯塔是财政部煞星，从公鸡打鸣起就不遗余力地让高官们的日子不好过，他灾难性的前瞻十有八九一语成谶。法制版记者费利佩·冈萨雷斯·托莱多天生就是当记者的料，多次先于官方调查结案，除恶扬善，匡扶正义。吉列尔莫·拉纳奥盯着好几个部委，到老都童心未泯。罗赫略·埃切维里亚是位了不起的大诗人，负责早报，白天见不着。我的表兄贡萨洛·冈萨雷斯踢球受伤，腿上打着石膏，被迫学习回答各种各样的问题，后来成为专家，百问不倒。尽管在大学是名一流足球运动员，他却笃信理论学习高于实践。对此，最具代表性的明证是，参加记者保龄球锦标赛时，他通宵看书，研究保龄球的物理学原理，不跟我们下场练球，结果他拿到年度冠军。

和这帮人一起工作，编辑部里永远欢声笑语。"好生气的人就让他生去吧！"不知是达里奥·包蒂斯塔还是费利佩·冈萨雷斯·托莱多喊出的口号。大家知道彼此写什么主题，尽全力互相帮助，乐于分享，几乎可以说是在一片吵闹声中工作。可是，遇上棘手事，谁都大气不出一声。编辑部最里头唯一一张横放着的办公桌，由何塞·萨尔加尔坐镇。他会转来转去，分配工作，了解情况，看见花哨的文字，就会大发雷霆。

那天下午，吉列尔莫·卡诺带我在编辑部转了一圈，挨个介绍各位同事，对我的薄脸皮来说，这是场严峻的考验。达里奥·包蒂斯塔谁也不看，雷鸣般吼了声"天才驾到！"，吓得我舌头打结，膝盖发软。

我唯一能想到的是，面朝所有人伸出手臂，表演般画半个圈，说出一句一点儿也不幽默但发自内心的话：

"愿为大家效劳。"

嘘声四起，让我后怕至今，但我随即在大家的拥抱和欢迎声中松了口气。从那一刻起，我成为他们中的一员，在这个由一群宽厚的猛虎组成的集体中，友谊和合作精神从未动摇过。需要任何资料，哪怕再不起眼，只要知会相关记者，永远有求必应。

吉列尔莫·卡诺给我上了第一节重要的新闻课，全体记者都在场。一天下午，波哥大突降暴雨，雨势惊人，连下了三小时。希梅内斯－德盖萨达大街上湍急的水流所向披靡，席卷一切，沿斜坡滚滚而下。街上一片狼藉，各种机动车辆和公共交通工具原地瘫痪，成千上万的行人跌跌撞撞地躲进街边楼房，拥挤不堪。在报纸即将付印的时刻目睹这场灾难，我们这些记者震惊不已，纷纷站在窗前，看着凄惨的街景，像淘气受罚的孩子一样不知所措。突然，吉列尔莫·卡诺从浅睡中惊醒，回头面对傻愣着的我们，叫道：

"暴雨就是新闻！"

命令尚未下达，大家已经开始执行。记者们跑回战斗岗位，按照何塞·萨尔加尔的吩咐，打电话搜集资料，分工协作，撰写世纪暴雨的新闻报道。路上全是抛锚的车，救护车和紧急巡逻车无法顺畅行驶。家用排水管堵了，抢险救急的消防员人手不够。城里水库垮坝，好几个街区的居民被强行疏散。还有几个街区的下水道爆了。人行道上挤满了无法自理的老人、病人和窒息的孩子。混乱中，五艘摩托艇——周末钓鱼用的——在受灾最严重的加拉加斯大街上你追我赶，组织救人。何塞·萨尔加尔把这些从现场收集来的消息分配给各位记者，我们对情况进行详细说明，以便推出一期随机应变的特刊。摄影师们来不及脱下湿漉漉的雨衣，就忙着处理新鲜出炉的照片。五点不到，吉列尔莫·卡诺就这场暴雨——波哥大历史上遭遇的灾难性暴雨之一——写出了一篇精彩的综述。雨过天晴时，《观察家报》特刊已经发行，只比平时晚了一个小时。

起初，我觉得何塞·萨尔加尔难以相处，但与他共事，我很受启发。他的问题和我正好相反：他希望手下的记者能最大程度地发挥积极性，而我只希望能跟上趟。报社的其他事务把我牢牢拴住，只有星期天能歇几个小时。萨尔加尔当我是记者，其他人当我是短篇小说作家，让我负责影评、社论和文化报道。不过，从踏上海岸起，我的梦想便是当一名记者，我也知道萨尔加尔是最好的老师。他冲我关上门，也许是希望我自己撞开门，挤进去。我们俩合作愉快，干劲十足。每当我把按照吉列尔莫·卡诺甚或爱德华多·萨拉梅亚的要求撰写的文稿递交给他时，他总是毫不迟疑地表示赞成，不过套话是免不了的。他会做出费力拔出瓶塞的样子，十分严肃地——比他自认为的还要严肃——对我说：

"要拧断天鹅的脖子。[①]"

他从不咄咄逼人，相反，为人谦和，久经考验，凭实力步步高升，从十四岁给印刷室送咖啡一直做到国内最专业、最权威的主编。我知道，哥伦比亚缺乏有力度的记者，我若是把时间浪费在耍花招和抒情感怀上，他不会原谅我。另一方面，我认为，在报刊文章中，专题报道最能反映日常生活。但如今我明白了，正是由于我们俩固执己

[①]《拧断天鹅的脖子》是墨西哥诗人恩里克·冈萨雷斯·马丁内斯的著名诗篇。诗中对拉美现代主义诗歌代表人物、被称为"天鹅诗人"的鲁文·达里奥追求唯美雅致的美学观提出异议。恩里克·冈萨雷斯·马丁内斯则认为天鹅的美丽无法持久，对人而言，学识比美丽更重要；对文学而言，内容比形式更重要。

见，各执一词，才更好地激发了我去实现埋在心底的记者梦。

机会在一九五四年六月九日上午十一点二十分将我拦截，当时我刚从波哥大模范监狱探完朋友出来。荷枪实弹的军人在第七大道上将一群学生团团围住，距六年前豪尔赫·埃列塞尔·盖坦遇刺的拐角只有两个街区。前一天，哥伦比亚即将派往朝鲜战场的军队操练时打死了一名学生，引发了示威游行。平民和军政府之间发生街头冲突，这是第一次。从我所在的位置，只能听见想继续行进到总统府的学生和阻止他们的士兵之间的吵嚷声。人群中听不清他们在吵些什么，但人人都能感觉到局势紧张。突然，没有任何警告，嗒嗒嗒一梭子弹，紧接着又是两梭，几名学生和行人当场死亡。想把伤者送往医院的幸存者被枪托打得落荒而逃。军队疏散了人群，封锁了街道。在逃窜的人群中，有几秒钟，我再次感受到四月九日的恐惧，而且是在同样的时辰与地点。

回报社一路上坡，我几乎狂奔了三个街区，编辑部里忙碌不堪，正在做战斗的准备。我结结巴巴地把屠杀现场的情况说给大家听，可是某位知之甚少的记者已经在写第一篇报道，涉及九名死亡学生的身份和伤者在医院的情况。我是唯一的目击者，原以为他们会让我描述屠杀现场。可是，吉列尔莫·卡诺与何塞·萨尔加尔一致认为要写集体报道，化整为零，最后由责编费利佩·冈萨雷斯·托莱多统稿。

"您放心，"费利佩见我失望，有些担心，"不署名，读者也知道这是集体努力的结果。"

"尤利西斯"安慰我，说我要撰写的社论将是最重要的部分，关于公共秩序的严重破坏。话没错，可这种社论最敏感，最容易惹祸上身，得由高层若干人执笔完成。这是一堂生动的团队合作课，可我还是感到气馁。军政府和自由派新闻界的蜜月到此结束。蜜月开始于八个月前，罗哈斯·皮尼利亚将军执政，结束了连续两届保守派政府的血腥屠杀，使国家松了口气，却在那天走到尽头。对于梦想成为新闻记者的我来说，这也是一场血与火的考验。

不久，报上登了一张照片：男孩，身份不明，尸体无人认领，地点在法医学院圆形剧场。我觉得他就是几天前登报寻找的那个失踪男孩，便拿去给法制版记者费利佩·冈萨雷斯·托莱多看。他打电话给失踪男孩的母亲，得知孩子还没找到。接下来又是终生难忘的一课。失踪男孩的母亲在圆形剧场的门厅等费利佩和我。她看上去那么矮小、那么可怜，我拼命希望死者不是她的孩子。地下室又长又冷，灯光刺眼，并排放着二十多张桌子，石碑似的尸体上盖着脏兮兮的单子。我们三个跟着看守不慢不慢地往前走，走到倒数第二张桌子前停下。单子的底部边缘露出两只可怜的小鞋底，鞋后跟磨得很旧。母亲认了出来，脸唰一下白透了。她提着最后一口气，等看守如斗牛士般掀开单子。孩子约莫九岁，圆睁着眼，穿着几天前在路边沟里被找到时穿的衣服。那位母亲惨叫一声，瘫倒在地。费利佩扶她起来，低声安抚她。我扪心自问：这是我梦想中的职业吗？爱德华多·萨拉梅亚断言不是。他认为，尽管罪案报道深入人心，但对专业人士要求很高：性格要坚强，心脏要强大。此类报道我再未涉足。

形势所迫，我转写影评。我没想到会干这个，但是，有阿拉卡塔卡堂安东尼奥·达孔特的奥林匹亚影院和阿尔瓦罗·塞佩达流动课堂打下的基础，我写的影评比哥伦比亚当年常见的要更加实用。

德国人埃内斯托·福尔克宁①战后定居波哥大，他是一位了不起的作家兼文学批评家，在国家电台面向专家级听众评论刚上映的电影。路易斯·维森斯是西班牙内战后定居波哥大的加泰罗尼亚书商，周围也有出类拔萃但只是偶尔一评的影评家。他在画家恩里克·格劳、评论家埃尔南多·萨尔塞多和记者格罗里亚·巴伦西亚·德卡斯塔尼奥·卡斯蒂略的大力支持下，创建了第一个电影俱乐部，其中，格罗里亚拥有一号会员证。动作片和悲情片在国内广受欢迎，但高质量的影片仍旧小众，受过良好教育的电影爱好者才会欣赏。放映商不愿冒险，对只能上映三天的片子越来越谨慎。想从芸芸众生中争取到新观众，需要循循善诱、悉心引导，既要让观众接受高质量影片，又要帮助心动的放映商获得相应的财力支持。最大的障碍在于放映商们的叫嚣：要是报纸刊登负面评论，他们就撤广告，而对报社而言，广告收入十分可观。《观察家报》是第一家甘冒风险刊登影评的报纸，报社把评论刚上映影片的任务交给了我，评论无须专业艰深，更像面向影迷的启蒙读物。大家一致决定，以防万一，不许用记者优惠券，必须在窗口购票入场。

头几条影评让放映商们放了心，评的都是优秀法国片：讲述伟大音乐家一生的《普契尼》、歌唱家格蕾丝·摩尔的动人故事《这就是爱》、朱利恩·杜维威尔执导的无伤大雅的喜剧片《恩里克塔的聚会》等，离开剧院时遇到的放映商都对影评表示满意。阿尔瓦罗·塞佩达得知我有此壮举，清晨六点从巴兰基亚打来电话。

"该死，不经我允许，您居然敢去评论电影！"他在电话那头

---

①埃内斯托·福尔克宁（1908—1982），德裔哥伦比亚著名电影评论家、杂文家。

笑得直哆嗦，对我嚷嚷道，"您对电影了解多少？！"

后来，他常为我出谋划策，尽管他从不认同我们并非教授而只是引导非专业普通观众的观点。和放映商之间的蜜月没有开始想象的那么甜，面对纯商业电影时，连最善解人意的放映商也会抱怨报纸不留情面。爱德华多·萨拉梅亚和吉列尔莫·卡诺只能随机应变，接电话时故意转移话题。四月底，一位放映商挑头，给我们写了封公开信，说我们吓唬观众，有损其利益。在我看来，问题的症结在于，公开信的作者不懂"吓唬"的含义，可我觉得败局已定：报社面临发展危机，堂加夫列尔·卡诺不可能单纯出于审美意愿而舍弃电影广告。接到公开信那天，他和所有儿子以及"尤利西斯"召开紧急会议，我以为影评栏目就此"剧终"。谁知会议结束，堂加夫列尔从我桌前经过时没有明说，而是摆出长者的姿态，淘气地说道：

"放心吧，小加夫列尔。"

第二天，"日复一日"刊登了由吉列尔莫·卡诺执笔的致放映商的回信。他故意写得很学术，结尾明确表态："报纸刊登严肃、负责的影评未曾吓唬观众，更未损害他人利益。其他国家的影评也是如此，我们只是打破了好坏不分、只褒不贬的窠臼。"我们的回信不止这一封。影院人员泣血抗议，读者晕头转向，来信观点不一。然而，说什么也没用，栏目得到保留，直到哥伦比亚影评不再独此一家，成为报纸和电台的常设栏目。

之后，在不到两年的时间里，我发表了七十五篇影评——应该把观影时间也纳入考虑；六百多篇社评，三天一篇署名或不署名的报道，至少八十篇署名或不署名的专题文章。文学作品发表在《观察家报》周日增刊上，包含好几个短篇和《"蛇村"》系列（由于杂志《灯》的内部矛盾，没有登完）。

平生第一回取得成就，可惜我没有时间享用其成果。租的公寓带家具，包洗衣，卧室加卫生间，有电话，能在床上吃早餐，透过大窗看到的世上最凄惨的城市永远飘着细雨。可我只在睡觉的时候回去，睡前读一小时书，凌晨三点入眠，睡到早上电台播报新闻，指引我了解新一天的现实。

第一回有了自己固定的居所，却连好好琢磨它的时间都没有，这使我感到不安和烦乱。我太忙了，顾不上过日子，唯一的大额支出是每到月底按时给家里送去的"救生艇"。今天我才意识到，当时我几乎没有时间去考虑自己的私生活。也许是因为在我的内心，加勒比地区母亲们的想法根深蒂固：波哥大女人勾搭沿海男人，不为爱情，只为实现她们傍海而居的梦想。但是，往我在波哥大的第一套单身公寓里带女人其实并没有风险。我问门房，是否允许女友半夜来访，他的回答充满智慧：

"不允许，先生。但不该看的，我从来不看。"

七月底，何塞·萨尔加尔没打招呼，突然站在我面前。我正在写一篇社论，他不说话，看了我好半天。我一句话写到半截，好奇地问：

"出什么事了？"

他眼都没眨一下，拿着他的红色铅笔玩着看不见的击柱游戏，露出魔鬼般的笑容，其意图显而易见。他不问自答，说不让我写第七大道上屠杀学生的报道，是因为那篇对新手而言有难度。但是，如果我能接受他的大胆建议——只是明说，不是激将——他愿意冒险给我发记者证：

"为什么不去趟麦德林，告诉我们那儿发生了什么事？"

这话有点儿难懂，他说的是两个多星期前发生的事情，难免让人对这条新闻的新鲜度产生怀疑。七月十二日上午，麦德林东部陡峭的半月地区发生山体滑坡。报道骇人，政府无序，受灾群众惊恐万状，管理协调、慈善援助一片混乱，真相至今不明。萨尔加尔不是让我能查到哪儿就查到哪儿，而是让我在最短的时间内，实地查清来龙去脉。从他的说话方式可以看出，他终于不再掣肘，为我松绑。

当时，全世界对麦德林的了解仅限于卡洛斯·加德尔在此遭遇空难，葬身火海。然而在我心里，那里是大作家和大诗人的故乡，梅塞德斯·巴尔恰从那年起就读于麦德林圣母学校。新任务让我血脉贲张，山体滑坡究竟如何，我一定能还原真相。上午十一点飞抵麦德林时遇上了暴风雨，吓得我魂飞魄散，差点儿以为自己也会随山体滑坡坠入深渊。

我只带了两天的换洗衣服和一条应急用的领带，把行李放在努蒂巴拉酒店后就上街去了。暴风雨刚刚过去，城市一片安宁。阿尔瓦罗·穆蒂斯为了缓解我的飞行恐惧，送我过来，还提供了当地的一些人脉。然而，糟糕的是，我完全不知该如何查起。雨过天晴，阳光灿烂，街上水光点点，我信步游走。一小时后，又下起了太阳雨，我只好躲进碰到的第一家商店。接着，我的胸膛里涌起第一阵惊慌，我试图用外公在战场上的神奇方子压制，然而最终，对恐惧的恐惧击垮了我的斗志。我意识到自己既完不成任务，又没勇气坦白。最明智的做法该是给吉列尔莫·卡诺写封感谢信，然后回巴兰基亚，过回六个月前的快活日子。

走出地狱，我一身轻松，打车回酒店。午间新闻播报员扯着嗓子长篇大论，仿佛山体滑坡是昨天发生的一样。司机咆哮着，控诉政府不作为，对受灾群众救助不力，不知怎的，他的义愤填膺使我感到心虚。天又放晴了，贝里奥公园里鲜花盛开，空气清新，香气扑鼻。突然，不知为何，我脑海中冒出个疯狂的想法。

"咱们这样，"我对司机说，"回酒店前，带我去山体滑坡那儿看一眼。"

"没什么好看的，"他说，"只有点燃的蜡烛和小十字架，用来祭奠那些没能挖出来的人。"

我这才了解到，遇难者和幸存者来自全城各地，幸存者成群结队地从四面八方赶来，想在第一次山体滑坡后参加救援，就在事故地点挤满了好奇者的时候，发生了另一起山体滑坡，酿成更大的悲剧。因此，只有逃过连续山体滑坡的为数不多的幸存者才能说出所以然，而他们生活在城市的另一端。

"明白了，"我尽量不让声音发抖，吩咐司机，"带我去见幸存者。"

出租车当街掉头，箭一般向反方向驶去。司机保持沉默，不仅因为车速快，还因为他想让我相信他言之有理。

最初的线索来自两个男孩，一个八岁，一个十一岁。七月十二日，星期二，早上七点，他们俩出门砍柴。刚走出一百多米，他们突然听见山坡上土石俱下，呼啸着飞奔而来。他们侥幸逃脱。房子被埋，里面有妈妈、三个妹妹和刚出生的弟弟。只有刚出门的他们和爸爸活了下来，后者一早出门上班，去十公里以外的地方运沙。

滑坡地点是片不毛之地，不宜居住，位于麦德林至里奥内格罗公路旁。早上八点，没什么人在家，没有造成更多伤亡。电台新闻夸大其词，描绘出血流成河的场面，紧急呼吁市民前往救助，导致第一批志愿者到得比消防队员还早。中午又发生了两起山体滑坡，虽无人员伤亡，市民却更加恐慌，地方电台现场直播。附近地区的居民全来了；听到电台的紧急呼吁，从全城各地赶来了不少好奇的市民；城际长途汽车上的乘客也纷纷下车，名为帮忙，实则添乱。早上只有几个人，多次山体滑坡后，却聚集了三百多人。傍晚，自愿前来的市民人数已经超过两千，全都在七手八脚地救助幸存者，人头攒动，挤得连气都喘不过来。下午六点，密集的人群处于无序状态，突然，轰的一声巨响，发生了另一起特大山体滑坡，六十万立方米的土石滚滚而下，遇难人数之多，就像滑坡发生在麦德林贝里奥公园一样。灾难转瞬即至，分管公共事业的市政秘书哈维尔·莫拉博士在废墟中发现了一只来不及逃脱的兔子。

　　两周后，我来到现场。只挖出七十四具尸体，许多幸存者已经脱离危险。大部分人不是山体滑坡的受害者，而是受害于鲁莽和无序的团结。跟地震时一样，有些麻烦缠身的人趁机脚底抹油，以躲避债务或另寻新欢，其数量无法统计。然而，不幸中也有万幸。事后调查显示：从第一天实施救援起，另一块土石也在摇摇欲坠，如果坠下，会造成五十万立方米的山体滑坡。超过十五天后，在恢复平静的幸存者的帮助下，我得以重塑这个故事，而这在灾难发生的彼时彼刻是不可能做到的，因为真实情况太过粗劣和棘手。

　　我要在乱七八糟的猜测中理出头绪，还原真相，按照事情发展的顺序将这起人为灾难原原本本地写下来，不掺杂任何政治或感情色彩。阿尔瓦罗·穆蒂斯为我指了条明路，让我去找时事评论员塞西莉亚·沃伦，整理从事发地点带回的资料。专题报道连载三期，至少让大家重新关注到这条发生在两周前、已被遗忘的新闻，也终于理清了这起一团乱麻的悲剧。

然而，有关那些日子最美好的回忆不是我做了什么，而是我差点儿做了什么。调查期间我小憩过几回，其中一回意外遇见巴兰基亚老友奥兰多·里维拉（绰号"小人物"）。他有个疯狂的想法。几个月前，他定居麦德林，和索尔·圣玛利亚结婚，生活幸福。修女出身的索尔颇具魅力，思想开放，在修道院里度过了七年封闭、贫穷、顺从、禁欲的日子后，在"小人物"的帮助下还俗。一天，他酒后吐真言，说他们夫妇有个很棒的计划，可以把梅塞德斯·巴尔恰弄出寄宿学校。他的一位朋友是堂区神父，乐于成人之美，随时准备着为我们主持婚礼。当然，要梅塞德斯同意才行，可惜她在高墙之内，无从询问。事到如今，我很后悔，恨自己当年没有勇气做出如此浪漫的事。五十多年后，梅塞德斯阅读本书书稿时，才得知曾经有这样一个计划。

后来，我又见过"小人物"几次。一九六〇年狂欢节，他扮成古巴老虎，游行结束，乘花车回位于巴拉诺阿的家时，不慎滑落，在废墟遍地、垃圾成山的路面上摔断了脖子。

我去麦德林调查山体滑坡灾害的次日晚上，《哥伦比亚人》日报社比我年轻的两位记者在酒店等我，想做个访谈，聊一聊我到那时为止发表的短篇。他们费尽口舌才说服我。无论当时还是现在，我对访谈始终抱有成见——也许很没道理。我所理解的访谈是一系列问答，其间双方各尽所能，让对话富于启发性。我在两家报社干过，向来不喜欢访谈，在《纪事》周刊工作时，甚至试图以这种成见影响撰稿人。但我却为《哥伦比亚人》第一次松口，且访谈的诚恳度具有毁灭性。

在接下来的五十年里，我跑遍半个世界，接受过无数访谈，依然对访谈的效用心存疑虑，无论是提问还是回答。绝大多数我推不掉的访谈，无论聊什么话题，都应被当作我的虚构作品的重要组成部分，因为它们不过是有关我的生活的幻想。另一方面，我认为它们的价值无法估量，不是出版价值，而是可以用作专题报道的素材，在我心中，世上最好的职业、最好的体裁即为专题报道。

不管怎么说，日子不好过。以罗哈斯·皮尼利亚将军为首的政府与新闻界和大部分舆论公开为敌，九月更是变本加厉，决定取消位置偏远、被人遗忘的乔科省①，分给临近三个富裕省份：安蒂奥基亚省、卡尔达斯省和考卡山谷省。从麦德林到乔科省省会基布多只有一条单车道公路，路况极糟，一百六十公里，要行驶二十多个小时。如今的状况也没好到哪里去。

我们只能在编辑部眼睁睁地看着政府通过法令，反对媒体自由，肆意将乔科省大卸三块。第三天，《观察家报》驻基布多资深记者普里莫·格雷罗发来报道，说人民扶老携幼，全家出动，占领了中心广场，不分昼夜静坐示威，誓要熬到政府收回成命。第一组照片是母亲抱着孩子抗议，随着时间的流逝，露宿街头的民众疲惫不堪，士气越来越低落。除了新闻报道，我们每天还刊登社论，或居住在波哥大的乔科籍政治家和知识分子的声明。可是，政府似乎铁了心，不予理睬。过了几天，何塞·萨尔加尔拿着他的木偶铅笔走到我桌边，建议我跑一趟，查个究竟。我想说"不"，麦德林那篇报道好歹让我有了些底气，可是底气终究不足。吉列尔莫·卡诺

①位于哥伦比亚西北部，是该国唯一既临太平洋又临大西洋的省份，西北与巴拿马接壤，人口多为黑奴后裔和印第安人。

背对着我们，正在写东西，头也不回地叫道：

"去吧，加博！您不是想看海地女人吗？乔科省的女人更美。"

于是，我去了乔科省，两眼一抹黑，不知该如何报道一场非暴力抗议活动。摄影师吉列尔莫·桑切斯随行。早在几个月前，他就在我耳边一个劲地唠叨，让我跟他去做战地记者。我听烦了，对他嚷嚷过：

"妈的，哪儿的战争？"

"加博，别装糊涂。"他一语道破真相，"我整天听您说这个国家自独立后一直在打仗。"

九月二十一日，星期二早晨，吉列尔莫·桑切斯全副武装，浑身上下挂满了相机和背包出现在编辑部，不像摄影记者，倒像出征的战士，准备和我去报道一场无声的战争。还没出波哥大，首先让我们惊讶的是：从废弃的二级机场登机飞往乔科省，机场里尽是报废的卡车和生锈的飞机。我们乘坐的那架奇迹般地还能用，是二战时期经典的卡塔琳娜两栖战机，被一家民营公司改装成货机，没有座位。机舱黑，窗户小，玻璃脏，装的全是一包包做扫帚的纤维，只有我们两名乘客。副驾驶穿着衬衫，像电影里的飞行员那样年轻英俊。他叫我们坐在货包上，舒服一些。他没认出我，但我知道，他曾是卡塔赫纳马图拉俱乐部里一名出色的棒球运动员。

起飞很恐怖，对吉列尔莫·桑切斯这种总坐飞机的人而言也不例外。马达雷鸣般轰隆作响，机身发出废金属的哐啷声。不过，一旦飞上明媚的蓝天，飞机就像老兵般勇敢地滑翔。飞过麦德林地界，两山之间苍莽的热带雨林上方正在下一场瓢泼大雨，我们只能穿行而过。估计很少有人有过类似经历：雨透过机身上的裂缝下到了舱内。副驾驶朋友跳过扫帚堆，给我们拿来当天的报纸，让我们举起来当伞用。我拿报纸蒙住脸，不为挡雨，而是因为吓哭了，不想让人看见。

大难不死地飞了两小时后，飞机向左翼倾斜，以攻击状态从密林上方下降，在基布多中心广场上空试探性地绕了两圈。吉列尔莫·桑切斯打算航拍露宿广场、疲惫不堪的示威群众，却发现广场上空寂无人。破破烂烂的两栖战机又绕了一圈，确认宁静的阿特拉托河上无任何活的或死的障碍物，于昏昏欲睡的中午顺利降落在水面上。

教堂打着木板补丁，水泥凳上沾满鸟屎，一头没有主人的骡子在嘎吱嚼着一棵庞然大树的树枝。中心广场灰蒙蒙、孤零零的，只有这些生命迹象，好似非洲国家的省会城市。我们的初衷是赶紧拍些示威群众的照片，让飞机带回波哥大，再去找些第一手资料，发电报回去，次日见报。可是，什么也做不了，因为什么也没发生。

我们走过河边长长的街道，没人看见我们。午饭时间，商铺关门，住宅带木质阳台，屋顶生锈。布景完美，只是无戏上演。我们的好同事、《观察家报》记者普里莫·格雷罗正在家中树荫下，躺在春季折叠椅上懒洋洋地午睡，仿佛围绕着他的寂静是坟墓里才有的安宁。他向我们坦言自己为何如此慵懒时，说得非常客观。在最初几天的示威之后，找不到新鲜话题，紧绷的神经便放松了。有人以戏剧性的技巧进行了全城总动员，他拍了些照片，因为缺乏可信度，没有见报；之后，人们纷纷发表爱国主义演说，确实震惊全国，但政府不为所动。普里莫·格雷罗做了些道德变通——或许连上帝都会原谅——不断用电报发出新闻稿，让抗议活动在报纸上继续。

三言两语就能道清我的困境：千辛万苦跑一趟，可不能空手而归。我们手里握有各种办法，能弄假成真，帮当地人达到目的。普里莫·格雷罗建议再拍一次示威游行的场面，谁也想不出更好的主意。路易斯·A.卡诺上尉很有兴趣跟我们合作，他是新任省长，前任省长负气辞职了。他果断下令，让飞机晚点起飞，好让《观察家报》及时收到吉列尔莫·桑切斯新拍的照片。就这样，为势所迫而编造出来的新闻被各地报纸、电台无限放大，成为唯一的"真相"。军政府得知后，也想挽回颜面。当晚，乔科籍政治家们——有些在国家部门很有影响力——动员起来，两天后，罗哈斯·皮尼利亚将军宣布收回成命，乔科省无须一分为三，划给邻省。

吉列尔莫·桑切斯和我没有立即回波哥大，而是请报社允许我们深入乔科省腹地，全面了解那片神奇的王国。销声匿迹十天后，晒得黝黑、疲惫不堪的我们回到编辑部，何塞·萨尔加尔用他惯有的方式盛情迎接了我们。

"两位知不知道，"他问得笃定，"乔科省的新闻是哪天落下帷幕的？"

这一问，让我第一次面对新闻界无情的现实。确实，总统下令不拆分乔科省后，便再也没人关心这个省了。炒冷饭，有人吃吗？我想冒险试试，得到何塞·萨尔加尔的支持。

我们想用四篇长文报道告诉读者：哥伦比亚境内有一片不为人知、不可思议、充满神奇的土地。热带雨林鲜花盛开，瓢泼大雨绵绵不绝，一切都像是日常生活之不可想象的版本。这里河道密集，波涛汹涌，形成天然路障，可整个地区只有一座桥。我们在原始森林里找到了一条七十五公里长的公路，这条公路耗资巨大，原本是用来连接伊斯特米纳和尤托的，谁知建筑商和两个市长闹别扭，作为报复，建成后的公路两头不到。

在内地的一个村子，邮递员请我们把六个月的邮件带给伊斯特米纳的同事。一盒国产香烟和国内其他地方一样，售价三十生太伏，可要是每周送一次货的小飞机耽误了，烟价会逐日上涨，涨到外国烟比国产烟便宜，当地居民被逼无奈抽外国烟。一袋米比原产地贵十五比索，因为米是骡子战战兢兢沿着山坡，穿越八十公里的原始森林驮来的。在最穷的村子里，男人们在河里捉鱼，女人们在河里淘黄金和铂金，周六卖给流动商贩，十二条鱼加四克铂金，才卖三比索。

这一切发生在一片求知欲旺盛的地区。可是，学校稀少，分布不均，每天上学、放学需徒步或乘独木舟往返好几西班牙里。有些人满为患，同一所学校，周一、周三、周五为男校，周二、周四、周六为女校。条件差，反倒更民主。洗衣妇的儿子几乎食不果腹，却能与市长的儿子同校就读。

很少哥伦比亚人知道，在乔科省热带雨林腹地，有座城市可跻身全国最现代的城市之一，名叫安达戈雅，位于圣胡安河与孔多托河交汇处，有完善的电话网和可供轮船、汽艇停泊的码头。城内有美丽的林荫道；房子小而清爽，栅栏围出大片空地，门前的木台阶优雅地躺在草坪上。市中心有家赌场，内设夜总会式餐厅；有家酒吧，在那里能喝到各种名酒，价格比全国其他地方都低。居民来自世界各地，由乔科省太平洋海岸地方主管全权管理，乐不思乡，过得比在家乡还要安逸。现实生活中，安达戈雅是外国私人领地，挖泥船在史前河流里淘出黄金和铂金，用私船经圣胡安河河口运到海外，无人把守。

这就是我们想给哥伦比亚人展示的乔科省，却没有引起丝毫反响。新闻一旦变成旧闻，一切回归原位，乔科省依然是被全国遗忘的角落。原因明摆着：哥伦比亚自古以来靠巴拿马这根脐带与世界相连，是典型的加勒比国家，脐带被强行剪断后[①]，对照现有条件，被迫成为如今的安第斯山国家，两大洋之间的运河不再属于我们，已属于美利坚合众国。

要不是周五下午能放下工作、一身轻松地去对面大陆酒店的酒吧一聚，玩到天亮，编辑部一周的快节奏会要了我的命。爱德华多·萨拉梅亚称之为"文化星期五"，只有这时，我才有机会与他交谈，不错过环球文学动态。萨拉梅亚阅读量惊人，消息亦十分灵通。聚谈会上大家纵情饮酒，后果无法预知。能熬到天亮的，除了"尤利西斯"的两三位老友，就是我们这帮不惧拧断天鹅脖子的记者。

我一直纳闷，萨拉梅亚从不对我的社论发表任何意见，尽管很多篇的灵感都源自他。然而，每逢"文化星期五"，他会畅所欲言。他坦言他并不赞同我在社论中表述的许多观点，还会给我其他角度的启示，口气不是居高临下，而是同行探讨。

在电影俱乐部做完事，我们常会半夜三更去路易斯·维森斯和妻子南希的公寓聚会，那儿离《观察家报》只有几个街区。男主人曾是巴黎《法国电影》杂志主编马尔塞·科林·雷瓦尔的合作者，欧战爆发后，放弃了电影梦，来哥伦比亚做了书商；女主人擅于化

---

①巴拿马原为哥伦比亚的一个省，1903 年 11 月在美国支持下独立。根据《巴拿马运河条约》，美国享有永久使用、占领和控制巴拿马运河的权力。直到 1999 年，美国才把运河管理权交还给巴拿马。

腐朽为神奇，能在四人餐厅安排十二人就座。他们是一九三七年刚到波哥大时在朋友家吃饭认识的。当时，只有南希身边还有空座，当她看到最后一位客人——满头白发，晒得黝黑——穿着登山皮衣进来时，不禁毛骨悚然。"运气真背！"她对自己说，"居然要坐在这个波兰人旁边，他估计连西班牙语都不会。"语言问题差点儿被她不幸言中，刚到的这位说的是半生不熟的加泰罗尼亚语，还夹杂着一些法语，而她是博亚卡人，脾气暴躁，口无遮拦。然而，初次互致问候后，两人便心意相通，决定白头偕老。

看完刚上映的大片，我们会临时去他们那儿聚聚。公寓里塞满了各种艺术品，哥伦比亚新锐画家的作品到处都是，再多一幅也挂不下，有些后来还成为世界名画。客人都是精挑细选的文艺界精英，"巴兰基亚文学小组"的成员偶尔也会来。发表第一篇影评后，我就在这里找到家的感觉。临近半夜，我从报社步行三个街区前来，逼他们陪我熬夜。南希厨艺精湛，好当媒婆，故意安排过好几顿饭局，介绍我认识艺术界自由、可人的姑娘。我跟她说，我真正的志向不是当作家，也不是当记者，而是当个不屈不挠的单身汉。她说我都二十八岁了，这么说不可原谅。

满世界跑的阿尔瓦罗·穆蒂斯，抽空隆重将我引入文化界。他在哥伦比亚埃索石油公司任公关部主管，利用职务之便，在最贵的餐厅设宴，盛邀文艺界真正的重量级人物，常有来自其他城市的客人。诗人豪尔赫·盖坦·杜兰一心想办一本了不起的文学杂志，需要大笔资金。阿尔瓦罗·穆蒂斯以推动文化的名义提供赞助，问题迎刃而解。阿尔瓦罗·卡斯塔尼奥·卡斯蒂略和妻子格罗里亚·巴伦西亚自多年前起就想创办一家公众电台，只做优秀的音乐类和文化类节目。大家都嘲笑他们，认为该计划不切实际，只有阿尔瓦罗·穆蒂斯竭尽全力帮助他们。就这样，他们用一台当年最小功率的五百瓦发射机创办了"波哥大世界"电台。当年，哥伦比亚还没有电视，格罗里亚·巴伦西亚神奇地用电台做了一档抽象的时装秀节目。

那段日子忙得我喘不过气来，只有星期天下午才能在阿尔瓦罗·穆蒂斯家休息一会儿。他用那些缓慢的下午教我不论阶级、不带成见地欣赏音乐。我们躺在地毯上，用心聆听大师，弃绝学术思考。我在国家图书馆偏僻的小音乐厅里萌生的爱好就此起步，终生难忘。如今，我听过所有能听到的音乐，最多的是浪漫室内乐，被我看作所有艺术形式的顶峰。一九六五年至一九六六年间，我在墨西哥创作《百年孤独》时只有两张唱片，反复听，都听坏了，它们是德彪西的《钢琴前奏曲》和披头士乐队的《一夜狂欢》。后来在巴塞罗那，我终于拥有了几乎所有想要的唱片，用字母分类似乎过于老套，于是我决定按个人习惯，用乐器排序：大提琴是我的最爱，从维瓦尔第到勃拉姆斯；小提琴，从科雷利到勋伯格；古钢琴和钢琴，从巴赫到巴托克。直到我发现了一个奇迹：所有声音都是音乐，包括洗碗池里锅碗瓢盆的声音，只要它们能满足幻想，让我们看到生活正往何处去。

可惜我无法边听音乐边写作，因为我会把更多的心思投注在音乐而非写作上。直到今天，我都很少去听音乐会，感觉会跟邻座建立起某种暧昧的亲密之感。然而，时光流逝，好音乐走进家门，我学会了为写作挑选合适的背景音乐。平缓的段落听肖邦的小夜曲，幸福的下午听勃拉姆斯的六重奏。另一方面，自从脑子里冒出个怪念头，认为莫扎特并不存在，优秀的莫扎特是贝多芬，蹩脚的莫扎特是海顿，我便多年不听莫扎特。

这些年写回忆录，我再创奇迹：无论听什么类型的音乐都不会干扰我写作。也许还有其他潜力有待我去发掘：两位非常年轻、非常勤奋的加泰罗尼亚音乐家给我带来了莫大的惊喜。他们发现我的第六本小说《族长的秋天》和贝拉·巴托克的《第三钢琴协奏曲》有着惊人的相似之处。我在创作这本小说时，确实反反复复地听过它，它使我内心产生了一种十分特别、有点儿奇异的情绪。但我从未想到，它对我的影响竟然渗入我的文字。不知怎的，瑞典文学院得知了这个小秘密，在为我颁发诺贝尔文学奖时，背景音乐用的就是这首曲子。当然，我由衷地向他们表示感谢。但是，如果事先问我——我对他们和贝拉·巴托克怀有万分的感激和敬意——我更希望听到儿时节日上"好汉弗朗西斯科"那自然流动的浪漫乐曲。

那些年，哥伦比亚所有的文化项目、要写的书、要画的画最初都到过穆蒂斯的办公室。我见过他和一位年轻的画家交谈，那位画家要去欧洲游学，万事俱备，只欠资金。不等他说完，阿尔瓦罗就从办公桌里拿出那个神奇的文件夹，说：

"给您机票。"

他为人解燃眉之急，却从不张扬，似乎理所应当，对此我钦佩不已。因而，我时常扪心自问：在一次鸡尾酒会上，哥伦比亚作家－艺术家协会秘书奥斯卡·德尔加多建议我参加即将宣布大奖空缺的全国短篇小说大赛是否和他有关。他说话的方式令人不快，以致那个提议都显得有些失礼。有人无意中听见，向我解释说在我们国家，文学大赛不过是社会哑剧，不知道这一点就当不了作家，还毫无恶意地添了句："包括诺贝尔文学奖在内。"他压根没想到，此语让我一直提防着另一项重大决定——二十七年后，这项决定让我措手不及。

短篇小说大赛的评委有：埃尔南多·特列斯、胡安·洛萨诺-洛萨诺、佩德罗·戈麦斯·巴尔德拉马，以及其他三位著名作家和评论家。我把道德和经济问题抛在脑后，只花了一个晚上，把《周六后的一天》最后修改了一遍，它是我在巴兰基亚《民族报》办公室突发灵感写下的。我认为，在抽屉里放了一年多后，这个短篇能让颇具慧眼的评委们眼前一亮。果不其然，我拿到了三千比索的大奖。

同一时期，以色列大使馆文化参赞堂萨穆埃尔·里斯曼·鲍姆突然登门，他的造访和短篇小说大赛没有任何关系：他刚成立了一家出版公司，出版了莱昂德·格雷夫大师的诗集《杂诗第五本》。书品相体面，有关他本人也全是正面新闻。于是，我把大改后的《枯枝败叶》交给他，然后向他告别，许诺以后再谈，尤其是钱的问题，当然，到最后，唯一从未谈及的就是钱。塞西莉亚·波拉斯根据我所描述的孩子的形象，设计了全新封面，也没拿到报酬。印制彩色封面的铜版纸由《观察家报》图像印刷室免费赠送。

五个月后才有了消息。波哥大西帕出版社——从来没听说过——打电话到报社，通知我书印了四千册，等待发行，但他们找不到里斯曼·鲍姆，不知该如何是好。连报社记者也找不到他，这人至今杳无音讯。"尤利西斯"建议出版社把书卖给书店，条件是报纸负责宣传。他亲自执笔写了一篇书讯，令我至今感激不尽。评论界对书大加赞赏，可大部分书都积压在了库房，没人统计销售数量，我也没拿到一分钱稿费。

四年后，哥伦比亚文化基础图书馆馆长爱德华多·卡瓦列罗·卡尔德隆将《枯枝败叶》收入一套口袋丛书，在波哥大和其他城市的街头销售。稿费不多，但会按时支付。那是我拿到的第一笔稿费，对我而言意义非凡。这一版有几处改动，我认为并非出自我之手；在之后的版本中，我也没有刻意删去。差不多十三年后，《百年孤独》在布宜诺斯艾利斯出版发行，途经哥伦比亚时，我在波哥大街头书摊看见多本首版《枯枝败叶》，每本一比索。我能拿多少，就买了多少；此后，这版又在拉丁美洲各大书店出现过，被当作古董书卖。两年前，一家英国古董书店出售了一本有我亲笔签名的首版《百年孤独》，售价三千美元。

这些事丝毫没有让我分心，我坚持不懈地经受着新闻业的磨砺。系列报道初获成功，迫使我们去找素材，以飨"欲壑难填"的读者。每天都很紧张，让人几乎坚持不住，找素材、定主题、落笔，还要始终抵御杜撰的诱惑。在《观察家报》，不存在疑问：素材就是真相，是唯一真相，不能歪曲。这使我们成天处于不堪承受的紧张状态。何塞·萨尔加尔和我后来紧张惯了，连星期天休息也不让自己放松下来。

一九五六年，教皇庇护十二世打嗝不止，奄奄一息。记得萨默塞特·毛姆写过一个著名的短篇《铁行轮船公司》，主人公在印度洋航行期间老是打嗝，用了各种土法偏方，五天后还是送了命。不过，当时我应该还没读过那个短篇。由于报纸随时准备出特刊，报道教皇升天的消息，周末我们不敢跑太远，只能去附近草原上的村子里转转。我主张将特刊提前做好，预留出悼文的版面即可。两年后，我出任驻罗马记者，教皇打嗝依然没有下文。

报纸的另一个无法抗拒的问题是：只关注轰动性话题，片面追求读者数量，而我的想法很朴素：应该兼顾用心思考的读者。在我找到的屈指可数的话题中，我记得其中一个简单的故事，是我在有轨电车上看见的。第八大道567号是幢美丽的殖民时期建筑，门口挂着一块自我贬损的牌子："国家邮政未投递信件办公室"。我虽没丢过信件，还是决定下车敲门。开门的是主管，他的六名手下办事有条不紊，淹没在锈迹斑斑的常规之中。他们身负浪漫使命：帮助未投递信件寻找收信人。

这是一栋美丽的大房子，灰尘满布，屋顶很高，墙壁斑驳，过道昏暗，走廊里堆满了无人认领的信件。平均每天送来一百封，其中至少有十封贴了邮票，但信封上一片空白，连寄信人的名字都没有。工作人员称之为"隐形人的来信"，不会花力气投递或退回。但是，拆开信件以便寻找线索是官僚部门的硬性规定，没用，却值得称道。

报道只有一篇，题为"邮差敲门千遍"，副标题是"未投递信件之墓"。萨尔加尔读完，对我说："这只天鹅生下来就是死胎，连脖子都不用拧。"他好歹还是登了，篇幅正好，不多不少。不过从他的表情中可以看出，他和我一样觉得苦涩和痛心。也许是身为诗人的缘故，罗赫略·埃切维里亚对这篇报道大加赞赏。他说的话令我永生难忘："这个加博，连火坑都跳。"

灰心丧气的我自作主张——没告诉萨尔加尔——决定替一封引起我特别关注的信寻找收信人。信是从阿古瓦·德迪奥斯麻风病医院寄出的，寄给"一位每天在拉斯阿古瓦教堂望五点钟弥撒的戴孝女人"。我去找堂区神父和他的助手打听，没有结果，又花了几周时间去向常望五点钟弥撒的人打听，还是没有结果。每天去望弥撒的女人有三个，年纪都很大，总是一身黑衣，但没有一个跟阿古瓦·德迪奥斯麻风病医院有关系。过了好久，我才从失败的阴影中走出，不仅因为想做善事没做成，自尊心受伤，还因为我坚信，戴孝女人的背后一定有动人的故事。

我在专题报道的泥沼中苦苦挣扎，和"巴兰基亚文学小组"的关系日益密切。他们不常来波哥大，但我遇到难题会随时去电骚扰，尤其是打给赫尔曼·巴尔加斯，他擅于把有关报道的问题解释得通俗易懂。我一有问题就找他们，问题还真不少；我有成绩，他们也会打电话来向我祝贺。阿尔瓦罗·塞佩达好比坐在身边的同事，先调侃两句——文学小组的成员向来如此——之后三言两语便帮我化解难题，每每让我咋舌。文学问题我会请教阿方索·富恩马约尔，他要么举大作家的例子，要么从一肚子墨水中找出几滴给我救急，问题总是迎刃而解。出自他口中的最经典的笑话是：我写了一篇街头小食摊摊主被政府卫生部门驱赶的文章，少个标题，阿方索脱口而出：

"卖食物的人并非死于饥饿。"

衷心感谢，这标题太合适了。我忍不住问他出处，阿方索截住我的话头，提醒道：

"大师，是您写的。"

没错，我在某篇未署名的社论中随手写过，但写完就忘了。这个段子在巴兰基亚的朋友们中间流传多年，我从未能使他们相信这是真事。

阿尔瓦罗·塞佩达一次偶然的波哥大之旅，让我从新闻中抽身了几日。他想拍部电影，而他只想到名字：《蓝色龙虾》。路易斯·维森斯、恩里克·格劳和摄影师内雷奥·洛佩斯居然当真，实在是一开始就搞错了。我一直没参与，直到维森斯把剧本草稿寄给我，让我在阿尔瓦罗的想法的基础上有所增添。我忘了我增添了什么，但我认为故事有趣，且很疯狂，是我们的风格。

每人都多少出了点儿力，贡献最大的是路易斯·维森斯，他把在巴黎学到的那点儿东西全用上了。我当时在赶一篇烦人的报道，连喘气的工夫都没有，等我抽身出来，电影已经在巴兰基亚开拍。

作品青涩，全凭直觉，而这似乎是最大的亮点，或许也是阿尔瓦罗·塞佩达的保护伞。电影在巴兰基亚私底下放映多回。有一回，意大利导演恩里克·富尔基尼奥尼也观看了。令我们惊讶的是，他心太软，竟然说电影很棒。阿尔瓦罗的妻子蒂塔·马诺塔斯凭借不屈不挠的大无畏精神，使《蓝色龙虾》至今仍在世界各地的非主流电影节中参展。

有这些事忙着，我们有时会注意不到国内严峻的局势。自从武装部队打着各党派和平共处的旗帜执政以来，哥伦比亚自认为摆脱了游击队。谁都觉得国家有所改观，直到发生了第七大道屠杀学生事件。渴望建功立业的军人们想向记者证明：不同于自由派和保守派之间旷日持久的战争的另一场战争正在上演。我们卷入其中，何塞·萨尔加尔揣着一个可怕的主意走到我桌前，对我说：

"准备准备，去看战场。"

受邀去看战场的记者在不明详情的情况下，于清晨五点准时集合，前往距波哥大一百八十三公里的比利亚里卡村。罗哈斯·皮尼利亚将军会在他经常停留的休息点梅尔加军事基地举办记者招待会，招待会将在下午五点前结束，我们有足够的时间带第一手资料和照片返回。

《时代报》派出了记者拉米罗·安德拉德和摄影师赫尔曼·凯塞多，还有四个我不记得了。《观察家报》派出的是丹尼尔·罗德里格斯和我。有些人穿着户外装，据说可能会在热带雨林里走一段。

我们乘车抵达梅尔加，然后分三架直升机飞越中央山脉崇山峻岭间的无人峡谷。印象最深的是年轻的飞行员小心翼翼地避开某些危险地带；前一天，游击队在此击落一架直升机，击伤另一架。心惊胆战地飞行了十五分钟后，我们降落在比利亚里卡空无一人的大广场上，硝石地面似乎不够结实，难以承受直升机的重量。广场周围的木屋是废弃的商店和无人的住宅，只有一栋刚粉刷过，动乱前，是村里的旅舍。

站在直升机前，能看到许多小山尖，透过沿飞檐漫布的薄雾，唯一一栋房子的锌皮屋顶隐约可见。据随行军官介绍，驻守在那儿的游击队有足够的火力把我们撂倒，我们只能猫着腰，之字形前进，这是基本防护，避免山那边放冷枪。我们跑进旅舍，才发现这里已经改成军营。

一位上校——一副战场装束，有着电影明星般英俊的面容，以及洋溢着智慧的平易近人的态度——不慌不忙地解释说，山里那栋房子中驻扎着游击队先头部队，他们是好几个星期前来的，夜袭了好几回比利亚里卡村。军方确信，看见直升机在广场上降落，他们必会有所企图，士兵已经集结完毕。没想到，挑衅了一个小时，动用了高音喇叭，对面也没动静。上校泄了气，派出一支巡逻队，去查看房子里还有没有人。

气氛有所缓和。记者们走出旅舍,到附近街上转悠,包括广场周边疏于把守的街道。摄影师、我和其他几个人沿着狭窄崎岖的山路往上爬。在第一个拐弯处,草丛里伏着士兵,准备射击。一位军官说什么事都可能发生,让我们回广场,但无人理会。我们想继续往上爬,去发现游击队的先头部队,以便爆出重磅新闻,不枉来这一天。

根本没时间反应。突然间,双方同时发令,密集扫射。我们卧倒在士兵旁,他们对准飞檐上的房子开火。混乱时刻,罗德里格斯不见了,他去找中意的拍摄视角了。交火时间短,强度高,之后一片死寂。

回到广场,我们正好看见巡逻队抬着一具尸体从热带雨林出来,队长非常激动,不许我们拍照。我用眼神寻找罗德里格斯,他在我右手五米处出现了,端好相机,准备拍摄。巡逻队没看见他。那一刻,我紧张得不行,既想冲他嚷嚷,叫他别拍了,万一挨枪子儿怎么办,又出于职业本能,希望他不惜代价,拍到才好。还没来得及细想,只听见巡逻队队长断喝一声:

"不许拍照!"

罗德里格斯不紧不慢地放下相机,来到我身边。巡逻队从近旁经过,我们能闻到活人酸腐的气息,感受到死人的悄然无息。等他们走过,罗德里格斯对我耳语道:

"拍下来了。"

拍下来了,可惜登不了。邀请记者看战场的活动以悲剧收场。士兵受伤两人,游击队至少死亡两人,尸体已被拖回驻地。上校性情大变,语气吓人,简单地通知我们:活动取消,半小时内吃完午饭,立即坐车返回梅尔加,直升机要运送遗体和伤员。双方伤亡人数从未公布。

没人再提罗哈斯·皮尼利亚将军的记者招待会。我们乘六人吉普从他位于梅尔加的住所前经过，后半夜才到波哥大。整个编辑部都在等我们，共和国总统府新闻办公室打过电话，说我们会坐车回来，但是死是活，他们没说。

直至那时，军政府只对波哥大市中心屠杀学生事件进行过新闻审查的干预。上届政府的最后一任审查官受不了记者们的欺骗和捉弄，几乎哭着离开后，编辑部里再无审查官。我们知道新闻办公室始终盯着我们，动不动就会打电话来提个醒，苦口婆心地劝两句。军政府一开始对新闻界彬彬有礼，后来神出鬼没，封锁消息。但仍有一条线索暗自浮现出来：听说——真假不明——托利马省新组建的游击队的队长是个二十二岁的大学毕业生，名叫——同样真假不明——曼努埃尔·马鲁兰达·贝莱斯或"神枪手"佩德罗·安东尼奥·马林。四十多年后，我去军营向马鲁兰达核实，他说当年是不是他，他也忘了。

没办法获得更多消息。从比利亚里卡回来后，我四处寻找，却找不到任何门路。总统府新闻办公室封锁消息，可恶的比利亚里卡事件彻底被军方掩盖。已经没希望了，突然，何塞·萨尔加尔故作冷静——他从未如此冷静——站在我桌前，给我看一封刚接到的电报。

"你在比利亚里卡没见着的东西在这儿。"他说。

电报上说的是武装部队为了剿灭托利马省的游击队，在无计划、无物资的情况下，从各村庄、各教区撤走儿童酿成的悲剧。孩子们被军队从父母身边带走，没时间登记身份，许多孩子自己也说不清。我们从梅尔加回来后，这出悲剧就拉开了序幕，先是一千两百名成年人被带往托利马各村镇，胡乱安置，任其自生自灭。单纯从后勤考虑，约有三千个大大小小、不同情况的孩子与父母分离，被分散送到全国各地的孤儿院。他们当中，只有三十个是父母双亡的孤儿，其中有一对只有十三天大的双胞胎。新闻审查严格，行动绝对保密，直到《观察家报》记者从距比利亚里卡一百二十公里的安姆巴莱玛发来电报，提供了初步线索。

五个多小时后，我们在波哥大儿童福利院找到了三百名五岁以下儿童，许多都没有登记，父母不明。艾利·罗德里格斯只有两岁，只知道自己叫什么，其余一概摇头，不知道自己在哪儿，为什么来，也不知道父母名字，对于寻找，他们给不出任何线索。唯一的安慰是他可以在福利院生活到十四岁，政府相关部门每月拨给每个孤儿八十生太伏。第一周就跑了十个孩子，他们想扒火车回托利马，我们找不到他们的任何踪迹。

福利院为了方便管理，利于区分，按地区给不少孩子取了姓氏。可孩子太多，彼此相像，自由活动时间跑来跑去，还是无法分辨。特别是最冷的几个月，他们得在过道和楼梯上跑步取暖。福利院之行让我痛心不已，我不得不问自己：在战场上杀死士兵的那些游击队员会给比利亚里卡的孩子带来如此深重的灾难吗？

我们没有征求任何人的意见，分几期控诉了后勤部队的胡作非为。审查机关保持沉默，军方采取一贯的托词，回应说"比利亚里卡事件"是共产党反抗军政府广泛行动的一部分，武装部队被迫以战争方式还击。军方声明中的一句话提醒了我：可以直接从素未谋面的共产党总书记希尔韦托·比埃拉处获得第一手资料。

下一步究竟是经报社允许还是个人行为，我不记得了，只记得我试了好几个办法，想跟地下党组织取得联系，以便了解比利亚里卡的局势，都没成功。主要是因为军政府对地下党展开了空前围剿。我联系了一位共产党朋友，两天后，另一名手表推销商出现在我面前，上门收取我在巴兰基亚尚未付完的分期付款。我有多少付多少，并假装不经意地说：我有急事，想找大领导。他当然回答联系不到，他也不知道谁能联系到。可当天下午，我在没有一点儿思想准备的情况下拿起电话，听到一个轻松、悦耳的声音：

"您好，加夫列尔，我是希尔韦托·比埃拉。"

比埃拉是哥伦比亚共产党最杰出的创始人，但直至当时，他既没流亡，也没蹲过监狱。尽管两边电话都有被窃听的风险，他还是把秘密住处的地址告诉了我，让我当天下午去。

他住在六楼的一套公寓里，客厅很小，堆满了政治和文学书籍，另有两间卧室。楼梯又黑又陡，爬得我上气不接下气，不仅因为楼层高，还因为我意识到自己正在一步步地向国家重大机密靠近。比埃拉跟妻子塞西莉亚及刚出生的女儿生活在一起。妻子不在家，他手边就是摇篮，孩子哭闹，他就暂停说话，不慌不忙地摇一摇，摇很久。他跟我聊政治，聊文学，尽管不怎么幽默。很难想象这个秃顶、气色红润、眼神清澈锐利、表述清晰的四十岁男人是国家情报部门的头号通缉犯。

从一开始我就意识到，自我在巴兰基亚《民族报》报社买了那块表起，他就对我的生活了如指掌。我登在《观察家报》上的报道他都读过，连不署名的社论，他都辨认得出，还能读出言外之意。他也认为，我为国家做贡献的最好方式是继续当记者，不被任何人扯进任何党派。

我刚说明来访目的，他就直入主题。他十分了解比利亚里卡的局势，仿佛一直待在那儿一样。有审查制度在，相关新闻一个字也不能登。不过，他给我提供了重要消息，让我意识到，那只是半个世纪小打小闹后，持久战即将来临的序曲。彼时彼地，他的言论不太像出自他放在床头阅读的马克思，更像出自豪尔赫·埃列塞尔·盖坦，因为他涉及的解决办法似乎也不是无产阶级夺权，而是底层大众团结起来，与统治阶级做斗争。那次拜访使我不仅看清了祖国正在发生什么，对局势的理解也更透彻。我如实将情况转告吉列尔莫·卡诺和萨拉梅亚，我没有关闭这扇门，说不定哪天这篇没有完成的报道的结尾就会出现。不用说，比埃拉和我结下了深情厚谊，甚至在开展地下工作最艰苦的日子里，他仍跟我保持联系。

另一出成人悲剧在暗中愈演愈烈，直到一九五四年二月，报纸披露一名参加过朝鲜战争的老兵典当勋章换取面包，丑闻才破墙而出。他只是四千多名老兵中的一个，在哥伦比亚难以想象的历史时期，出于偶然应征入伍。当年，农民迫于政府暴力，在枪口下背井离乡，有出路已算幸运。他们涌入城市，城市人口膨胀，生活没有着落。无论社论还是街头，咖啡馆还是家里，哥伦比亚人几乎天天在说：在这个国家，日子没法儿过。对于许多流离失所的农民和无数前途渺茫的年轻人来说，朝鲜战争是一条个人出路。于是，他们一窝蜂地去了那里，没有具体要求，草草体检，跟当年西班牙人涌入美洲时的情形很像。后来，这支杂牌军一点点回国，终于有了个共同身份：老兵。几个老兵打架，屎盆子会扣在所有老兵头上。工作的大门向他们关闭，理由很简单：他们精神失常，没资格工作。另一方面，不计其数的人战死沙场，变成两千磅骨灰被运回国内，凄惨程度无以复加。

典当勋章的报道和十个月前的另一条新闻形成鲜明对比，当时，最后一批老兵带着差不多一百万美金现钞回国，去银行兑换，将哥伦比亚美元对比索的汇率从一比三点三拉低到一比二点九。可是，老兵们越是面对国内现实，声誉就越低。回国前有林林总总的说法：他们能拿特别奖学金，读最有前途的专业；终生享用退伍金；可以去美国定居。现实却大相径庭：回国不久后退伍，口袋里只剩下日本情人的照片；在战场休假时，他们去会日本军妓，那些女人还在军营里等着他们。

老兵的悲剧不可能不让我想起等了一辈子老兵退伍金的外公马尔克斯上校。我甚至认为，这种吝啬是对一名曾浴血奋战，反对保守派霸权的叛军上校的报复。另一方面，从朝鲜战场上归来的幸存者反抗的是共产主义事业，成就的是美利坚合众国的帝国梦。可回国后，他们的名字没有出现在社会版，却出现在法制版。一名老兵开枪打死了两个无辜百姓，他问法官："我在朝鲜半岛杀了一百个人，为什么不能在波哥大杀十个？"

和其他老兵罪犯一样，他应征入伍、走上战场时，停战协议早已签署。然而，许多像他那样的人也成为哥伦比亚人酷爱比较男子气概的牺牲品：国民以杀死朝鲜老兵为荣。第一批老兵回国不到三年，至少有十二人死于非命。原因不一，好几个刚回来，就在毫无意义的打架中把命丢了。其中一个因在酒馆的电唱机上不停地放同一首歌而引起口角，被人捅死。士官坎托尔名副其实[1]，爱唱歌，与

---

① 坎托尔原文为 Cantor，在西班牙语里有"歌手"的意思。

吉他为伴，回国仅仅几周后，便中弹身亡。另一名在波哥大被捅死的老兵全靠街坊邻居集资，才得以入土。在战场上丢了一只眼和一只手的安赫尔·法比奥·戈艾斯，被三名陌生人杀害，凶手迟迟没有落网。

记得——仿佛近在昨日——我正在写这个系列的最后一篇报道时，桌上的电话响了。我立刻听出是玛蒂娜·丰塞卡热情洋溢的声音：

"你好！"

我的心怦怦直跳，扔下写到一半的报道，去街对面的大陆酒店跟她见面。十二年没见，站在酒店门口，我很难从拥挤的餐厅里吃午饭的众多女人当中认出她来。她扬起手套，跟我打招呼，她的穿着打扮一如既往，颇具个人风格。还是那件大衣，肩膀上搭着褪色的狐皮围巾，戴着猎人帽。岁月开始在她身上刻下深深的痕迹：皮肤皱纹满布、晒得干枯、眼睛失去光泽，整个人未老先衰，缩了一圈。我们俩都意识到十二年对于她是个不小的数字，但彼此掩饰得很好。初次到巴兰基亚，我四处打听她的下落，后来听说她在巴拿马生活，她的水手丈夫在巴拿马运河上做领航员，不过，我没跟她提起这个事，不是因为自尊，而是因为腼腆。

估计她刚跟某人吃完饭，那人走了，留下她单独见我。我们喝了三杯特浓咖啡，抽了半包劣质香烟，小心翼翼地摸索着怎样才能开展无声的交流。终于，她壮着胆问我可曾想念她。我实话实说：我从未忘记她，可她走得那么突然，我连生活方式都变了。她比我更心软：

"我从未忘记，你就像我的孩子。"

她读过我写的社论、短篇和唯一的长篇，谈起它们，她的目光清澈而犀利，或许只有饱含着爱与恨，才会有如此洞察力。然而，我和所有男人一样自私、怯懦，只会躲避怀旧的陷阱。等到气氛有所缓和，我才敢开口问她：一直想要孩子，有了吗？

"有了，"她高兴地回答，"都快小学毕业了。"

"像他爸那么黑？"我心里酸溜溜的，小气地问道。

她脾气还是那么好："像他的妈妈这么白。我怕他爸爸气得不回家，但他没有，反而和我更亲近了。"见我一头雾水，她笑得迷人，向我保证：

"别担心，孩子是他的。我们还有两个长得几乎一模一样的女儿。"

她很高兴能来看我，跟我聊了几段与我无关的过往。我虚荣心作祟，以为她在等我给出更暧昧的答复。但我和所有男人一样，弄错了时间和地点。我在要第四杯咖啡和一包烟时，她看了看表，毫无预兆地突然起身。

"好了，孩子，很高兴见到你。"她最后说，"读了那么多你写的东西，我实在忍不住，想来看看你现在什么样。"

"我现在什么样？"我斗胆问道。

"哦，这可不能说！"她笑得开心，"你永远也不会知道。"

直到坐在打字机前，喘过气来，我才发觉，长久以来，我既想见她，又怕与她终生厮守。从那天起，好多回，电话铃一响，我就怕得要死。

对记者来说，一九五五年的新年是从国家海军"卡尔达斯号"驱逐舰上的八名水手遭遇风暴、落海失踪开始的。四天前，这艘驱逐舰在美国亚拉巴马州的莫比尔结束几个月的常规维修，起航回国，在只差两小时就抵达卡塔赫纳时遭遇风暴。

所有记者都放下手中的工作，收听电台发布的第一条灾难公告。吉列尔莫·卡诺坐在转椅上，转过来盯着我，指令就要出口。何塞·萨尔加尔正往印刷室走，听到新闻，神经紧绷，也停在我面前。一小时前，我刚从巴兰基亚回来，准备再次报道灰烬之口的悲剧；眼下，我已经在想下一班飞往沿海的飞机何时起飞，以便去写有关八名溺水者的最新报道。然而，电台发布的公告说得很清楚：驱逐舰将于下午三点抵达卡塔赫纳，没有新消息，八名水手的尸体尚未找到。吉列尔莫·卡诺一下子泄了气。

　　"加博，这都什么事儿啊！"他说，"煮熟的鸭子飞了。"

　　灾难报道仅限于一系列官方公报，只说向因公殉职的海军士兵致敬，别无其他。周末，军方披露：水手路易斯·亚历杭德罗·贝拉斯科乘坐一只无桨的木筏，十天水米未进，奄奄一息地漂流到了乌拉瓦的一处海滩，饱受暴晒之苦，但可以康复。大家全都一个心思：要是能拿到独家报道，哪怕只采访半个小时，也会成为年度新闻。

　　根本就采访不到他！军方安排他住进了卡塔赫纳海军医院，使他与世隔绝。机灵的《时代报》记者安东尼奥·蒙塔尼亚假扮医生，混进医院，和他待了几分钟，貌似只拿到几张铅笔绘图，画的是遭遇风暴时，贝拉斯科在驱逐舰上的位置，外加只言片语。显然，他接到命令，消息不得外泄。"早知道他是记者，我会帮他一把。"几天后，贝拉斯科表示。他一康复，就在军方的陪同下，接受了《观察家报》驻卡塔赫纳记者拉希德斯·奥罗斯科的采访。他的收获很有限，没能如我们期待的那样，弄清一阵风是怎么刮死七个人的。

　　路易斯·亚历杭德罗·贝拉斯科必须服从铁纪，住在波哥大父母家，也不能随意走动，随便说话。巡航舰中尉吉列尔莫·丰塞卡十分亲切地回答任何技术或政治问题，同样十分亲切地回避任何关键信息，即我们唯一感兴趣的事故真相。为了争取时间，我就韦拉斯科回到父母家的情况写了几篇报道。军方陪同人员还是不让我跟他说话，却准许一家地方电台采访，其采访内容无聊至极。显然，我们在受一帮擅长冷处理的官方人士的控制，而我第一次震惊于这样的念头：他们在向公众隐瞒有关海难的惊天内幕。如今想来，那不只是怀疑，更是预感。

那个三月，天灰蒙蒙的，寒风刺骨，淫雨霏霏，让我愈感愧疚。我一败涂地，回编辑部前，先去了街对面的大陆酒店，在冷清的吧台要了杯双份酒，小口小口慢慢啜饮，连厚实的正装款大衣都没脱。突然，耳边响起一个甜美的声音：

"独自喝酒，也会独自死去。"

"愿上帝听见，美人儿。"我痴痴地回答，以为是玛蒂娜·丰塞卡。

声音在空气中留下一缕温热的栀子花香，可惜不是玛蒂娜。我目送着她走出旋转门，和那把难忘的黄伞一起消失在细雨迷蒙的大街上。喝完第二杯酒，我也过街，借着两杯酒的酒劲回到编辑部。吉列尔莫·卡诺见我回来，高兴地大叫，好让所有人都能听见：

"来瞧瞧，了不起的加博给我们捉来了什么鸭子？"

我说实话：

"没有鸭子，只有死鱼。"

这时，我才发觉，看见我穿着湿漉漉的大衣，一声不吭地走过，编辑部里无情的嘲笑者们开始心生怜爱，谁也狠不下心来笑话我。

路易斯·亚历杭德罗·贝拉斯科的心里乐开了花，因为军方顾问不仅允许，还支持他做各种各样光怪陆离的广告。他在广播里说，他的手表经受得住恶劣的户外天气的考验，赚了五百美金和一块新表；他说他穿的网球鞋特别结实，饿极了啃过，怎么啃都啃不坏，网球鞋厂奖励了他一千美金。短短一天之内，他做了一场爱国演讲、收获选美冠军的香吻、作为道德表率与孤儿们见面。我都快忘记他了，突然——那天令人难忘——吉列尔莫·卡诺说贝拉斯科在他的办公室里，正准备签一份合约，说出完整的冒险经历。我觉得面子上特别挂不住。

"他现在不是死鱼，是烂鱼。"我还嘴硬。

第一次，也是唯一一次，我拒绝为报社做分内之事。吉列尔莫·卡诺无可奈何，二话不说，把贝拉斯科打发走了。后来，他告诉我，刚把这位请出办公室，他就开始思考，没法儿解释自己刚才的举动。于是，他请门房叫他回去，并给我打电话，说版权已买断，我无权拒绝。

一个沉没的案例被吉列尔莫死抓不放，这不是第一次，也不是最后一次。我很郁闷，但还是尽量态度良好地提醒他：我写这个报道，只是服从工作安排，不会署名。没想到对于那篇报道而言，这个偶然的决定歪打正着。我不得不用第一人称，以当事人的口吻和叙述方式去表达当事人的观点，署的自然也是当事人的名字。我老老实实地待在干燥、安全的岸上。也就是说，报道将是一篇讲述孤身冒险经历的内心独白，完全遵从事实。这个决定棒极了，因为贝拉斯科是个聪明人，情感与学识令人难忘，幽默感也恰到好处。最幸运的是，所有这些合起来构成了一个没有缺陷的人物。

访谈变成了持久战，事无巨细地聊了三周，令人精疲力竭。我很清楚，最后见报的将不是原始访谈，而是加工后的专题报道。开始，我成心使坏，想引诱他陷入矛盾之中，以便挖出隐藏的真相。但我很快发觉，他毫无隐藏，我用不着挤牙膏。我就像漫步在鲜花盛开的原野上，可以随意采摘我中意的花朵。贝拉斯科下午三点准时来编辑部，坐在我桌前，先回顾前一天的内容，再按故事发展顺序往下讲。他讲一章，我晚上写一章，第二天下午登。原本应该这样：先把故事写完，厘清所有细节，修改完毕后再发表，这样更容易、更保险。可时间不等人，海难事件正在随着分分秒秒的流逝滑入遗忘的深渊，且随时有可能被另一条轰动性新闻淹没。

我们没用录音机。当年，录音机刚刚发明，最好的录音机有打字机那么笨重，录音带动辄如头发丝般缠成一团。只做笔录是件壮举。直到今天，我们都深知，录音机录音管用，但受访者的表情绝不能被忽视。一个表情，胜过千言万语；有时，表情和声音还会南辕北辙。我被迫用老办法，把笔记记在作业本上，正因如此，我相信我没有漏掉一句话或任何细节，还得以步步深入。头两天有点儿困难，贝拉斯科老想一口气把话说完。但他很快领悟，知道要按提问顺序和提问深度依次作答，尤其是他有讲故事的天赋，对这门"木匠活"有着天生的理解能力。

为了让读者做好下水前的热身准备，我们决定从起航前，贝拉斯科在莫比尔度过的最后几天讲起。我们还达成共识，不以登陆结尾，而是写到他在人群的欢呼声中抵达卡塔赫纳。这样一来，读者就能自行将他讲述的故事和已有的新闻接上。我们打算连载十四篇，让悬念维持两个星期。

第一篇发表于一九五五年四月五日，报社在电台打了广告，那天的报纸一抢而空。第三天，我们指出了事件具爆炸性的症结所在，决定揭露灾难发生的真正原因——官方的说法是遭遇风暴。我想更细致地了解，请贝拉斯科细细道来。他对采访方式已经非常熟悉，回答前，眼中闪过一丝狡黠：

"问题是，没有风暴。"

他明确指出是刮了二十多个小时的大风，这在当地那个时节十分常见，可是，指挥官们没有充分考虑到。船员在起锚前领到了拖欠好几个月的工资，最后一刻花得精光，采购了各种家电要往家带，船舱里都塞满了，冰箱、洗衣机、烤箱这些大件只能绑在甲板上——战舰上不允许这么做——占去了一大片空间。家电数量超乎预料，不过，没人慌神，也许是觉得航行既不正式，又只有不到四天的航程，据预报天气晴好，没什么要紧。他们已经干过那么多次，不是也没事儿？没想到运气真背：风比预想中稍大一些，阳光明媚，海面起伏，船身比预想中倾斜，草草绑住货物的绳子断了。要不是因为是艘军舰，"卡尔达斯号"早就不客气地沉了。可是，八名在甲板上值班的水手从船舷边滑落。因此，引发海难的根本原因并不是官方从第一天起就一口咬定的海上风暴，而是贝拉斯科在报道中披露的家电超载——堆在一艘战舰的甲板上，还没绑好。

另一个被藏着掖着的问题是：落水船员能拿到什么样的救生筏，为何只有贝拉斯科死里逃生？据称，船上至少应有两种常规救生筏和他们一起落水。救生筏是软木和帆布做的，长三米，宽一点五米，中间有个保险仓，里面存放着食品、饮用水、桨、急救箱、钓鱼和航海用具，外加一本《圣经》。有了这些，即便不打鱼，十个人也能在海上生存八天。可是，"卡尔达斯号"上的小救生筏上无任何装备。根据贝拉斯科的描述，他那只就什么也没有。这么一来，有个问题将永远悬而不解了：有多少落水船员上了置人于死地的救生筏？

毫无疑问，这些都是官方迟迟不对海难做出解释的最重要的原因。直到他们突然意识到声明根本站不住脚，因为其他船员已经回家，分布在全国各地，都会说出事故真相。到最后一刻，政府依然咬定"海上风暴"的说法，还在正式公报上发表严正声明。审查没有走极端，我们仍可登完报道。贝拉斯科尽量维持模棱两可的态度，谁也不知道之前他是否出于压力，没有说出真相，而他也没有要求或阻止我们将真相大白于天下。

登完第五篇，我们想把前四篇印成单行本，方便读者收集。忙得发疯的那些天里，没在编辑部里出现过的堂加夫列尔·卡诺从鸽子笼似的办公室下来，径直走到我桌边问：

"小加夫列尔，告诉我：海难报道还有几篇？"

我们正在写第七篇：贝拉斯科只剩一张名片可吃，他把名片咽下了肚。他想嚼东西，抱着鞋啃，没啃动。还差七篇。堂加夫列尔一听，急了。

"不行，小加夫列尔，不行！"他气急败坏，"至少要写五十篇。"

我说了我的理由，而他的理由是：报纸销量就要翻番。据他估计，销售数字有可能在国内报界创造新高。他临时成立编委会，研究资金、技术、报道等方面的细节问题，并商定可行的篇数：二十篇。也就是说，在原有基础上再加六篇。

尽管我没有署名，我的工作方式还是传了出去。一天晚上，身为影评人的我去完成观影任务，影院门厅围绕海难故事展开激烈争论，争论者大多是观影后在附近咖啡馆与我交流看法的朋友。影评每周一篇，他们的看法有助于我厘清思路。对于遭遇海难的船员，他们普遍——极少数除外——希望他的故事越长越好。

在例外的极少数之人中，有一位英俊潇洒、老成持重的男子，穿着名贵的驼毛大衣，戴着圆顶硬礼帽。我从影院出来，独自回报社。他跟了我三个街区，同行的还有一个穿着同样考究、风华绝代的女人和另一个穿着没那么考究的男人。男子脱下礼帽，向我致意，并自报家门，名字我没记住。他没有转弯抹角，而是直接表示他对海难报道持不同意见，认为报道是在直接帮共产主义的忙。我实事求是地向他解释，那是当事人的叙述，我只管记录。男子自有想法，认为贝拉斯科是苏联派来打入哥伦比亚武装部队的间谍。直觉告诉我，对方是军队或海军高级将领。我很兴奋，想摸清他的身份。不过看样子，他只打算说这么多。

"不知您明不明白自己在做什么，"他对我说，"无论如何，您帮了共产党，害了国家。"

他光彩照人的妻子警惕起来，挽住他胳膊，想拉他走，小声恳求道："罗赫略，拜托！"他的最后一句话和第一句话同样彬彬有礼：

"我对您的文章十分仰慕，请相信我，我只能说这么多。"

他又跟我握了握手，被苦恼的妻子拉走了。另一位男同伴很吃惊，都没跟我道别。

这是一系列事件中的第一起，后来上街我们不得不谨慎。报社后面有一家破破烂烂的小酒馆，通宵营业，在这个街区工作的人会去那儿吃消夜。几天前，两个陌生人无缘无故地袭击了在那儿喝夜里最后一杯咖啡的贡萨洛·冈萨雷斯。谁也想不通，他们为什么要跟最与世无争的人作对，除非认错人了，误以为是我。我们俩的穿着打扮、行为举止都透着加勒比风范，他的笔名 Gog 里又有两个 g①。不管怎么说，报社保安提醒我，城里越来越不太平，晚上不要独自出门。我倒很放心，下了班，总是一个人走回公寓。

在那些紧张的日子里，一天拂晓时分，街上飞来一块砖，砸碎了我卧室的窗户，掉了一地的玻璃碴，我以为自己大限已到。原来是亚历杭德罗·奥夫雷贡，他丢了家门钥匙，找不到醒着的朋友，酒店也没有空房间。他找不到地方睡觉，按我家门铃，门铃坏了，他就从附近工地捡了块砖头解决问题。我给他开了门，他几乎连声招呼都没打——免得彻底吵醒我，四仰八叉往地板上一躺，一觉睡到大中午。

报纸还没上街，报社门口便人头攒动，日复一日，愈演愈烈。在商业中心工作的人为了买报，推迟下班时间，在公共汽车上读最新报道。我觉得读者的兴趣最先出于人道主义原因，之后出于文学原因，最后出于政治原因。当然，兴趣得以持续靠的则是报道的内在张力。我怀疑，贝拉斯科描述的某些情节是他编造的，他在寻求象征或情感意义，比如第一只不愿离开的海鸥那段；飞机那段有着电影画面的美感。一位海员朋友问我怎么会对大海如此了解，我告诉他，我只是绝对忠实地照搬了贝拉斯科的观察。达到某种程度之后，我便无可补充了。

海军高层可没这么好的脾气。报道登完前，他们发来抗议信，说我们用地中海标准、不体面的方式评判在任何海域都可能发生的

---

① 马尔克斯全名为加夫列尔·加西亚·马尔克斯（Gabriel García Márquez），如果缩写，也会出现两个 g。

灾难。"报社不顾七个令人尊敬的哥伦比亚家庭和全体海军官兵的哀悼与伤痛，"信中称，"做出极不合适的决定，任由新手撰写系列报道，大量运用非技术性的、不合逻辑的词句与概念，还偏说出自幸运、勇敢自救的幸存者之口。"鉴于此，海军申请共和国总统府新闻办公室介入此事，由一名海军将领协助，审查之后的事故报道。幸好，收到这封抗议信时，我们已经登到倒数第二篇，还可以装傻装到下一周。

在报道全部登载完毕前，我们颇有先见之明地请贝拉斯科提供了一份有相机的战友名单及住址，他们发来了在航行中拍摄的照片。拍什么的都有，大部分是在甲板上的集体照，背景正是一箱箱家电——冰箱、烤箱、洗衣机——连牌子都看得一清二楚。这番好运足够我们推翻官方的否认。政府果断而迅速地回应，增刊销量空前，打破了所有纪录，超过了所有预期。不可战胜的吉列尔莫·卡诺与何塞·萨尔加尔只有一个问题：

"事到如今，我们该怎么做？"

那一刻，被胜利冲昏头脑的我们无言以对。相比之下，其他所有新闻似乎都不是新闻。

《观察家报》刊登系列报道十五年后，巴塞罗那图斯盖兹出版社推出了硬面精装单行本，大卖热卖。出于对英雄海员的崇拜之情，在正义感的召唤下，我在前言的结尾写道："有些书不属于作者，而属于经历者，比如这本。因此，本书的版权将属于在救生筏上困了十天十夜、水米未进的那位不具名的同胞。没有他，这本书不会出现。"

这不是一句空话。按照我的吩咐，图斯盖兹出版社连续十四年将稿费全额支付给了路易斯·亚历杭德罗·贝拉斯科。直到波哥大律师吉列尔莫·塞亚·费尔南德斯让他相信，他在法律上享有该书版权，尽管律师心知肚明，版权并不属于他，而是我为了向他的英雄行为和叙事才华致敬，向友谊致敬而做出的决定。

我被告上了波哥大第二十二号民事法庭。律师朋友阿方索·戈麦斯·门德斯请图斯盖兹出版社再版时删去前言最后一段，法庭宣判前，停止支付路易斯·亚历杭德罗·贝拉斯科任何费用。出版社一一照做。出示人证、物证，就技术问题展开长时间的辩论后，法庭宣判，我是此书的唯一作者，驳回了贝拉斯科的律师提出的诉求。也就是说，出版社之前支付给他的所有费用的根据，不是他和我合作完成此书，而是我身为作者，自愿决定由他领取稿酬。我做出另一个决定：之后将全部稿酬捐给一家教育基金会。

这样的故事可遇而不可求，它不是在纸上杜撰的。是生活创造了它，凭借的几乎总是出其不意。后来，我们吸取了经验。那一年，安蒂奥基亚省伟大的自行车选手拉蒙·奥约思第三次获得全国冠军，我们想报道他的一生。我们根据海难报道的经验，重磅推出，连登十九篇，最后才发现，读者更喜欢的是现实生活中，在山间骑行、第一个到达终点的拉蒙·奥约思。

一天下午，出现了再创辉煌的希望，只是很渺茫。萨尔加尔打电话给我，让我赶去大陆酒店的酒吧和他会面。他和一位老朋友在一起，后者为人严肃，刚介绍他认识了自己的一位同伴——工人打扮，是个百分之百的白化病患者，须发皆白，在昏暗的酒吧里闪闪发光。萨尔加尔的朋友是位知名企业家，其同伴是位采矿工程师，正在距《观察家报》报社两百米处的空地上挖掘传说中属于西蒙·玻利瓦尔将军的宝藏。这位同伴——之后成为萨尔加尔和我的好友——向我们保证传说属实。但故事过于简单，令人生疑：落败后的解放者命不久矣，打算离开卡塔赫纳，继续最后的旅程。他在独立战争的穷困时期聚敛了可观的个人财富，足以安享晚年。在继续苦难的旅程前——不知去加拉加斯还是欧洲——谨慎起见，他把宝藏藏在了波哥大，设置了当年十分流行的斯巴达式密码，这样，需要时，不管他人在哪儿，随时都能寻回。我在创作《迷宫中的将军》时，带着无法抗拒的渴望想到了这次报道，原本想把宝藏的故事作为主线，可惜资料太少，可信度不够，用在虚构文学上似乎也显得拙劣。传说中的宝藏，主人从未取回，搜寻者正在热切地寻找。我不懂他们为何要把这件事告诉我们，萨尔加尔跟我解释，他的老朋友喜欢海难系列报道，想给我们提个醒，让我们追踪这条新闻，好再登一系列同样备受关注的报道。

我们去了挖掘现场。那是记者公园西边唯一一块空地，离我新搬的公寓很近。萨尔加尔的老朋友告诉我们，在一张殖民时期的地图上，宝藏的具体坐标被标出，位于蒙塞拉特和瓜达卢佩山之间。这个故事令人着迷，要是运气好，会和海难报道一样轰动，在世界范围内引起更大反响。

我们隔一段时间就去现场看一眼，随时掌握情况，一边喝柠檬烧酒，一边听工程师没完没了地说上好几个钟头。我们感觉离奇迹越来越远，直至很久以后幻想破灭。后来我们猜测，宝藏故事是未经许可在波哥大市中心采矿——很值钱的矿——的幌子。不过，也说不准采矿是保住解放者宝藏的幌子。

那段日子不适合做梦。自从撰写了海难报道，真真假假的死亡威胁通过各种方式向我们涌来，朋友们建议我出国避避风头。当路易斯·加夫列尔·卡诺突然问我下周三有何打算时，我最先想到的就是出国。他和往常一样，不动声色地对我说：要是没别的打算，准备文件，以特派记者的身份去日内瓦下周召开的四国首脑会议采访。

我先打电话告诉妈妈。她觉得这是大事，问我日内瓦是哪个庄园。我告诉她："是瑞士的一座城市。"面对儿女们的意外举动，妈妈永远保持镇定。她丝毫不乱阵脚，问我待多久，我说最多两个礼拜。其实会议只开四天。然而，出于某些无关乎我的意愿的原因，我待了不止两个礼拜，而是近三年。于是，我成了那个需要"救生艇"的人，哪怕每天吃一顿也好。不过，我很小心，家人并不知情。一次，有人对妈妈胡说八道，说儿子骗她，说好只待两个礼拜，却在巴黎花天酒地。

"加比托不会骗任何人。"她笑得天真，"有时候是上帝安排，把两个礼拜过成两年。"

之前，我从未意识到，自己和几百万迫于暴力背井离乡的人一样，没有合法证件。我没有身份证，没投过票；在巴兰基亚，用的是《先驱报》记者证，为了逃兵役——从两年前逃到那时——上面的出生日期是瞎编的；遇到紧急情况，就拿锡帕基拉电报员给我的明信片①证明身份。一位朋友送来了及时雨，帮我联系了一家旅行社的代办，他让我预付两百美金，在十张空白水印纸的下方签名，保证在指定时间把我送上飞机。这时，我才惊喜地发现，我的银行存款数额惊人，原因是平时一心一意当记者，没

---

① 18 岁以下的人用的身份证件。

时间花钱。除了日常开销——不超过一名穷学生的花费，唯一的支出是每月往家送"救生艇"。

航班起飞前一天，旅行社的代办坐在我面前，把证件一份份放在桌上，依次告诉我名字，免得我弄混，有身份证、兵役证、按时纳税证和天花、黄热病疫苗接种证。最后，他跟我另要了一笔小费，给面黄肌瘦、用我的名字接种了两次疫苗的小伙子，多年来，他每天都代替匆忙出行的客户接种疫苗。

我飞到日内瓦，刚好赶上艾森豪威尔①、布尔加宁②、伊登③和富尔④出席的开幕式。我不懂外语，只会卡斯蒂利亚语；差旅费只够住三流酒店，好在有银行存款撑腰。出国前原本预计几周后就回国，可临走前，我鬼使神差地把公寓里的东西全送人了，包括在阿尔瓦罗·塞佩达和路易斯·维森斯的指导下，耗时两年收集的一整套经典影片。

诗人豪尔赫·盖坦·杜兰来向我告别时，我正在撕没用的纸。他很好奇地翻垃圾桶，想翻出点儿东西来，登在他的杂志上。他找到三四张拦腰撕开的稿纸，在桌上拼起来读了读，问我是哪儿的文章。我说是从《枯枝败叶》初稿中删掉的《伊莎贝尔在马孔多观雨时的独白》，提醒他已经用过。这个短篇曾在《纪事》周刊和《观

---

① 德怀特·艾森豪威尔（1890—1969），美国陆军五星上将，第二次世界大战盟军欧洲战区最高指挥官，1953 年至 1961 年间任美国第 34 届总统。
② 尼古拉·布尔加宁（1895—1975），苏联政治家，1955 年至 1958 年间任苏联部长会议主席，是名义上的政府首脑。
③ 安东尼·伊登（1897—1977），英国政治家，第二次世界大战时任外相，1955 年至 1957 年任英国首相，是英国政绩最差、支持率最低的首相之一。
④ 埃德加－让·富尔（1908—1988），法国律师、政治家、散文家、历史学家和传记作者，两度出任法国政府总理。

察家报》周日增刊上发表，用的是一模一样的题目，我记得是在电梯里匆忙答应下来的。盖坦·杜兰并不在意，把它登在了他的下一期《神话》杂志上。

吉列尔莫·卡诺家的告别宴极其喧闹而混乱，害得我误了回卡塔赫纳的飞机。那晚，我本该回家过夜，以便跟家人告别。幸好我登上了次日中午的另一架飞机。还不错，自上回离开，家里的状况改善不少，爸妈和弟弟妹妹们觉得没有我的"救生艇"，他们也有能力把日子过下去。日后在欧洲，我比他们更需要接济。

第二天一大早，我坐汽车前往巴兰基亚，去赶下午两点飞往巴黎的班机。在卡塔赫纳长途汽车总站，我遇到了"摩天大楼"令人难忘的门卫拉希德斯，当年一别，再未谋面。他冲过来，噙着泪，给了我一个发自内心的拥抱，不知该说些什么，不知该如何称呼我。我们匆忙聊了几句，他的车来了，我的车要开了。分手前，他热忱地对我说：

"堂加夫列尔，我不明白，为什么您从来不告诉我您是谁？"

这话问到我心坎儿里去了。"哦，亲爱的拉希德斯，"我比他更伤心，"我没法儿告诉您，直到今天，我也不知道我是谁。"

几小时后，坐在前往巴兰基亚机场的出租车上，窗外忘恩负义的天空比世上任何地方的天空都更明朗，我突然意识到自己位于"七月二十日"大道。回顾近五年来的生活，我灵光一闪，往梅塞德斯·巴尔恰的家望去。她就在那儿，像大门前的一尊雕像，身材曼妙，遥不可及，穿着当年流行的金边绿裙，头发剪得像海燕的翅膀，沉静如海，仿佛在等一个不会到来的人。我在心里忍不住大叫：在这个七月的星期四，时间还这么早，我却要永远地失去她了！我差点儿让出租车停下，去跟她道别。可是，结果难料，我又执着向前，还是不要节外生枝的好。

坐上飞机，我越想越后悔。当时有个特别好的服务：前方座椅靠背上有供乘客使用的便笺纸——这个简明的叫法仍在使用。金边信纸，亚麻纤维纸信封，有粉色、奶油色和蓝色，有时还带香味。之前几次飞行中，我用它们写告别诗，折成纸鸽，下飞机时放飞。我挑了张天蓝色的信纸，给梅塞德斯写了第一封正儿八经的信。早上七点，名花无主的她穿着漂亮的绿裙子坐在家门口，头发剪得像海燕的翅膀，我甚至没有想过大清早她为谁而装扮。以前我即兴给她写过闹着玩的便条，偶尔碰见时，她会口头给几句难以捉摸的答复。第一封信，我只写了五行，正式通知她我去日内瓦出差了。正要落款时，我决定最后加上一句有如正午的一道闪电让我眼前发黑的话："一个月不回信，我就定居欧洲。"凌晨两点，我没有给自己时间思考，在荒凉的蒙特哥贝机场把信投入邮筒。那天是星期五。下一周的星期四，我在日内瓦又开了一天徒劳无功的会——各国意见依然不一致——回到酒店，看见了回信。

图书在版编目（CIP）数据

活着为了讲述 ／（哥伦）加西亚·马尔克斯著；李
静译. —— 2 版. —— 海口：南海出版公司，2022.4
　　ISBN 978-7-5442-9089-0

　Ⅰ．①活… Ⅱ．①加… ②李… Ⅲ．①加西亚·马尔
克斯（Garcia Marquez，Gabriel 1928-2014）—回忆录
Ⅳ．① K837.755.6

中国版本图书馆 CIP 数据核字（2021）第 156818 号

著作权合同登记号　图字：30-2012-058

活着为了讲述

〔哥伦比亚〕加西亚·马尔克斯 著
李静 译

出　　版　南海出版公司　（0898)66568511
　　　　　　海口市海秀中路51号星华大厦五楼　　邮编 570206
发　　行　新经典发行有限公司
　　　　　　电话(010)68423599　邮箱 editor@readinglife.com
经　　销　新华书店

责任编辑　黄宁群
特邀编辑　张梦君　第五婷婷
营销编辑　杨　茜
装帧设计　韩　笑
内文制作　张　典

印　　刷　河北鹏润印刷有限公司
开　　本　850毫米×1168毫米　1/32
印　　张　14.5
字　　数　300千
版　　次　2015年11月第1版　2022年4月第2版
印　　次　2025年4月第4次印刷
书　　号　ISBN 978-7-5442-9089-0
定　　价　68.00元